汽车底盘构造与维修保养

QICHE DIPAN GOUZAO YU WEIXIU BAOYANG

于非非　著

黑龙江科学技术出版社
HEILONGJIANG SCIENCE AND TECHNOLOGY PRESS

图书在版编目（CIP）数据

汽车底盘构造与维修保养 / 于非非著 . -- 哈尔滨：黑龙江科学技术出版社 , 2023.9（2024.3 重印）

ISBN 978-7-5719-2132-3

Ⅰ . ①汽… Ⅱ . ①于… Ⅲ . ①汽车－底盘－结构②汽车－底盘－车辆修理③汽车－底盘－车辆保养 Ⅳ . ① U463.1 ② U472.41

中国国家版本馆 CIP 数据核字 (2023) 第 181697 号

汽车底盘构造与维修保养
QICHE DIPAN GOUZAO YU WEIXIU BAOYANG

作　　者　于非非
责任编辑　蔡红伟
封面设计　张顺霞
出　　版　黑龙江科学技术出版社
　　　　　地址：哈尔滨市南岗区公安街 70-2 号　邮编：150007
　　　　　电话：（0451）53642106　传真：（0451）53642143
　　　　　网址：www.lkcbs.cn
发　　行　全国新华书店
印　　刷　三河市金兆印刷装订有限公司
开　　本　710mm × 1000mm　1/16
印　　张　27.5
字　　数　406 千字
版　　次　2023 年 9 月第 1 版
印　　次　2024 年 3 月第 2 次印刷
书　　号　ISBN 978-7-5719-2132-3
定　　价　98.00 元

前　言

汽车底盘包括传动系统、行驶系统、转向系统和制动系统。汽车底盘的技术状况直接关系到整车行驶中的操纵稳定性和安全性，还会影响发动机的动力传递和燃油消耗。

为确保汽车能正常运行和安全行驶，应对汽车底盘进行及时的检测、诊断和维修。常用的汽车底盘检测设备有离合器打滑频闪测定仪、传动系统游动角度检测仪、车轮定位仪、车轮动平衡仪、悬架和转向系统检测仪、悬架装置检测台等。随着科学技术的发展，这些检测设备已大量采用光、机、电一体化技术，并采用微机控制，有些还具有智能化功能或专家诊断系统。正确使用这些检测设备，可以保证在汽车底盘的维修中获得可靠的技术数据，从而保证汽车底盘有效工作。

鉴于此，笔者编写了《汽车底盘构造与维修保养》一书，本书内容翔实，结构清晰。本书共分为三个部分：第一部分为第一章，简要介绍了汽车工业的发展、汽车的类型、汽车的总体构造及汽车底盘的功用与组成；第二部分包括第二章到十二章，详细介绍了汽车传动系统、行驶系统、转向系统、制动系统及车轮防抱死制动系统与驱动防滑系统；第三部分为第十三章，主要介绍了汽车底盘的维护与保养。

笔者在撰写本书的过程中，结合了多年的教学与实践经验，参考了大量的文献和资料，在此对相关文献资料的作者表示由衷的感谢。此外，由于笔者的时间和精力有限，书中难免会存在不妥之处，敬请广大读者予以批评、指正。

目 录

第一章　汽车概述

第一节　汽车工业的发展

一、汽车的诞生与世界汽车工业的发展

1885年，德国工程师卡尔·弗里特立奇·本茨（Karl Friedrich Benz，以下简称“本茨”）在曼海姆制造了一辆装有0.85马力四冲程汽油发动机、最高车速为15 km/h的三轮汽车，并于1886年1月29日获得专利，这标志着世界上第一辆具有真正意义的汽车诞生了。1886年，同是德国人的工程师戈特利布·威廉·戴姆勒（Gottlieb Wilhelm Daimler，以下简称“戴姆勒”）与威廉·迈巴赫（Wilhelm Maybach）也成功合作制造出一辆装有1.1马力的四冲程汽油发动机的四轮汽车。他们被公认为现代汽车的发明者。随后，本茨与戴姆勒各自成立了自己的公司——奔驰公司与戴姆勒公司。奔驰公司生产了著名的“维洛”“凤凰”小客车；戴姆勒公司生产了著名的“默谢台斯”小客车。1926年6月，两家公司合并后成立了戴姆勒-奔驰公司，使汽车工业实现了规模化生产，为世界汽车工业的发展起到了重要的推动作用。

在汽车发展的初期阶段，各个国家或汽车公司在汽车结构、性能等方面做出的巨大贡献包括：1891年法国的别儒公司成功研制了齿轮式变速器、差速器；1891年法国首次制造出前置发动机后轮驱动汽车，成功研制了摩擦片式离合器；1895年法国采用了充气橡胶轮胎；1898年法国的雷诺车采用了带万向节的传动轴；1902年狄第安采用了狄第安后桥半独立悬架；1893年德国人发明了化油器；1896年英国首先采用了石棉制动片和方向盘；1905年美国开始采用挡风玻璃；等等。

从19世纪末到20世纪初，世界上相继出现了许多著名的汽车制造公司，如美国的福特、通用公司，英国的罗尔斯-罗伊斯公司，法国的别儒、雪铁龙公司，意大利的菲亚特公司，等等。它们具有一定的生产规模，并制造了许多著名品牌的汽车。1908年，美国福特公司推出了著名的“T”型车，并在1913年率先采用了流水线大批量生产，使“T”型车的产量迅速上升，成本大幅度下降，使汽车从少数富人的奢侈品变为大众经济实用的交通工具。由于“T”型车结构紧凑，坚固耐用，容易驾驶，价格低廉，因此它非常受人们欢迎。在此后的20年间，美国福特公司共生产“T”型

车1500万辆，产生了很大的社会影响。1937年，德国政府为了使普通百姓能够买得起汽车，建立了大众汽车公司，并推出了著名的大众化的“甲壳虫”轿车。该车型于1940年投产，于1975年停产并将被转移至南美洲继续生产，至1981年，该车型累计生产了2000多万辆，成为世界上生产时间最长和产量最多的车型，为汽车真正意义上的大众化做出了贡献。

第二次世界大战后，日本工业经过了10年的恢复、调整，以及20年的创业、投资和高速发展，汽车工业也随之迅速发展，先后出现了丰田、日产、本田等著名汽车公司，汽车产量不断攀升。1980年至1993年，日本汽车产量超过美国，跃居世界第一位。近年来，韩国、西班牙、中国、巴西、墨西哥等国的汽车工业也迅速发展，形成了较大的生产规模。其中，韩国、西班牙生产的汽车更是成功地打入了国际市场。

一百多年来，汽车以它灵便、快速和高效的特点，越来越多地受到人们的喜爱和重视，获得了巨大的发展。至2008年年初，全世界汽车保有量已达9.2亿辆，汽车已成为最普及、最重要的交通运输工具。目前，汽车工业已成为许多国家的支柱产业，也成为世界现代文明的重要标志之一。

二、我国汽车工业的发展

1953年，我国在长春兴建第一汽车制造厂，并于1956年制造出第一辆“解放”牌运输车，结束了“中国不能生产汽车”的历史。1968年，我国在湖北十堰建设了第二汽车制造厂，1975年制造了“东风”牌运输车。第一汽车制造厂、第二汽车制造厂当时以生产中型运输车为主，虽然1958年后相继在南京、北京、济南、上海、重庆、延安等地建造了汽车制造厂，但这些汽车制造厂的产量均较少。在当时，我国汽车工业缺重少轻，轿车工业几乎没有。至1977年，我国汽车的年产量仅为12.54万辆。

1978年后，我国实行了改革开放，1986年的“七五”计划中提出了建议把汽车工业作为支柱产业的方针，1987年国务院又确定了将发展轿车工业作为振兴汽车工业的发展战略，确立了汽车生产的“三大、三小”生产基地（“三大”是长春、十堰、上海，“三小”是天津、北京、广州），并对内实行了联合重组，对外实行了引进、合资，使我国汽车工业发展迅速，不仅在品种上进行了增加，而且在产量上进行了大幅度提高。1993年，我国汽车年产量已达到129.7万辆，居世界第12位。

1994年，我国颁布了《汽车工业产业政策》，对我国汽车工业的健康发展和加入世界贸易组织（WTO）起了重要作用。由于国家加大了对汽车工业的改组、改革，并加大了投资、合资力度，以及社会需求量的增加和加入 WTO 对我国汽车工业的影响等诸多因素，我国汽车工业迅猛发展。2003 年，我国汽车总产量突破了 400 万辆大关，轿车产量达 180 万辆，而且质量上有了很大的提高。2004 年，中华人民共和国国家发展和改革委员会发布了《汽车产业发展政策》，该文件提出，进一步推进汽车产业结构调整和升级，全面提高我国汽车产业的国际竞争力，力争 2010 年我国有几家具有国际竞争力的大型汽车企业集团进入“世界 500 强”，并确定了我国汽车产业在 2010 年前发展成为国民经济支柱产业的发展方向。

目前，中国汽车工业已成为世界汽车工业的重要组成部分。改革开放四十多年来，我国与国际上各大汽车及零部件制造商相继建立了中外合资企业，引进了 1000 多项汽车技术，绝大部分都与国外处于同等水平。可喜的是国产品牌的汽车无论是在数量上还是在质量上都有了很大的提高。2008 年我国汽车产量为 934 万辆，2009 年我国汽车产量已达到 1370 万辆，已成为我国的第五大产业，中国正逐步稳定从汽车工业的生产大国走向生产强国。

三、军用汽车的发展

第一次世界大战中，主要交战国家的军队都拥有一定数量的汽车。到 1918 年，法军有汽车 9.5 万辆，英军有汽车 7.6 万辆，德军有汽车 5.9 万辆，美军有汽车 3 万余辆。但这些汽车基本上是利用现成的民用汽车改装的，越野性、可靠性较差，最大行驶里程也很有限。由于汽车运输较火车运输更具灵活性，因此，第一次世界大战后，军队汽车运输很快发展起来。1933 年，德军每个步兵师编有汽车 942 辆。第二次世界大战初期，苏军装备有汽车 27 万余辆。1940 年，美军首次研制了四轮驱动的吉普车和六轮驱动、载重为 2.5 t 的越野汽车，能够将武器装备运输到路况恶劣地区，甚至无路地区，大大改善了美军军车性能。其他主要参战国也相继研制了搭配不同武器装备及具有不同用途的越野汽车，如苏联生产了 0.5 t 级四轮驱动吉普车、载重 2 t 和 3 t 的四轮驱动越野汽车等。到第二次世界大战末，苏联军队汽车增加到 66.45 万辆。美军在第二次世界大战期间从 1940 年至 1945 年共订购各种汽车约 240 万辆，一个步兵师的汽车总数达 1560 多辆。

第二次世界大战后，各国军队都在大力发展军车，主要是增加与武器装备相配套的汽车车型品种，完善结构，提高性能，淘汰第二次世界大战的旧车。一些国家，如美、苏、英、法、意、德等，大体在 20 世纪五六十年代就已完成了第一代军车。

进入20世纪80年代，军车的发展主要体现在“三化”（系列化、通用化、标准化）、“三防”（防核、防化、防侦破），主要强化机动性，广泛采用柴油机，采用新技术，特别是电子技术。到目前为止，发达国家军队已完成了第二代军车的发展工作，一些国家，如美、德、法、俄等，已普遍开始第三代军车的发展工作。

我军在1937年使用友邦和爱国华侨捐献的汽车，在延安组建了第一个汽车队，由于抗日战争中我军大部分在山区，受到地形及游击战形式的限制，不太适合使用汽车，所以用于战场上的汽车几乎为零。解放战争期间，我军从国民党军队中缴获汽车大约2.2万辆，有力地支援了解放战争。

中华人民共和国成立后，由于抗美援朝及军队正规化建设对汽车需求量增大，我国从苏联及东欧国家每年进口汽车1万辆。1958年以后，随着我国国民经济的增长，我国汽车工业初具规模，采用仿制与改进相结合的方针，先后开发出CA30、N230、EQ240、BJ212等轻、中型越野汽车及SX250、CQ261、LT665、JN252等重型越野汽车，这些汽车装备部队后，淘汰了陈旧的汽车，并逐步替换了进口汽车，形成了我军第一代军用汽车。

随着我军的现代化建设，我军对军用汽车提出了更高的要求。军用汽车已不仅是军用物资和装备的运载及牵引工具，还是许多先进武器的移动作战平台。我军从20世纪80年代开始逐步发展第二代军用越野汽车。第二代军用越野汽车包括轻、中、重、超重型系列若干个基本车型，目前已完成大部分的基型装甲车辆的研制。第二代军用越野车在质量和性能上有了较大的提高，尤其是机动能力上的提高（提高了与武器的配套能力，也考虑了军车“三化”的要求）。目前，以高机动为代表的第三代军用越野车开始研制，已率先生产出东风EQ2050（猛士）轻型越野汽车。

目前，我国已有数十万辆军用汽车，能够满足我军作战、训练及军队现代化建设的需要。我们相信，随着我国汽车工业的快速发展，军用汽车也会有一个大的发展，并为我军现代化建设做出更大的贡献，在未来的战争中发挥更大的作用。

第二节 汽车的类型

一、我国民用汽车的分类

民用汽车按设计用途和整车结构可分为如下七类。

（一）轿车

轿车是指用于运载人员及随身物品且座位布置在两轴之间的四轮汽车。轿车多采用汽油发动机和单轴驱动。轿车按发动机排量的大小，一般可分为微型级、普通级、中级、中高级和高级（见表 1-1）；按车身形式可分为普通轿车、旅行轿车、活顶轿车和豪华轿车等几种。

表 1-1 轿车分类表

类型	微型级	普通级	中级	中高级	高级
发动机排量 /L	≤ 1.0	1.0 ～ 1.6	1.6 ～ 2.5	2.5 ～ 4.0	＞ 4.0

（二）客车

客车是具有厢式车身、用于载运较多人员及携带物品的汽车。

中型和大型客车根据运行条件又可分为城市客车、长途客车、旅游客车、团体客车。铰接客车和双层客车为特大型客车（见表 1-2）。

表 1-2 客车分类表

类型	微型	轻型	中型	大型
车辆长度 /m	≤ 3.5	3.5 ～ 7.0	7.0 ～ 10.0	＞ 10.0

（三）货车

货车是载货汽车的简称，主要用于运送货物，有的也可牵引全挂车。国家标准规定货车按最大总质量分类可分为微型、轻型、中型和重型（见表 1-3）。

表 1-3　民用载货汽车分类表

类型	微型	轻型	中型	重型
最大总质量 /t	≤ 1.8	1.8 ～ 6.0	6.0 ～ 14.0	＞ 14.0

（四）越野汽车

越野汽车是指主要用于坏路或无路地区的全轮驱动的、具有高通过性的汽车，既可运送人员或货物，也可牵引挂车。越野汽车按额定最大总质量分类可分为轻型、中型、重型和超重型（见表 1-4）。

表 1-4　民用越野汽车分类表

类型	轻型	中型	重型	超重型
额定最大总质量 /t	≤ 5	5 ～ 13	13 ～ 24	＞ 24

（五）自卸汽车

自卸汽车是以运送货物为主，且具有可倾卸货厢的汽车。根据最大总质量和用途可分为轻型、中型、重型及矿用四类。其中，矿用自卸汽车允许最大装载质量一般在 15 t 以上，最大可达 300 t，其最大总质量和轴载质量均超过公路承载规定，不能在公路上行驶，因而也称非公路用车。

（六）专用汽车

专用汽车也称特种车，是为运输特定的货物或人员，或完成特定作业任务的汽车，车上装有专用设备或具有经过特殊改装的车身。包括专用轿车，如检阅车、运动车等；专用客车，如救护车、囚车等；专用货车，如罐式车、保温车等；特种作业车，如洒水车、吊车等。

（七）牵引汽车

牵引汽车是专门或主要用于牵引挂车的汽车。

汽车除按以上规定分类外，也可以按所装用发动机型号的不同分为汽油汽车、柴油汽车；按驱动桥数目不同分为单桥驱动汽车和多桥驱动汽车；按驾驶室布置形式不同分为平头汽车、短头汽车和长头汽车。也可以按国家制定的法规分类，如按公路交通法规将汽车分为公路用汽车和非公路用汽车等。

二、我国军用汽车的分类

（一）按编配用途分类

按编配用途可将军用汽车分为战斗类军用汽车和保障类军用汽车。

1. 战斗类军用汽车

战斗类军用汽车是指编配于部队、分队、基地、场站，直接服务于战斗行动、作战指挥、通信，载运特定人员、器材的专用车辆和编配在战斗分队的各种车辆。

2. 保障类军用汽车

保障类军用汽车是指编配于部队、分队、基地、场站，用以维护各项装备、卫生救护、驾驶教练的车辆，以及汽车部队、分队的载重车和机关、院校、医院、仓库等单位的各种车辆。

（二）按设计用途分类

按设计用途可将军用汽车分为载重军用汽车、特种军用汽车、轮式牵引军用汽车、指挥军用汽车和乘坐军用汽车五种。

1. 载重军用汽车

载重军用汽车是用以运输物资和人员的车辆，也称运输车。按驱动形式和行驶条件不同分为公路载重车和越野载重车，其中公路载重车即国家标准分类中的货车，多为 4×2 后桥驱动或 6×4 的中、后桥驱动，主要在公路上行驶；越野载重车多为国家标准分类中的越野汽车，为 4×4、6×6 或 8×8 的全轮驱动，可在非公路条件下越野行驶。对于载重军用汽车，军队一般根据额定装载质量将其分为轻型、中型、重型和超重型。

2. 特种军用汽车

特种军用汽车是装有特种器材设备或专用车身的军用汽车，是军队中各部、分队编配的负责随行战斗、战斗保障和后勤保障任务的军事技术装备。特种军用汽车按用途可分特种军事作业车和特种运输车，前者如指挥车、通信车、侦察车、武器车等。特种军用汽车按国家标准也称专用汽车。《中国人民解放军车辆管理条例》将特种军用汽车按编配范围分为通用特种车和专用特种车。通用特种车是指供各军、兵种或专业系统共同使用的特种车，如救护车、加油车、消防车、起重车、起重抢救车、运油车、运水车等。专用特种车是指供某一军、某一兵种或专业系统使用的特种车，如各军、兵种使用的各种用于战斗、战斗保障和后勤保障的特种车。随着各种武器装备的发展和军队现代化建设需要，这类专用特种车将会愈来愈多。

3．轮式牵引军用汽车

轮式牵引军用汽车是用以牵引火炮和其他技术装备、挂车、半挂车的轮式汽车。轮式牵引军用汽车分为全挂式牵引车和半挂式牵引车。全挂式牵引车一般多采用越野汽车，半挂式牵引车一般采用越野汽车或载重汽车底盘改装的带有鞍座的牵引车，习惯将其称作拖车头。

4．指挥军用汽车

指挥军用汽车是编配于部队，装有通信、指挥作业器材，可供指挥人员实施对部队的指挥任务的轻型越野汽车。我军习惯将编配于部队、供各级指挥员和指挥参谋人员乘坐的轻型越野汽车也归属于指挥军用汽车类。

5．乘坐军用汽车

乘坐军用汽车是指军队编配的轿车和客车，其分类与国家标准规定的轿车和客车分类相同。

第三节　汽车的总体构造

汽车是由上万个零部件组成的、结构复杂的机动交通工具，根据其动力装置、运送对象和使用条件的不同，汽车的总体构造有较大差异，但基本结构都由发动机、底盘、车身和电气设备四大部分组成，如图 1-1 所示。

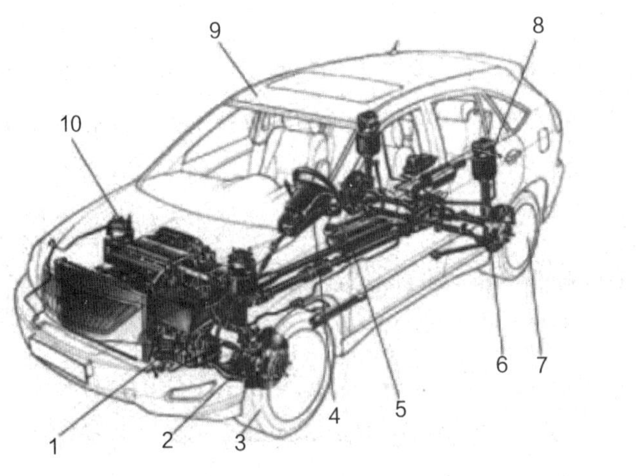

1—悬架；
2—前桥；
3—前轮；
4—转向盘；
5—传动轴；
6—后制动器；
7—后轮；
8—后悬架；
9—车身；
10—发动机。

图 1-1　汽车的总体构造
（图片来源：李敏．汽车底盘构造与维修）

一、发动机

发动机是汽车的动力装置。现如今汽车发动机广泛采用的是往复活塞式内燃机，它一般是由曲柄连杆机构、配气机构、燃油供给系统、润滑系统、冷却系统、点火系统（汽油发动机采用）和起动系统等组成的。

二、底盘

底盘由传动系统、行驶系统、转向系统和制动系统四大部分组成。作为汽车的基体，发动机、车身、电气设备及各种附属设备都直接或间接地安装在底盘上。

1. 传动系统

传动系统用来将发动机的动力传输给各驱动轮。传动系统包括离合器、变速器、驱动桥、传动轴等部件。

2. 行驶系统

汽车的行驶系统由汽车的行驶机构和承载机构组成，它包括车轮、车轴、桥壳、悬架、车架等部件。汽车行驶系统的功用是支承整车质量，传递和承受路面作用于车轮的各种力和力矩，并缓和冲击，吸收振动，以保证汽车在各种条件下正常行驶。

3. 转向系统

转向系统是通过对左、右转向车轮不同转向角的合理匹配来保证汽车沿着设想的轨迹运动的机构，它由转向操纵机构、转向器和转向传动机构组成。当采用动力转向时，还应有转向助力系统。

为了避免汽车撞车时驾驶员受到转向盘的伤害，可以在转向盘中间安装安全气囊，还可在转向系统中设置防伤装置。为了缓和来自地面的冲击，衰减转向车轮的摆动和转向机构的振动，有的车型在转向系统中还装有转向减震器。

多数两轴及三轴汽车仅采用前轮转向。为了提高操作稳定性和机动性，越野汽车和某些现代轿车采用了全四轮转向。

4. 制动系统

制动系统的功用是使汽车减速或停车，并保证驾驶员离去后汽车可靠地停驻。汽车的制动系统包括行车、驻车、应急和辅助制动等制动装置。

三、车身

车身用来安置驾驶员、乘客和货物等。轿车和客车车身一般是整体壳体，有承载式车身和非承载式车身之分。具有承载式车身的轿车和客车不需再安装车架，车身本身就起着承受汽车载荷的作用，并能传递和承受路面作用于车轮的各种力和力矩，因此，承载式车身也起着承载机构的作用，也可以归于行驶系统。非承载式车身则只起车身作用，不能承受汽车载荷，因此它必须支撑在车架上。中级和中级以下轿车多采用承载式车身，非承载式车身常用于中高级轿车和一部分客车。货车车身由驾驶室和货厢（或封闭式货厢）两部分组成。

车身应具有隔音、隔振和保温等功能，制造工艺性和密封性要好，应能为乘客提供安全而舒适的乘坐环境。其外形应能保证汽车在高速行驶时空气阻力小，且造型应美观，并能反映当代车身造型的发展趋势。车身内有内饰、座椅、仪表板等，外部装有各种灯具、后视镜及其他附件，车门上装有门把和门锁等。

四、电气设备

汽车电气设备由电器和电子设备两部分组成。汽车电器由电源（蓄电池、发电机）、点火装置、起动机、照明与信号设备、仪表、空调、刮水器、收录机、门窗玻璃电动升降设备等组成。汽车电子设备包括电控燃油喷射 / 电控点火、进气、排气、怠速和增压等装置，变速器的电控自动换挡装置，制动器的防抱死制动装置（ABS），车门锁的遥控及自动防盗报警装置，等等。

第四节　汽车底盘的功用与组成

汽车底盘由传动系统、行驶系统、转向系统和制动系统四大系统组成，其功用为接受发动机的动力，使汽车运动，并保证汽车能够按照驾驶员的操纵正常行驶。图 1-2 和图 1-3 所示为常见货车和轿车的底盘结构图。

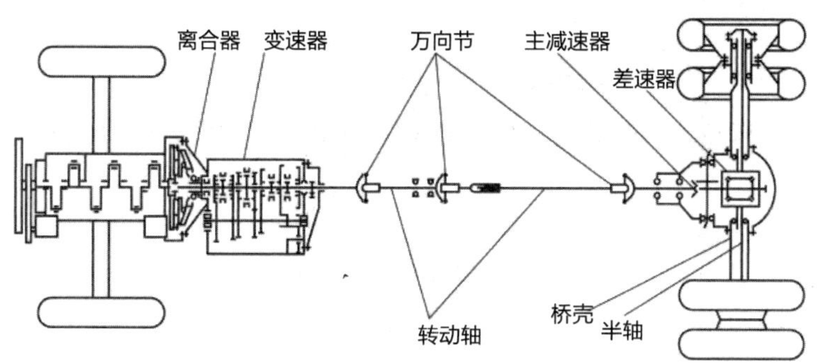

图 1-2　货车底盘结构
（图片来源：李敏．汽车底盘构造与维修）

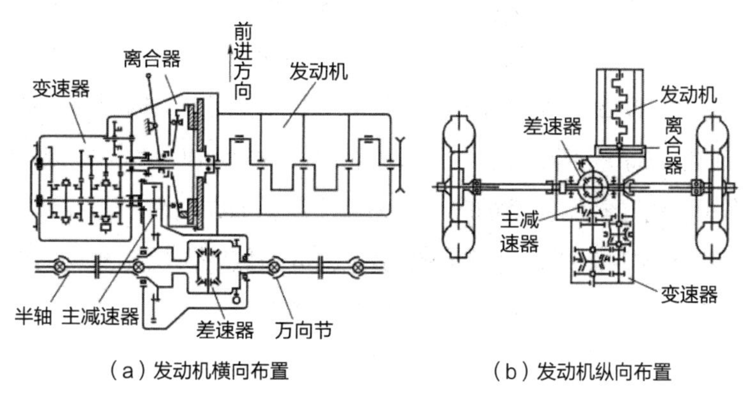

（a）发动机横向布置　（b）发动机纵向布置

图 1-3　轿车底盘结构
（图片来源：李敏．汽车底盘构造与维修）

一、传动系统

传动系统的功用是将发动机的动力传给驱动车轮。不同的汽车，其底盘的组成稍有不同：对于载货汽车及部分轿车来说，其底盘一般是由离合器、手动变速器、万向传动装置、驱动桥等组成；而现在轿车中采用自动变速器的越来越多，其底盘包括自动变速器、万向传动装置、驱动桥等，即用自动变速器取代了离合器和手动变速器；如果是越野汽车（包括 SUV，即运动型多功能车），还应包括分动器。

二、行驶系统

行驶系统的功用是支承汽车的各零部件总成，传递和承受车上、车下各种载荷，以保证汽车正常行驶。行驶系统主要由车架（车身）、车桥、悬架、车轮等组成。

三、转向系统

转向系统的功用是保证汽车能够按照驾驶员选定的方向行驶。汽车转向系统主要由转向操纵机构、转向器、转向传动机构组成。现在的汽车普遍采用动力转向装置。

四、制动系统

制动系统的功用是使汽车减速、停车，并能保证靠地驻停。汽车制动系统一般包括行车制动系统和驻车制动系统两套相互独立的制动系统，每套制动系统都包括制动器和制动传动机构。现在汽车的行车制动系统一般都装配有防抱死制动系统（ABS）。

转向系统和制动系统都是由驾驶员来操控的，一般可以合称为控制系统。

现代汽车中，电子控制技术的应用越来越广泛，如在底盘中普遍采用了电子控制自动变速器、电子控制防滑差速器（ELSD）、电子控制防抱死制动系统（ABS）、电子控制悬架系统（ECS）、电子控制转向系统等。

第二章　汽车传动系统概述

第一节　汽车行驶的基本原理

要想使汽车行驶，必须对汽车施加一个驱动力以克服各种阻力。若以汽车本身为参考系，则这些阻力包括滚动阻力、上坡阻力、加速阻力和空气阻力。

一、滚动阻力

车轮滚动时，轮胎与地面的接触区域会产生轮胎与支承路面的变形（当弹性轮胎在硬路面上滚动时，轮胎的变形是主要的），由此而引起的地面对轮胎的阻力，就是滚动阻力 F。滚动阻力等于滚动阻力系数与车轮负荷的乘积。滚动阻力系数由试验确定。滚动阻力系数与路面性质、汽车行驶速度及轮胎的构造、材料、气压等有关。

二、上坡阻力

当汽车上坡时，汽车重力沿坡道的分力表现为汽车上坡阻力 F_i

三、加速阻力

当汽车加速行驶时，需要克服其质量加速运动的惯性力，也就是加速阻力 F_j。

四、空气阻力

汽车直线行驶时受到的空气作用在行驶方向上的分力称为空气阻力 F_w。空气阻力与汽车的形状、汽车正面投影面积有关，特别是和汽车与空气的相对速度的平方成正比。当汽车高速行驶时，空气阻力的数值将显著增加。

为克服上述阻力，汽车必须有足够的驱动力。驱动力的产生原理如图 2-1 所示。发动机经由传动系统在驱动轮上施加一个驱动力矩 T_t，使驱动轮旋转。在 T_t 作用下，驱动轮和路面接触处，对路面施加一个圆周力 F_0，其方向与汽车行驶方向相反，由于车轮与路面的附着作用，在车轮向路面施加力 F_0 的同时，路面会对车轮施加一个大小相等、方向相反的反作用力 F_t，F_t 就是汽车行驶的驱动力。因此：

$$F_t = F_0 = T_t / R$$

式中 F_t 为驱动力，单位是 N；T_t 为驱动力矩，单位是 N・m；R 为驱动轮的滚动半径，单位是 m。

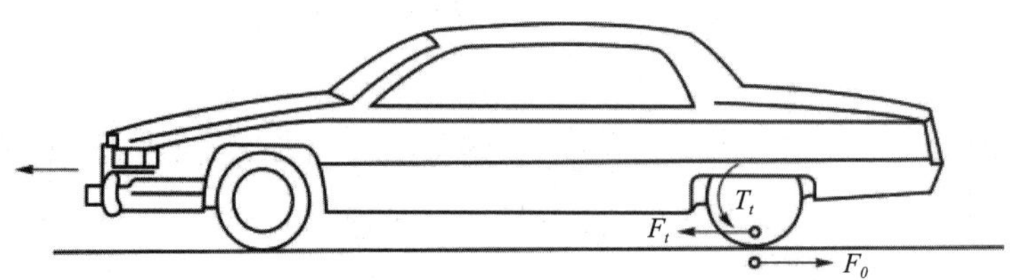

图 2-1　驱动力的产生原理

（图片来源：李敏．汽车底盘构造与维修）

当驱动力逐渐增大到足以克服汽车所受到的真实阻力时，汽车便由静止开始起步行驶。汽车起步后，其行驶情况取决于驱动力和真实阻力之间的关系。当驱动力等于真实阻力时，汽车将匀速行驶；当驱动力大于真实阻力时，汽车将加速行驶；当驱动力小于真实阻力时，汽车将减速行驶或静止不动。

但是汽车并不是在任何情况下都能产生足够的驱动力。驱动力的最大值固然取决于发动机的最大扭矩和传动系统的传动比，但实际发出的驱动力还受到轮胎与地面之间的附着情况的限制。比如，汽车在很滑的冰面上行驶时，加大油门可能只会使驱动轮加速滑转，而驱动力却不能增大。

当汽车在较平整的干硬路面上行驶时，附着性能的好坏取决于轮胎与路面间的摩擦力的大小。由物理学可知，在一定的正压力下，两物体之间的静摩擦力有一最大值，当推动力超过此最大值时，两物体便会相对滑动。对汽车而言，当驱动力等于轮胎与地面间的最大静摩擦力时，若通过加大油门而增大驱动力，则将会出现驱动轮的滑转。因此，在较平整的干硬路面上，汽车所能获得的最大驱动力不可能超过轮胎与地面间的最大静摩擦力。

当汽车在松软路面上行驶时，还有嵌入轮胎花纹凹处的路面凸起部所起的抗滑作用。在汽车技术中，把车轮与路面间的相互摩擦及轮胎花纹与路面凸起部的相互作用综合在一起，称为附着作用。它产生的路面反力能阻碍车轮打滑，这一反力的最大值就称为附着力，一般用 F_φ 表示：

$$F_\varphi = G \cdot \varphi$$

式中 G 为附着重力，即汽车总重力分配到驱动轮上的部分，单位是 N；φ 为附着系数

显然，汽车所能获得的驱动力受附着力的限制，一般可表达成：

$$F_1 \leqslant F_\varphi = G \cdot \varphi$$

第二节　汽车传动系统的组成和功用

一、汽车传动系统的组成

汽车传动系统的基本功用是将发动机发出的动力传给驱动车轮，使路面对驱动车轮作用一个驱动力，推动汽车行驶。

汽车传动系统主要由离合器、变速器、万向传动装置、驱动桥（减速器、差速器、半轴）等部件组成，如图 2-2 所示。

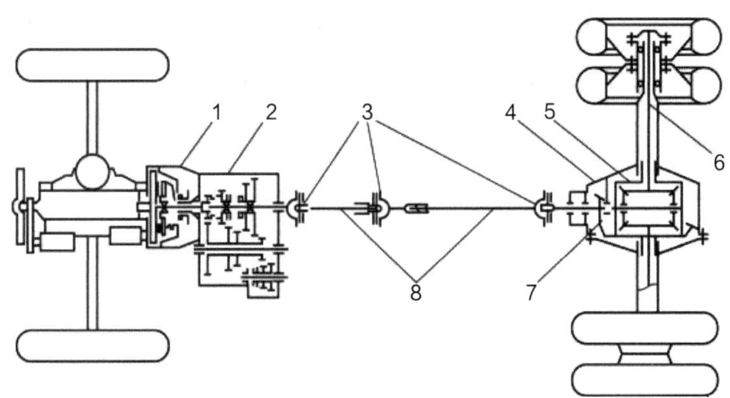

1—离合器；2—变速器；3—万向节；4—驱动桥；5—差速器；6—半轴；7—主减速器；8—传动轴。

图 2-2　普通汽车传动系统组成和布置示意图

（图片来源：李敏．汽车底盘构造与维修）

二、汽车传动系统的作用

传动系统的首要任务是与发动机协同工作，以保证汽车在各种使用条件下的正常

行驶，并具有良好的动力性和经济性，因此，任何形式的传动系统都必须具有以下五个功能。

（一）减速增矩

汽车行驶时需要克服轮胎变形或路面变形所形成的滚动阻力、相对空气流动对汽车形成的阻力、上坡时遇到的平行于路面向下的上坡阻力、加速时本身阻止汽车速度变化的惯性阻力。若汽车要克服上述阻力正常行驶，发动机必须输出大的扭矩。现在汽车上的发动机输出的扭矩远远小于克服阻力所需要的扭矩，如果将发动机的扭矩如数直接传给驱动车轮，显然是无法正常行驶的。

如果将发动机与驱动车轮直接连接，当发动机的转速为 3000 r/min 时，汽车的行驶速度可达 540 km/h，这样高的行驶速度，对驱动车轮来说驱动力矩太小，无法起步，即使汽车能起步，在道路上也无法行驶。

为解决上述问题，汽车必须设置减速机构，以降低转速增大扭矩来克服汽车行驶阻力。汽车上的减速装置实质上是一个扭矩放大装置，即将驱动机构转速降低多少倍，驱动扭矩就放大多少倍。驱动车轮的扭矩与发动机输出的扭矩之比等于发动机的转速与驱动车轮转速之比，常称为传动比。当汽车在良好的路面上行驶时，传动比较小，当克服较大的行驶阻力时往往需要较大的传动比。

汽车在道路上行驶时，情况是千变万化的，即道路垂直方向（如上下坡或凹凸不平的道路等）和水平方向（道路弯曲）上变化很大，还有交通情况及装载质量的变化等，这些都要求汽车的驱动力和速度要有很大的变化与之适应。但是，发动机转速的变化范围很窄。为了使发动机转速和扭矩在变化范围很窄的条件下适应汽车行驶的速度和扭矩的需要，传动系统应具有变速功能。

（二）实现汽车倒驶

汽车发动机只能朝一个方向旋转，不能反转，如果汽车停在难以掉头的狭窄地方，就需要汽车传动系统具有倒驶功能，即传动系统的变速器内应设置倒挡机构，以实现在发动机不能反转的条件下使汽车倒驶。

（三）必要时中断传动

为了减小发动机启动时的阻力，应中断传动。汽车在起步前必须将发动机与驱动车轮之间的动力切断，以便对发动机逐渐进行加载。为此，在传动系统中需要设置一个能分离和接合的机构。另外，在发动机不熄火的情况下临时停车，也必须中断传动，所以还需要在变速机构中设置一个空挡。

（四）差速作用

汽车行驶时驱动桥两端的车轮会出现转速不等的情况。例如：汽车在转弯时，汽车外侧车轮所走过的路程要大于内侧车轮，这就会出现在同一轴两端的驱动车轮转速不相等；在同一轴两端的轮胎新旧程度不等、气压不等及装载质量不等，均会造成两端的车轮直径不等，于是，同一轴上的两车轮滚动的速度也不相等；汽车在行驶时，其左右两车轮在通过高低不平的路面时，所驶过的路程也不相等。如果驱动桥两端的车轮都刚性地安装在一根轴上，汽车会因同一轴上的两车轮不能差速而出现转向困难，驱动轴两端的车轮会边滑动边滚动，即不能实现纯滚动，会加速轮胎和有关机件的磨损。为此，传动系统在驱动桥上应设差速器，同时还应将驱动轴制成半轴，以使驱动桥两端不等速车轮实现纯滚动而不滑动，这不仅能降低燃料消耗，同时还能减少轮胎和机件的磨损，使汽车实现顺利转向及正常运行。

（五）具有万向传动装置

发动机、离合器、变速器固定在车架上，驱动桥是通过弹性元件与车架连接，所以一般汽车发动机的动力输出轴与驱动桥的动力输入轴不在同一轴线上，加之汽车装载质量的变化和在不平的路面行驶时振动引起的驱动桥与发动机相对位置的变化等，均需设置一个能适应动力输出装置和动力输入装置不在同一轴线上的万向传动装置，以满足汽车传动的需要。

第三节　汽车传动系统的布置形式

随着汽车用途的不同、使用要求的改变及发动机结构与特性的改变，传动系统的组成及布置情况也将相应改变。汽车传动系统按结构和传动介质的不同，可分为机械式、液力式、静液式和电力式。

一、机械式传动系统

机械式传动系统的组成与布置如下。

（一）前置后驱（FR）

图 2-3（a）所示为发动机前置式后桥驱动的一种形式。在四个车轮中，后面的两个车轮为驱动车轮，常称为两轮驱动（4×2）。这种布置形式多用于载货汽车和客运汽车等，优点是操纵方便，发动机有异响时驾驶员能及早发现，另外，冬季取暖也比较方便，且驱动桥后置时，载货后驱动车轮与地面的附着效果较好。缺点是远距离传动不仅增加了汽车的质量，同时也增加了制造成本。

（二）前置前驱（FF）

前置前驱是指将发动机和驱动桥布置在汽车前部的方案，如图 2-3（b）所示，将发动机、离合器和变速器都布置在驱动桥的前方，而且三者与主减速器装配成一个整体，安装在车架或车身的底架上，前桥为独立悬架。这种结构的优点是无须设置变速器与驱动桥之间的万向传动装置。若发动机为横向布置，由于发动机的轴线与驱动桥的轴线平行，主减速器无须加工复杂的圆锥齿轮，只需加工简单的圆柱直齿轮副。取消纵向贯穿的传动轴，其车身可降低，发动机也可以纵向布置。

（三）中置后驱（MR）

中置后驱是将发动机放置在前后轴之间，同时采用后轮驱动，大多数世界一级方程式锦标赛赛车均采用这种布置形式，如图 2-3（c）所示。MR 的优点是轴荷分配均匀，具有很好的操控性。

（四）后置后驱（RR）

对于发动机后置后轮驱动的车辆，如图 2-3（d）所示，除去动力总成外，还包括发动机、离合器、变速器和主减速器布置成一体，结构紧凑。同时，因为发动机后置，汽车前部高度有条件降低，改善了驾驶员视野。整车整备质量小，没有传动轴，而且排气管不必从前部向后延伸，故客厢内地板比较平整，只需用较低的凸包高度来容纳操纵机构的杆件和加强地板刚度，这就改善了后排座椅中间座位乘客的出入条件，乘客座椅能够布置在舒适区内。在坡道上行驶时，由于驱动轮上附着力增加，爬坡能力提高，发动机布置在轴距外时，汽车轴距短，机动性能好。

后置后驱轿车的主要缺点是后桥负荷重，使汽车具有过多转向的倾向；前轮附着力小，高速行驶时转向不稳定，影响操纵稳定性；行李箱在前部，为使转向轮转向占据一定空间并改善驾驶员视野，行李箱空间通常不够大；因动力总成在后部，距驾驶员较远，所以操纵机构复杂。

（五）四轮驱动（4WD）

所谓四轮驱动，是指汽车前后轮都有动力，可按行驶路面状态不同而将发动机输出扭矩按不同比例分布在前后所有的轮子上，以提高汽车的行驶能力，如图 2-3（e）所示，一般用 4×4 或 4WD 来表示，如果一辆车上标有上述字样，那就表示该车辆拥有四轮驱动的功能。在过去，四轮驱动是越野车独有的，近年来，在一些高档轿车和豪华跑车上也开始采用四轮驱动。

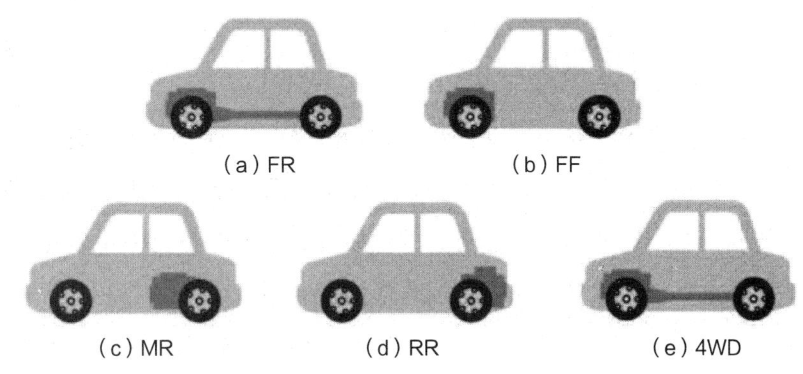

图 2-3　FR/FF/MR/RR/4WD 的布置图
（图片来源：李敏．汽车底盘构造与维修）

四轮驱动又有以下的分类。

1. 分时四驱（part-time 4WD）

分时四驱是一种驾驶员可以在两驱和四驱之间手动选择的四轮驱动系统，由驾驶员根据路面情况，通过接通或断开分动器来选择两轮驱动或四轮驱动模式，这也是一般越野车或四驱 SUV 最常见的驱动模式，最显著的优点是可根据实际情况来选取驱动模式，比较经济。陆风 2.8 排量的四轮驱动 SUV 就是一个比较典型的例子，它有 3 种驱动模式可以选择：在公路上行驶可以使用 2H 高速两轮驱动挡；当遇到雨雪路况时，可以选择 4H 高速驱动，增强车辆的附着力和操控性；面对恶劣路况时，又可以采用 4L 低速四轮驱动，使动力作用在全部四个车轮上，从而降低了对每个轮胎附着力的要求，减小了转弯时车轮空转的概率，同时发动机制动能力也得以增强。

2. 全时四驱（full-time 4WD）

全时四驱不需要驾驶员选择操作，前后车轮永远维持四轮驱动模式，行驶时将发动机输出扭矩按 50 ∶ 50 设定在前后轮上，使前后排车轮保持等量的扭矩。全时四驱系统具有良好的驾驶操控性和行驶循迹性，但其缺点也很明显，那就是比较废油，经济性不够好。

3. 适时四驱（real-time 4WD）

采用适时四驱系统的车辆可以通过计算机来控制选择适合当前情况的驱动模式。在正常的路面，车辆一般会采用后轮驱动的方式。而一旦遇到路面不良或驱动轮打滑的情况，计算机会自动检测并立即将发动机输出扭矩分配给前排的两个车轮，自然切换到四轮驱动状态，免除了驾驶员的判断和手动操作，应用更加简单。

二、液力式传动系统

所谓液力式传动系统，是指发动机将动力经液力变矩器（或液力耦合器）传至机械变速器，驱动车轮推动汽车行驶，它是液力传动和机械传动的组合。如图 2-4 所示，所谓液力式传动，是指以液体为传递动力的介质，利用液体在元件间循环流动中动能的变化来传递动力。液力式传动系统可以是液力耦合器或液力变矩器。液力耦合器只能传递扭矩，而不能改变扭矩的大小，它可以代替离合器的部分功能，如实现汽车的平稳起步和加速，但换挡时会产生变速器的齿轮撞击声。所谓液力变矩器，是指在液力耦合器内增加了导轮装置，使蜗轮输出的扭矩不同于泵轮输入的扭矩，可以实现无级变速。由于液力变矩器输出扭矩与输入扭矩的比值变化范围较小，不能满足使用要求，因此，在液力变矩器的后面还需串联一个机械变速器。

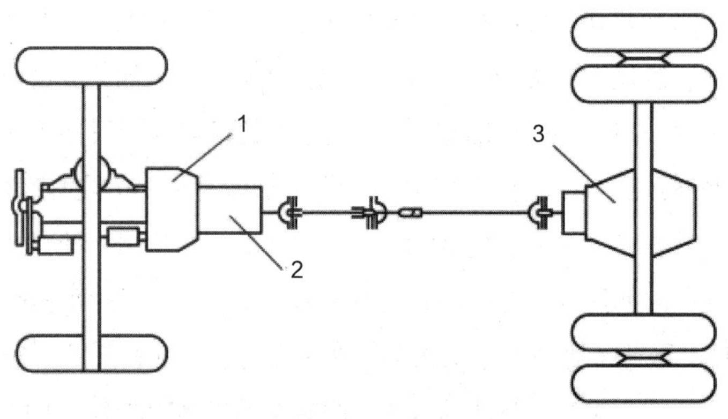

1—液力变矩器；2—自动变速器；3—驱动桥。

图 2-4 液力式传动系统简图

（图片来源：李敏. 汽车底盘构造与维修）

液力式传动系统结构复杂，造价高，传动效率低，因此多用于高档轿车或部分重型载重汽车和工程机械。

三、静液式传动系统

静液式传动系统是以液体为传递动力的介质，油泵把发动机输入的机械能转变为液体压力能传给液压马达，然后液压马达又把液体压力能转变为机械能传给驱动轮。如图 2-5 所示，它主要由发动机、油泵、液压马达、控制装置和辅助装置等组成。静液式传动系统存在着传动效率低、造价高、使用寿命和可靠性不够理想等缺点，目前在汽车上采用得很少。

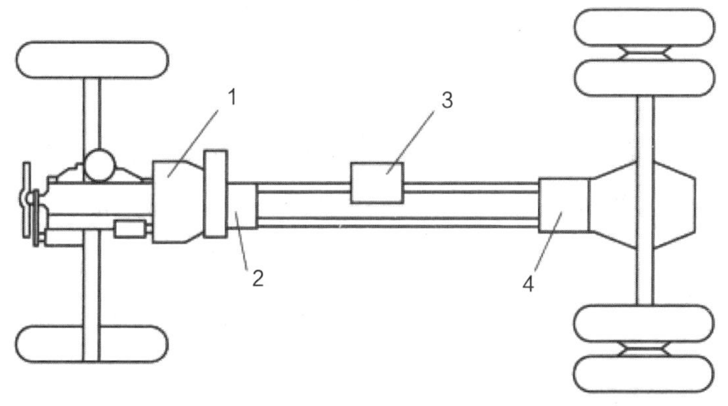

1—离合器；2—油泵；3—控制阀；4—液压马达。

图 2-5　静液式传动系统示意图

（图片来源：李敏. 汽车底盘构造与维修）

四、电力式传动系统

电力式传动系统是发动机驱动发电机，发电机将发出的电能传给电动机，电动机将发电机传来的电能转变为机械能，通过减速器传给驱动轮驱动汽车行驶，如图 2-6 所示。由于电动机的扭矩小、转速高，不能直接驱动车轮，所以要经过减速器进行降低转速增大扭矩，以使汽车正常行驶。

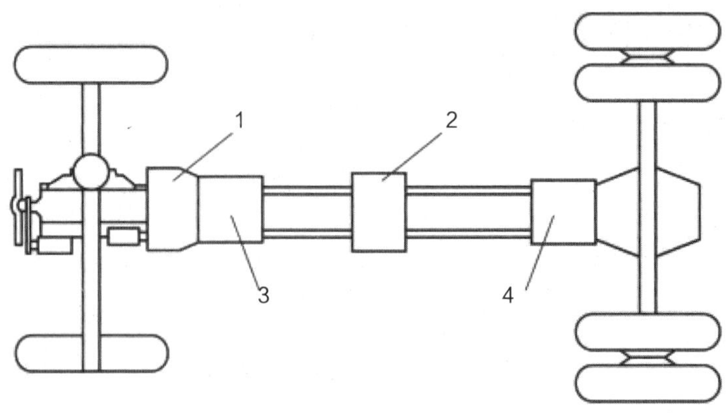

1—离合器；2—发电机；3—控制阀；4—电动机。

图 2-6　电力式传动系统示意图

（图片来源：李敏．汽车底盘构造与维修）

电力式传动系统的性能与静液式传动系统相近，而且传动效率高，但电动机质量比油泵和液压马达大得多，故目前还只限于在超重型汽车上应用。

第三章　离合器

离合器是汽车传动系统的主要总成之一，它通常安装在发动机飞轮的后侧，传动系统通过它与发动机相连接。

第一节　离合器的结构与原理

一、离合器的功用

（一）保证汽车平稳起步

汽车起步之前，将变速器置于空挡位置，切断了发动机与驱动桥之间的动力传动路线，使发动机在空载下启动。待发动机达到稳定的怠速转速后，方可将变速器挂入某一挡位使汽车起步。若传动系统与发动机是刚性联系，一旦变速器挂上挡后，由于此时发动机转速为数百转，传动系统转速为零，将二者突然接合，发动机将带动传动系统急剧加速，使汽车猛烈地向前窜，一方面汽车产生很大的惯性力，使传动系统各零部件受到冲击负荷，降低其使用寿命，甚至造成事故性损坏，另一方面发动机受到很大的惯性阻力矩的牵制，转速急剧下降，以致熄火，使汽车无法起步。在传动系统中设置了离合器后，汽车起步前，驾驶员踩下离合器踏板，使发动机与传动系统分离，再将变速器挂上合适的起步挡位，然后逐渐放松离合器踏板，使离合器逐渐接合，发动机传给传动系统，乃至驱动轮上的扭矩逐渐增大。由于传动系统给发动机的阻力矩也在逐渐增大，则需要同时逐渐踩下加速踏板，使发动机转速始终保持在最低稳定转速以上而不致熄火。当驱动轮上逐渐增大的驱动力足以克服汽车起步的阻力时，汽车开始起步，并随驱动力的逐渐增加而逐步加速，实现了汽车的平稳起步。

（二）保证传动系统换挡时工作平顺

在行驶中，为了适应不断变化的行驶条件，汽车需要经常变换不同挡位。传动系统采用齿轮式变速器换挡时，就是将原来正在工作的某挡位齿轮副退出传动，而后使另一挡位的齿轮副进入工作。在换挡前需踩下离合器踏板，切断发动机传给变速器的动力，使变速器退出传动的齿轮副（或接合套与接合齿圈）的齿面压力大大减小，便于分离。同时，将要进入接合传动的新挡位齿轮副（或接合套与接合齿圈）

的圆周速度容易趋于一致，大大减少了接合时的齿间冲击，保证了传动系统换挡时工作平顺。

（三）防止传动系统过载

在汽车行驶速度急剧变化，如紧急制动时，若没有离合器，发动机与传动系统刚性连接，将迫使发动机转速急剧下降，发动机的旋转件，尤其是飞轮将产生很大的惯性力矩（数值大大超过发动机正常工作时所发出的最大扭矩）施加于传动系统，超过了传动系统机件的承载能力，而使机件损坏。

有了离合器，在紧急制动之前踩下离合器踏板，切断发动机与传动系统之间的动力传递，就可以避免上述问题的发生。另外，对于某一具体车型的离合器来说，传递动力的能力是固定的，紧急制动时，若没有及时踩下离合器踏板，当发动机产生的惯性力矩超过离合器所能传递的能力时，离合器主、从动部分相对滑转，发动机经离合器传递给传动系统其他部件的惯性力矩将不再增大，防止了传动系统的过载。

由上述可知，欲起到以上作用，离合器应该是这样一个传动机构：其主动部分与从动部分可以暂时地分离，又可以逐渐接合，并且在需要时又能相对滑动。所以，离合器的主动件和从动件之间不能采用刚性连接，而是要借助二者接触面之间的摩擦作用来传递扭矩（摩擦式离合器），或是利用液体作为传动的介质（液力耦合器），或是利用电磁力来传递扭矩（电磁式离合器）。目前，汽车上广泛采用的是以弹簧压紧的摩擦式离合器。

二、摩擦式离合器的工作原理

摩擦式离合器的基本结构及工作原理如图 3-1 所示。该离合器主要由飞轮、从动盘、踏板、压紧弹簧、从动轴、从动盘毂组成。

飞轮与发动机曲轴通过螺栓连接成一体，是离合器的动力输入部分，该部分称为离合器的主动部分；从动盘毂与带有摩擦片的从动盘铆接为一体，并通过从动盘毂的内花键套装在从动轴上，是离合器的动力输出部分，该部分称为离合器的从动部分；压紧弹簧套装在从动轴上，其作用是压紧主、从动部分，使二者之间产生足够的摩擦力矩，来传递发动机的扭矩，该部分通常称为压紧机构；踏板通过中部的支承销支承，并作为转动的支点，其下端叉口部分插在从动盘毂的切槽中，通过踏下或放松踏板，使主、从动部分分离或接合，该部分称为操纵机构。

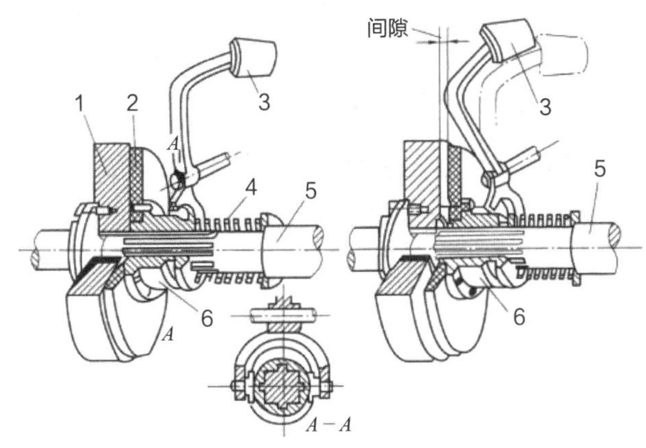

1—飞轮；2—从动盘；3—踏板；4—压紧弹簧；5—从动轴；6—从动盘毂。

图 3-1　摩擦式离合器的工作原理

（图片来源：常明．汽车底盘构造）

由于汽车在行驶中，需要经常保持动力传递，离合器主、从动部分经常处于接合状态。欲使离合器分离，应踩下离合器踏板，其拨叉部分带动从动盘毂及从动盘压缩压紧弹簧右移，并与飞轮分离，两者间的摩擦力矩消失，切断了动力传递。驾驶员作用于踏板上的力用于克服压紧弹簧的张力。

当需要恢复动力传递时，为了使离合器平稳结合，应逐渐放松离合器踏板，压紧弹簧逐渐伸张，推动从动盘逐渐左移，并与飞轮接触，二者接触面间的压力逐渐增加，相应的摩擦力矩也逐渐增大，所能传递的力矩也逐渐增加。当飞轮与从动盘接合还不紧密、二者之间摩擦力矩还比较小时，飞轮与从动盘之间可相对滑转，使其不同步旋转。随着踏板的逐渐放松，二者之间接合的紧密程度逐步增大，滑转程度逐步减小，直到离合器完全接合而停止滑转时，汽车速度方能与发动机转速成正比。

由摩擦式离合器的工作原理可知，此种离合器所能传递扭矩的能力，取决于主、从动部分的摩擦力矩的大小。在主、从动部分摩擦副材料、面积一定的情况下，主要取决于压紧机构对主、从动部分的压紧力。当离合器分离时，压紧力为 0，主、从动部分没有摩擦力矩，不能传递扭矩；当离合器完全接合时，压紧力最大，摩擦力矩也达到最大，能可靠地传递发动机的最大扭矩。离合器逐渐结合时，主、从动部分之间的压紧力、所产生的摩擦力矩、传递的发动机扭矩均是逐步增大的，能够使汽车平稳地起步。

现代汽车上所采用的摩擦式离合器，其基本原理是相同的，基本结构也同样由主动部分、从动部分、压紧机构、操纵机构所组成。

三、对摩擦式离合器的基本要求

（一）能可靠地传递发动机的扭矩

离合器在结构上既要保证汽车在任何行驶条件下传动系统不过载，又要保证能够可靠地传递发动机扭矩，即使在使用过程中，诸如压紧弹簧的压紧力下降、摩擦片磨损、摩擦系数下降等因素导致离合器所能产生的摩擦力矩有所下降，离合器需仍能可靠地传递发动机扭矩。对此，在设计离合器时，应使离合器所能产生的摩擦力矩大于所需要传递的发动机的最大扭矩，通常用离合器的储备系数来表示，即

$$\beta = M_C / M_{\max}$$

式中 β 为离合器的储备系数；M_C 为离合器的摩擦力矩；$M_{\max}$ 为发动机的最大扭矩。

β 的值通常如下：轿车和轻型货车为 1.20 ～ 1.75；中、重型货车为 1.50 ～ 2.25；越野汽车、拖带挂车等重型汽车和牵引汽车为 1.8 ～ 4.0。

（二）分离彻底

只有离合器分离彻底，才能切断发动机传给传动系统的动力，便于变速器平顺地换挡。为保证离合器分离彻底，在离合器分离时应使压盘有足够的轴向行程，以保证各对摩擦面之间有足够的间隙。而对于双盘离合器，还应在结构上保证将间隙均匀地分配给各对摩擦面之间。

（三）结合柔和

离合器的结合柔和，是为了保证汽车起步平稳和减少传动系统的冲击负荷。这一要求需要一定的结构措施和驾驶员的正确操作来实现。一般在单盘离合器从动盘上附装有扭转减震器，也有些单盘离合器在从动盘钢片上采取一些增加轴向弹性的结构措施。对于双盘离合器，在结合时，四对摩擦面有一个递推压紧的缓冲过程，从而有一定的结合柔和的效果，因此很少采用结构措施。而驾驶员的正确操作就是指松开离合器踏板的速度要适当。若过快，即使有许多结构措施，接合也不可能柔和；若过慢，则离合器主、从动部分相对滑转的时间增长，离合器磨损加大。

（四）从动部分的转动惯量尽可能小

若从动部分转动惯量大，在分离离合器后，变速器换挡时，虽然切断了发动机与变速器之间的动力，但离合器从动部分较大的惯性力矩仍然输给变速器，引起换挡时

齿轮冲击而发响。

（五）散热良好

在汽车行驶中，驾驶员频繁地操作离合器，这就使离合器由于摩擦面间频繁地相对滑转而产生大量的热量。离合器接合越柔和（滑磨时间愈长），产生的热量越多。这些热量如不能及时地散发出去，将对离合器的工作产生严重的影响。

第二节　摩擦式离合器

一、摩擦式离合器的分类

摩擦式离合器因从动盘的数目、压紧弹簧的形式及其布置，以及操纵机构形式的不同，其结构上也不同。

摩擦式离合器按从动盘数目分可分为单盘摩擦式离合器和双盘摩擦式离合器。

一般在轻、中型汽车上，发动机的最大扭矩并不是很大，离合器通常采用一个从动盘，其两面有摩擦片，因而有两个摩擦面，这种离合器称为单盘摩擦式离合器。近年来，由于摩擦材料质量的提高及品种的增多，在某些重型汽车上也采用单盘摩擦式离合器。

在重型汽车上，由于发动机的最大扭矩较大，单盘摩擦式离合器已不能适应动力传递的要求，需要增加离合器传递扭矩的能力，在摩擦材料一定的情况下，一方面是增大从动盘的直径，但由于受到发动机飞轮的限制，又不能增加得过大。另一方面是增加压紧弹簧的压紧力，但若增加过大，又将使离合器的操纵变得费力，因此通常采用双从动盘，有四个摩擦面，较大幅度地增加了传递发动机扭矩的能力。这种离合器称为双盘摩擦式离合器。少量中型汽车采用双盘摩擦式离合器。

摩擦式离合器按压紧弹簧的形式及布置的不同，可分为周布弹簧离合器、中央弹簧离合器及膜片弹簧离合器。采用若干个圆柱螺旋弹簧沿压盘圆周分布的离合器，称为周布弹簧离合器；采用一个或两个有较强压紧力的螺旋弹簧布置在压盘中部的离合器，称为中央弹簧离合器；采用一种蝶形的膜片弹簧作为压紧弹簧的离合器，称为膜片弹簧离合器。

摩擦式离合器按操纵机构形式的不同，分为机械操纵式离合器、液压操纵式离合器和气压助力机械操纵式离合器等。

二、周布弹簧离合器

（一）单盘离合器

1. 东风 EQ1090E 汽车离合器

东风 EQ1090E 汽车离合器是单从动盘周布弹簧摩擦式离合器，其构造如图 3-2 所示。

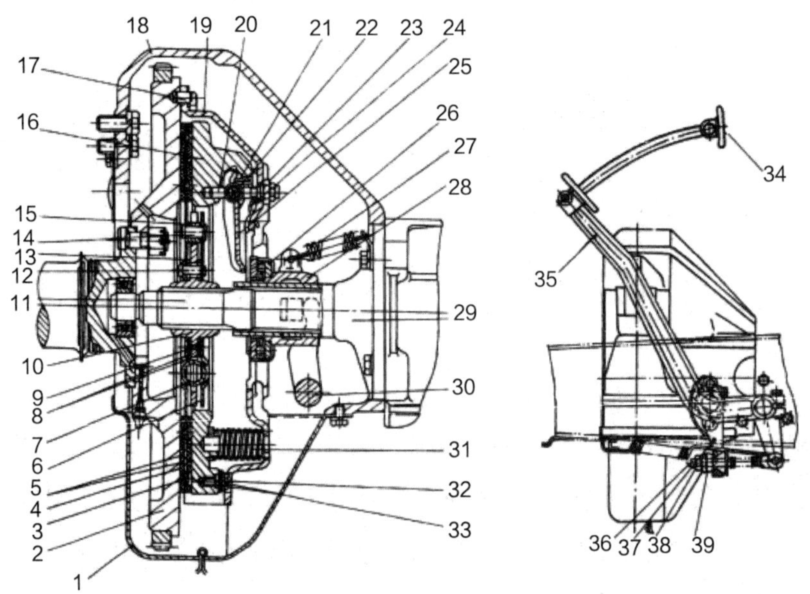

1—离合器壳底盖；2—发动机飞轮；3—摩擦片铆钉；4—从动盘本体；5—摩擦片；6—减振器盘；7—减振器弹簧；8—减振器阻尼片；9—阻尼片铆钉；10—从动盘毂；11—变速器第一轴；12—阻尼弹簧铆钉；13—减振器阻尼弹簧；14—从动盘铆钉；15—从动盘铆钉隔套；16—压盘；17—离合器盖定位销；18—离合器壳；19—离合器盖；20—分离杠杆支承柱；21—摆动支承片；22—浮动销；23—分离杠杆调整螺母；24—分离杠杆弹簧；25—分离杠杆；26—分离轴承；27—分离套筒回位弹簧；28—分离套筒；29—变速器第一轴轴承盖；30—分离叉；31—压紧弹簧；32—传动片铆钉；33—传动片；34—踏板；35—踏板臂；36—分离拉杆；37—分离叉臂；38—锁紧螺母；39—调整螺母。

图 3-2 东风 EQ1090E 汽车离合器

（图片来源：常明．汽车底盘构造）

离合器的主动部分由发动机飞轮、压盘及离合器盖等组成。飞轮通过螺栓固装在发动机曲轴的后端。环状的压盘前端制成平面，可与从动盘摩擦片相接合，其后端面上制有十六个圆柱形的凸台弹簧座，用于安装压紧弹簧，还制有四个钩状的凸台，用于安装分离杠杆机构。离合器盖由钢板冲压而成，其前端通过螺钉固装在飞轮上。在离合器盖上还制有两个定位孔，装配时，通过离合器盖定位销使离合器盖及压盘总成与飞轮对中。离合器盖与压盘之间的动力是由四组传动片（每组两片）来传递的。传动片沿圆周切向相隔 90° 均匀分布，一端通过螺钉固定在压盘上，另一端铆在离合器盖上。在离合器接合和分离时，弹性的传动片可产生径向变形，所以离合盖与压盘之间既无摩擦和磨损，也没有冲击和噪声，而且离合器接合也比较平稳。

从动部分是一个带有扭转减振器的从动盘总成，它装在飞轮与压盘之间，主要由从动盘本体、摩擦片、从动盘毂及扭转减振器组件组成。从动盘本体由薄钢板制成，故其转动惯量较小。为了避免离合器温度升高使本体受热膨胀而翘曲变形，影响离合器的正常工作,在本体上开有五条径向切槽。在本体两侧铆有石棉合成物制成的摩擦片。从动盘毂通过内花键套装在变速器第一轴上，并可在轴向滑动。在从动盘本体与从动盘毂之间装有扭转减振器组件。

压紧机构是由十六个压紧弹簧组成，沿压盘的圆周分布，它的一端装在制有“十”字筋的压盘弹簧座上，另一端顶在离合器盖上。它的作用是在离合器接合时，使离合器主、从动部分压紧，产生足够摩擦力矩，来传递发动机的扭矩。

操纵机构主要由踏板、踏板臂、分离拉杆、分离叉臂、分离叉、分离套筒及分离轴承、分离杠杆组成。踏板用键固定在踏板轴上，而踏板轴支承在固装于车架纵梁的支承座内，轴的内段通过细花键与拉臂连接，拉臂与分离叉臂通过拉杆相连接，分离叉臂通过键与分离叉相连。分离叉两侧通过衬套支承在离合器壳上，其中部叉形部分紧靠在分离套筒凸耳上。分离轴承压装在分离套筒前部，分离套筒滑套在变速器第一轴轴承盖上，并在分离套筒回位弹簧作用下，抵靠在分离叉上。分离杠杆组件如图 3-3 所示，由分离杠杆、分离杠杆支承柱、浮动销、摆动支承片、分离杠杆弹簧等组成。

支承柱的左端插在压盘上相应的孔内，其右端借球面分离杠杆调整螺母固定在离合器盖上。调整螺母与离合器盖之间采用球面结合，是为了保持支承柱的对中性。支承柱中部制有方形的孔，浮动销中部浮装在孔中，浮动销的直径小于孔的边长，可以在孔中径向小幅移动。分离杠杆由钢板冲压而成，其中部制有孔，套装在支承柱上，一两侧支承在浮动销的两端。摆动支承片制成“凹”字形状，其缺口部分插在压盘勾状凸台的相应切槽中，由于切槽宽度大于摆动支承片厚度，摆动支承片可以相对切槽摆动，摆动支承片的另一端制成平面，与分离杠杆上相应的凹槽相接触，形成刀口形支承。分离杠杆、浮动销及支承柱在分离杠杆弹簧作用下相互压紧。

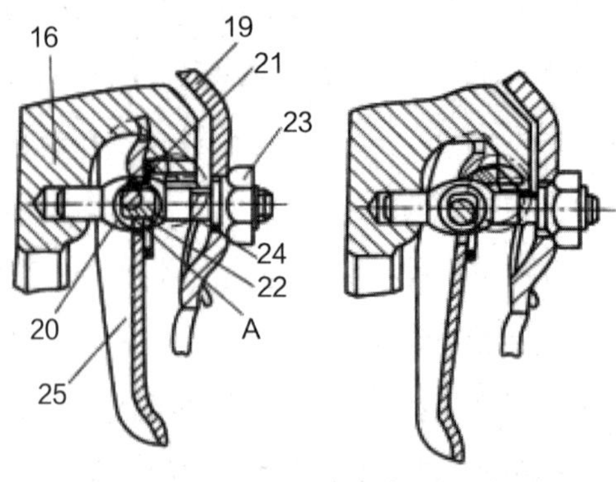

图 3-3　分离杠杆工作情况（标注同图 3-2）
（图片来源：常明．汽车底盘构造）

下面分析分离杠杆的运动情况。如图 3-4 所示，如果分离杠杆的支点是简单的铰链，点 C 是分离杠杆与压盘的连接，当分离杠杆绕支架的铰链点转动时，C 点的轨迹是一条弧线，但 C 点又是压盘上的一点，当压盘轴向移动时，C 点的轨迹只能是一条直线，两条轨迹不重合，而 C 点只能按照一个轨迹运动，这样压盘就不可能后移，离合器也无法分离。离合器分离时，压盘的轴向移动，分离杠杆绕支点的转动，二者运动轨迹不协调的现象称为离合器的运动干涉。

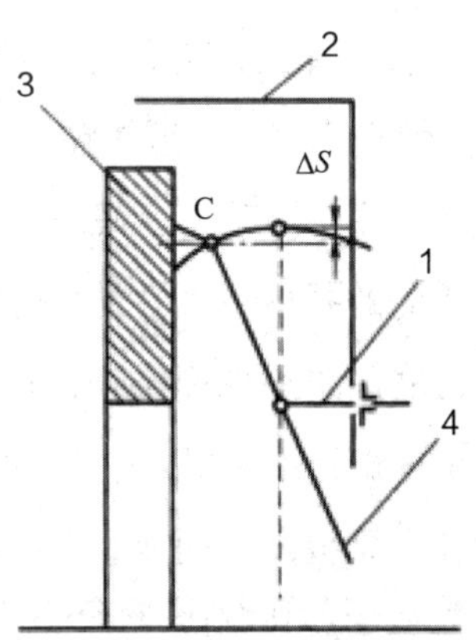

1—支架；2—离合器盖；3—压盘；4—分离杠杆。

图 3-4　离合器运动干涉示意图
（图片来源：常明．汽车底盘构造）

周布弹簧离合器采取了一些结构措施来解决离合器的运动干涉。在东风 EQ1090E 汽车离合器上采用了浮动销、摆动支承片，较好地解决了运动干涉，工作情况如图 3-3 所示。在离合器接合时，分离杠杆及浮动销在离心力的作用下向外甩动，使浮动销与支承柱孔的支承平面 A 的外端接触，如图 3-3（a）所示。当离合器分离时，分离杠杆转动，摆动支承片推动压盘右移，此时浮动销沿支承平面 A 向内滚过一段距离（小于 1 mm），直至与支承平面 A 的内端接触，如图 3-3（b）所示。摆动支承片在推动压盘右移的同时，发生了摆动而倾斜，保证了压盘的顺利后移，使离合器分离。显然，该结构不会发生运动干涉。由于支点和传力点分别采用了浮动销和刀口支承形式，分离组件的摩擦和磨损大为减少。

离合器接合时，分离轴承与分离杠杆之间保持一定的间隙，飞轮、从动盘、压盘在压紧弹簧的作用下压紧。一方面，发动机的扭矩由飞轮与从动盘摩擦片接触面直接传给从动盘；另一方面，发动机的扭矩由飞轮经离合器盖、四组传动弹片、压盘，并经压盘与摩擦片的接触面传给从动盘，再经从动盘本体、扭转减震器（从动盘毂）传给变速器第一轴。

离合器分离时，驾驶员踩下离合器踏板，通过分离拉杆、分离叉臂使分离叉转动，推动分离套筒及轴承左移，在消除分离轴承与分离杠杆之间的间隙后，推动分离杠杆内端左移，使分离杠杆转动，其外侧通过摆动支承片推动压盘右移，解除了对从动盘的压紧力，并使主、从动部分保持一定的间隙。此时，驾驶员作用在踏板上的力与压紧弹簧的张力保持平衡。

离合器接合时，为了使离合器的接合平稳，驾驶员逐渐放松离合器踏板，压紧弹簧伸张，推动压盘左移，使主、从动部分逐渐压紧，摩擦力矩逐渐增大，传递发动机的扭矩也逐渐增大。当作用在驱动轮上的扭矩足以克服道路阻力时，汽车开始起步，并逐渐加速。在离合器摩擦力矩还不大时，离合器主、从动部分相对滑转，随着踏板的逐渐放松，摩擦力矩的逐渐增大，主、从动部分的滑转逐步减少。当踏板放松到一定程度时，主、从动部分不再滑转，踏板彻底放松后，离合器完全接合。由于离合器接合过程是逐渐进行的，因此汽车能够平稳地起步。

离合器在接合状态，分离轴承与分离杠杆之间保持一定的间隙，驾驶员踩下离合器踏板时，先消除这一间隙，才能分离离合器。这一间隙在踏板上的反应行程称为离合器踏板自由行程。东风 EQ1090E 汽车离合器踏板自由行程为 30 ～ 40 mm。由于上述间隙的存在，一方面，离合器在接合状态时，分离杠杆与分离轴承分离，减少了分离轴承的摩擦和磨损，另一方面，随着离合器使用时间的增长，从动盘的摩擦片磨损变薄，在接合状态时，压盘的相对位置要左移（相对摩擦片未磨损时），分离杠杆内端要右移，如若没有此间隙，分离杠杆内端就不可能右移，压盘的相对位置也不可能左移，离合器就不能很好地结合，出现主、从动部分相对滑转，不能可靠地传递发动机扭矩。因此，该间隙的大小应能保证摩擦片在正常磨损范围内离合器仍能完全结合。汽车在使用中应经常检查离合器踏板自由行程，如不符合要求，可通过拧动分离拉杆前端的球面调整螺母，通过改变分离拉杆的有效长度，从而改变分离轴承与分离杠杆之间的间隙，使离合器踏板自由行程恢复到规定的要求。

拧动支承柱上的分离杠杆调整螺母，可调整分离杠杆内端的高度，以保证离合器分离时，压盘有足够的右移行程，使离合器分离彻底。还可以使四个分离杠杆的内端调整到与飞轮平面平行的同一个平面内，以避免离合器在分离或接合过程中压盘倾斜，使离合器分离不彻底，并且在汽车起步时离合器发生颤抖现象。

2. 北京 BJ2020 系列汽车离合器的结构特点

（1）压盘的传力方式采用“窗孔—凸耳”结构形式。如图 3-5 所示，在离合器盖沿圆周方向均分地开有三个窗孔，在压盘后端面上制有三个凸耳，装配后，凸耳嵌装在窗孔内。离合器盖随飞轮转动时，通过窗孔边缘带动压盘凸耳转动，从而达到传力的作用。另外，当离合器分离时，压盘凸耳可以在窗孔中轴向移动，还起着压盘的导向对中的作用。这种结构形式具有结构简单、传力可靠等优点，但缺点是压盘轴向移动时，窗孔与凸耳会产生摩擦，久之会使窗孔边缘磨损，配合间隙变大，当转速发生变化时，窗孔与凸耳易发生冲击而发响。

（2）在从动盘钢片圆周上铆有八片波纹扇形弹簧片，在弹簧片两侧铆有摩擦片，增强了从动盘的轴向弹性。在离合器接合过程中，由于压盘压紧从动盘，波纹弹簧片逐渐被压平，从动盘上的压紧力平缓增大，故有利于离合器柔和结合。

（3）采用“半圆支承销—滚柱”的结构形式来消除离合器的运动干涉。三个分离杠杆的外端通过轴销（图 3-5）与压盘凸耳铰接，为减少摩擦，在销轴与分离杠杆连接孔之间装有滚针。半圆形的支承销两端铆在支架上，而支架通过螺钉固定在离合器盖上。在半圆支承销的平面与分离杠杆支承孔之间浮装一个滚柱，半圆支承销、滚柱与分离杠杆支承孔之间有 0.1 ～ 0.2 mm 的径向间隙。当离合器分离时，分离杠杆转动，在摩擦力的作用下，滚柱在支承销的平面上滚动。这样，分离杠杆在转动的同时，还相对支承销有少许的径向移动，从而保证了其外端与压盘的连接点做直线运动，消除了离合器的运动干涉。

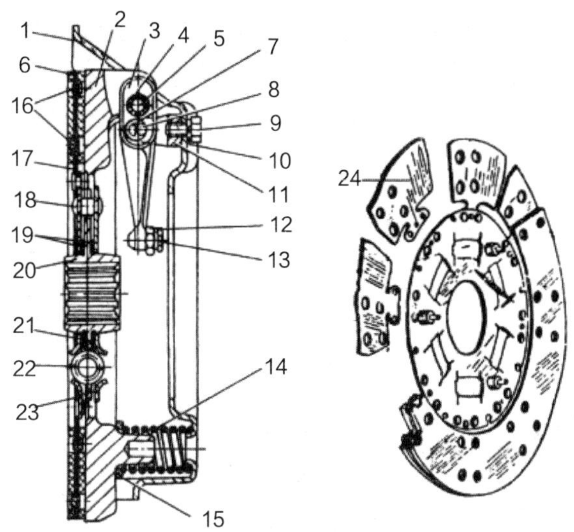

1—离合器盖；2—压盘；3—分离杠杆；4—滚针；5—轴销；6—摩擦片；7—半圆形支承销；8—滚柱；9—螺栓；10—垫圈；11—支架；12—锁紧螺母；13—调整螺钉；14—压紧弹簧；15—隔热垫；16—铆钉；17—从动盘钢片；18—铆钉；19—减振摩擦片；20—从动盘毂；21—调整垫片；22—减振弹簧；23—传动板；24—波纹扇形弹簧片。

图 3-5 北京 BJ2020 系列汽车离合器

（图片来源：常明. 汽车底盘构造）

（4）该车离合器采用了九个压紧弹簧。压紧弹簧两端分别顶靠在压盘及离合器盖的弹簧座上，在压紧弹簧与压盘之间装有石棉制成的隔热垫片。

（5）离合器采用液压式操纵机构。此内容将在第三节讲述。

3. 东风 EQ2102 汽车离合器的结构特点

（1）压盘的传力方式采用“窗口—凸耳”结构形式。如图 3-6 所示，在压盘的左端面上制有四组凸耳，在离合器盖上制有四个窗口，离合器装复后，凸耳嵌入窗口中。当离合器盖随飞轮旋转时，通过窗口—凸耳带动压盘旋转。

（2）装有二十个螺旋压紧弹簧。二十个螺旋压紧弹簧分内、外两层周向布置。压紧弹簧右端通过压紧弹簧座套装在压盘左端面圆柱形凸台上，左端顶在离合器盖内侧。

（3）通过将分离杠杆调整螺母与离合器盖用球面结合来消除离合器的运动干涉。分离杠杆通过圆柱销分别与压盘凸耳及分离杠杆支架相连接，圆柱销与杠杆之间装有衬套，分离杠杆支架通过调整螺母装在离合器盖上。由于调整螺母与离合器盖采用球面结合，离合器分离时，分离杠杆支架可相对离合器盖小幅度摆动，使分离杠杆在转动的同时做小幅的径向移动，消除离合器的运动干涉。

（4）采用气压助力、液压式操纵机构。从动盘总成结构与东风 EQ1090E 汽车离合器从动盘相似。

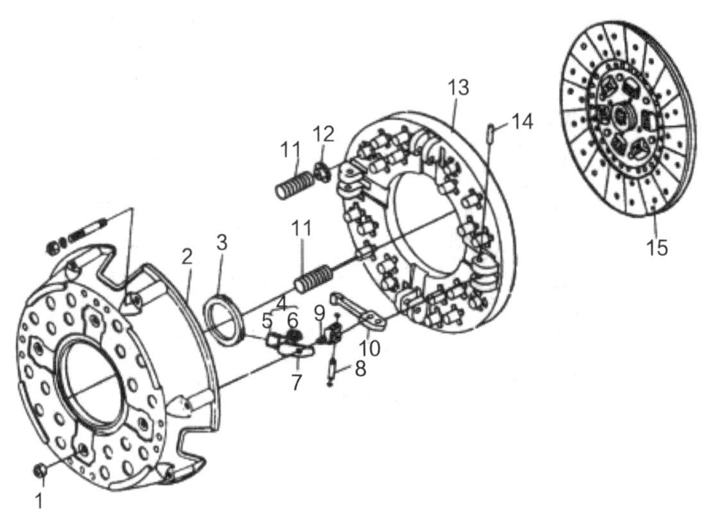

1—分离杠杆调整螺母；2—离合器盖；3—分离杠杆垫环；4—分离杠杆弹簧总成；5—分离杠杆弹簧挂钩；6—分离杠杆弹簧；7—支架调整螺钉弹簧片；8、14—圆柱销；9—分离杠杆支架；10—分离杠杆；11—压紧弹簧；12—压紧弹簧座；13—压盘；15—从动盘总成。

图 3-6　东风 EQ2102 汽车离合器

（图片来源：常明．汽车底盘构造）

东风 EQ1108G、东风 EQ1141G 汽车离合器结构与东风 EQ2102 汽车离合器相似。但主、从动盘直径，压紧弹簧的数目及其他零部件略有不同。

4. 陕汽 SX2190 汽车离合器的结构特点

如图 3-7 所示，陕汽 SX2190 汽车离合器本体结构与东风 EQ2102 汽车离合器结构相似，但该离合器需要传递发动机的扭矩较大，除离合器尺寸较大外，主要有以下不同点：采用三十六个圆柱螺旋压紧弹簧，分内外两层周向布置；安装六套分离杠杆机构；扭转减振器采用了八个减振弹簧；采用了气压助力、机械传动式操纵机构，此内容在第三节讲述。

陕汽 SX2150K 汽车离合器采用了二十四个压紧弹簧，在从动盘本体与摩擦片之间装有波形弹簧片，以增加离合器结合的柔和性，其他部分与陕汽 SX2190 汽车离合器相似。

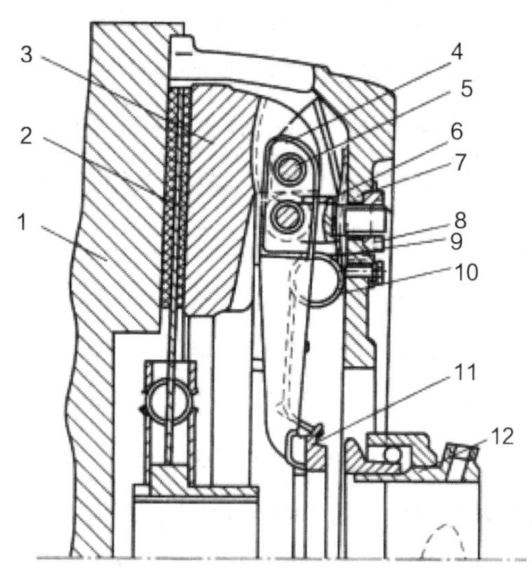

1—飞轮；2—从动盘总成；3—压盘；4—分离杠杆；5—圆柱销；6—分离杠杆支架；7—离合器盖；8—分离杠杆调整螺母；9—弹簧垫片；10—分离杠杆弹簧；11—分离环；12—分离套筒及轴承。

图 3-7　陕汽 SX2190 汽车离合器
（图片来源：常明．汽车底盘构造）

（二）双盘离合器

如图 3-8 所示，解放 CA1091 汽车离合器是双从动盘周布弹簧摩擦式离合器，其构造主要有以下特点。

1. 主动部分增设了中间主动盘，并采用传动销传动

在飞轮与压盘之间装有一个环状的中间压盘。在飞轮上沿圆周方向均匀地压装六个传动销，并以螺母固定，中间压盘及压盘在圆周方向制有六个导向孔，并浮装在传动销上。当传动销随飞轮转动时，该销带动中间压盘及压盘转动，当离合器接合或分离时，中间压盘及压盘可沿传动销轴向移动。这种传递力矩方式的特点是工作可靠、传递力矩大，但中间压盘及压盘沿传动销轴向移动时滑动摩擦较大。由钢板冲压而成的离合器盖通过螺钉固定在传动销的右端部。

2. 采用两个结构相同的从动盘总成

从动盘毂上铆有从动盘钢片，钢片径向开有膨胀槽，以防受热后从动盘翘曲。钢片两侧铆有摩擦片。两个从动盘总成位于飞轮、中间压盘及压盘之间。

3. 装有十二个圆柱螺旋压紧弹簧

在压盘与离合器盖之间沿圆周方向布置了十二个螺旋压紧弹簧，弹簧的右端顶在

离合器盖上，其左端顶在压盘右侧带有隔热垫的弹簧座上。

4. 分离杠杆螺栓与压盘采用球面接合，与分离杠杆之间装有带圆弧凸起的垫圈

如图 3-9 所示，由钢板冲压而成的六个分离杠杆以中部的缺口卡在离合器盖的周围窗孔的侧壁上，并以此为转动的支点。分离杠杆外端以螺栓与压盘连接，螺栓与压盘连接处采用球面接触，并使压盘上的孔径大于螺栓直径，使螺栓可相对于压盘小幅度地摆动。分离杠杆外端与分离杠杆螺栓调整螺母之间装有带圆弧凸起的垫圈，垫片凸起的圆弧面与分离杠杆相接触，使分离杠杆相对于螺栓也可以小幅度地摆动，避免了离合器的运动干涉。通过调整螺母可以调整分离杠杆的高度。在分离杠杆中部装有支承弹簧，以保证分离杠杆外端始终与凸起垫圈接触。

5. 采用支承弹簧及限位螺钉保证中间压盘的分离彻底

如图 3-8 所示，在中间压盘与飞轮之间装有四个锥形的支承弹簧，在离合器盖上装有三个限位螺钉，该螺钉穿过压盘上相应的孔，在离合器处于接合状态时，与中间压盘右端面保持一定的间隙。离合器分离时，中间压盘在支承弹簧作用下右移与前从动盘分离。当中间压盘与限位螺钉相抵时，停止了右移，并与后从动盘也保持分离。中间压盘的分离行程为 1.25 mm，调整方法是在离合器处于接合状态时，拧入限位螺钉直至与中间主动盘相抵，再拧出 5/6 圈。

解放 CA1091 汽车离合器机械式操纵机构与东风 EQ1090E 汽车相似。

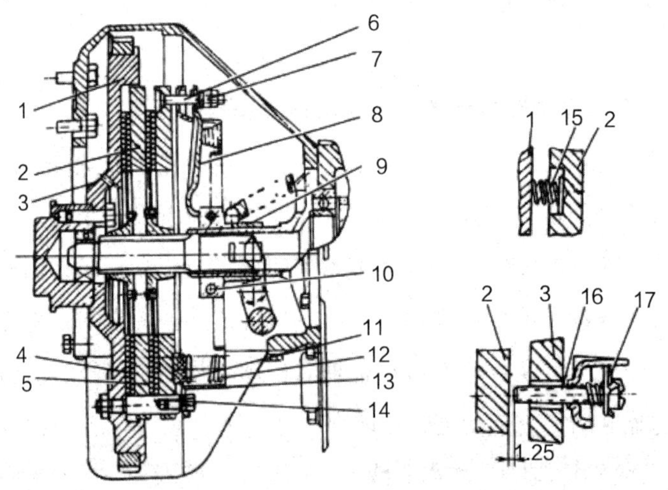

1—飞轮；2—中间压盘；3—压盘；4、5—从动盘；6—分离杠杆螺栓；7—调整螺母；
8—分离杠杆；9—分离套筒；10—分离轴承；11—隔热垫；12—螺旋压紧弹簧；
13—离合器盖；14—传动销；15—支承弹簧；16—限位螺钉；17—锁紧垫圈。

图 3-8 解放 CA1091 汽车双盘离合器

（图片来源：常明．汽车底盘构造）

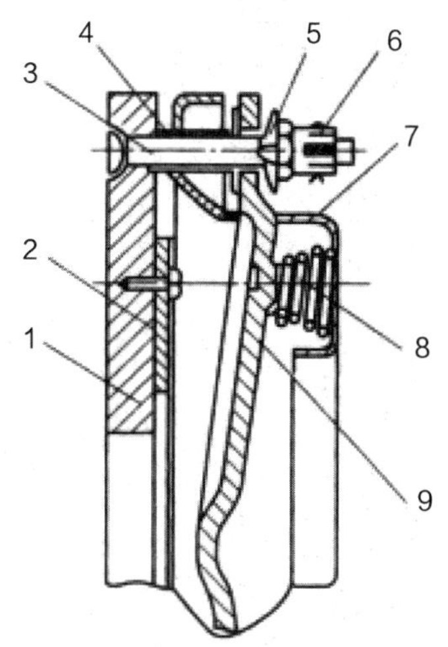

1—压盘；2—隔热垫；3—分离杠杆螺栓；4—弹簧；5—圆弧凸起垫圈；
6—分离杠杆螺栓调整螺母；7—离合器盖；8—分离杠杆支承弹簧；9—分离杠杆。

图 3-9 解放 CA1091 汽车离合器分离机构
（图片来源：常明. 汽车底盘构造）

（三）斜置弹簧离合器

如图 3-10 所示，在有些重型汽车的离合器上，有若干个周向布置的压紧弹簧，倾斜地布置在离合器盖与传力盘之间，即每个弹簧的轴线相对于离合器轴线有一个角度 α。作用在压盘上的压紧力是由每一个弹簧的轴向分力之和经外端为支点的压紧杠杆放大后产生的，其数值的大小可用公式 $F=Q\cos\alpha$ 表示。离合器分离时，分离叉通过分离轴承和分离套筒将传力盘向右拉，解除压紧杠杆对压盘的压紧力，使离合器分离。采用压紧弹簧斜置的主要优点是工作性能十分稳定，而且操纵轻便。当摩擦片磨损时，压紧杠杆内端将左移，弹簧伸张，Q 随之减小，但 α 也减小，$\cos\alpha$ 值增大，在摩擦片一定的磨损范围内 F 值几乎保持不变。同理，当分离离合器时右拉传力盘，Q 增大，α 也增大，$\cos\alpha$ 值减小，F 值基本不变。

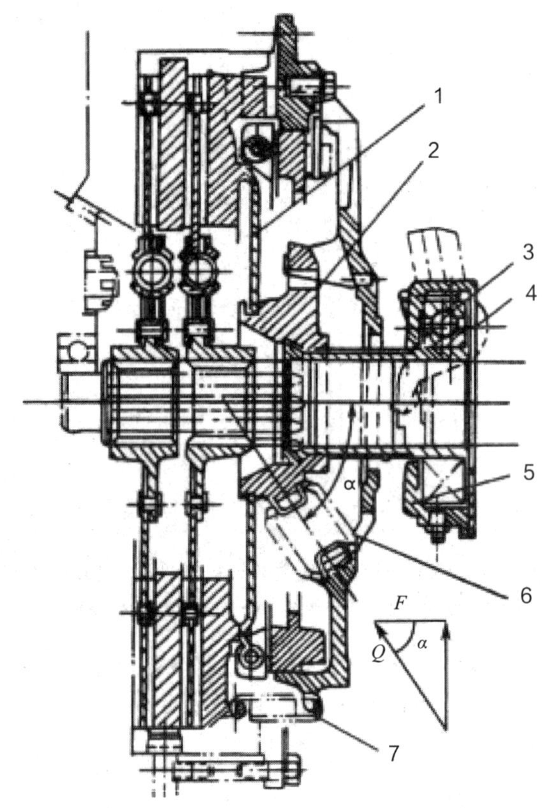

1—压紧杠杆；2—传力盘；3—分离轴承；4—分离叉；5—分离套筒；6—压紧弹簧；7—分离弹簧。

图 3-10 斜置弹簧离合器

（图片来源：常明. 汽车底盘构造）

三、中央弹簧离合器

中央弹簧离合器有一个或内外两个同轴线压紧弹簧，布置在离合器中央，该离合器一般用在重型汽车上。

如图 3-11 所示，长征 XD2150 汽车采用圆柱形中央弹簧离合器。

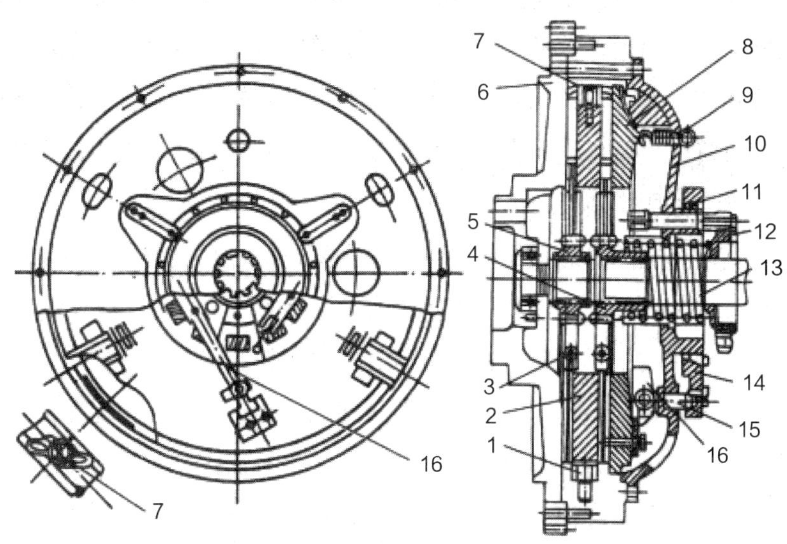

1—传动销；2—中间压盘；3—扭转减振器；4、5—从动盘；6—飞轮；7—分离摆杆；8—压盘；9—分离弹簧；10—离合器盖；11—调整环；12—分离套筒；13—压紧弹簧；14—平衡盘；15—支承销；16—压紧杠杆。

图 3-11 长征 XD2150 汽车中央弹簧离合器

（图片来源：常明．汽车底盘构造）

压紧弹簧的左端通过一个用钢板冲压而成的支承盘支承于离合器盖上，其右端抵在分离套筒上。三根轴向安装的拉杆右端与分离套筒连接，左端分别与三根压紧杠杆的内端相连。由于压紧杠杆较长，故在压盘右端面上斜置安装，与装在离合器盖上的支承销用销铰接，并以此为转动的支点，其外端紧靠在压盘上，支承销右端以球面抵在平衡盘相应的凹槽中。平衡盘与调整环以球面结合，调整环借螺纹固定在离合器盖上。若三个压紧杠杆传递的压紧力不相等，则通过三个支承销作用在平衡盘上的作用力就不平衡，会使平衡盘沿调整环的球面转动，直至三个杠杆传力相等时为止，保证压盘受力均匀。中间压盘采用传动销来传递扭矩，传动销的尾部压入飞轮内圈侧面上的径向孔中，其头部插入中间压盘边缘的切槽内。离合器盖内表面制有凸台，嵌入压盘上相应切槽中，压盘通过凸台与切槽的相互配合来传动，而离合器盖通过螺栓固定在飞轮上。为保证中间主动盘能够分离得彻底，装有分离摆杆，其轴销部分插入中间压盘边缘的径向孔内，上面装有扭转弹簧，使分离摆杆两臂分别紧抵在飞轮和压盘的端面上。离合器分离，压盘右移时，分离摆杆在扭转弹簧作用下转动，一方面使中间主动盘右移，另一方面使中间主动盘与飞轮、压盘保持相同的间隙，并与前、后从动盘分离。在压盘与离合器盖之间装有分离弹簧，离合器分离时，拉动压盘右移。

离合器接合时，压紧弹簧的压力通过分离套筒、拉杆、压紧杠杆使离合器主、从动部分压紧。由于压紧杠杆的内臂比外臂长得多，即有较大的杠杆比，压紧弹簧的压紧力是经压紧杠杆放大后传给压盘的，这样便可以用较软的弹簧获得较大的压紧力。相应的，分离离合器所需踏板力也较小。

离合器分离时，通过操纵机构将分离套筒左移，压紧弹簧被进一步压缩，同时拉杆推动压紧杠杆内端左移，其外端右移，解除对压盘的压紧力，使离合器分离。

当从动盘摩擦片磨损后，压盘在接合状态的位置将相应左移，使压紧杠杆内端右移，压紧弹簧伸长，压紧力下降。该离合器传递最大扭矩下降有可能影响到离合器可靠传递发动机扭矩。调整方法如下：转动调整环，使平衡盘左移，通过支承销使压紧杠杆内端左移，带动分离套筒左移，压紧弹簧再次被压缩，压紧力增大，直至恢复原有的压紧力为止。该调整完成后应对离合器踏板自由行程进行检查或调整。

中央弹簧离合器的优点是可以用较软的压紧弹簧获得较大的压紧力，并且压紧弹簧的压紧力可以调整。缺点是轴向尺寸较大，在一些汽车上布置较困难。为了缩短轴向尺寸，在原东方红 665 汽车离合器上采用了矩形断面的锥形中央弹簧，如图 3-12 所示。

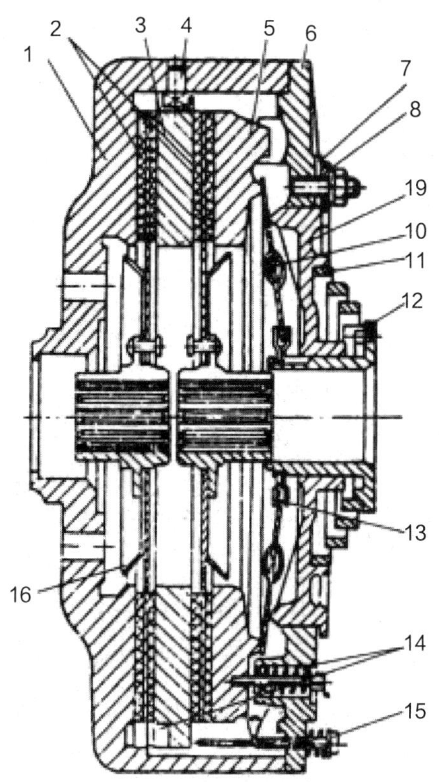

1—主动盘；2—从动盘；3—中间主动盘；4—传动销；5—压盘；6—离合器盖；7—调整垫片；8—垫圈；9—压紧弹簧座；10—弹性压杆；11—锥形中央弹簧；12—分离套筒；13—钢球座圈；14—压盘回位弹簧；15—中间主动盘限位螺钉；16—挡油盘。

图 3-12　东方红 665 矩形断面锥形中央弹簧离合器

（图片来源：常明．汽车底盘构造）

四、膜片弹簧离合器

膜片弹簧离合器所用的压紧弹簧是一个用薄弹簧钢板制成的带有锥度的膜片弹簧。图 3-13 所示为东风 EQ2050（猛士）汽车的压式膜片弹簧单盘离合器。膜片弹簧由薄弹簧钢板冲压成蝶形，其靠中心部分开有径向切槽，形成十六个分离指，使膜片弹簧兼起分离杠杆的作用（见图 3-14 中 1）。膜片弹簧两侧装有支承环（见图 3-14 中 5），并通过膜片弹簧支承销将膜片弹簧、支承环固定在离合器盖上，成为膜片弹簧的摆动支承点，膜片弹簧外部紧靠在压盘右端环状凸台上。离合器盖沿圆周切向布置四组传动片（每组两片）（见图 3-14 中 4），一端铆接在离合器盖上，另一端用内六角螺钉连同分离钩（见图 3-14 中 10、12）一起固定在压盘上，分离钩压在膜片弹簧上。

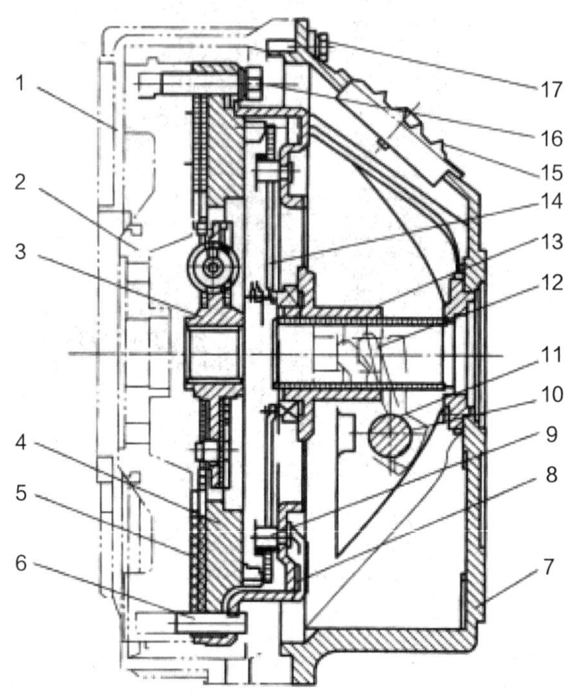

1—飞轮壳；2—飞轮；3—从动盘总成；4—压盘；5—摩擦片；6—定位销；7—离合器壳；8—离合器盖；9—膜片弹簧支承销；10—分离叉轴及分离叉臂；11—平键；12—分离叉；13—分离套筒及轴承；14—膜片弹簧；15—通风盖；16—离合器盖固定螺栓；17—离合器壳固定螺栓。

图 3-13　东风 EQ2050（猛士）汽车膜片弹簧离合器

（图片来源：常明. 汽车底盘构造）

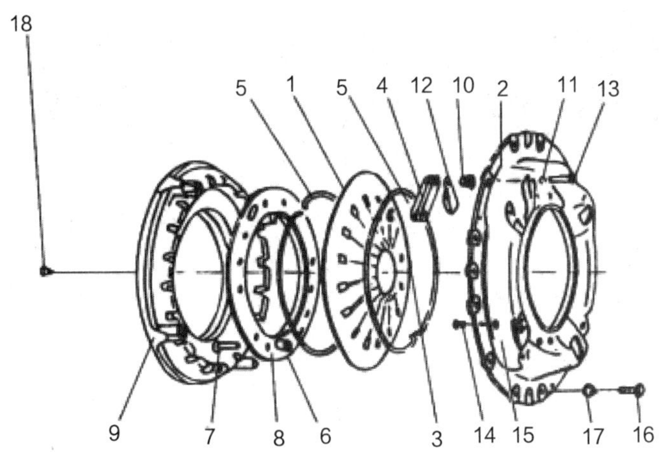

1—膜片弹簧；2—离合器盖；3—铆钉；4—传动片；5—支承环；6—隔套；7—铆钉；8—支承圈；9—压盘；10—分离钩螺钉；11—弹簧垫圈；12—分离钩；13—内六角螺栓；14—平衡铆钉；15—平衡垫圈；16—紧固螺栓；17—弹簧垫圈；18—定位销。

图 3-14　压盘及离合器盖总成

（图片来源：常明．汽车底盘构造）

从动盘总成结构与东风 EQ1090E 汽车离合器从动盘总成结构相似。

膜片弹簧离合器的工作原理如图 3-15 所示。当离合器未固定到飞轮上时 [图 3-15（a）]，膜片弹簧不受力，处于自由状态，离合器盖与飞轮安装面之间有一段距离。当用螺钉将离合器盖固定到飞轮上之后 [图 3-15（b）]，由于离合器盖靠向飞轮，右支承环压膜片弹簧，使膜片弹簧产生弹性变形（圆锥底角变小），而在膜片弹簧外缘处对压盘产生压紧力，使离合器处于结合状态。分离时，分离轴承将分离指内端向左推移，使膜片弹簧以左支承环为支点转动（成反锥形）。其外端通过分离钩拉动压盘右移，使离合器分离 [图 3-15（c）]。

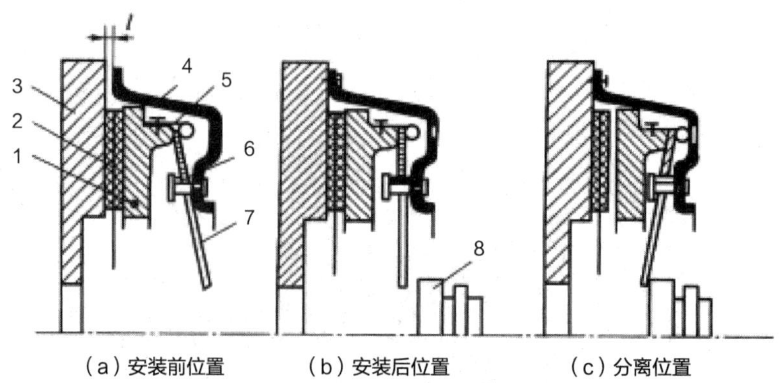

1—压盘；2—从动盘；3—飞轮；4—离合器盖；5—分离钩；6—支承环；7—膜片弹簧；8—分离轴承。

图 3-15　膜片弹簧离合器的工作原理示意图

（图片来源：常明．汽车底盘构造）

膜片弹簧离合器与螺旋压紧弹簧离合器相比，主要有以下优点。

1．膜片弹簧具有良好的非线性弹性特性

图 3-16 为膜片弹簧弹性特性曲线与螺旋弹簧弹性特性曲线，假设两种离合器在接合状态，弹簧的轴向压缩变形量均为 λ_b，且压紧力 P_b 相等。当摩擦片总的磨损量达到容许的极限值 $\Delta\lambda'$ 时，弹簧压缩变形量减小到 λ_a，此时螺旋弹簧压紧力下降到 P'_a，与 P_b 相差较大，将会因压紧力不足，影响到可靠地传递发动机扭矩。而膜片弹簧压紧力只下降至 P_a，与 P_b 相比降低很少，离合器仍能可靠工作。当离合器分离时，设两种弹簧的进一步压缩量均为 $\Delta\lambda''$，由图 3-16 可知，螺旋弹簧所需的作用力 P'_c，而膜片弹簧所需的作用力为 P_c，$P_c < P'_c$，P_c 与 P'_c 相比下降约 20%，可见膜片弹簧离合器分离时操纵较轻便。

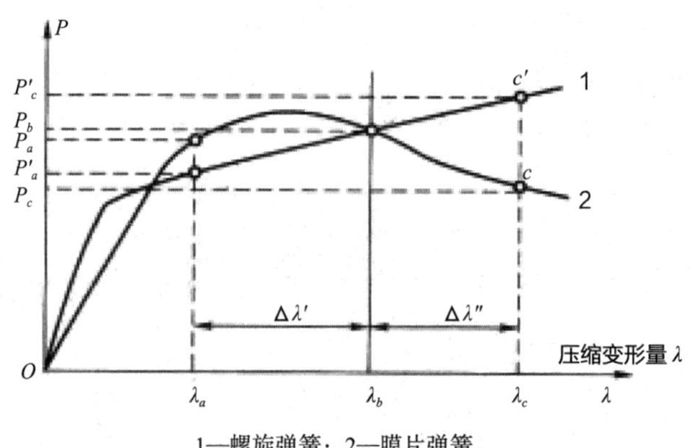

1—螺旋弹簧；2—膜片弹簧。

图 3-16　离合器两种压紧弹簧的弹性特性曲线

（图片来源：常明．汽车底盘构造）

2. 结构简单，轴向尺寸小

由于膜片弹簧兼起了压紧弹簧和分离杠杆的作用，离合器结构大为简化，质量减轻，故障少。由于膜片弹簧轴向尺寸较螺旋弹簧小得多，因此显著缩短了离合器的轴向尺寸。

3. 压紧力分布均匀

周布螺旋弹簧离合器采用了若干个压紧弹簧，而每个弹簧的压紧力很难一致，对压盘的压紧力是不均匀的。而膜片弹簧是以整个圆周与压盘接触，压力分布均匀，摩擦片磨损均匀，延长了使用寿命。

4. 在高速下，压紧力比较稳定

膜片弹簧是一种旋转对称零件，平衡性好，在高速下其压紧力降低很少，稳定性很好。而周布螺旋弹簧在高速下因受离心力作用会产生径向挠曲，弹簧中部严重鼓出，弹簧伸张，对压盘的压紧力下降，离合器主、从动部分容易产生滑转，不能可靠地传递发动机动力。

由于具有上述优点，膜片弹簧离合器得到了广泛的应用，不但广泛应用到轻、中型汽车上，而且在重型汽车上也有所应用。东风 EQ2082E、东风 EQ2102N、北京 BJ2022（勇士）、解放 CA1122J、猎豹汽车均采用膜片弹簧离合器，结构与东风 EQ2050（猛士）汽车离合器结构相似。

20 世纪 70 年代以后，一种新型拉式膜片弹簧离合器被研制了出来，图 3-17 所示为南京 NJ2046 汽车拉式膜片弹簧离合器，其特点是膜片弹簧反装在离合器中（锥顶向前），以离合器盖内侧的环状凸台作为膜片弹簧的支承点。离合器分离时，需通过分离套筒向后拉动膜片弹簧，使其与压盘凸台脱离接触，而使离合器分离，因此称为拉式膜片弹簧离合器。其与压式膜片弹簧离合器相比，主要优点如下。

1. 结构更简单

由于该离合器取消了支承销、支承环等，结构更简化。因膜片弹簧不需要支承孔，强度也得到提高。

2. 增强了离合器的通风散热能力。

由于膜片弹簧的支承点移到膜片弹簧的外边，该离合器盖中央窗孔加大，增强了离合器的通风散热能力。

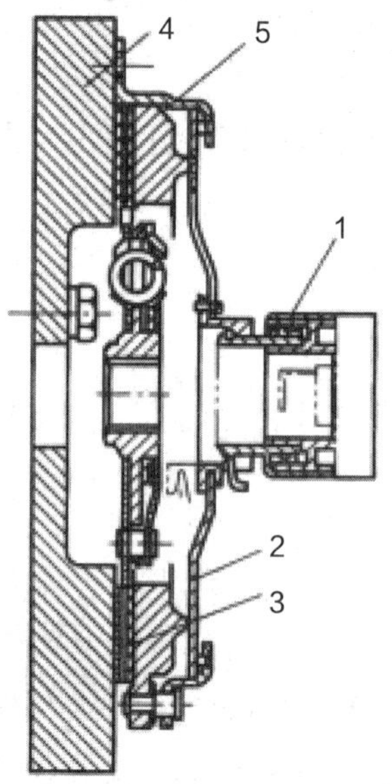

1—分离轴承；2—膜片弹簧；3—从动盘总成；4—飞轮；5—压盘。

图 3-17　南京 NJ2046 汽车拉式膜片弹簧离合器

（图片来源：常明．汽车底盘构造）

五、扭转减振器

发动机传给传动系统的转速和扭矩是周期性变化的，这就使传动系统产生了扭转振动。若这个振动频率与传动系统的自振频率相重合，就会产生扭转共振，加大传动系统的冲击和磨损。当汽车在不平道路上行驶或在不分离离合器的情况下紧急制动时，传动系统的角速度及扭矩突然发生变化，会对传动系统产生很大的冲击载荷，进而缩短传动部件的使用寿命。为了防止传动系统的共振，缓和冲击载荷，大多数汽车的传动系统中都装有扭转减振器，而绝大多数扭转减振器附装在离合器从动盘上。由于装了扭转减振器，发动机输出的扭矩首先经过扭转减振器弹性元件缓冲，之后再传给传动系统，这样会使汽车起步更加平稳。图 3-18 所示为东风 EQ1090E 汽车离合器从动盘及扭转减振器总成。

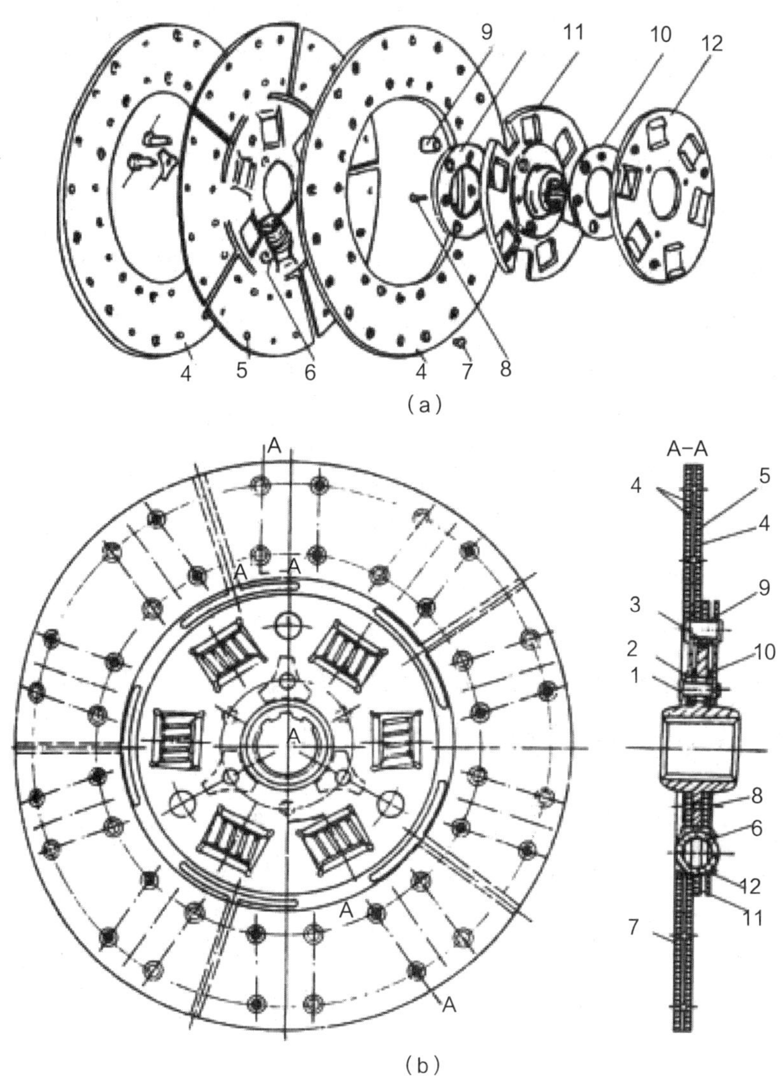

1—阻尼弹簧铆钉；2—减振器阻尼弹簧片；3—从动盘铆钉；4—摩擦片；5—从动盘本体；6—减振弹簧；7—摩擦片铆钉；8—阻尼片铆钉；9—从动盘铆钉隔套；10—减振器阻尼片；11—从动盘毂；12—减振器盘。

图 3-18　东风 EQ1090E 汽车离合器从动盘及扭转减振器总成

（图片来源：常明. 汽车底盘构造）

扭转减振器由减振弹簧、从动盘本体、从动盘毂、减振器盘、减振器阻尼片等组成。从动盘毂上制有六个窗孔，每个孔中分别压装一个减振弹簧。从动盘本体及减振器盘上也相应地制有六个窗孔，组装后，减振弹簧的两侧分别嵌装于从动盘本体及减振盘相应的窗孔中。在从动盘毂两侧分别铆有减振器阻尼片。从动盘毂上还制有三个缺口，三个从动盘铆钉上套有从动盘铆钉隔套，分别穿过三个缺口，隔套与缺口两侧保持一定的间隙，铆钉两端铆接在从动盘本体及减振盘上，使扭转减振器组合在一起。在从动盘本体上还装有三个阻尼弹簧铆钉，分别穿过从动盘毂上较大的孔后铆在减振盘上，在铆钉头与从动盘本体之间装有蝶形减振器阻尼弹簧片，使减振盘、从动盘本体始终压紧在减振器阻尼片上。

离合器不传递扭矩时，如图 3-19（a）所示。当传递扭矩时，由摩擦片传来的扭矩首先传到从动盘本体，并经从动盘铆钉传给减振盘，再由从动盘本体及减振盘窗孔同时传给减振弹簧，减振弹簧被压缩，如图 3-19（b）所示。由于减振弹簧的逐渐压缩变形能够将发动机扭矩较平稳地传给传动系统，从结构上提供了使汽车平稳起步的条件。同时，由于传动系统内增加了这样一个弹性元件，传动系统的刚度及其自振频率大大减低，降低了传动系统产生共振的可能性。另外，紧急制动（未分离离合器）或因道路情况使传动系统旋转角速度突然变化时，经减振弹簧的缓冲，对发动机的牵连作用大为减小，从而使飞轮产生的惯性力矩大大下降，对传动系统的冲击载荷也大大降低。当减振弹簧压缩变形时，从动盘本体、减振盘与减振阻尼片（减振器摩擦片）之间产生相对滑磨，通过摩擦来消减振动能量。

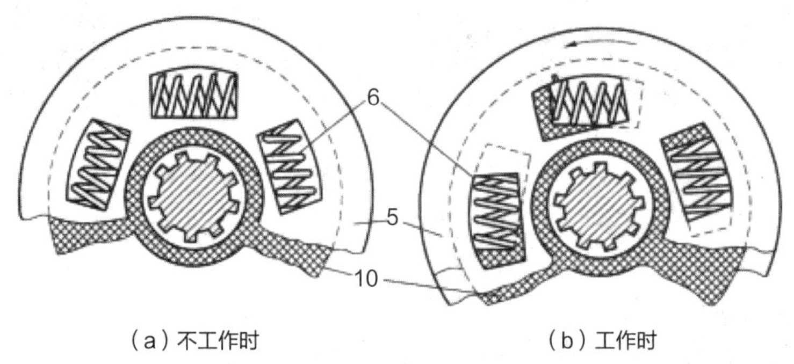

（a）不工作时　　（b）工作时

1—阻尼弹簧铆钉；2—减振器阻尼弹簧片；3—从动盘铆钉；4—摩擦片；5—从动盘本体；6—减振弹簧；7—摩擦片铆钉；8—阻尼片铆钉；9—从动盘铆钉隔套；10—减振器阻尼片；11—从动盘毂；12—减振器盘。

图 3-19　扭转减振器工作示意图

（图片来源：常明. 汽车底盘构造）

在现代许多中小型汽车上，扭转减振器中采用两组或更多组刚度不同的减振弹簧，将各组弹簧的长度制成不同，或将装弹簧的窗口长度制成不同，利用弹簧先后起作用的办法获得变刚度特性。图 3-20 所示为三级变刚度扭转减振器及其特性。这种变刚度特性有利于避免传动系统共振，降低汽车在怠速和行驶时传动系统的振动和噪声。

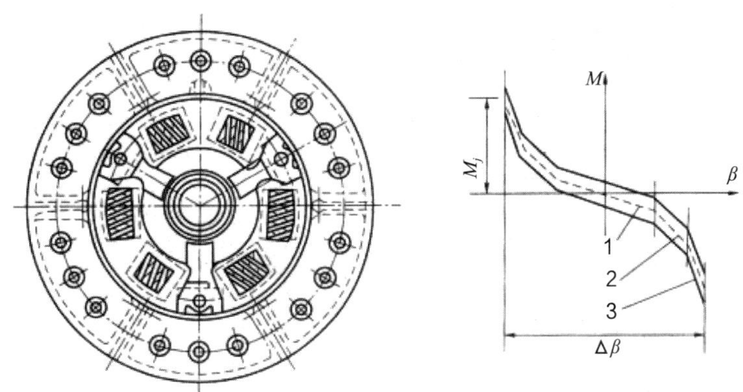

1—第一级特性；2—第二级特性；3—第三级特性；M—扭转减振器所受扭矩；β—减振器相对转角；M_j—减振器极限力矩；$\Delta\beta$—相对转角变化范围。

图 3-20 三级变刚度扭转减振器及其特性

（图片来源：常明．汽车底盘构造）

第三节 离合器操纵机构

离合器操纵机构的作用是实现离合器的分离，并使离合器在驾驶员的操纵下柔和结合。目前，汽车上广泛采用机械式和液压式操纵机构，但在有些中、重型汽车上，还会加装助力装置，以减轻驾驶员的劳动强度。

一、机械式操纵机构

机械式操纵机构有杆系传动和绳索传动。杆系传动操纵机构结构简单，工作可靠，在一些中型汽车上的应用比较广泛，如解放 CA1091 等，但其关节点多，摩擦损失大，工作情况受车身、车架变形的影响较大，远距离操纵、布置较困难。绳索传动可消除上述缺点，并可使操纵踏板采用吊置式安装，减少驾驶室占用空间。但绳索寿命较短，拉伸刚度较小，故在小型汽车上使用较多，如图 3-21 所示。

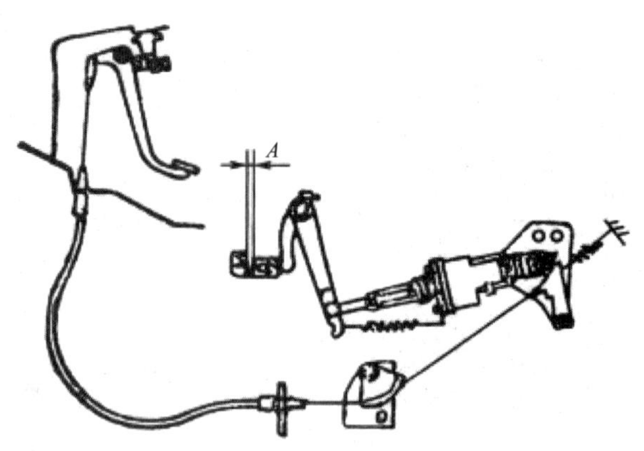

图 3-21　绳索传动的操纵机构
（图片来源：常明．汽车底盘构造）

二、液压式操纵机构

液压式操纵机构采用液体作为传力介质。这种传动方式具有摩擦阻力小、重量轻、布置方便、结合柔和等优点，并且不受车身、车架变形的影响，而且可采用吊置式踏板，因此，在中、小型汽车上的应用较广泛。图 3-22 所示为北京 BJ2020S 汽车离合器液压式操纵机构。

该操纵机构由踏板、主缸、油管、工作缸、分离叉、分离套筒及轴承等组成。主缸装在驾驶室前壁上，其右端推杆与踏板采用偏心螺栓连接，左端通过油管与工作缸相连。工作缸用螺钉固定在飞轮壳外侧，右端通过分离叉推杆抵靠在分离叉下部的球形座内。分离叉中部以球形支承销作为摆动的支点，上部叉口部分在分离叉回位弹簧的作用下紧靠在分离套筒的两个凸耳上。

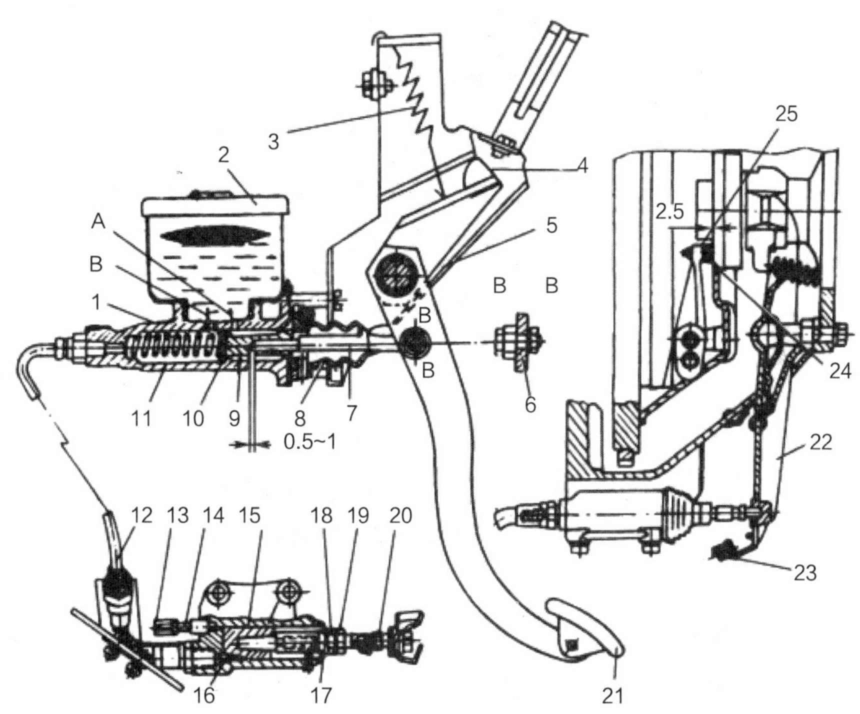

1—储液杯；2—储液杯盖；3—踏板回位弹簧；4—踏板限位块；5—踏板轴；6—偏心螺栓；7—右端推杆；8—主缸防护罩；9—主缸活塞；10—主缸皮碗；11—主缸；12—油管；13—工作缸放气阀帽；14—工作缸放气螺栓；15—工作缸活塞；16—工作缸；17—工作缸防尘罩；18—分离叉挺杆端头；19—锁止螺母；20—分离叉推杆；21—踏板；22—分离叉；23—分离叉回位弹簧；24、25—分离杠杆调整机构；A—补偿孔；B—平衡孔。

图 3-22 北京 BJ2020S 汽车离合器液压式操纵机构
（图片来源：常明．汽车底盘构造）

图 3-23 所示为北京 BJ2020S 汽车离合器主缸。它主要由主缸缸体、活塞、推杆、活塞皮圈、皮碗、回位弹簧及储液杯组成。活塞制成腰鼓形，其中部与缸壁形成环形腔室，头部制有六个轴向通孔，并在其右端面铆有辐状钢片。皮碗在回位弹簧作用下与活塞头部相抵。活塞右部通过活塞皮圈与缸壁密封，其右端制有带锥形的孔，推杆的左端制成球形，并插入此孔中。未踩离合器踏板时，回位弹簧将活塞推至与衬垫相抵，使活塞头部及皮碗正好位于缸体上的平衡孔与补偿孔之间。储液杯装在主缸缸体的上方，杯中装有防止油液外溢的挡浮，储液杯盖上装有导气孔，该杯通过补偿孔及平衡孔与主缸相通。

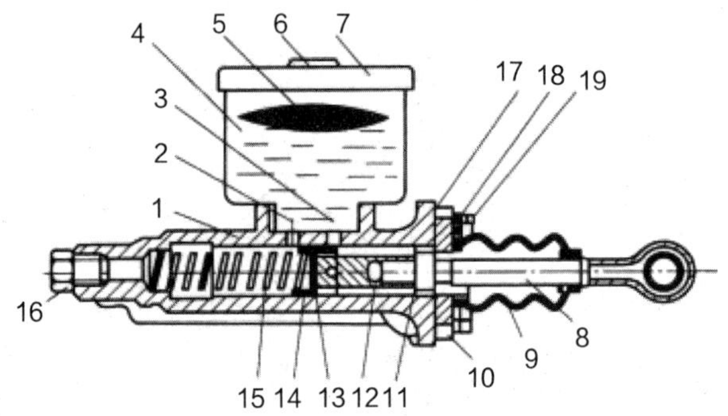

1—主缸缸体；2—平衡孔；3—补偿孔；4—储液杯；5—挡浮；6—导气孔；7—储液杯盖；8—推杆；9—防护罩；10—端盖；11—活塞皮圈；12—活塞；13—辐状钢片；14—皮碗；15—回位弹簧；16—管接头；17—衬垫；18—弹簧垫圈；19—螺钉。

图 3-23 北京 BJ2020S 汽车离合器主缸

（图片来源：常明．汽车底盘构造）

图 3-24 所示为北京 BJ2020S 汽车离合器工作缸。它由缸体、活塞、皮碗、推杆等组成。活塞、皮碗装在缸筒内，在推杆的作用下，活塞顶靠在限位块上。推杆左端以球形头部顶在活塞的凹槽中，右端抵在分离叉相应的座内。推杆由推杆套及推杆组成，通过转动调整螺母，可以调整其总长度，从而达到调整分离轴承与分离杠杆之间的间隙。缸体上装有油管接头和放气螺栓，放气螺栓用于排出系统内的空气。

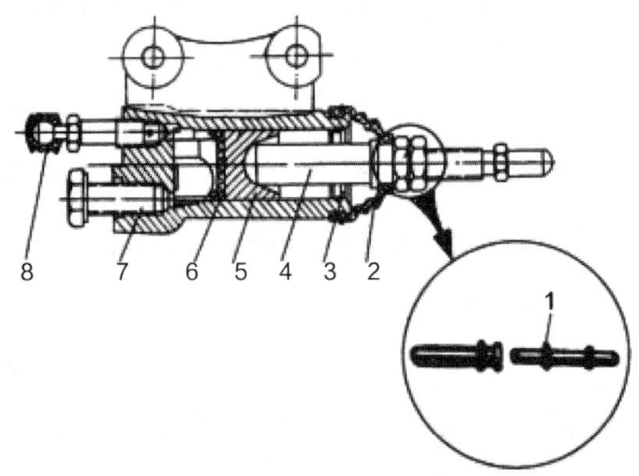

1—调整螺母；2—防尘罩；3—缸体；4—推杆；5—活塞；6—皮碗；7—油管接头；8—放气螺栓。

图 3-24 北京 BJ2020S 离合器工作缸

（图片来源：常明．汽车底盘构造）

如图 3-22 所示，踩下离合器踏板，右端推杆推动主缸活塞及主缸皮碗左移，封闭平衡孔 B 后，活塞左腔室及管路中油压升高，工作缸活塞及皮碗右移，推动分离叉推杆右移，使分离叉转动，推动分离套筒及轴承左移，在消除分离杠杆与分离轴承之间的间隙之后，推动分离杠杆内端左移，使离合器分离。由于主缸活塞的直径（22 mm）小于工作缸活塞的直径（24 mm），驾驶员操纵省力。

当迅速放松离合器踏板时，主缸活塞在回位弹簧的作用下快速右移，回流的油液由于受到管路的阻力作用，不能迅速回流主缸，在活塞左边的腔室内产生了一定的真空度。在油压差的作用下储油罐中的油液经过补偿孔 A、活塞的环形腔室、活塞头部的轴向孔，推开幅状钢片，经皮碗边缘进入活塞左边腔室，填补真空度。当平衡孔开启，工作缸中的油液流回主缸后，多余的油液经平衡孔流回储液杯。平衡孔的另一个作用是当液压系统漏油或因温度的变化引起的油液的体积变化时，通过平衡孔相应地增减油量，以保证正常的油压和液压系统工作的可靠性。

北京 BJ2020S 汽车离合器踏板自由行程是分离轴承与分离杠杆之间的间隙（约为 2.5 mm）及主缸活塞与推杆之间的间隙（0.5 ～ 1.0 mm）在踏板上的反映。踏板自由行程在 32 ～ 44 mm，若不符合，可通过偏心螺栓（图 3-22）调整主缸活塞与推杆之间的间隙及锁止螺母（图 3-22）改变推杆的总长度来调整分离轴承与分离杠杆之间的间隙。

北京 BJ2022（勇士）汽车离合器液压式操纵机构结构特点如下。

（1）在离合器主缸与离合器工作缸之间装有液压控制阀（组件）（图 3-25），用于控制油液流量，使离合器分离或结合时工作平稳。

（1）离合器主缸内装有阀门（图 3-26），阀门体内装有阀门及阀门座，阀门与拉杆固为一体。不踩离合器踏板时阀门打开，储液杯中的油液通过阀门座中部的孔与主缸内腔相通。踩下离合器踏板时，在缸内油压力作用下阀门关闭。离合器踏板自由行程通过调整推杆长度来调整。

（3）离合器工作缸中装有弹簧，用于消除活塞与推杆之间的间隙并抵紧。活塞上装有密封圈，使活塞与缸壁保持密封（图 3-27）。

东风 EQ2050（猛士）汽车、南京 NJ2046 汽车离合器液压操纵机构与上述结构基本相似。

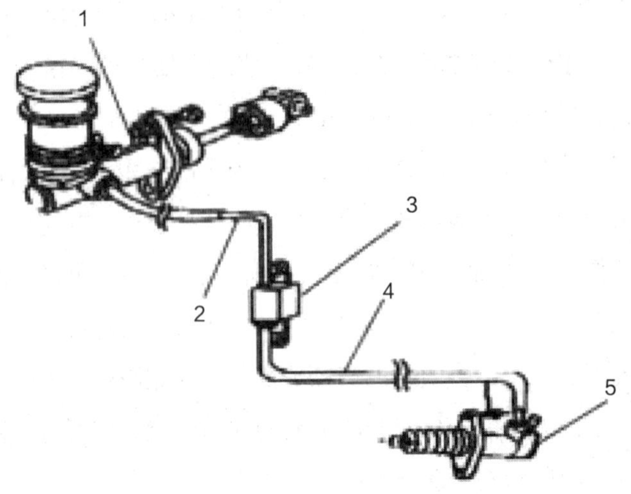

1—离合器主缸；2、4—管路；3—液压控制阀（组件）；5—离合器工作缸。

图 3-25　北京 BJ2022（勇士）汽车离合器液压式操纵机构（液压部分）
（图片来源：常明. 汽车底盘构造）

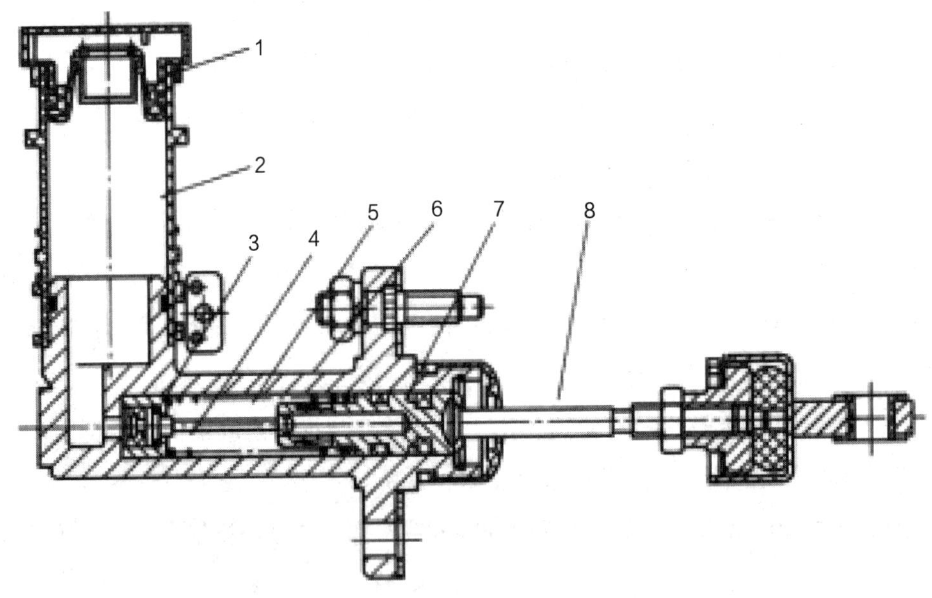

1—储液杯盖；2—储液杯；3—离合器阀门；4—拉杆；5—回位弹簧；6—缸体；7—活塞；8—推杆总成。

图 3-26　北京 BJ2022（勇士）汽车离合器主缸
（图片来源：常明. 汽车底盘构造）

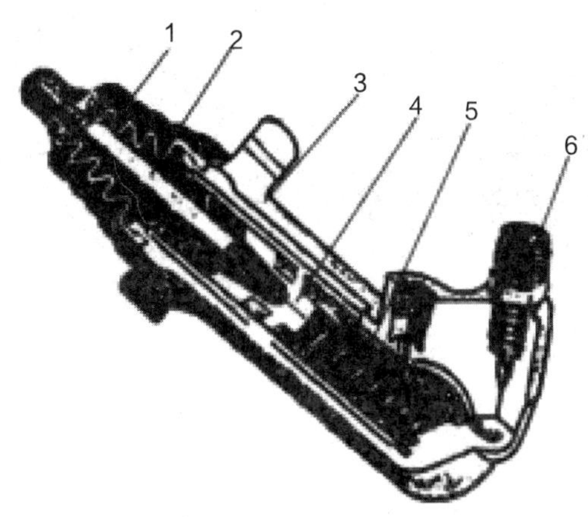

1—防尘套；2—推杆；3—缸体；4—活塞；5—弹簧；6—放气螺塞。

图 3-27 北京 BJ2022（勇士）汽车离合器工作缸
（图片来源：常明．汽车底盘构造）

三、带助力装置的离合器操纵机构

带助力装置的离合器操纵机构通常分为弹簧助力装置的离合器操纵机构和气压助力装置的离合器操纵机构两种。

（一）弹簧助力装置的离合器操纵机构

图 3-28 所示为弹簧助力装置的离合器操纵机构。助力弹簧一端挂在弹簧与车架的固定钩上，另一端则通过弯钩与固定在踏板上的支架相连。

在离合器接合时，支架铰接销与助力弹簧的中心线的连线位于踏板转轴的上方[图 3-28（a）]，这时弹簧的作用是使踏板保持在最高的位置。当驾驶员踩下踏板时，需要克服弹簧的拉力所形成的阻力矩，随着踏板的踩下，上述连线到转轴的中心线的距离愈来愈小，阻力矩也较小。当铰接点转至转轴中心线的下方时，弹簧产生助力作用[图 3-28（b）]，而且踏板越下踩，助力作用就越大。弹簧助力结构简单，但助力效果不大，一般可降低踏板力 25% ～ 30%，所以多用于中型汽车上，如解放 CA1091 汽车等。

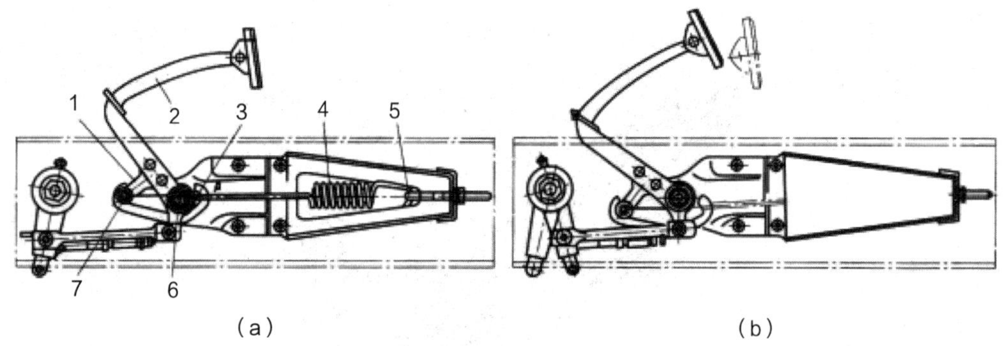

1—支架；2—踏板；3—弯钩；4—助力弹簧；5—弹簧与车架的固定钩；6—踏板转轴；7—支架铰接销。

图 3-28　弹簧助力装置的离合器操纵机构

（图片来源：常明．汽车底盘构造）

（二）气压助力装置的离合器操纵机构

1. 东风 EQ2102 汽车离合器气压助力装置

图 3-29 所示为东风 EQ2102 汽车离合器液压操纵气压助力式操纵机构。

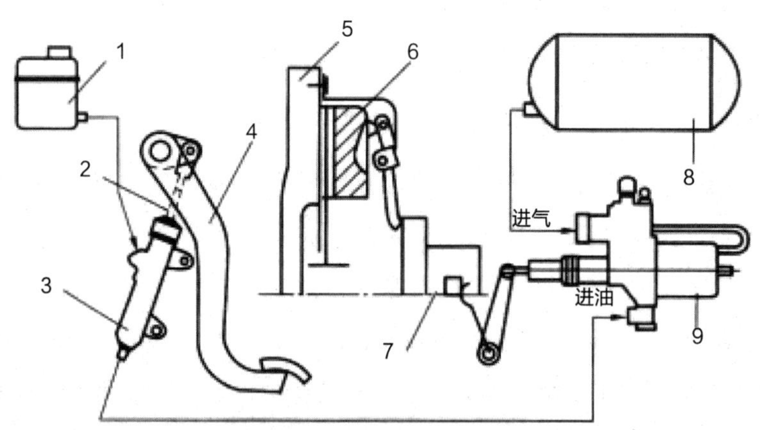

1—储油罐；2—主缸推杆；3—离合器主缸；4—离合器踏板；5—飞轮；6—离合器；
7—分离轴承；8—储气筒；9—助力器。

图 3-29　东风 EQ2102 汽车离合器液压操纵气压助力式操纵机构

（图片来源：常明．汽车底盘构造）

其中助力器的构造及工作原理见图 3-30，其主要由液压工作缸、气压助力缸及控制阀组成。装有密封圈的活塞装在液压缸中，两端凹槽分别与推杆及助力缸推杆相抵。装有密封圈的活塞装在助力气缸中，其中部固定在助力缸推杆上，活塞右腔室装有回位弹簧。控制阀体的右部装有进气阀门，在阀门弹簧的作用下紧靠在阀体的座上，使进气阀门关闭，进气接头通过管路与储气筒相通。继动阀固装在膜片上，膜片夹装在两阀体之间。膜片将阀体中部分为两个腔室。右腔室 B 通过外接管路与助力缸左腔室相通，左腔室 A 通过内部孔道 C 与助力缸右腔室相通，并通过放气阀与大气相通。继动阀上制有轴向孔 D 和径向孔 E。控制阀体左部腔室中装有控制活塞、推杆等部件，并通过节流阀、内孔道与工作缸相通。排气阀用于排出液压操作系统中的气体。

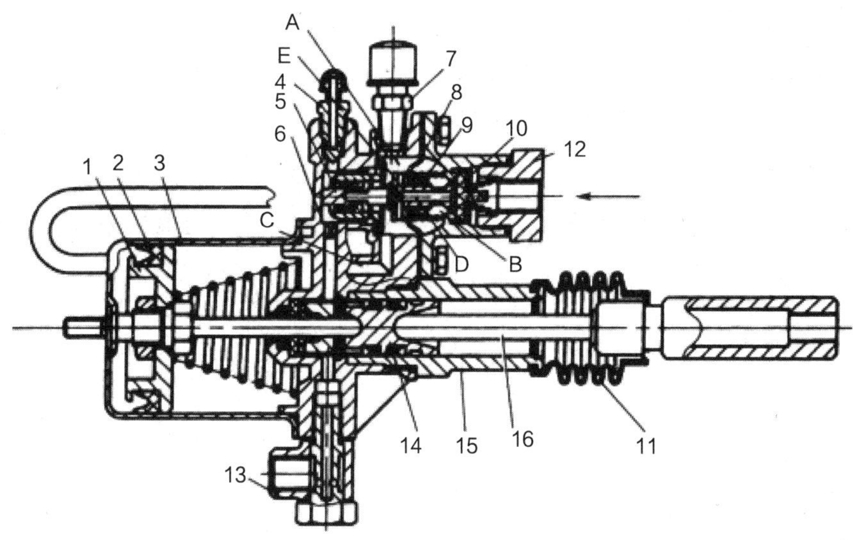

1—活塞；2—密封圈；3—助力气缸；4—排气阀；5—控制活塞；6—节流阀；7—放气阀；8—膜片；9—继动阀；10—进气阀门；11—防尘护套；12—进气接头；13—进油接头；14—活塞；15—液压缸；16—推杆。

图 3-30 东风 EQ2102 汽车离合器助力器

（图片来源：常明．汽车底盘构造）

离合器在接合状态时，进气阀门在弹簧及储气筒气压的作用下关闭。继动阀在膜片弹簧作用下与控制活塞相抵，其右端面与进气阀门保持一定的间隙，使助力缸左腔室通过外管路、B 腔室、继动阀的轴向孔 D、径向孔 E 进入 A 腔室，并经放气阀与大气相通。

当踩下离合器踏板时，液压油由主缸输到助力器中，一部分进入工作缸左腔室，给工作缸活塞一个向右的推力 F，另一部分通过节流阀进入控制活塞的左腔室，推动控制活塞及继动阀右移。当继动阀右端面与进气阀相抵时，A 腔室与 B 腔室不再相通。当继动阀继续右移，顶开进气阀门，储气筒中的压缩空气经 B 腔室、外管路进入助力缸左腔室，推动活塞右移，通过推杆给液压缸活塞一个向右的推力 F_l，F 与 F_l 共同作用推动推杆右移，离合器分离。

当放松离合器踏板时，由于油压的降低，控制活塞的左腔室油压降低，继动阀在 B 腔气压及回位弹簧的作用下带动控制活塞一起左移，进气阀门随之关闭。随着继续左移，继动阀后端面离开进气阀门，并保持一定的间隙，A、B 腔再次相通。助力缸左腔室的气体经外管路、B 腔、A 腔、排气阀排入大气。助力缸活塞在回位弹簧的作用下左移，工作缸活塞、推杆在回位弹簧作用下也左移，离合器恢复结合状态。

东风 EQ2082E、东风 EQ1141、东风 EQ2100E 及东风 EQ1108 汽车离合器液压操纵气压助力式操纵机构与东风 EQ2102 汽车离合器液压操纵机构结构相似。

2. 陕汽 SX2190 汽车离合器气压助力装置

图 3-31 所示为陕汽 SX2190 汽车离合器机械（绳索）操纵气压助力机构。其中气压助力装置的控制阀上部受绳索控制，下部分别通过管路与气源及助力气缸相通。

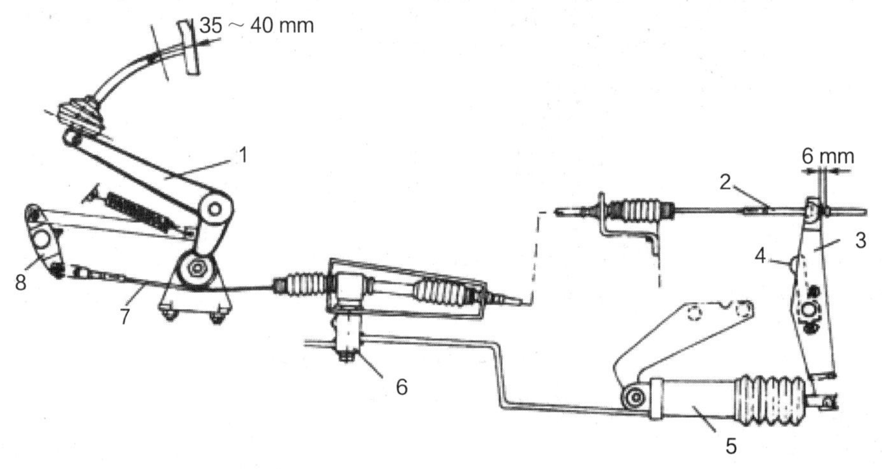

1—踏板臂；2—拉杆；3—摇臂；4—分离叉；5—助力气缸；6—助力控制阀；7—绳索；8—传动杠杆。

图 3-31　陕汽 SX2190 汽车离合器机械（绳索）操纵气压助力机构示意图

（图片来源：常明. 汽车底盘构造）

助力控制阀结构及工作原理如图3-32所示，主要由进气阀门、阀杆、压紧帽、阀体、进气阀门弹簧和阀杆弹簧组成。

离合器在接合状态时，阀杆在阀杆弹簧的作用下上升至最高位置，其下端面与进气阀门保持一定的间隙。进气阀门在弹簧的作用下关闭。助力缸通过阀体上的径向孔、阀杆的中心孔，经通气帽与大气相通。

当踩下离合器踏板时，绳索给摇臂一个向左的拉力（图3-31），由于绳索拉紧，绳索将控制阀的压紧帽及阀杆压下（图3-32）。当阀杆下移至与进气阀门相抵时，切断了助力缸与大气的通道。当阀杆继续下移顶开进气阀门时，压缩空气经控制阀、管路进入助力气缸（图3-31）使助力气缸活塞、推杆右移，给摇臂一个向右的推力。在两个力的共同作用下，离合器分离。

当放松离合器踏板时，阀杆在阀杆弹簧的作用下上移，进气阀门在进气阀门弹簧的作用下关闭。随着阀杆的继续上移，其下端面离开进气阀门，并保持一定的间隙。助力缸内的气体通过管路、阀体、阀杆的中心孔及通气帽排入大气。助力缸活塞及推杆在回位弹簧的作用下回位，离合器恢复接合状态。

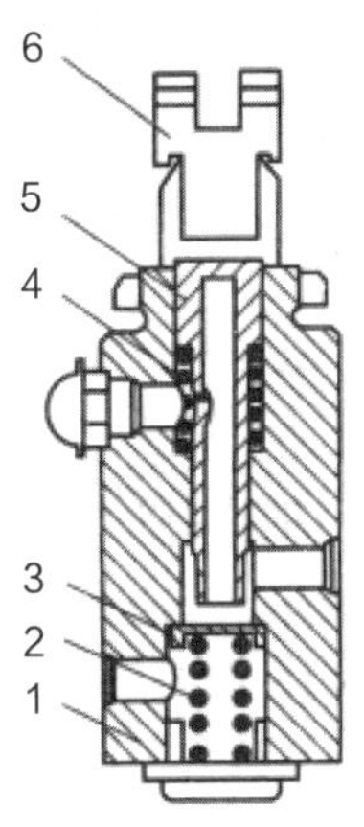

1—阀体；2—进气阀门弹簧；3—进气阀门；4—阀杆弹簧；5—阀杆；6—压紧帽。

图3-32 陕汽SX2190汽车离合器控制阀原理示意图

（图片来源：常明．汽车底盘构造）

第四节　离合器的常见故障诊断及排除

由于离合器是汽车上使用最为频繁的总成之一，故其故障率较高。离合器的常见故障有离合器打滑、离合器分离不彻底、起步发抖、离合器异响等。

一、离合器打滑

（一）现象

汽车用低速挡起步时，放松离合器踏板后，汽车不能起步或起步困难；汽车加速行驶时，车速不能随发动机转速的提高而提高，感到行驶无力，严重时产生焦煳味或出现冒烟等现象。

（二）原因

（1）离合器踏板没有自由行程，分离轴承压在分离杠杆上。

（2）从动盘摩擦片、压盘或飞轮工作面磨损严重，离合器盖与飞轮的连接松动，使压紧力减弱。

（3）从动盘摩擦片存在油污、烧蚀、表面硬化、铆钉外露、表面不平，使摩擦系数下降。

（4）压力弹簧疲劳或折断，膜片弹簧疲劳或开裂，使压紧力下降。

（5）离合器操纵杆件卡滞，分离轴承套筒与导管间油污、尘腻严重，甚至造成卡滞，使分离轴承不能回位。

（6）分离杠杆弯曲变形，出现运动干涉，不能回位。

（三）故障诊断与排除

（1）检查离合器踏板自由行程，如不符合规定应予以调整。

（2）如果自由行程正常，应拆下变速器壳，检查离合器与飞轮的连接螺栓是否松动，如松动则予以拧紧。

（3）如果离合器仍然打滑，应拆下离合器检查从动盘摩擦片的状况。如果有油污，一般可用汽油清洗并烘干，然后找出油污来源并设法排除。如果摩擦片磨损严重或有铆钉外露，则应更换从动盘。

（4）如果从动盘完好，则应分解离合器，检查压紧弹簧，如果弹力过小则应更换。

总结：离合器打滑主要从从动盘压紧力减弱、从动盘摩擦系数下降等方面加以考虑。

二、离合器分离不彻底

（一）现象

发动机怠速运转时，踩下离合器踏板挂挡，有齿轮撞击声，且难以挂入；如果勉强挂上挡，则在离合器踏板尚未完全放松时，发动机熄火。

（二）原因

（1）离合器踏板自由行程过大。

（2）分离杠杆弯曲变形、支座松动、支座轴销脱出，使分离杠杆内端高度难以调整。

（3）分离杠杆调整不当，其内端不在同一平面内或内端高度太小。

（4）双片离合器中间压盘限位螺钉调整不当，个别分离弹簧疲劳、高度不足或折断，中间压盘在传动销上或在离合器驱动窗口内轴向移动不灵活。

（5）从动盘钢片翘曲，摩擦片破裂或铆钉松动。

（6）新换的摩擦片太厚或从动盘正反面装错。

（7）从动盘花键孔与变速器第一轴花键轴卡滞。

（8）离合器液压操纵机构漏油、有空气或油量不足。

（9）膜片弹簧弹力减弱。

（10）发动机支承磨损或损坏，发动机与变速器不同心。

（三）故障诊断与排除

（1）检查离合器踏板自由行程，如果自由行程过大则进行调整。对于液压操纵机构，要检查是否为储液罐油量不足或管路中有空气，并进行必要的排除。如果不是上述问题，则应继续检查。

（2）检查分离杠杆内端高度，如果分离杠杆高度太小或不在同一平面，则进行调整。检查从动盘是否装反，如果都没问题则继续检查。

（3）检查从动盘是否翘曲变形、铆钉是否脱落、从动盘是否轴向运动卡滞等，如果是则进行更换或修理。

总结：离合器分离不彻底主要从离合器踏板自由行程、分离杠杆高度、从动盘等方面考虑。

三、起步发抖

（一）现象

汽车用低速挡起步时，按操作规程逐渐放松离合器踏板并徐徐踩下加速踏板，离合器不能平稳接合且产生抖振，严重时甚至整车产生抖振。

（二）原因

（1）分离杠杆内端不处在同一平面内。

（2）从动盘或压盘翘曲变形，飞轮工作端面的端面圆跳动严重。

（3）从动盘摩擦片厚度不均匀、出现油污、烧焦、表面不平整、表面硬化、铆钉头露出、铆钉松动或切断、波形弹簧片损坏。

（4）压紧弹簧的弹力不均，疲劳或个别折断，膜片弹簧疲劳或开裂。

（5）从动盘上的缓冲片破裂或减振弹簧疲劳、折断。

（6）发动机支架、变速器、飞轮、飞轮壳等的固定螺栓松动。

（7）分离轴承套筒与导管油污、尘腻严重，分离轴承不能回位。

（三）故障诊断与排除

（1）检查离合器踏板、分离轴承等回位是否正常，如果正常则继续检查。

（2）检查发动机支架、变速器、飞轮、飞轮壳等的固定螺栓是否松动，如果是则紧固螺栓，否则继续检查。

（3）检查分离杠杆的内端是否在同一平面，如果是则继续检查。

（4）检查压盘、从动盘是否变形，铆钉是否松动、外露，压紧弹簧的弹力是否不在允许范围内，如果是则更换或修理。

总结；起步发抖主要从起步时离合器在接合过程中不平稳来考虑，即在发动机匀速转动时，离合器接合不平稳使离合器的从动部分转动不平稳，反映为离合器抖振，乃至整车抖振。

四、离合器异响

（一）现象

离合器分离或接合时发出不正常的响声。

（二）原因

（1）分离轴承缺少润滑剂，造成干磨或轴承损坏。

（2）分离轴承与分离杠杆内端之间无间隙。

（3）分离轴承套筒与导管之间油污、尘腻严重或分离轴承回位弹簧与踏板回位弹簧疲劳、折断、脱落，使分离轴承回位不佳。

（4）从动盘花键孔与其花键轴配合松动。

（5）从动盘减振弹簧因高温退火、疲劳或折断。

（6）从动盘摩擦片铆钉松动或铆钉头外露。

（7）双片离合器传动销与中间压盘和压盘的销孔磨损松动。

（三）诊断与排除

（1）稍稍踩下离合器踏板，使分离轴承与分离杠杆接触，如果有“沙沙”的响声，则为分离轴承响；如果加油后仍响，说明轴承磨损过度、松动或损坏，应更换。

（2）踩下、抬起离合器踏板，如果出现间断的碰撞声，说明分离轴承前后有串动，应更换分离轴承回位弹簧。

（3）连踩踏板，如果离合器刚接合或刚分开时有响声，说明从动盘铆钉松动或外露，应更换从动盘。

总结：离合器异响主要从磨损过度、松动、过紧、运动中刮碰等方面加以考虑。

第四章　变速器与分动器

第一节　变速器概述

一、变速器的功用

由于汽车广泛采用活塞式发动机，其扭矩和转速变化的范围较小，而汽车行驶条件非常复杂，要求驱动力和行驶速度能在相当大的范围内变化。另外，活塞式发动机的旋转方向是固定的，而实际运行过程中除向前行驶外，还需要倒向行驶。为此，在传动系统中设置了变速器。

（一）变速器的功用

在前文中已阐述过，汽车上广泛采用活塞式发动机，它的性能特点之一是扭矩和转速的变化范围较小，即使考虑到油门的变化，扭矩和转速在可利用的范围内也只有几倍的变化，而道路阻力及车速的变化范围可达几十倍。为了解决这一矛盾，在汽车传动系统中设置了变速器。变速器的功用如下。

（1）扩大发动机传给驱动轮的扭矩和转速的变化范围，以适应经常变化的行驶条件。

（2）在发动机顺转的情况下，能够实现汽车的倒向行驶。

（3）能够中断发动机的动力传递，以便于汽车的起步、发动机的怠速工作或动力输出等。在需要时，还可以加装取力器，输出发动机的动力。

（二）变速器的要求

为了使变速器能够满足上述功用，并且有良好的工作性能，对变速器提出了以下基本要求。

（1）应有合理的挡数和适当的传动比，保证汽车有良好的动力性和燃油经济性；

（2）应设置空挡和倒挡，以便需要时中断发动机与驱动轮之间的动力传递，并使汽车能够进行倒向行驶；

（3）有较高的传动效率，工作可靠，噪声低；

（4）操纵轻便。

二、变速器的分类

通常，变速器按传动比变化的方式和传动比操纵的方式来分类。

（一）按传动比变化的方式分类

按传动比变化的方式可将变速器分为有级式变速器、无级式变速器和综合式变速器。

1. 有级式变速器

它有若干个固定的传动比，采用若干个不同尺寸、可相互啮合的齿轮组成的轮系来传动。按采用轮系的形式不同，又可分为固定轴线式变速器（普通齿轮式变速器）和旋转轴线式变速器（行星齿轮式变速器）。目前，在小型汽车上，一般采用 3 ～ 5 个前进挡和 1 个倒挡，在中型汽车上一般采用 5 ～ 6 个前进挡和 1 个倒挡，在重型汽车上一般有 6 个挡以上，甚至有十几个前进挡和 1 个倒挡。为了减小体积、简化结构，通常采用主、副变速器配合使用的组合式变速器。

2. 无级式变速器

它的传动比在一个有限的范围内，能够连续地无级变速。根据传力介质的不同，可分为液力式、电力式及机械式。液力式通常采用液力变矩器，是通过改变液流方向和速度达到改变传递扭矩和速度；电力式通常采用直流串励电动机，是通过改变输入电流，从而改变电动机输出扭矩和转速；机械式用得较多的是带传动，通过连续改变主动轮与从动轮的直径，来达到无级变速。

3. 综合式变速器

它由液力变矩器与行星齿轮式变速器组合而成，其传动比在最大与最小之间，分割成几个区间，而每个区间内的传动比变化是无级的。由于利用了液力变矩器的无级变速和齿轮式变速器的高传动机械效率，该变速器的综合性能比较好，在一些中、高档轿车上得到了广泛的应用，而且在军用越野汽车上的应用也较多。

（二）按传动比操纵的方式分类

按传动比操纵的方式可将变速器分为手动操纵式变速器、自动操纵式变速器和半自动操纵式变速器。

1. 手动操纵式变速器

手动操纵式变速器由驾驶员操纵变速杆来换挡。优点是操纵机构的结构简单；缺点是驾驶员的劳动强度较大。

2. 自动操纵式变速器

自动操纵式变速器的换挡过程无须驾驶员操纵，而是自动进行的。通常采用电子式或机械式操纵控制装置，根据汽车在行驶中的发动机负荷、汽车行驶速度（有些自动变速器还会考虑汽车的加速度）的信号参数，由执行元件选择合适的传动比，并自动完成换挡过程。这种操纵方式广泛地应用在综合式变速器上，近年来在普通齿轮式变速器上也有所应用。它的优点是汽车在行驶中无须驾驶员换挡，只需操纵加速踏板来控制车速；缺点是操纵控制机构复杂。近年来出现了既可以自动操纵又可以手动操纵的手自一体式变速器。

3. 半自动操纵式变速器

半自动操纵式变速器有两种形式：一种是常用挡采用自动换挡，其余的挡位由驾驶员手动进行换挡；另一种是预选式，即预先用按钮选定挡位，驾驶员操纵加速踏板或离合器踏板通过一套电磁的或液压的装置来换挡。这种操纵方式的优点是减少了驾驶员的换挡次数；缺点是操纵控制机构仍然比较复杂。

在多轴驱动的汽车上，为了将变速器输出的扭矩分配给每个驱动桥，通常在变速器后端装一个分动器。目前，广泛采用的是手动操纵式变速器的有级式普通齿轮式变速器。这种变速器主要由变速传动机构、操纵机构和箱体部分组成。

第二节　普通齿轮式变速器变速传动基本原理与传动机构

一、普通齿轮式变速器的基本原理

普通齿轮式变速器也叫固定轴线式变速器，它由外壳、轴线固定的几根轴和若干齿轮组成，利用不同齿数齿轮的啮合传动来实现变速、变矩，利用偶数对齿轮外啮合改变旋转方向。

齿轮传动的基本原理如图 4-1 所示，一对齿数不同的齿轮啮合传动时可以实现变速，而且两个齿轮的转速与其齿数成反比。设主动齿轮转速为 n_1、齿数为 z_1、从动齿轮转速为 n_2、齿数为 z_2。主动齿轮（输入轴）转速与从动齿轮（输出轴）转速的比值称为传动比，用字母 i_{12} 表示，即

$$i_{12} = n_1 / n_2 = z_1 z_2$$

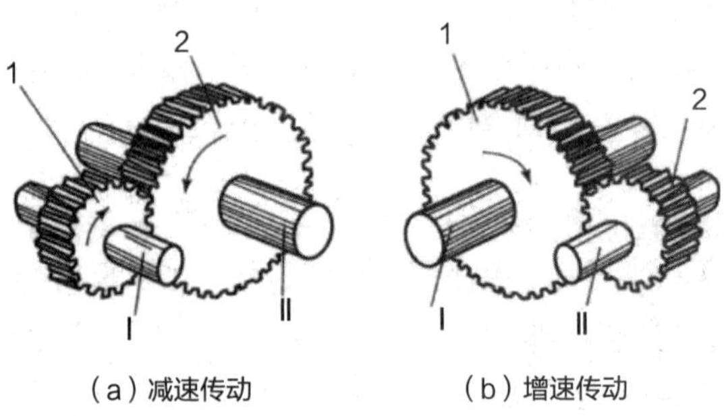

Ⅰ—输入轴；Ⅱ—输出轴；1—主动齿轮；2—从动齿轮。

图 4-1　齿轮传动的基本原理

（图片来源：常明．汽车底盘构造）

如图 4-1（a）所示，当小齿轮为主动齿轮带动大齿轮转动时，输出转速降低，即 $n_2 < n_1$，称为减速传动，此时传动比 $i > 1$；如图 4-1（b）所示，当大齿轮驱动小齿轮时，输出转速升高，即 $n_2 > n_1$，称为增速传动，此时传动比 $i < 1$。这就是齿轮传动的变速原理。汽车变速器就是根据这一原理利用若干大小不同的齿轮副传动而实现变速的。

图 4-2 所示为两级齿轮传动示意图，齿轮 1 为主动齿轮，驱动齿轮 2 转动，齿轮 3 与齿轮 2 固连在一起，再驱动齿轮 4 转动并输出动力，此时由 1 传到 4 的传动比为：

$$i_{14} = n_1 / n_4 = (z_2 z_4) / (z_1 z_3) = i_{12} i_{34}$$

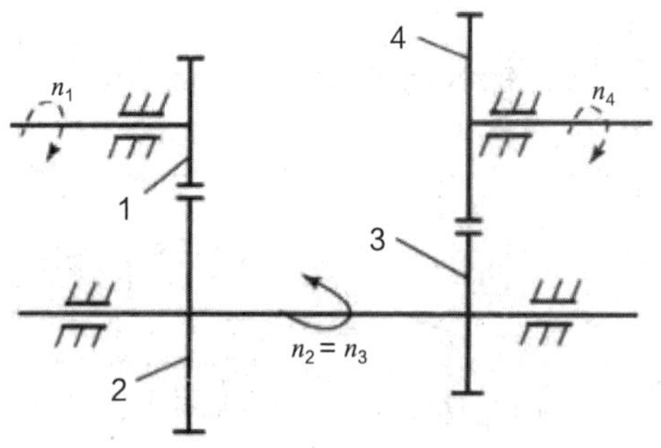

1、3—主动齿轮；2、4—从动齿轮。

图 4-2　两级齿轮传动示意图

（图片来源：常明．汽车底盘构造）

由上可以总结多级齿轮传动的传动比为：

i= 所有从动齿轮齿数的乘积 / 所有主动齿轮齿数的乘积 = 各级齿轮传动比的乘积

对于变速器，各挡的传动比 i 就是变速器输入轴转速与输出轴转速之比，即

$$i=n_{输入}/n_{输出}=T_{输出}/T_{输入}$$

当 $i>1$ 时，$n_{输出}<n_{输入}$，$T_{输出}>T_{输入}$，此时实现降速增矩，为变速器的低挡位，且 i 越大，挡位越低；当 $i=1$ 时，$n_{输出}=n_{输入}$，$T_{输出}=T_{输入}$，为变速器的直接挡；当 $i<1$ 时，$n_{输出}>n_{输入}$，$T_{输出}<T_{输入}$，此时实现升速降矩，为变速器的超速挡。

例如，桑塔纳 2000 五挡手动变速器各挡的传动比见表 4-1，其中一至三挡为降速挡，四挡为直接挡，五挡为超速挡。

表 4-1　桑坦纳 2000 五挡手动变速器各挡的传动比

挡位	传动比
一	3.455
二	1.944
三	1.286
四	0.969
五	0.800

二、普通齿轮式变速器的变速传动机构

变速器包括变速传动机构和变速操纵机构两大部分。变速传动机构是变速器的主体，由一系列相互啮合的齿轮副、支承轴及作为基础件的壳体组成，主要作用是变速、变扭和变向。变速操纵机构的主要作用是实现转速比和转向的改变。

（一）两轴式变速器

两轴式变速器主要应用于发动机前置、前轮驱动（FF）和发动机后置、后轮驱动（RR）的中、轻型轿车上，以便于汽车的总体布置。目前，轿车上采用发动机前置、前轮驱动的布置形式越来越广泛，其中前置发动机又有纵向布置和横向布置两种形式，与其配用的两轴式变速器也有两种不同的结构形式。图 4-3 所示为桑塔纳轿车变速器，它是一种典型的与纵向布置发动机配合使用的两轴变速器。

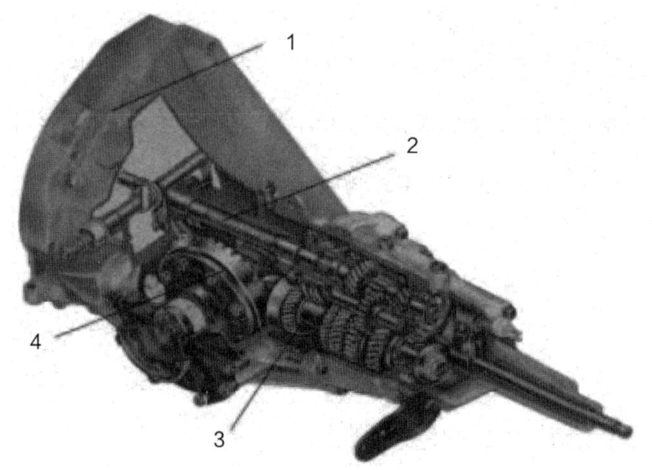

1—变速器壳体；2—输入轴总成；3—输出轴总成；4—主减速器总成。

图 4-3　桑塔纳轿车变速器
（图片来源：常明．汽车底盘构造）

1．基本构造

该变速器变速传动机构包括输入轴总成和输出轴总成，它共有四个前进挡和一个倒挡。输入轴与输出轴各挡齿轮均为常啮合齿轮，所有挡位均用锁环式惯性同步器进行换挡。

输入轴也叫主动轴或第一轴，第一轴前端与离合器从动盘通过花键连接，中间及后端通过轴承支承在变速器壳体上。第一轴上共有五个齿轮，其中一、二挡齿轮和倒挡齿轮与第一轴固定，三、四挡齿轮分别用滚针轴承空套在第一轴上。位于三、四挡齿轮中间的同步器通过花键毂与轴连接。

输出轴也叫从动轴或第二轴，与主减速器主动锥齿轮制成一体，通过前后两端的轴承支承在变速器壳体上。第二轴上一、二挡齿轮用滚针轴承空套在轴上，三、四挡齿轮与轴固定。同步器位于一、二挡齿轮之间，倒挡齿轮与该同步器接合套连成一体。

2．各挡的动力传递过程

离合器从动盘将动力传给变速器输入轴，驾驶员可通过变速器操纵机构挂上所需挡位。

（1）空挡。图 4-4 所示为变速器的空挡位置。当输入轴旋转时，一、二挡及倒挡的主动齿轮与之同步旋转，三、四挡主动齿轮则处于自由状态，一、二挡的从动齿轮随输入轴的旋转而在输出轴上空转，输出轴不被驱动，汽车处于静止或空挡滑行状态。

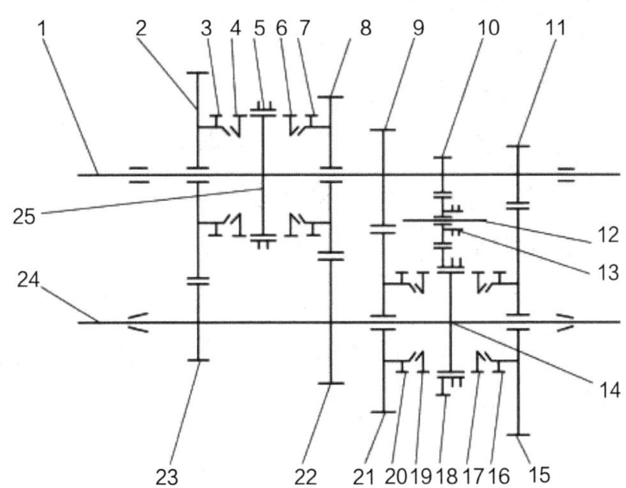

1—输入轴；2—四挡主动齿轮；3、7、16、20—接合齿圈；4、6、17、19—同步器锁环；5—三、四挡同步器接合套；8—三挡主动齿轮；9—二挡主动齿轮；10—倒挡主动齿轮；11——挡主动齿轮；12—倒挡齿轮轴；13—倒挡中间齿轮；14——、二挡同步器花键毂；15——挡从动齿轮；18——、二挡同步器接合套；21—二挡从动齿轮；22—三挡从动齿轮；23—四挡从动齿轮；24—输出轴；25—三、四挡同步器花键毂。

图 4-4　桑塔纳轿车变速器传动机构示意图

（图片来源：常明. 汽车底盘构造）

（2）一挡。操纵变速杆，通过一、二挡换挡拨叉使一、二挡同步器接合套右移，经一挡同步器锁环作用，一挡从动齿轮与一、二挡同步器在接合套的作用下同步旋转。这样，从离合器传来的发动机扭矩，经输入轴上的一挡主动齿轮及与其常啮合的一挡从动齿轮、同步器接合套和花键毂，经花键传到输出轴，直至主减速器。一挡传动比 i_1=3.455。

（3）二挡。操纵变速杆，通过一、二挡换挡拨叉使一、二挡同步器接合套左移，退出一挡进入空挡。继续向左推动该换挡拨叉，使一、二挡同步器接合套借助同步器锁环作用，使二挡从动齿轮与该挡同步器花键毂同步旋转。发动机传来的扭矩经输入轴上的二挡主动齿轮及与其常啮合的二挡从动齿轮、同步器接合套和花键毂，经花键传到输出轴，直至主减速器。二挡传动比 i_2=1.944。

（4）三挡。操纵变速杆，通过三、四挡换挡拨叉推动三、四挡同步器接合套右移，经三挡同步器锁环作用，三挡主动齿轮与三、四挡主动齿轮同步器花键毂同步旋转。来自发动机的扭矩从输入轴上的花键传到三、四挡同步器，经该同步器接合套到三挡主动齿轮，以及与其常啮合的三挡从动齿轮，由于三挡从动齿轮与输出轴固定，所以此时动力直接由三挡从动齿轮传给输出轴，直至主减速器。三挡传动比 i_3=1.286。

（5）四挡。操纵变速杆，通过换挡拨叉使三、四挡同步器接合套左移，退出三挡进入空挡。继续向左推动该换挡拨叉，使三、四挡同步器接合套借同步器锁环作用，使四挡主动齿轮与该挡同步器花键毂同步旋转。发动机传来的扭矩，从输入轴上的花键经三、四挡同步器花键毂，经该同步器接合套传到四挡主动齿轮，传给与之常啮合的四挡从动齿轮，传到输出轴，直至主减速器。四挡传动比 i_4=0.909。

（6）倒挡。要想使汽车能倒向行驶，需在输入轴与输出轴之间增设一个倒挡齿轮轴和一个倒挡中间齿轮（惰轮），倒挡轴是固定式轴，倒挡中间齿轮空套在倒挡轴上，可以在倒挡拨叉的作用下左右移动。

挂倒挡时，用倒挡拨叉拨动倒挡轴上的倒挡中间齿轮，使其同时与输入轴上的倒挡主动齿轮及输出轴一、二挡同步器接合套上的倒挡从动齿轮相啮合。发动机传来的扭矩经输入轴上的倒挡齿轮传给中间惰轮，再传至倒挡从动齿轮，最后由一、二挡同步器花键毂传给输出轴。由于在动力传递的过程中多了一个中间惰轮，所以输出轴的旋转方向与各前进挡位相反。倒挡传动比 i_R=3.167。

（二）三轴式变速器

在发动机前置后轮驱动的汽车上，常采用三轴式变速器，其特点是传动比范围较大，有直接挡，传动效率高。下面以丰田皇冠轿车 W55 型变速器为例向大家介绍三轴式变速器的基本结构和动力传递，丰田皇冠轿车 W55 型变速器如图 4-5 所示。

图 4-5　丰田皇冠轿车 W55 型变速器
（图片来源：常明．汽车底盘构造）

1. 基本构造

丰田皇冠轿车 W55 型变速器有五个前进挡和一个倒挡。变速器内有输入轴（第一轴）、输出轴（第二轴）、中间轴和倒挡轴，其中第一轴和第二轴轴线互相重合。

第一轴（离合器的输出轴）的前端用导向轴承支承在曲轴尾端的中心孔内，后端用球轴承支承在变速器壳体上，其后端制有常啮合齿轮及齿圈。

第二轴的前端通过滚子轴承支承在第一轴后端的内孔中，后端则通过圆柱滚子轴承支承在变速器壳体上。轴上用花键套装着三、四挡与一、二挡同步器的花键毂和接合套，以及三挡、二挡、一挡齿轮、倒挡齿轮及五挡齿轮。在一挡齿轮与倒挡齿轮之间装有中间板，第二轴中间球轴承支承在中间板上。

中间轴的两端分别用圆柱滚子轴承和球轴承支承在变速器壳体上，中间轴承支承在中间板上，其上固装着中间轴常啮合齿轮，三挡、二挡、一挡齿轮、倒挡齿轮、五挡齿轮分别与第一轴和第二轴上的相应齿轮常啮合。

倒挡轴是固定式轴，其轴端以过盈配合装配于壳体上的轴承孔内，其上套装有倒拦齿轮。

2. 各挡的动力传递过程

图 4-6 所示为丰田皇冠轿车 W55 型变速器传动机构简图。

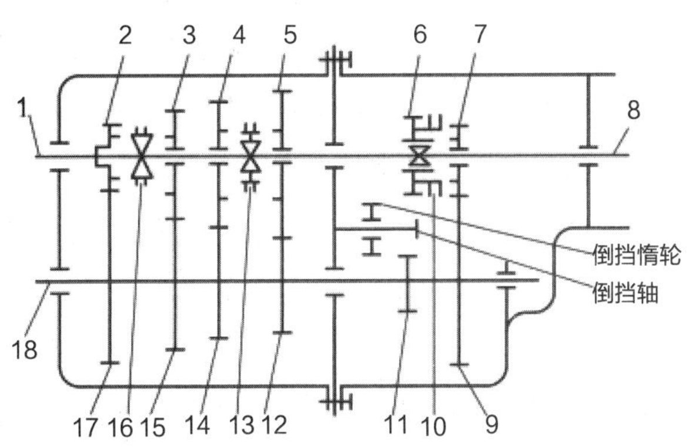

1—第一轴；2—第一轴常啮合齿轮；3—第二轴三挡齿轮；4—第二轴二挡齿轮；5—第二轴一挡齿轮；6—第二轴倒挡齿轮；7—第二轴五挡齿轮；8—第二轴；9—中间轴五挡齿轮；10—五、倒挡接合套；11—中间轴倒挡齿轮；12—中间轴一挡齿轮；13—一、二挡接合套；14—中间轴二挡齿轮；15—中间轴三挡齿轮；16—三、四挡接合套；17—中间轴常啮合齿轮；18—中间轴。

图 4-6　丰田皇冠轿车 w55 型变速器传动机构简图

（图片来源：常明．汽车底盘构造）

（1）空挡。操纵变速杆，使各挡同步器接合套处于中间位置，此时动力由第一轴常啮合齿轮传至中间轴，第二轴上的齿轮都在中间轴相应齿轮的带动下空转，动力不能传给输出轴。

（2）一挡。操纵变速杆，使一、二挡接合套右移与第二轴一挡齿轮的接合齿圈接合，动力由第一轴依次经第一轴常啮合齿轮、中间轴常啮合齿轮、中间轴、中间轴一挡齿轮、第二轴一挡齿轮，再经过齿圈及一、二挡接合套与花键毂传给第二轴。

（3）二挡。操纵变速杆，使一、二挡接合套左移与第二轴二挡齿轮的接合齿圈接合，动力由第一轴依次经第一轴常啮合齿轮、中间轴常啮合齿轮、中间轴、中间轴二挡齿轮、第二轴二挡齿轮，再经过齿圈及一、二挡接合套与花键毂传给第二轴。

（4）三挡。操纵变速杆，使三、四挡接合套右移与第二轴三挡齿轮的接合齿圈接合，动力由第一轴依次经第一轴常啮合齿轮、中间轴常啮合齿轮、中间轴、中间轴三挡齿轮、第二轴三挡齿轮，再经过齿圈及三、四挡接合套与花键毂传给第二轴。

（5）四挡。操纵变速杆，使三、四挡接合套左移与第一轴常啮合齿轮的接合齿圈接合，动力经由三、四挡接合套及花键毂直接传给第二轴。此为直接挡，输出轴与输入轴转速相同，传动比为1。

（6）五挡。操纵变速杆，使五、倒挡接合套右移与第二轴五挡齿轮的接合齿圈接合，动力由第一轴依次经第一轴常啮合齿轮、中间轴常啮合齿轮、中间轴、中间轴五挡齿轮、第二轴五挡齿轮，再经过齿圈及五、倒挡接合套与花键毂传给第二轴。

（7）倒挡。操纵变速杆，使倒挡惰轮右移与中间轴倒挡齿轮和第二轴倒挡齿轮同时啮合，动力由第一轴依次经第一轴常啮合齿轮、中间轴常啮合齿轮、中间轴、中间轴倒挡齿轮、倒挡惰轮、第二轴倒挡齿轮、花键毂传给第二轴。由于增加了倒挡惰轮，所以第二轴的转向与第一轴相反，此时动力反向输出。

3. 结构分析

（1）轴的支承和轴向定位：由于第一、二轴都是转动轴，所以其与壳体间都采用轴承支承，其中大都是滚珠轴承或滚柱轴承。现代汽车为了适应可靠性和使用寿命的要求，锥形轴承的使用也日益增多。第二轴前端多用滚针轴承支承于第一轴后端孔内，这种支承使第二轴前端的径向松动量要受本身支承和第一轴两支承轴承共三处支承的影响，所以其支承刚度差。某些重型汽车为了提高支承刚度，将第二轴前端支承于壳体中间隔壁上（同时使中间轴又增加一个支承）。第一轴一般为离合器从动轴，前端支承于曲轴后端孔内。

第一、二轴的轴向定位大都是靠后轴承，常见的一种形式如图4-7（a）所示，在轴承外环上装有弹性挡圈，挡在壳体端面上，使轴承不能向壳体内移动，又靠轴承盖压住轴承外环端面使轴承不能向外移动，实现轴承的轴向定位。为确保轴向定位，这

种形式的轴承盖密封垫厚度应恰当，既保证密封，又使轴承盖压在主轴承外环端面。难以做到两方面兼顾时，可在轴承盖与轴承外环端面间加金属调整垫片。

中间轴大多数为转动式，轴向定位同第一、二轴一样靠一端的轴承定位。另外，有的中间轴和几乎所有的倒挡轴为固定式轴，用过盈配合压装在壳上以防漏油，再用锁片定位，如图 4-7（b）所示。为了装配方便，固定式轴两端轴颈直径稍有差异，有定位槽的一端稍粗，装配时应使轴的另一端穿过壳体和齿轮。为了拆装方便，有的倒挡轴还在轴的外端制有螺纹孔，以便使用拉具将轴拉出。

轴只能有一个支承定位，否则，由于轴和壳体的材料不同、膨胀系数不同，当温度变化时，二者的伸缩量不同，相互之间就可能产生拉压应力而导致损坏。

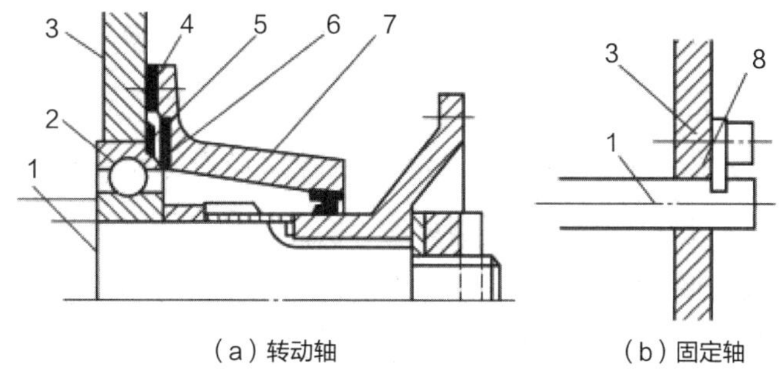

1—轴；2—轴承；3—变速器壳；4—密封垫；5—弹性挡圈；6—调整垫片；7—轴承盖；8—锁片。

图 4-7　变速器轴的常见定位方式

（图片来源：常明．汽车底盘构造）

（2）变速器换挡结构形式：普通齿轮式变速器的换挡装置常见的有直接滑动齿轮式、接合套式和同步器式三种结构。

①采用直齿轮传动的挡位常采用直接滑动齿轮式换挡形式，它是通过直接移动啮合齿轮副中的一个齿轮，使之与其另一个齿轮进入啮合或退出啮合，从而实现挂挡或退挡。由于直齿齿轮传动冲击大，噪声大，承载能力低，故应用得越来越少，只是在某些轿车的倒挡中应用。

②接合套式换挡装置的齿轮副是常啮合齿轮，其中的从动齿轮浮套在轴上，在一侧制有短的接合齿圈，然后靠与轴有传动关系的接合套与其接合齿圈接合换挡。接合套有外接合式和内接合式两种，采用接合套换挡，其齿轮副一般都是常啮合齿轮。斜齿轮传动与直齿轮相比，同时啮合的齿数多，强度高，承载能力强，且对一个齿来说，是从一端逐渐进入啮合或退出啮合，因而冲击小，噪声小，寿命长，因此大多数变速

器除不常用的低速挡和倒挡外，大都采用斜齿轮传动。但斜齿轮传动有轴向分力，需要采用能承受轴向力的轴承。接合套换挡由于接合齿短，换挡时拨叉移动量小，操作较轻便，且换挡元件承受冲击的工作面增加，换挡元件的工作寿命延长，因而它虽仍不能完全消除换挡冲击，但也较直齿滑动齿轮优越得多。另外，它与同步器换挡结构相比工作寿命较长，维修也较方便，特别对重型汽车来说，因各挡的速比差较小，换挡容易，所以目前仍较多采用接合套式换挡。

③同步器式换挡装置是在接合套换挡机构的基础上又加装了同步元件而构成的一种换挡装置。一对齿轮在进入啮合开始时的圆周速度必须相等，即达到同步状态，否则就会在齿端发生冲击和噪声，降低齿轮的使用寿命。同步器式换挡装置就是在接合套的基础上增加了同步元件和防止在同步前啮合的元件，它可以保证在换挡时接合套与待接合齿圈的圆周速度相等，并防止二者在同步之前进入啮合，从而消除换挡冲击，使操作简捷和轻便。轿车的变速器前进挡多采用同步器式换挡。

（3）防止自动脱挡的结构：变速器换挡装置除应能保证顺利地挂挡和退挡外，在结构上还必须保证在行驶过程中变速器换入某一挡位后不会出现自动脱挡现象。自动脱挡是变速器的主要故障之一，特别是直接挡，由于接合齿轮组不在同一轴上，存在两轴同轴度误差，更易脱挡。所以大多数变速器在齿轮上采取了防止自动脱挡的结构，其形式有接合套齿端倒斜面式和花键毂减薄齿式两种。

图 4-8 所示为接合套齿端倒斜面式防止脱挡结构，它是将接合套的两端及接合齿圈的齿端制出相同斜度的倒斜面。当接合套向左或右移动，与接合齿圈相啮合时，两齿之间即以倒斜面接触传递动力。图示位置为左端接合，这时由于斜面的作用，接合齿圈与接合套之间的啮合力产生一个向左的轴向作用力，阻止接合套自动向右移动，即防止其自动脱挡。桑塔纳、奥迪轿车变速器的同步器接合套与接合齿圈均采用这种防止自动脱挡结构。齿端的倒斜面是在接合齿圈及接合套的花键加工完毕后，利用专用机床挤压成形，最后进行热处理的。

图 4-9 所示为花键毂减薄齿式防止脱挡结构。它是将花键毂外齿的两端减薄 0.3 ～ 0.4 mm，使各花键齿中部形成一个凸台。当接合套向左或向右移动与接合齿圈接合传递动力时，其后端将被花键毂齿上的凸台挡住，从而防止自动脱挡，图示位置为左端接合，当需要摘挡时，驾驶员放松加速踏板，发动机转速迅速降低，花键毂则在惯性作用下相对于接合齿圈和接合套超前转过一个角度，使接合套与花键毂分离，便可以顺利地摘挡。丰田巡洋舰变速器便采用这种形式。

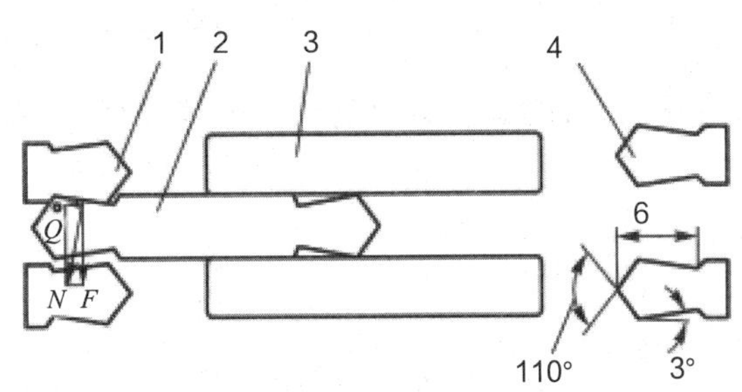

1、4—接合齿圈；2—接合套；3—花键毂；*F*—圆周力；*N*—锥齿面正压力；*Q*—防止跳挡的轴向力。

图 4-8 接合套齿端倒斜面式防止自动脱挡结构

（图片来源：常明．汽车底盘构造）

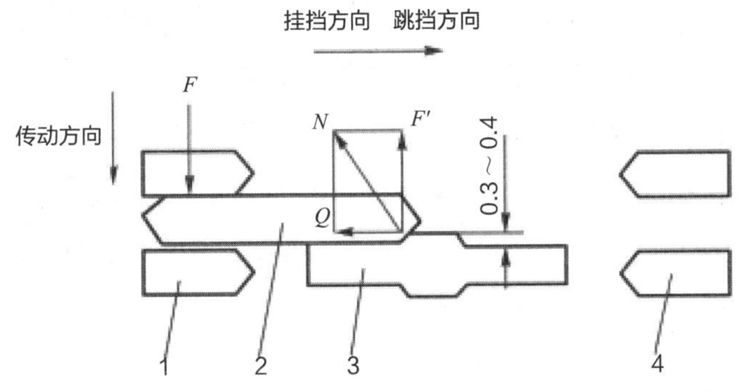

1、4—接合齿圈；2—接合套；3—花键毂；*F*、*F′*—圆周力；*N*—凸台对接合套的总阻力；*Q*—防止跳挡的轴向力。

图 4-9 花键毂减薄齿式防止自动脱挡结构

（图片来源：常明．汽车底盘构造）

（5）变速器的润滑与密封：变速器中各齿轮副、轴与轴承等运动部件均有较高的运动速度，因此，必须具有可靠的润滑。大多数汽车采用飞溅润滑，只有少数重型汽车采用压力润滑。采用飞溅润滑的变速器壳体内注有一定量的润滑油，依靠齿轮旋转将润滑油甩到各运动零件的工作表面。壳体一侧有加油口，壳体底部有放油螺塞，为了润滑第二轴的前轴承和各个空转齿轮的衬套或轴承，有的齿轮均匀地在其齿间底部钻有径向油孔，有的齿轮则在其轮毂端面开有径向油槽，以便润滑油进入各衬套和轴承表面。

为了防止润滑油泄漏，变速器盖与壳体及各轴承盖与壳体的接合面之间都装有密封垫，或用密封胶密封。第一轴和第二轴与轴承盖的孔之间则用橡胶自紧油封或回油螺纹予以密封，并且一般在轴承盖下部制有回油凹槽，在壳体的相应部位开有回油孔，使沉积的润滑油流回壳体内，装配时应使凹槽与油孔对准。为了防止变速器工作时油温升高使气压过大而造成润滑油渗漏，在变速器盖上都装有通气塞。

第三节　同步器

一、无同步器时换挡过程分析

无论是移动滑动齿轮还是移动接合套换挡，都必须使将要进入接合的一对齿轮或接合套内齿与齿轮外接合齿圈的圆周速度相等（同步），才能平顺地进入接合并换挡。若不同步强行换挡，齿间将发生冲击，一方面不易换挡，另一方面齿间的冲击加速了齿端的磨损，甚至会造成齿轮的折断。为了减少换挡时齿间冲击，平顺换挡，驾驶员必须采取合理的换挡操作步骤。下面以无同步器的某五挡变速器为例，通过四挡与五挡（四挡为直接挡，五挡为超速挡）之间的互换来分析合理的换挡过程。图 4-10 为无同步器变速器四、五挡齿轮传动示意图。

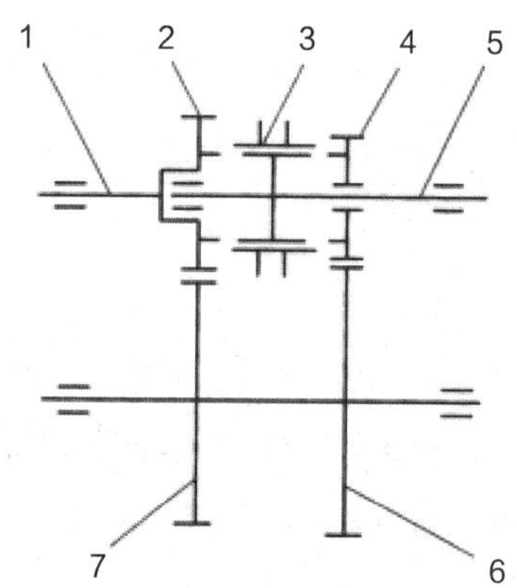

1—第一轴；2—第一轴常啮合齿轮；3—接合套；4—第二轴五挡齿轮；5—第二轴；
6—中间轴五挡齿轮；7—中间轴常啮合齿轮。

图 4-10　无同步器变速器的四、五挡齿轮传动示意图
（图片来源：常明. 汽车底盘构造）

（一）低挡换高挡（四挡换五挡）

变速器在四挡工作时，第一轴常啮合齿轮的外接合齿圈与接合套接合，此时第一轴常啮合齿轮的外接合齿的圆圈速度 v_2 与接合套圆周速度 v_3 相等。由于五挡是超速挡，第二轴五挡齿轮外接合齿圈的圆周速度 $v_4 > v_3$。当接合套刚退入空挡时 $v_3 < v_4$，为了使换五挡时齿间不发生冲击，需使接合套在空挡位置等待片刻。这是因为接合套通过齿毂、第二轴与整个汽车相连，转动惯量较大，圆周速度下降较慢。第二轴五挡齿轮通过中间轴齿轮与第一轴相连。由于退挡时已分离了离合器，第一轴仅与离合器从动盘总成相连，联系惯量较小，圆周速度下降得较快，虽然 $v_4 > v_3$，但 v_4 下降得比 v_3 快，必然会出现一个 $v_4=v_3$ 时刻（同步），此时立即右移接合套与第二轴五挡齿轮的外接合齿圈接合，平顺地换入五挡。若错过此时刻，就会出现 $v_3 > v_4$，而且等待的时间越长，速度差越大。这就要求驾驶员能够比较准确地掌握换挡时机，要有一定的实践经验。第二轴五挡齿轮所联系的转动惯量越小，v_4 就下降得越快，同步时刻就可能越早出现，就可以迅速换挡。因此，离合器从动盘本体采用薄钢板片制成，就是为了尽可能地减少转动惯量。

（二）高挡换低挡（五挡换四挡）

当接合套由五挡刚退到空挡时，$v_3=v_4 > v_2$，若在空挡等待，则不会出现 $v_3=v_2$ 的时刻。这是因为接合套的圆周速度 v_3 高，联系的转动惯量大，转速下降得慢。第一轴齿轮接合齿圈速度 v_2 低，联系的转动惯量小，转速下降得快，不可能有同步的时刻，而且等待的时间越长，v_2 与 v_3 的速度差就越大。应在接合套退入空挡后，立即使离合器重新接合，并踏下发动机的加速踏板，使发动机带动变速器第一轴的圆周速度 v_2 上升，当 $v_2 > v_3$ 时，再重新分离离合器，在 v_2 与 v_3 下降的过程中，将会出现一个 $v_2=v_3$ 的时刻，立即左移接合套与第一轴常啮合齿轮的外接合齿圈接合，即实现了平顺地换挡。

上述换挡步骤虽然以接合套式换挡为例，但对直接滑动齿轮式换挡来说，道理是一样的。要实现无冲击地平顺换挡，一方面操作复杂，另一方面要求驾驶员要有较熟练的驾驶技术，而且驾驶员易疲劳。为了能够实现平顺换挡而又使操作简化，在现代汽车变速器中大部分挡位均采用同步器换挡。

二、同步器的构造及工作原理

同步器是在接合套换挡机构的基础上发展起来的，其中除有一般接合套换挡机构中的接合套、齿毂、齿轮接合齿圈等机件外，还增设了能使接合套与对应齿轮的接合齿圈圆周速度迅速趋于一致的同步部件，并在有些同步器上有为防止冲击而阻止二者在未同步之时进入接合的锁止机构。

同步器分为常压式、惯性式及自行增力式等种类。常压式同步器虽然结构简单，但具有可能在同步过程中（圆周速度还不相等时）进入接合（换上挡）的缺点，齿间有可能产生冲击，故仅在少数重型汽车上应用，而目前汽车上广泛采用的是惯性式同步器。

（一）惯性式同步器

惯性式同步器不仅能够使将要进入接合的接合套内齿与齿轮外接合齿圈的圆周速度趋于一致，而且能够防止二者在未同步之时进入接合，以避免换挡时产生齿间的冲击。应用较多的有锁环式惯性同步器和锁销式惯性同步器。

1. 锁环式惯性同步器

图 4-11 所示为解放 CA1122J 汽车变速器的五、六挡锁环式惯性同步器。它由接合套、花键毂、锁环、滑块、定位销和弹簧等组成。花键毂通过内齿装在第二轴前部的花键轴上，并以卡环轴向定位，其外部沿圆周方向制有六个轴向深槽，在槽 b 中部制有径向孔，用于安装弹簧。滑块的中部制有径向通孔，孔中装有定位销，滑块装于齿毂槽 b 中，并可沿齿毂轴向滑动。接合套以内齿套装在齿毂上，在内齿中部圆周方向制有三段横齿，并在横齿中部制有槽 a，内齿两端在齿宽方向制有斜面。在接合套与五、六挡接合齿圈之间装有锁环。锁环上制有断续的短齿，齿端也制有斜面。在锁环的外圆上还制有三个凸台 d 和三个缺口 c，组装后，锁环的凸台 d 装于齿毂槽 e 中，而滑块的两端插入锁环的缺口 c 中，由于滑块的宽度小于缺口的宽度，凸台的宽度小于齿毂槽 e 的宽度，工作中可允许锁环相对齿毂（或接合套）转动一个角度。锁环的内侧制有摩擦锥面，并在锥面上制有螺纹，以破坏接触面上的油膜，增大摩擦力矩。另外，还有五、六挡接合齿圈，以内齿分别装在第一轴齿轮外接合齿及第二轴五挡齿轮外接合齿上，接合齿圈上制有外摩擦锥体，该锥体与锁环内锥面接合产生同步所需要的摩擦力矩。外接合齿圈齿端也制有与锁环齿相同的斜面。

以五挡换六挡为例来说明锁环式惯性同步器的工作原理。当接合套由五挡退到空挡位置时 [图 4-11（a）]，定位销头部在弹簧作用下顶靠在接合套横齿中部槽中。两锁环浮装在接合齿圈锥体上，在轴向是自由的。由于接合套通过花键毂联系的转动惯量较大，当接合套由五挡退到空挡的较短的时间内，则可以认为 $n_4=n_7\approx n_{15}$，而 $n_3>n_4$。

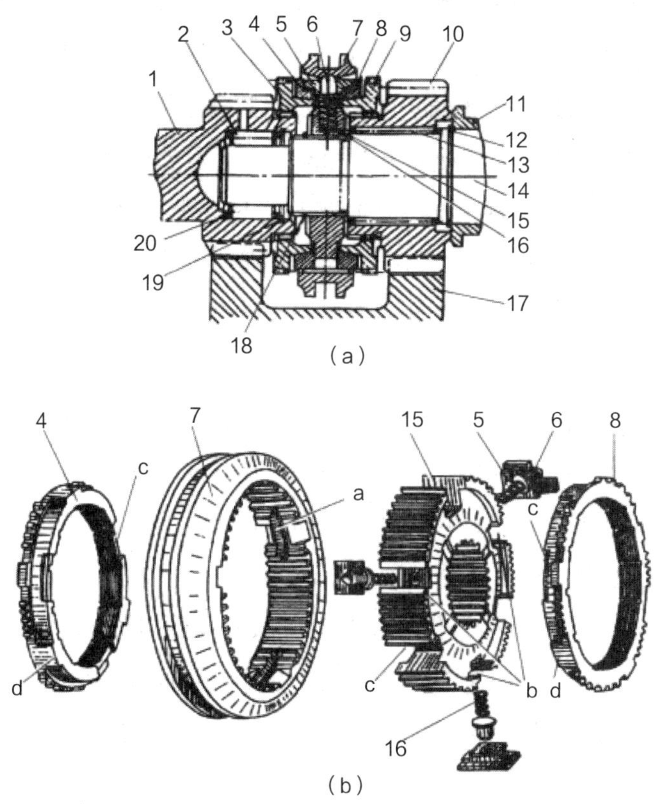

1—第一轴；2—滚针轴承；3—六挡接合齿圈；4、8—锁环；5—滑块；6—定位销；7—接合套；9—五挡接合齿圈；10—第二轴五挡齿轮；11—衬套；12、18、19—卡环；13—滚针轴承；14—第二轴；15—花键毂；16—弹簧；17—中间轴五挡齿轮；20—挡圈。

图 4-11　解放 CA1122J 汽车变速器五、六挡锁环式惯性同步器

（图片来源：常明. 汽车底盘构造）

换六挡时，接合套通过定位销带动滑块左移，当滑块左端与锁环缺口 c 的底部接触后，推动锁环左移，使锁环的内锥面与六挡接合齿圈的外锥面接触并逐渐压紧 [图 4-11（b）]。由于二者转速的不同（$n_3 > n_4$），锥面上产生摩擦力矩。在摩擦力矩的作用下，六挡接合齿圈带动锁环相对于接合套超前转动一个角度，直到锁环凸台的侧面与齿毂槽的侧面相接触（由于齿毂上槽的宽度大于锁环上凸台宽度一个齿宽）。因此，锁环相对于接合套超前转过约半个齿宽使接合套内齿端与锁环齿端斜面相抵 [图 4-12（b）]。这时，结合套给锁环一个作用力 F_N，F_N 可分解成轴向分力 F_1 和切向分力 F_2。F_2 所形成的力矩企图使锁环反转，以便接合套进入接合，称为拨环力矩 M_2。

F_1 使两个锥面压紧，产生摩擦力矩，使锁环与接合齿圈转速尽快同步，使锁环加速，接合齿圈减速。由于锁环通过齿毂与传动系统，乃至与整车相连，转动惯量较大，而六挡接合齿圈仅与第一轴及离合器从动盘总成相连（踩下离合器踏板后），转动惯量较小。因此，锁环的加速是很小的，主要是六挡接合齿圈，乃至第一轴的减速。减速产生的惯性力矩 M_1 的方向与转动的方向相同，通过六挡接合齿圈作用在锁环上，而阻止锁环反转。此时，在锁环上作用有惯性力矩 M_1 和拨环力矩 M_2。若要使接合套进入接合，就必须使 $M_2 > M_1$，反之在未同步之前是不能进入接合的。只要接合套内齿与锁环齿端接触的斜面所形成的锁止角及锁环与接合齿圈之间两锥面的摩擦锥角选择适当，就可以保证在未同步之前 M_1 始终大于 M_2，即使在接合套上作用更大的力，也只能使两摩擦锥面压得更紧，而不能使接合套进入接合而换上挡。由于锁环对接合套的锁止作用是由惯性力矩产生的，因此，该种同步器称之为锁环式惯性同步器。

随着对接合套的作用力继续增大和同步作用时间的增长，六挡接合齿圈转速 n_3 与锁环转速 n_4 逐渐趋于相同。一旦同步旋转，n_3 不再相对 n_4 下降，其惯性力矩 M_1 消失。锁环上由 F_2 形成的拨环力矩 M_2 仍然存在，在 M_2 的作用下使锁环及与之相连的所有零部件一起相对于接合套向后退转一个角度，两个轮齿斜面不再相抵，接合套在驾驶员的轴向力作用下压下定位销继续左移与锁环接合，锁环的锁止作用即消失 [图 4-12（c）]。

当接合套与锁环接合后，轴向分力消失，两锥面间的摩擦力矩也随之消失，如若接合套内齿又与接合齿圈齿端相抵，与上述相似，接合套迫使接合齿圈及其相连部件，相对接合套转动一个角度，使接合套与接合齿圈接合 [图 4-12（d）]，完成了整个换六挡的工作过程。

六挡换五挡的工作原理与上述相似，所不同的是在同步过程中，五挡接合齿圈及第二轴五挡齿轮被加速（图 4-11），直至达到与锁环同步后，接合套方可右移，依次与锁环、五挡接合齿圈接合，换入五挡。

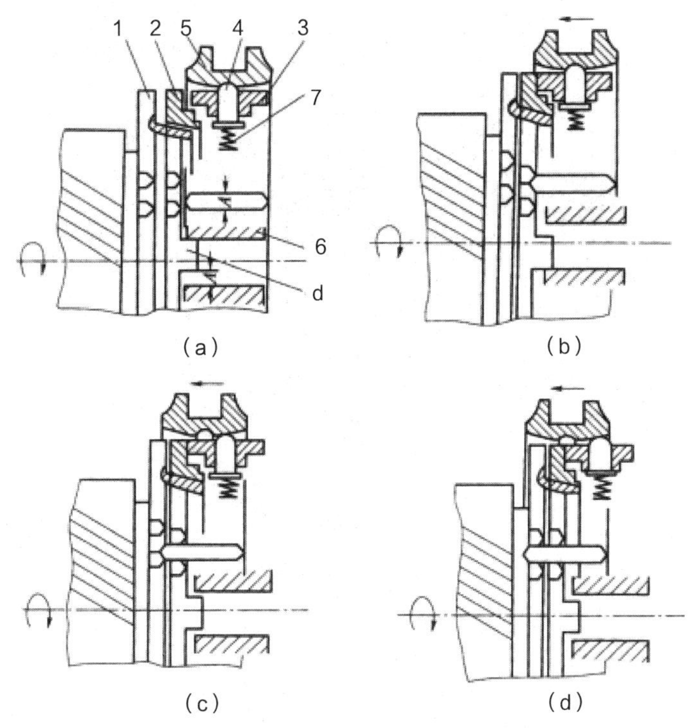

1—六挡接合齿圈；2—锁环；3—滑块；4—定位销；5—接合套；6—花键毂；7—弹簧。

图 4-12　锁环式同步器的工作过程示意图
（图片来源：常明．汽车底盘构造）

2．锁销式惯性同步器

图 4-13 所示为东风 EQ2081E 汽车变速器四、五挡锁销式惯性同步器，它主要由花键毂、接合套、锁销、定位销、摩擦锥环和摩擦锥盘等组成。两个锥盘以内齿分别装在第一轴齿轮和第二轴四挡齿轮的接合齿圈上，锥盘上制有内摩擦锥面。花键毂以内花键固装在第二轴前部，并以卡环轴向限位，其外齿上套装有接合套。接合套沿圆周方向均匀地制有六个轴向孔，孔中相间地装有三个锁销及三个定位销。锁销两端与摩擦锥环铆接，定位销两端与摩擦锥环有很小的间隙。锥环上制有与锥盘角度相同的外摩擦锥面，并在锥面上制有破坏油膜的螺纹。锁销中部制成小直径，由两端大直径向小直径过渡的斜面上制有锁止角，与该销相配合的接合套销孔两侧也制有相同的锁止角。定位销中部制有环槽，在接合套定位销孔中部制有斜孔，孔内装有弹簧、定位钢球。当钢球抵靠在环槽中，会使接合套处于同步器中间位置，以保证接合套空挡定位。

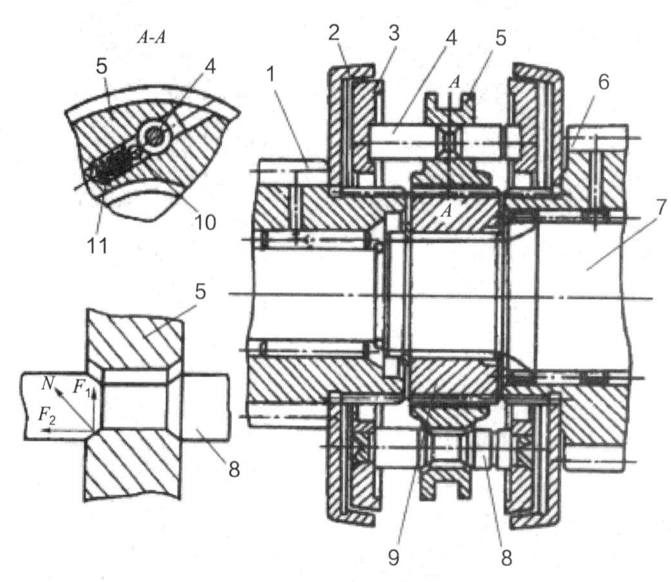

1—第一轴齿轮；2—摩擦锥盘；3—摩擦锥环；4—定位销；5—接合套；6—第二轴四挡齿轮；7—第二轴；8—锁销；9—花键毂；10—定位钢球；11—弹簧。

图 4-13 东风 EQ2081E 汽车变速器四、五挡锁销式惯性同步器

（图片来源：常明. 汽车底盘构造）

锁销式惯性同步器工作原理与锁环式惯性同步器相似，以四挡换五挡为例说明。当接合套刚由四挡退入空挡时，接合套转速 n_5、摩擦锥环的转速 n_3 与第二轴四挡齿轮的转速 n_6 近似相等。摩擦锥盘的转速 $n_2 > n_3$。挂五挡时，接合套左移，通过定位钢球带动定位销左移，并推动摩擦锥环左移，使摩擦锥环与摩擦锥盘的两锥面接触并逐渐压紧，产生摩擦力矩。由于 $n_2 > n_3$，锥盘在摩擦力矩作用下带动锥环、锁销相对于接合套超前转过一个角度，锁销轴线相对接合套上销孔轴线产生偏移，使锁销一侧的锁止斜面与接合套销孔一侧锁止斜面相抵。接合套给锁销一个作用力 N，N 可分解一个轴向分力 F_2 和切向分力 F_1，F_1 形成一个拨环力矩 M_2，与锁环式惯性同步器同理，在未同步之前，锥盘及其相联系部件通过锥环给锁销一个惯性力矩 M_1，产生了锁止作用。一旦同步后，惯性力矩 M_1 消失，在 M_2 的作用下，锁销、摩擦锥环、摩擦锥盘及第一轴等相连部件反转一个角度，锁销重新与销孔对中，于是接合套在轴向力作用下克服弹簧的张力，压下定位钢球，左移与第一轴五挡接合齿圈接合，便挂上了五挡。由于挂挡是在同步后进行的，所以实现了平顺换挡。

（二）自行增力式同步器

自行增力式同步器与惯性式同步器相比多了增力弹簧，使同步所需的摩擦力矩大幅度地增加。图 4-14 所示为波尔舍自行增力式同步器。它主要由花键毂、接合套、接合齿圈、同步环、滑块、支承块和弹簧片等组成。花键毂通过键固装在第二轴上，在花键毂外圆上制有三个凸起的轴向键齿，相应的，接合套内圆上也制有三个键槽与之相配合。接合齿圈与齿轮固装为一体。开口的弹性同步环、滑块、支承块及两个弹簧片均装在接合齿圈内，并以挡片轴向限位。滑块两侧与弹簧片相抵，其凸台部分插于同步环的开口中，同步器不工作时，两侧有间隙。支承块两侧与弹簧片相抵，凸台插入接合齿圈轴颈上相应的槽中，槽比凸台稍宽些。同步环外表面两侧制有外摩擦锥面，相应的，接合套内齿两端及接合齿圈内侧均制有内摩擦锥面。接合套左移与左侧的接合齿圈接合则为挂上了高挡，反之为挂上了低挡。

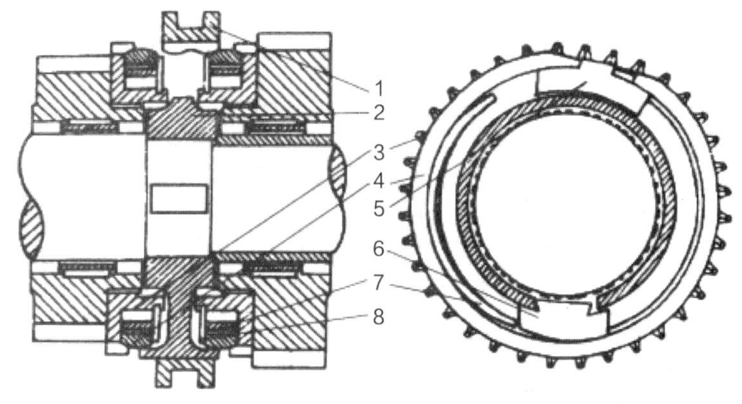

1—接合套；2—花键毂；3—接合齿圈；4—同步环；5—滑块；6—支承块；7—弹簧片；8—挡片。

图 4-14　波尔舍自行增力式同步器

（图片来源：常明．汽车底盘构造）

现以高挡换低挡为例说明该同步器的工作原理及其换挡过程。接合套在中间位置，即空挡位置时 [图 4-15（a）]，接合套内齿两端摩擦锥面与同步环锥面保持一定间隙，而接合齿圈内摩擦锥面与同步环外摩擦锥面靠紧（开口的同步环自由外径稍大于接合齿圈内径，所以组装后二者靠紧），并随之一起转动。由于接合套的转速 n 大于同步环转速 n_4，右移接合套，接合套内齿右端一旦与同步环接触，便产生了摩擦，同步作用随之开始 [图 4-15（b）]。在摩擦力矩作用下，接合套带动同步环相对于接合齿圈转动一个角度，使同步环开口的左端与滑块凸台相抵（图 4-14），同步环推动滑块，滑块推动右侧的弹簧片上端右移，弹簧片下端以支承块为支点向外张，使同步环给接合套施加了一个径向力，接合套与同步环之间的摩擦力矩得到增强，继而弹簧片的径向力又进一步增大。这样，增大了的摩擦力矩，使接合齿圈的转速迅速上升，直至达到同步。这种同步器是借助弹簧片对同步环的增力而进行工作的。

只要未同步，弹簧片的径向力将始终存在，而同步环的直径就不可能缩小，接合套再也无法右移而挂上挡，一旦同步（二者的转速差为零），滑块对弹簧片的作用力消失，右侧弹簧片以滑块为支点伸张，其下端推动支承块右侧，可带动接合齿圈连同低挡齿轮一同转一个角度，使弹簧片松弛。由于阻止同步环缩小的弹簧片径向力消失，接合套只需用较小的轴向力就可以使同步环压缩，接合套继续右移，接合套内齿与接合齿圈相接合，换上了低挡，而同步环抵靠在接合套内齿中部的弧形槽内，使接合套换低挡后定位 [图 4-15（c）]，无须在变速器操纵装置上再设自锁装置。

当低挡换高挡时，左侧的弹簧片起增力作用。由于弹簧片使该同步器产生增力作用，所示同步器换挡更省力并且迅速。

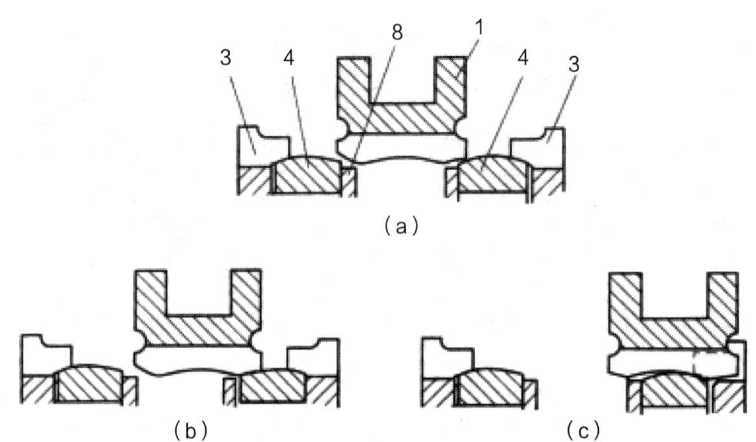

图 4-15　波尔舍自行增力式同步器的换挡过程（标注同图 4-14）

（图片来源：常明. 汽车底盘构造）

第四节　变速器的操纵机构

变速器操纵机构的功用是保证驾驶员能够根据汽车行驶的条件方便、准确、可靠地换上任何一个所需要的挡位，并可随时使之退到空挡。

为了满足上述功能，对操纵机构提出了以下要求。

（1）变速器不能自行脱挡（跳挡），并保证轮齿（或接合套内齿与齿轮接合齿圈）以全齿长接合；

（2）变速器不能同时挂上两个挡；

（3）防止欲挂前进挡时误入倒挡；

（4）换挡应轻便。

在一些汽车上，由于变速器离驾驶员座椅较近，驾驶员可直接操纵位于变速器盖上方的变速杆来直接换挡，故称为直接式操纵机构。在一些平头车或短头汽车上，变速器布置得离驾驶员座椅较远，或在一些小型汽车上，在驾驶员座椅旁布置变速杆较困难，这时就会将变速杆布置在方向盘下方的转向管柱上。这就需要增设一套换挡传动机构，实现远距离换挡，故称为远距离操纵机构。在主、副变速器中还需要一套副变速器换挡机构，而副变速器多采用气动换挡。为了使操纵轻便，有些操纵机构中则采用气压助力装置。

一、直接式操纵机构

（一）东风 EQ2081E 汽车变速器操纵机构

东风 EQ2081E 汽车变速器操纵机构如图 4-16 所示，由变速杆、变速叉、变速叉轴、自锁（定位）装置、互锁装置及倒挡锁装置等组成。变速杆中下部的球节部分装在变速器盖球形座内，下面以锥形弹簧支承，使变速杆既可以前后摆动，又可以左右摆动。在球节侧面开有一个切槽，变速器盖球形座侧面装有一个螺钉，螺钉端部插入切槽中，以防止变速杆转动，变速杆下端插入导动块槽中。该变速器有五个前进挡和一个倒挡，因此，有三个变速叉轴，变速叉轴两端分别支承在变速器盖内侧的支承孔内，并可轴向滑动。在每一个叉轴上通过螺钉固装一个变速叉，变速叉的叉口部分分别插入第二轴一、倒挡滑动齿轮，二、三挡同步器接合套及四、五挡同步器接合套的

叉槽中。为了使变速杆能够带动叉轴移动，在叉轴上通过螺钉固装有导动块。由于二、三挡变速叉及四、五挡变速叉离变速杆下端较近，因此将导动块与叉制成一体。空挡时三个导动块槽对齐，变速杆左右摆动，其下端可选择任一个导动块，称为选挡。当变速杆前后移动时，其下端可通过某一个导动块带动某一叉轴及变速叉轴向移动，实现换挡。

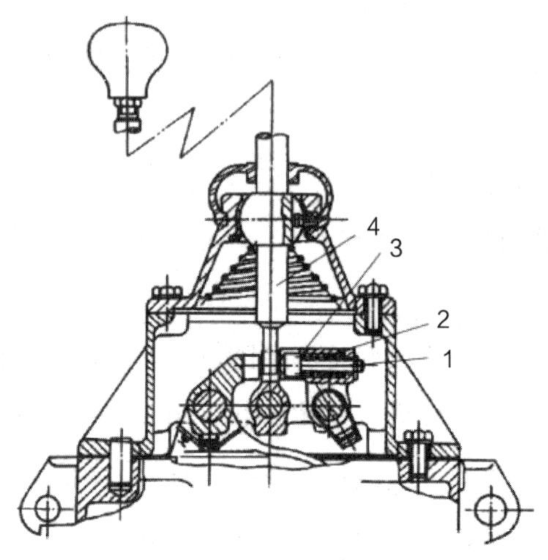

1—倒挡锁销；2—倒挡锁销弹簧；3——、倒挡叉轴导动块；4—变速杆。

图 4-16　东风 EQ2081E 汽车变速器倒挡锁止装置

（图片来源：常明．汽车底盘构造）

换挡时，驾驶员通过操纵机构使滑动齿轮（或接合套）与相应挡位的齿轮（或齿轮接合齿圈）接合，难以保证全齿长接合。另外，在汽车行驶中，因振动或其他原因，滑动齿轮（或接合套）也有可能自行轴向移动，减少了接合长度，甚至脱离接合（跳挡）。为解决此问题，应在操纵机构中设置自锁（定位）装置。如图 4-17 所示，在每个变速叉轴前端上面制有三个凹槽，中间是空挡定位槽，两边为某一挡位定位槽（在有些变速器中，倒挡为单独一根叉轴，其上只有空挡及倒挡定位槽）。在该槽正上方的变速器盖上制有定位孔，孔中装有自锁弹簧及自锁钢球。钢球在弹簧力的作用下压在某一槽中，可以防止滑动齿轮（或接合套）自行轴向移动而跳挡。空挡定位槽至某一挡定位槽之间的距离，是为了保证换某一挡时全齿长接合或退挡时完全脱离接合，滑动齿轮（或接合套）所需移动的距离。

变速杆在选挡过程中，有可能出现变速杆下端处于两个导动块之间，当变速杆前后移动时，通过两个导动块移动两根叉轴，同时挂上两个挡。由于两个挡的传动比不同，变速器无法运转，甚至会打坏轮齿。为了防止同时挂入两个挡，操纵机构中设置了互锁装置。该装置位于自锁装置的下方（图 4-17），它由互锁钢球、互锁销及变速叉轴侧面的互锁槽组成。中间叉轴两侧制有凹槽，两槽中部制有通孔，孔中装有互锁销，两边叉轴内侧制有一个凹槽。两叉轴之间制有径向孔，每个孔中装有两个互锁钢球。两个钢球的直径之和正好等于相邻两叉轴表面之间的距离加一个凹槽的深度，锁销的长度等于叉轴的直径减去一个凹槽的深度。也就是说只有一个凹槽的间隙，每次只能移动一根叉轴换一个挡。

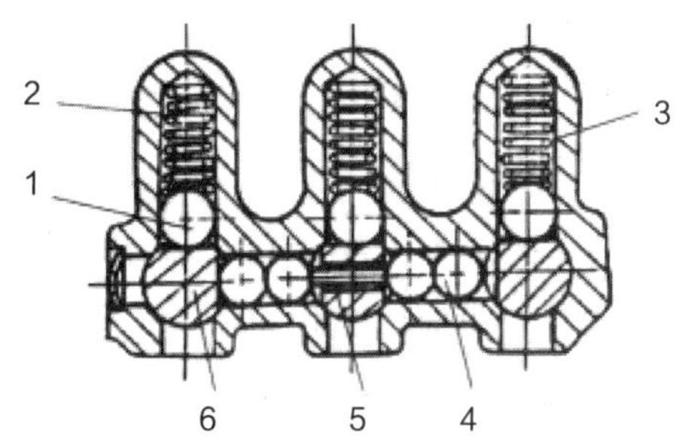

1—自锁钢球；2—自锁弹簧；3—变速器盖；4—互锁钢球；5—互锁销；6—变速叉轴。

图 4-17　东风 EQ2081E 汽车变速器自锁和互锁装置

（图片来源：常明. 汽车底盘构造）

如图 4-18 所示，当变速杆处于空挡位置时，所有叉轴侧面的凹槽、互锁钢球及互锁销同在一条直线上。当移动中间叉轴 3 时，钢球从槽中被挤出，并压入两侧叉轴槽中，两侧叉轴不再有活动间隙而被锁止，不能轴向移动 [图 4-18（a）]；如要移动叉轴 5，需将叉轴 3 退回空挡位置。再移动叉轴 5，叉轴 5 将互锁钢球 4 挤出凹槽，并压入中间叉轴凹槽中，将中间叉轴锁止，互锁钢球推动互锁销，使另侧互锁钢球 2 压入叉轴 1 的凹槽中，将叉轴 1 锁止 [图 4-18（b）]；若要移动叉轴 1，同理叉轴 3、5 被锁止 [图 4-18（c）]。有了互锁装置后，有效地保证了每次只能移动一个叉轴换上一个挡。

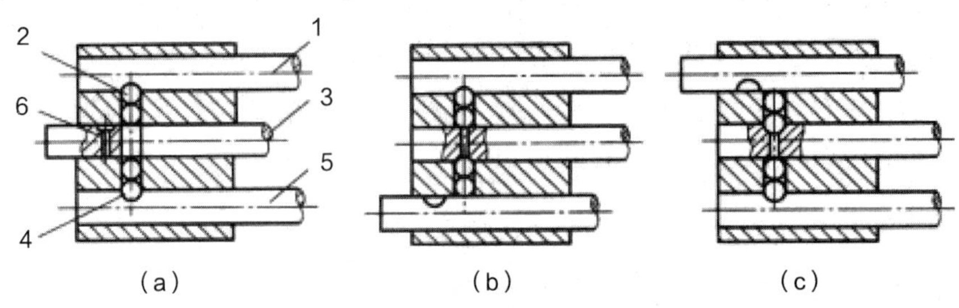

1、3、5—变速叉轴；2、4—互锁钢球；6—互锁销。

图 4-18 互锁装置工作原理示意图

（图片来源：常明. 汽车底盘构造）

在变速器换挡过程中，有可能会出现欲挂前进挡却误入倒挡的情况。汽车前进时若误入倒挡，会使汽车突然变为倒退行驶，传动系统会产生很大的惯性力矩，从而造成很大的冲击，加速机件的磨损或损坏，甚至可能因突然倒车造成事故。为了避免此情况的发生，操纵机构中设置了倒挡锁装置。如图 4-16 所示，在一、倒挡叉轴导动块槽中装一根倒挡锁销及一根倒挡锁销弹簧，组装后锁销端部与导动块的端部平齐。欲挂倒挡（或一挡）时，驾驶员需在变速杆上作用较大径向力，使变速杆下端推动倒挡锁销，压缩弹簧，方可进入该导动块中挂倒挡。这种装置使驾驶员欲挂倒挡就必须在变速杆上施加更大的径向力，可以引起驾驶员的注意力，以防误挂倒挡。在许多变速器中都采用这种增加手感的方法来防止误入倒挡。

（二）南京 NJ2046 汽车变速器操纵机构特点

1. 采用一根换挡叉轴

如图 4-19 所示，该变速器虽为五挡变速器，但只采用一根换挡叉轴。该轴两端分别支承在变速器箱体及离合器壳上，右端通过换挡叉轴接头与变速杆总成下部相连。装在变速叉轴上的一、倒挡换挡叉与二、三挡换挡叉，以及四、五挡换挡叉均可在轴上滑动。在每个叉上制有换挡导动缺口（图 4-19），在空挡时，三个叉的缺口上下平齐。

2. 通过换挡拨块进行换挡

在换挡叉轴上固装有换挡拨块（图 4-19），当叉轴转动时，拨块外端在三个换挡叉的导动缺口中上下移动进行选挡。当拨块位于某一叉导动缺口中时，轴向移动叉轴，通过拨块带动该叉轴向移动进行挂挡。

3. 采用互锁套进行互锁

如图 4-19 所示，互锁套浮装在叉轴上，拨块位于互锁套缺口中，当叉轴转动时，拨块带动互锁套转动。其缺口的宽度与换挡叉导动缺口的宽度相等，当互锁套缺口与某一换挡叉导动缺口对齐时，方可移动该叉进行换挡，而将另外两个换挡叉的导动缺口锁止。互锁套的扇形块部分嵌装于限位销的缺口中，限位销通过螺钉固定在变速器箱体上，使互锁套只能转动，而不能轴向移动。

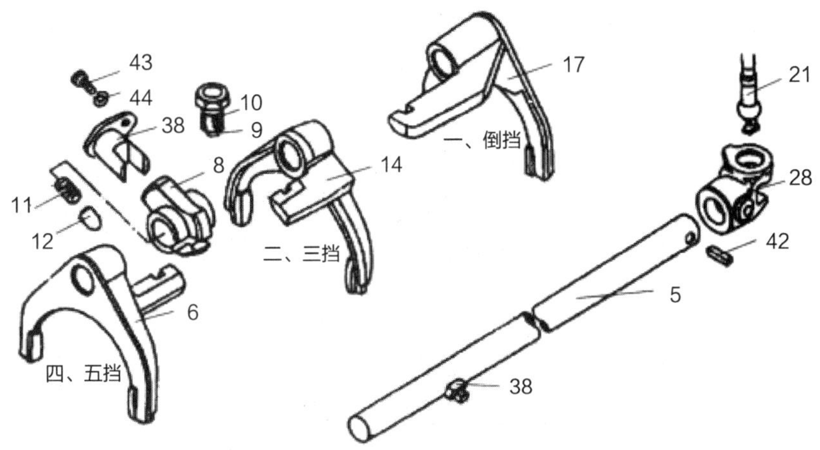

5—换挡叉轴；6—四、五挡换挡叉；8—互锁套；9—倒挡增力器钢球；10—倒挡增力器弹簧；11—自锁弹簧；12—自锁销；14—二、三挡换挡叉；17——、倒挡换挡叉；21—变速杆总成；28—换挡叉轴接头；38—换挡拨块；39—限位销；42—销；43—螺钉；44—垫片。

图 4-19　南京 NJ2046 汽车变速器换挡叉及换挡叉轴
（图片来源：常明. 汽车底盘构造）

4. 采用一套自锁装置

由于只有一根换挡叉轴，所以只采用一套自锁（定位）装置，如图 4-19 所示。自锁弹簧及自锁销装在互锁套内，变速叉轴与自锁销相对的一侧制有三个定位槽，中间为空挡定位槽，两侧为挡位定位槽。

5. 倒挡锁装置采用了三套结构措施

（1）如图 4-20 所示，在变速杆的下部装有复位弹簧，左侧复位弹簧（一、倒挡）的刚度大于右侧复位弹簧（四、五挡），因此，变速杆在选一、倒挡时阻力较大，会引起驾驶员注意。

（2）变速器箱体上部装有倒挡增力器，在倒挡增力器弹簧作用下将倒挡增力器钢球压在互锁套的凸肩上，当换挡拨块上移进入一、倒挡换挡叉导动槽中，互锁套转动将倒挡增力器钢球顶起，也增加了选一、倒挡的手感。

（3）在变速杆支承座与变速器后盖接合处装有倒挡限位装置，由倒挡限位板、回位弹簧及倒挡限位板固定销组成。固定销将限位板、回位弹簧固定在变速器后盖上端面上，在回位弹簧的作用下，将倒挡限位板压在变速杆下端的侧平面上，挂倒挡时必须克服回位弹簧的弹力拨开限位板，增加了换倒挡的阻力。

挂倒挡时上述三套装置共同起作用，使换倒挡的阻力有较大的增加，足以引起驾驶员的注意，以防止前进时误入倒挡。

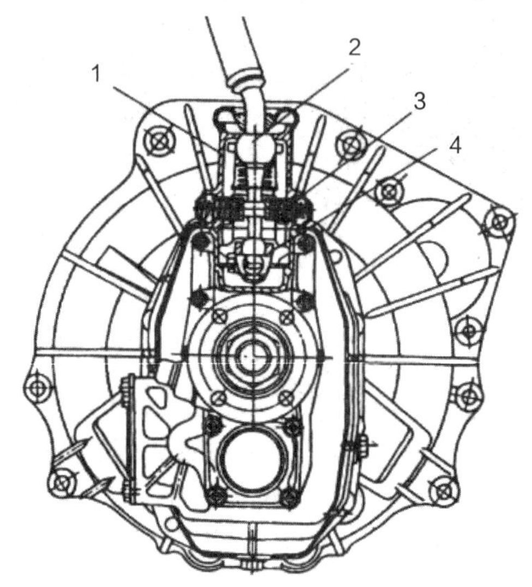

1—变速杆支承座；2—变速杆；3—复位弹簧；4—换挡叉轴接头。

图 4-20 南京 NJ2046 汽车变速器操纵机构（部分）

（图片来源：常明．汽车底盘构造）

二、远距离操纵机构

远距离操纵机构除上述操纵机构外，还需增设一套换挡传动机构。图 4-21 所示为单传动杆机构，该机构左部位于驾驶室内，右端部装于变速器盖上。东风 EQ2050（猛士）变速器操纵传动杆机构如图 4-22 所示。

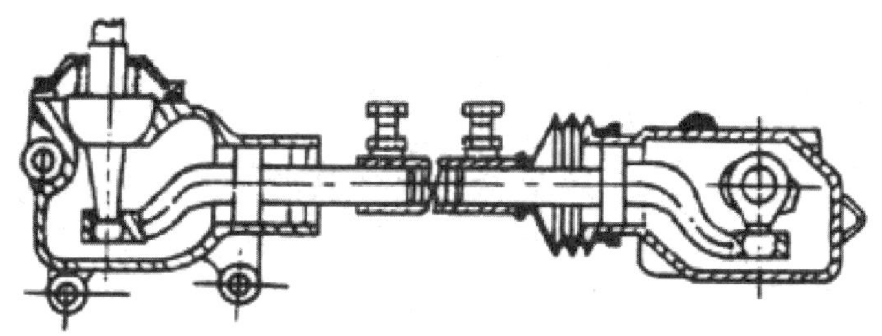

图 4-21　单传动杆机构
（图片来源：常明．汽车底盘构造）

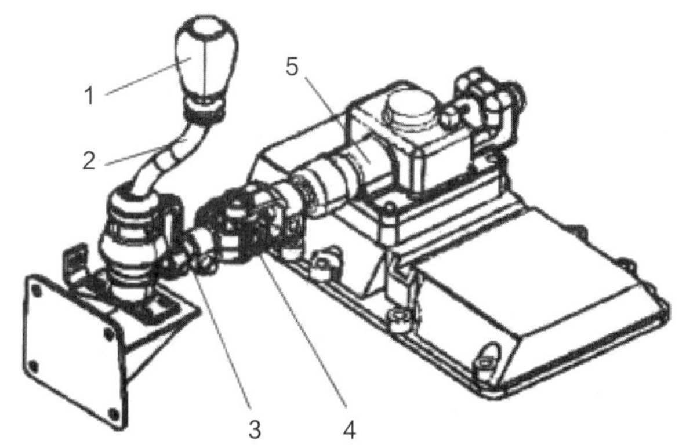

1—手柄；2—变速杆；3—传动杆；4—十字轴万向节；5—变速器顶盖总成。

图 4-22　东风 EQ2050（猛士）变速器操纵传动杆机构
（图片来源：常明．汽车底盘构造）

在东风平头汽车（EQ1118G、EQ1141G、EQ2102 等）的变速器操纵传动机构中采用了双传动杆形式（图 4-23），其特点是选挡与换挡各自独立，自成系统。当变速杆左右摆动进行选挡时，变速杆下方的销轴带动选择连杆 1[#]、2[#] 移动，并带动装于换挡支承轴内部的芯轴转动，芯轴带动选择连杆 3[#]、4[#] 前后移动，并带动位于变速器盖内的选挡轴在水平平面内转动，使换挡拨杆移动进行选挡；当变速杆前后移动时，换挡连杆 1[#]、2[#] 移动，并带动管状换挡支承轴转动，该轴带动换挡连杆 3[#]、4[#] 前后移动，并带动拨杆轴、拨杆在变速器纵向平面内转动，实现换挡。换挡平衡弹簧、选择回位弹簧作用是使变速杆回到空挡位置，并在选择一、倒挡时有较大的手感阻力，以防误入倒挡。这种结构传动效率较高，操纵手感好，但传动机构较复杂。

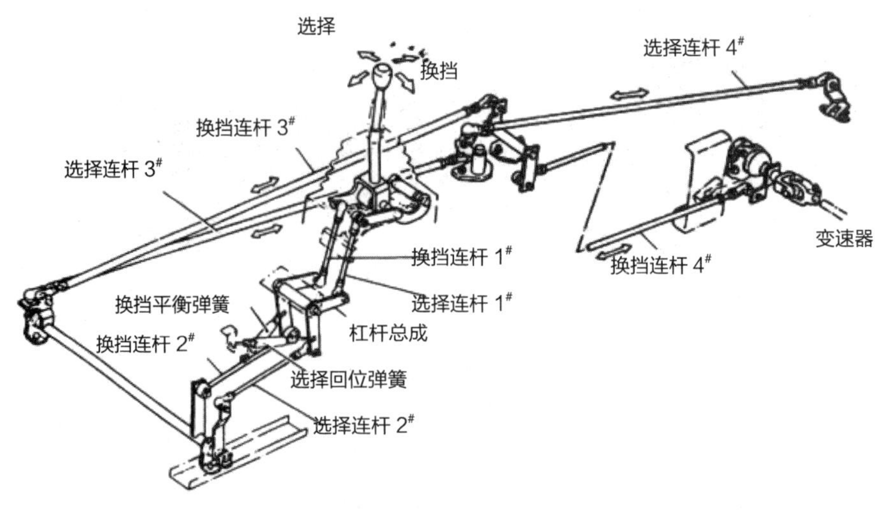

图 4-23　双传动杆机构

（图片来源：常明. 汽车底盘构造）

三、主、副变速器操纵机构

陕汽 SX2190 汽车变速器用一根变速杆同时操纵主、副变速器实现换挡。该操纵机构主要由变速器换挡机构、减压滤清器、双“H”换挡气阀及副变速器高、低挡换挡气缸等组成。主变速器换挡机构总成装于变速器盖上方，其中主要部件是换挡轴、换挡拨杆（图 4-24）。换挡拨杆侧面制有斜面，其下部拨杆头部插入换挡导动块槽中，换挡拨杆通过锁止销与换挡轴固为一体。当变速杆带动换挡轴沿着该轴轴线移动时，拨杆头部在各导动块槽中移动，进行选挡；当变速杆带动换挡轴转动时，拨杆头部带动某一导动块及变速叉轴、变速叉沿变速器轴线方向移动进行换挡。

变速器采用了双“H”换挡机构，与副变速器高、低挡气压操纵换挡机构相配合形成了九个前进挡和一个倒挡。如图 4-25 所示，所谓的双“H”换挡机构，就是在主变速器中将一、二挡（低速区）和五、六挡（高速区）导动块制成一体（图 4-25 中的 A）；将三、四挡（低速区）和七、八挡（高速区）导动块制成一体（图 4-25 中的 B）。A 导动块与 B 导动块交叉安装，形成了低速区（一至四挡）、高速区（五至八挡）的双“H”形的换挡位置。A 导动块与一、二挡叉轴固为一体，B 导动块与三、四挡叉轴固为一体。爬坡挡与倒挡为单一导动块（图中未画出来）。该变速器挡位布置见图 4-26。

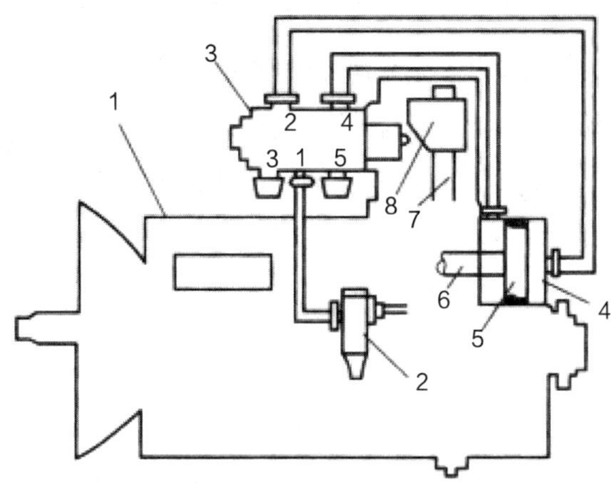

1—变速器；2—减压滤清器；3—双“H”换挡气阀；4—高、低挡换挡气缸；5—活塞；6—换挡拨叉轴；7—换挡轴；8—换挡拨杆。

图 4-24　陕汽 SX2190 汽车变速器（富勒 11509c）操纵机构工作原理示意图

（图片来源：常明. 汽车底盘构造）

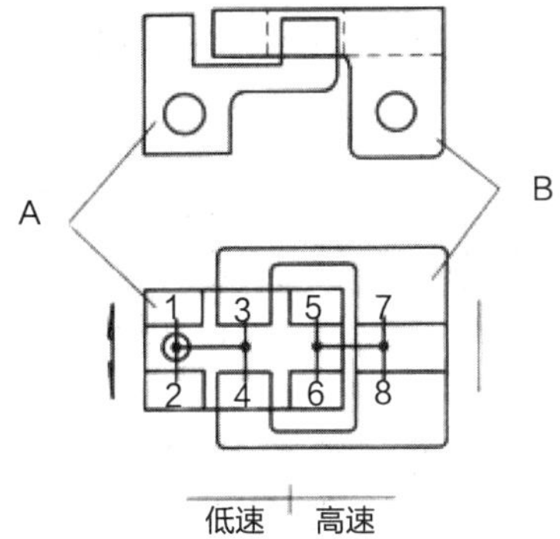

A—1、2（5、6）挡换挡导动块；B—3、4（7、8）挡换挡导动块。

图 4-25　双“H”换挡机构结构示意图

（图片来源：常明. 汽车底盘构造）

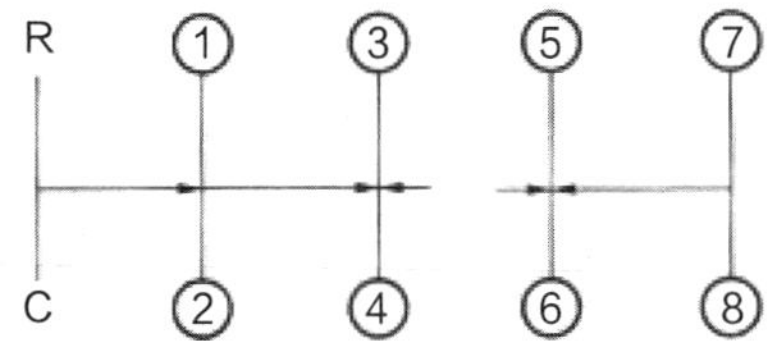

图 4-26　陕汽 SX2190 汽车变速器（富勒 11509c）挡位图

（图片来源：常明. 汽车底盘构造）

减压滤清器如图 4-27 所示，由壳体、滤芯、端盖等组成，主要作用是减压及过滤空气。如图 4-28 所示，副变速器高、低挡换挡气缸由换挡轴、换挡活塞、换挡气缸等组成。换挡轴一端装有换挡活塞，活塞装在气缸内，气缸右端通过端盖密封，在活塞左右方形成了两个密封的腔室，分别通过低速挡工作缸管接头、高速挡工作缸管接头、管路与双“H”换挡气阀相连。换挡轴另一端与副变速器换挡叉相连。

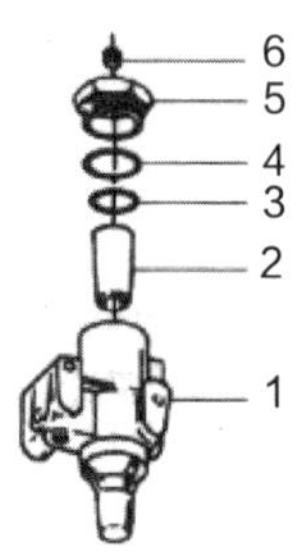

1—壳体；2—滤芯；3—密封圈；4—“O”形圈；5—端盖；6—密封塞。

图 4-27 减压滤清器

（图片来源：常明. 汽车底盘构造）

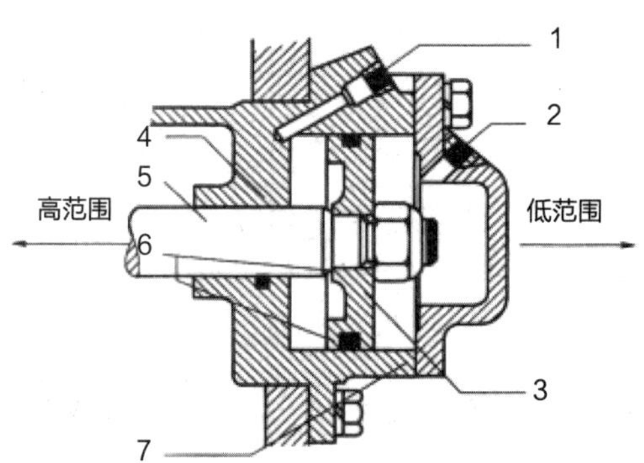

1—低速挡工作缸管接头；2—高速挡工作缸管接头；3—换挡活塞；4、6—“O”形密封圈；5—换挡轴；7—换挡气缸。

图 4-28 副变速器高、低挡换挡气缸

（图片来源：常明. 汽车底盘构造）

双“H”换挡气阀是一个气压换向阀。进气管路与减压滤清器相通，两条出气管路分别与气缸前、后腔室相通，该阀上还有两个排气口。该阀装在主变速器换挡机构壳体侧面，其推杆头部伸入壳体内。

如图 4-28 所示，当变速杆处于低挡段时，由辅助气路来的 700 kPa ～ 800 kPa 压缩气体经减压滤清器进行滤清并减压成本系统工作所需要的 410 kPa ～ 440 kPa 气体，输送给双“H”换挡气阀的 1 口，此时 1 口与 4 口接通，气体并经管路进入副变速器高、低挡换挡气缸的左腔室，气体推动活塞右移，通过换挡拨叉轴带动拨叉及副变速器同步器滑动齿套右移，挂上低挡（低挡传动比为 3.35），而气缸右腔室通过管路经双“H”换挡气阀 2 口、3 口与大气相通。当变速杆移至高挡段时，换挡轴带动换挡拨杆轴向下移动，通过拨杆上的斜面压缩双“H”换挡气阀的推杆，使该阀体产生换向，1 口与 4 口断开，4 口与 5 口接通，气缸左腔室气体排入大气。2 口与 3 口断开，1 口与 2 口接通，气体进入气缸的右腔室，推动活塞左移，挂上高挡（高挡为直接挡，传动比为 1）。在高挡区，实际上主变速器仍然是在一至四挡各换挡一次，只不过副变速器由低挡换到了高挡，组合后形成了五至八挡。

当变速杆恢复到低挡段或进入倒挡与爬挡导动块时，换挡轴向上移，双“H”换挡气阀的推杆伸张，气路又换回初始状态，副变速器又重新挂上低挡。这种操纵形式的特点是用一根操纵杆同时控制主、副变速器的换挡，操作方便，而且结构简单。

第五节　分动器

一、分动器的功用

分动器用于多轴驱动的汽车上，其功用是将变速器输出的动力分配到各驱动桥，当分动器有两个挡位时兼起副变速器的作用。

二、分动器的构造

分动器基本结构是齿轮传动系统，一般由齿轮传动机构和操纵机构两部分组成。

（一）齿轮传动机构

1. 两轴输出式分动器

两轴输出式分动器用于前后桥都为驱动桥的轻型越野汽车。齿轮传动机构常采用普通齿轮或行星齿轮两种。

（1）普通齿轮两轴输出式分动器如图 4-29 所示，其由齿轮、轴和壳体等组成，其输入轴用凸缘盘通过万向传动装置与变速器输出轴连接，前桥、后桥输出轴分别经万向传动装置通往前、后驱动桥，各轴的支承采用圆锥滚子轴承。输入轴主动齿轮、中间轴高速挡齿轮及输出轴高速挡齿轮为常啮合齿轮。主动齿轮通过花键与输入轴相联，中间轴高速挡齿轮和常啮合高速挡齿轮均空套在相应的轴上。中间轴低速挡齿轮和中间轴高速挡齿轮制成一体，为双联齿轮。变速滑动齿轮通过花键与后桥输出轴相联。

高速挡：当变速滑动齿轮向左移动，其内花键齿与常啮合高速挡齿轮右端的接合齿圈接合时即为高速挡，动力传递路线为：1—2—12—10—11—6—后桥。

低速挡：先向左拨动前桥接合套，与前桥输出轴上的输出齿轮接合，前桥参与驱动。然后再向右拨动变速滑动齿轮，使其外齿轮与中间轴小齿轮相啮合，即挂上低速挡，动力传递路线为：1—2—12—4—11—6—后桥；1—2—12—4—11—6—7—8—前桥。

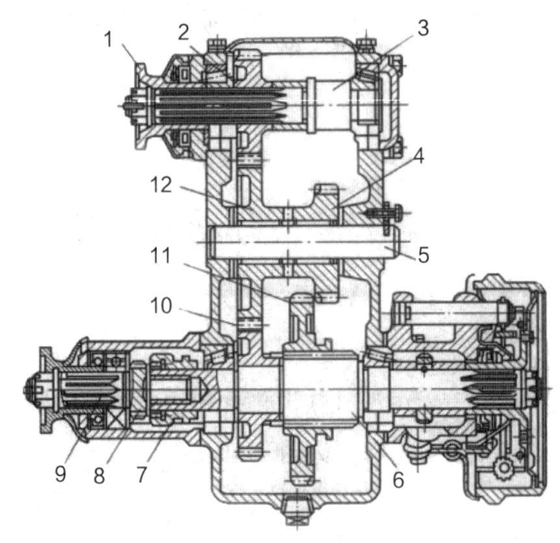

1—凸缘盘；2—主动齿轮；3—输入轴；4—中间轴小齿轮；5—中间轴；6—后桥输出轴；7—前桥接合套；8—前桥输出齿轮；9—前桥输出轴；10—常啮合高速挡齿轮；11—变速滑动齿轮；12—中间轴高速挡齿轮。

图 4-29　普通齿轮两轴输出式分动器

（图片来源：许兆棠，刘永臣. 汽车构造－下册）

（2）行星齿轮两轴输出式分动器。图 4-30 所示为北京切诺基汽车行星机构 AMC207 型分动器，其传动简图如图 4-31 所示，由太阳轮、行星齿轮、行星架和齿圈（固定在壳体上）组成行星齿轮传动机构。

两轮驱动高速挡：当换挡齿毂左移与太阳轮的内齿接合时为高速挡（传动比 i=1），动力传递路线为：1—6—7—10—后桥。此时只向后桥输出动力。

四轮驱动高速挡：当接合套右移与接前桥齿轮接合，换挡齿毂左移与太阳轮接合时为四轮驱动高速挡，动力传递路线为：1—6—7—10—后桥；1—6—7—10—17—8—9—16—14—15—前桥。

四轮驱动低速挡：当接合套右移与接前桥齿轮接合，换挡齿毂右移与行星架接合时为四轮驱动低速挡。动力传递路线为：1—6—35—7—10—后桥；1—6—3—5—7—10—17—8—9—16—14—15—前桥。

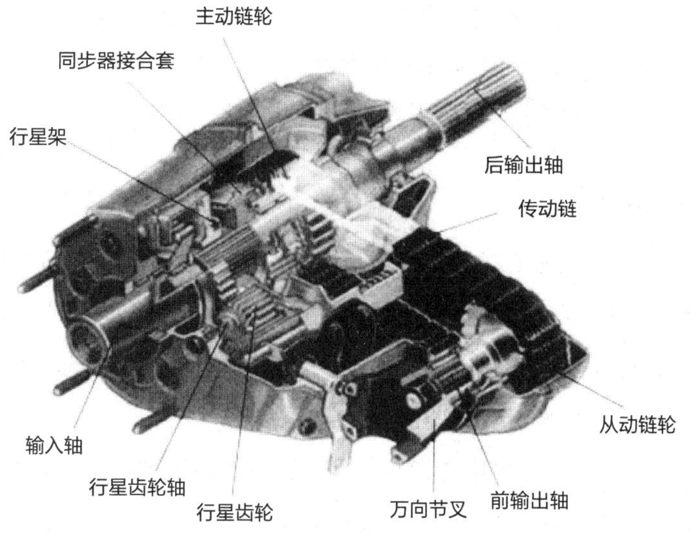

图 4-30　北京切诺基汽车行星机构 AMC207 型分动器

（图片来源：许兆棠，刘永臣．汽车构造－下册）

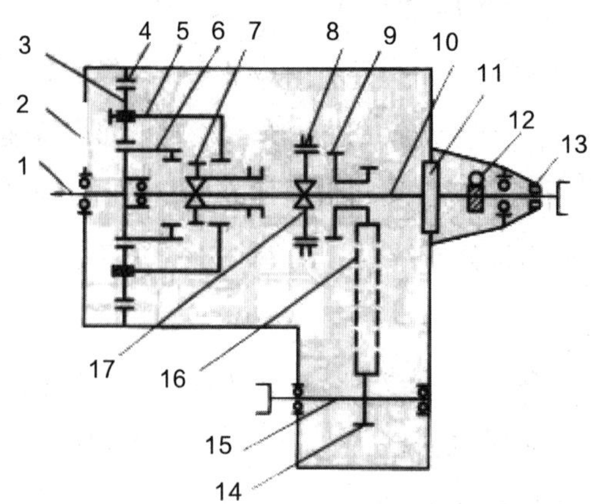

1—输入轴；2—分动器壳；3—行星齿轮；4—齿圈；5—行星架；6—太阳轮；7—换挡齿毂；8—接合套；9—接前桥齿轮；10—后桥输出轴；11—转子式油泵；12—里程表驱动齿轮；13—油封；14—从动链轮；15—前桥输出轴；16—齿形传动链；17—花键毂。

图 4-31 行星齿轮两轴输出式分动器传动简图

（图片来源：许兆棠，刘永臣．汽车构造－下册）

2. 三轴输出式分动器

图 4-32 所示为 6×6 三轴越野汽车的两挡分动器，其动力传递简图如图 4-33 所示。它有输入轴、中间轴、后桥输出轴、中桥输出轴和前桥输出轴五根轴，各轴均通过圆锥滚子轴承支承在壳体上。在中间轴和前桥输出轴上有换挡接合套和前桥接合套，齿轮 3 和 15、5 和 9、6 和 10、10 和 13 为常啮合。

高速挡：当换挡接合套左移与齿轮 15 的接合齿圈接合后为高速挡 6×4。动力传递路线为：1—3—15—4—11—10—6—8—后桥；1—3—15—4—11—10—13—12—中桥。

低速挡：先向左拨动前桥接合套，与前桥输出轴上的花键齿轮接合，前桥参与驱动，然后再将换挡接合套右移与齿轮 9 的接合齿圈接合后为低速挡 6×6。动力传递路线为：1—5—9—4—11—10—6—8—后桥；1—5—9—4—11—10—13—12—中桥；1—5—9—4—11—10—13—12—16—17—前桥。

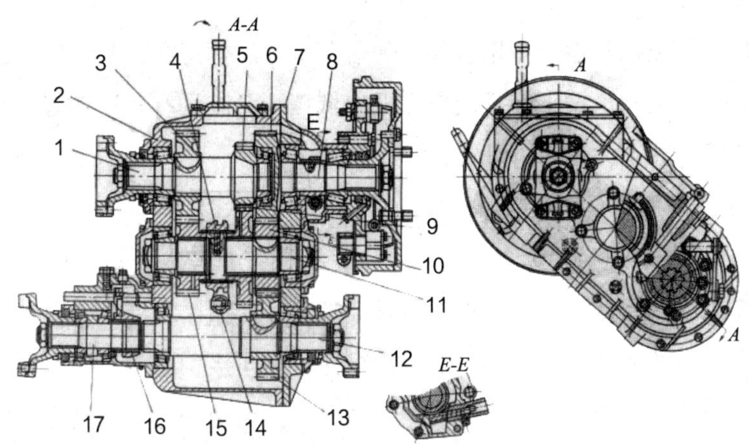

1—输入轴；2—分动器壳；3、5、6、9、10、13、15—齿轮；4—换挡接合套；7—分动器盖；8—后桥输出轴；11—中间轴；12—中桥输出轴；14—换挡拨叉轴；16—前桥接合套；17—前桥输出轴。

图 4-32 普通齿轮三轴输出式分动器

（图片来源：许兆棠，刘永臣．汽车构造－下册）

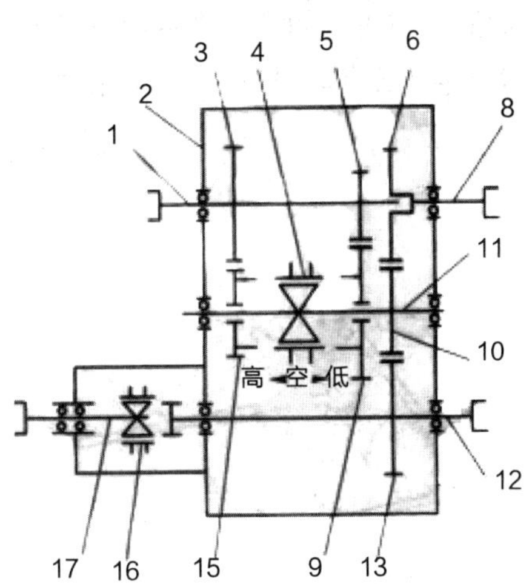

图 4-33 普通齿轮三轴输出式分动器传动示意图（图注同图 4-32）

（图片来源：许兆棠，刘永臣．汽车构造－下册）

综上所述，装有分动器多轴驱动的越野汽车，在坏路或无路情况下行驶时，为使汽车有足够的动力，全轮驱动行驶（6×6 或 4×4）；而在好路上行驶时，为减小功率消耗和轮胎及传动系统零件的磨损，前桥为从动桥，中、后桥为驱动桥（6×4）或后桥驱动行驶（4×2）。

（二）操纵机构

分动器换入低速挡时输出扭矩较大，为避免中、后桥超载，操纵机构必须保证换入低挡前应先接上前桥，摘下前桥前应先退出低挡，且应具有互锁功能。互锁装置有螺钉单向离合式、球销式和摆板滑槽凸面式。

1. 螺钉单向离合式互锁装置

双杆式分动器操纵机构如图 4-34 所示，采用螺钉单向离合式互锁装置，轴通过两个支承臂支承在变速器盖上，可在支承臂上转动。换挡操纵杆松套在轴上，其下端借传动杆与分动器的换挡摇臂相连。前桥操纵杆与轴连接，在前桥操纵杆的下端装有螺钉，其头部顶靠在换挡操纵杆的下部，单向离合。在轴的另一端固定着摇臂，其臂端经传动杆与操纵前桥接合套的摇臂相连。

驾驶员欲使分动器挂入低速挡，只需将换挡操纵杆的上端推向前方。此时，换挡操纵杆绕轴逆时针转动，其下臂便压推螺钉，单向接合，带动操纵杆向接前桥的方向转动。这样就在挂入低速挡的同时也接上了前桥，满足了“换入低挡前应先接上前桥”的要求。当换挡操纵杆被扳到空挡或高速挡位置时，螺钉与换挡操纵杆下端分离，并不能带动前桥操纵杆回位而摘下前桥。同理，当将前桥操纵杆的上端拉向后方，要摘下前桥时，螺钉则绕轴向前推动换挡操纵杆使之先退出低速挡位置，满足“摘下前桥前应先退出低挡”的要求。此外，分动器操纵杆机构中也有自锁装置，其结构原理与变速器的自锁装置相同。

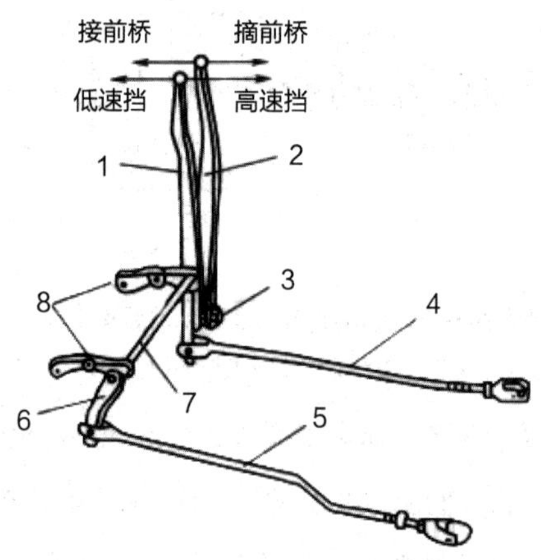

1—换挡操纵杆；2—前桥操纵杆；3—螺钉；4、5—传动杆；6—摇臂；7—轴；8—支承臂。

图 4-34 双杆式分动器操纵机构

（图片来源：许兆棠，刘永臣. 汽车构造 - 下册）

2. 球销式互锁装置

球销式互锁装置如图 4-35 所示，在前桥接合拨叉轴与高低挡变速拨叉轴之间装有互锁销，图示位置未接上前桥。由于互锁销的锁止作用，高低挡变速拨叉轴只能向右移动挂入高速挡，而不能向左移动挂低挡，所以保证了“未挂前桥不能挂低速挡”的要求。当前桥接合拨叉轴向右移动挂上前桥后，前桥接合拨叉轴上方的凹槽对准了互锁销，高低挡变速拨叉轴便可向左移动，将互锁销从高低挡变速拨叉轴的长凹槽中挤出，推入前桥接合拨叉轴的凹槽中，可以挂入低速挡。同时，前桥接合拨叉轴被锁住而不能摘下前桥，只有将高低挡变速拨叉轴再向右移动到空挡或高挡位置时，互锁销又伸入高低挡变速拨叉轴的长凹槽中，才能移动前桥接合拨叉轴摘下前桥，保证了“摘下前桥之前必须先退出低速挡”的要求。球销式互锁装置多用在两拨叉轴距离较近的操纵机构中。

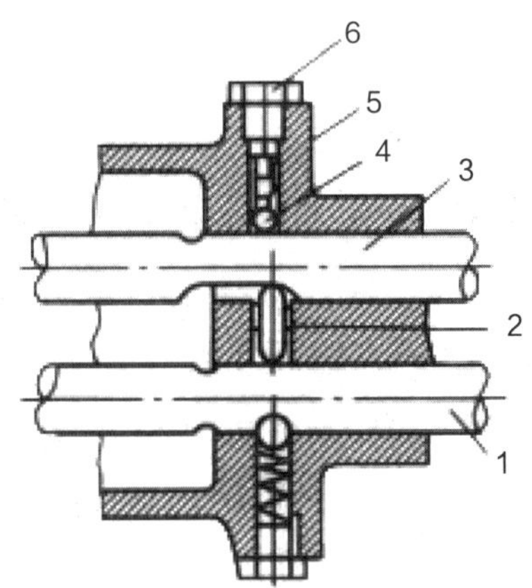

1—前桥接合拨叉轴；2—互锁销；3—高低挡变速拨叉轴；4—自锁钢球；5—弹簧；6—螺塞。

图 4-35　球销式互锁装置

（图片来源：许兆棠，刘永臣．汽车构造－下册）

3. 摆板滑槽凸面式互锁装置

摆板滑槽凸面式互锁装置如图 4-36 所示，摆板绕转轴的中心线转动，转轴与操纵杆（一根）相联。滑槽驱动高低挡拨叉，凸轮面驱动接、摘前桥拨叉，两拨叉在同一根轴上前后移动，其中接、摘前桥驱动拨叉被弹簧压靠在凸轮面上。图中表明各挡位两拨叉的相对位置，两者的运动关系是相互对应的，摆板兼起互锁作用。操纵杆转动时，摆板上滑槽驱动高低挡拨叉，同时凸轮面驱动接、摘前桥驱动拨叉到达图中标明的相对位置。

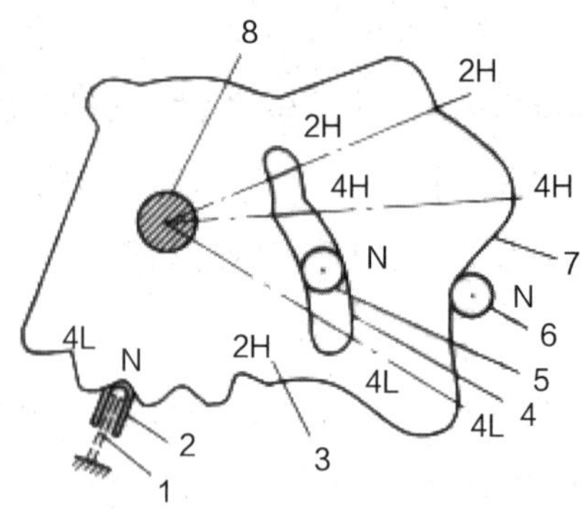

1—自锁弹簧；2—自锁销；3—摆板；4—滑槽；5—高低挡拨叉；6—接、摘前桥驱动拨叉；7—凸轮面；8—转轴；N—空挡；4H—四轮驱动高挡；2H—两轮驱动高挡；4L—四轮驱动抵挡。

图 4-36 摆板滑槽凸面式互锁装置

（图片来源：许兆棠，刘永臣. 汽车构造－下册）

第六节 变速器的故障诊断

变速器的主要功用就在于改变由发动机传到驱动轮上的扭矩和转速，以适应各种行驶条件的需要。由此可知，变速器内的零件工作时，相互间的相对运动很频繁，而零件本身又承受了各种力的作用，因此，随着汽车行驶里程的增加，变速器内各零件的磨损和变形也随之加大，会造成零件配合的失准，并引起一系列的故障。因此，应对变速器常见故障进行分析，找出零件损坏的原因和部位，适时加以维护修理，保持变速器总成状态的完好，满足汽车在各种条件下的行驶需要。

一、变速器的检测与维修

（一）齿轮

齿轮的损伤形式主要有齿面磨损、齿端磨损、疲劳剥落、腐蚀斑点、轮齿破碎或断裂等，主要是由齿轮间的摩擦、齿轮工作时所受的机械应力及润滑油变质腐蚀所致。修理齿轮时应按照以下要求进行操作。

（1）轮齿工作表面上有小斑点，如果面积不超过齿面面积的 25%，允许继续使用。

（2）齿顶有细小剥落，允许继续使用，但必须整修和磨光其锋边利角。

（3）轮齿表面如有不大于 0.25 mm 痕迹或阶梯形磨损，允许修平使用。

（4）轮齿磨损超过 0.25 mm、啮合间隙超过 0.50 mm、长度方向上磨损超过全齿长的 30% 时，必须予以更换。

（5）齿轮上无论何处产生裂纹，必须更换。

齿轮在轴上的磨损松动，通常用千分表测量齿轮和内座圈之间的游隙来检查。在装上滚针轴承的状态下，用千分表测量齿轮内座圈与轴承之间的间隙。例如，丰田 HIACE 汽车变速器第一轴齿轮、副轴第五齿轮的标准游隙为 0.009 mm ～ 0.032 mm，最大游隙为 0.032 mm。若游隙超过最大值，则可能是齿轮内孔轴承或座圈内外径磨损，一般需要更换或加套修复。

（二）第一轴

在工作过程中，由于受扭矩、弯矩、冲击和滑磨等影响，第一轴往往会出现弯曲变形、轴颈磨损及键与齿磨损等，而使齿轮啮合间隙变大、轴向游隙增加，易出现跳挡、噪声。第一轴的检验与修理要求如下。

（1）轴的弯曲变形用百分表和 V 形支块检查（径向圆跳动量）。当最大径向圆跳动量达到 0.05mm 时，应校正或更换。

（2）轴接合齿和花键的齿顶磨损超过 0.25 mm、齿长磨损超过全长 30%、啮合间隙超过 0.5 mm 时，应更换。

（3）用千分尺检查轴颈的磨损情况，若轴颈磨损达到 0.04 mm，可堆焊后进行修磨、镀铬修复或更换。

（4）滚动轴承或齿轮与轴颈的配合属于过盈配合的，应无间隙，且最大过盈量应不超过原设计规定；属于过渡配合的，其间隙允许比原设计规定增加 0.003 mm；属于间隙配合的，允许比原设计规定增加 0.02 mm。超过规定时，可对轴颈进行刷镀修复。

（5）轴承、轴承挡圈及轴颈如有损坏或轴颈磨损超过轴颈与轴承配合间隙允许的极限时（国产载货汽车一般不超过 0.07 mm），必须更换。

（6）轴体上不得有任何性质的裂纹，否则应更换。

（三）中间轴

中间轴的检修同第一轴，具体要求如下。

（1）中间轴中部摆差大于 0.10 mm 时，应进行校正或更换。

（2）各轴颈磨损超过 0.02 mm 时，应采用镀铬修复或更换。

（3）带齿轮的中间轴其轮齿磨损超过 0.25 mm、啮合间隙超过 0.50 mm 时，应予以更换。

（4）轴体上不得有任何性质的裂纹。

（四）第二轴

第二轴检修同第一轴，具体要求如下。

（1）轴中部摆差大于 0.10 mm 时，应进行校正或更换。

（2）小轴颈磨损超过 0.02 mm 时，应采用镀铬修复或更换。

（3）花键齿磨损超过使用极限时，应予以更换。

（4）轴体上不得有任何性质的裂纹，后螺纹的损伤超过两牙时，必须重新清理螺纹配螺母，或堆焊后重新加工螺纹。

（五）同步器

1. 锁环式惯性同步器的检修

（1）锁环齿尖磨损轻微的可锉修，磨损严重、断齿的应更换。

（2）锁环内锥面螺旋槽磨损，造成与齿轮外锥面配合间隙增大，内、外锥面摩擦作用减弱以致完全消失，使同步器失效。检查的方法一般是将锁环放在齿轮端部外锥面上，用力压紧使其相对转动来检查摩擦效果，再用塞尺测量锁环背和齿轮花键端的间隙。标准间隙一般为 1.0 mm ～ 2.0 mm，最小间隙为 0.8 mm。若间隙小于 0.8 mm，则说明锁环内锥面磨损严重，一般应更换。

（3）锁环上 3 个缺口的磨损过大或因更换锁环不当使缺口过小，都会给换挡带来困难。缺口磨损过大的一般应更换新件，若更换新件后发现锁环上的缺口过小时，可锉修。

（4）用塞尺测量齿轮的轴向间隙。标准间隙为 0.15 ～ 0.25 mm，最大间隙为 0.25 mm。如间隙过大，则应检查轴上台阶长度及齿轮厚度是否符合要求，若不符合则应更换。

2. 锁销式惯性同步器的检修。

锁销式惯性同步器零件的主要耗损是换挡操作不当、冲击过猛使锥盘外张，摩擦角变大，造成同步效能降低；或锥环锥面上的螺纹槽磨损严重，使摩擦系数过低，甚至两者端面接触，使同步作用失效。铜制锥环外锥面上的螺纹槽深为 0.4 mm，如因螺纹磨损，锥环端面与锥盘锥面接触，可车削锥环端面修复，但车削总量应不大于 1 mm。如锥环外锥面螺纹槽的深度小于 0.1 mm，而锥环端面未与锥盘接触，则应更换同步器总成。更换新总成时，可保留原有的锥盘，但两者的端面间隙应不小于 3 mm。

同步器的锁销和支撑销松动或散架，会引起同步器突然失效，一般应更换同步器。

（六）变速器换挡拨叉

变速器换挡拨叉（简称变速叉）的损坏主要是叉的弯曲和扭曲。一旦产生弯曲和扭曲变形，可采用敲击或冷压方法进行校正。当变速叉上端导动块凹槽磨损及下端端面磨损后，往往会影响齿轮的正常啮合，使齿面产生不均匀磨损，严重时将导致变速器产生自动脱挡故障，因此变速叉上端导动块凹槽及下端端面磨损超过其使用极限时，或其相应的配合间隙超过使用极限时，必须修复或更换新件。

（七）变速叉轴和定位互锁装置

变速叉轴的弯曲、磨损，定位球凹槽、互锁销凹槽的磨损及定位球、互锁销的磨损和定位弹簧的疲劳损伤等达到一定程度时，也将导致变速器出现自动脱挡等故障。变速叉轴弯曲变形可用百分表或平板进行检查。测量的摆差值或缝隙值若超过车辆的使用极限（国产中型货车通常为 0.20 mm），应进行冷压校正或更换。

变速叉轴磨损超过 0.15 mm 时，或与变速器盖上叉孔配合间隙超过 0.25 mm 时，均应将叉轴经车、磨后镀铬修复或予以更换。定位球凹槽、互锁销凹槽轴向磨损有明显沟痕或其深度超过 0.70 mm 以上时，可堆焊高硬度合金后用砂轮进行修整。

定位球、互锁销磨损严重，或定位弹簧疲劳损伤或折断，均应更换。定位弹簧的自由长度弹性检查方法是将弹簧放入变速器盖上的定位孔内，当弹簧与孔的上边缘平齐或接近平齐时即为合适，否则为不合适，应及时更换。

（八）变速器壳体

变速器壳体的损伤形式主要有变形、裂纹及轴承孔的磨损，主要是工作负荷和自身重力所致。工作负荷即传递扭矩过程中齿轮通过轴与轴承作用于壳体的力。对常见的第一、二轴在上方，中间轴在下方，发动机前置，后桥驱动的汽车变速器来说，工作负荷对变速器壳体磨损的影响规律如下。

（1）第一轴与中间轴和中间轴与第二轴齿轮传动中的径向分力通过轴与轴承施加于壳体前、后端，造成轴承孔偏磨和壳体变形，从而使上、下两轴线间距加大，且后端大于前端，这将导致两轴线在其公共平面内产生平行度误差。

（2）齿轮传动所产生的力将造成壳体扭转，导致上、下轴线在其垂直于公共平面的方向产生偏斜和翘曲变形。

（3）频繁使用紧急制动（包括中央驻车制动器），也会使壳体发生扭转，但与前进方向所产生的扭转变形方向相反。

（4）若汽车在繁重工作条件下较多使用低速挡运行，壳体将承受很大的扭曲力矩，更易出现由上述变形所产生的形位误差。

变速器壳体所产生的上述轴线平行度误差，将使圆柱齿轮（或套合齿）传动如同锥齿轮和斜齿轮传动一样而产生轴向分力，从而会导致变速器自动脱挡。同时，轴线不平行还会使齿轮啮合印痕减小，单位压力增加，齿面接触处传力过程中的弹性变形加大，进而发生边缘啮合，这将加大齿轮传动中的不等速和扭矩不均匀性，这是产生啮合冲击噪声和加剧齿轮磨损的原因之一。壳体因变形或轴承孔磨损使各轴承孔圆度误差超过 0.008 mm、轴线间平行度误差大于原设计 0.020 mm、轴承孔磨损大于 0.025 mm 时，应修复或更换变速器壳体。变速器拨叉轴与盖（或壳体）承孔配合间隙应为 0.040 mm ～ 0.200 mm，超过最大值时可视情况换新轴或盖（壳体）。

对于悬臂式固定于发动机机体或飞轮壳体后端面的变速器来说，在自身重力及冲击力的作用下，前端面将发生微动磨损和变形，甚至在固定螺栓孔处会发生断裂。由于平面下方受挤压，压力大，其磨损和变形的可能性增加，将造成壳体前端面与第一、二轴轴线不垂直，其后果与飞轮壳体后端面与曲轴轴线不垂直相同，即变速器直接挡易自动脱挡，第一轴轴承易损坏，第一轴回油螺旋线处易漏油，以及离合器从动盘易损坏。变速器壳体通常容易在变速器壳体与变速器盖（或飞轮壳体）结合的平面处产生翘曲变形。

变速器壳体与盖结合平面的平面度误差，特别是对非上置式盖者可造成漏油现象。如仅是结合处的变形修理，则应将该平面与平板贴合，或将两配合表面扣在一起检查缝隙，当缝隙超过 0.50 mm 时，用铲刀或锉刀修整后即可使用。

变速器壳体上的裂纹一般用目测或敲击法检查。凡未延伸到轴承孔的裂纹均可用环氧树脂胶粘接，或用螺钉填补法修复，也可用焊接法修复，但应特别注意保证修复质量，以防再次开裂。在条件许可的情况下，应更换壳体，因为任何形式的裂纹均属非正常的工况现象。

变速器壳体轴承孔的磨损将导致变速器轴轴线的偏移，使变速器各轴之间难以保持正常的平行关系，从而会加剧齿轮的磨损或轴的弯曲变形。修理时应检查第一轴、中间轴及第二轴两两中心线的不平行度与倾斜度。在 300 mm 长度内不平行度和倾斜度不应超过 0.15 mm，否则应堆焊轴承孔后再镗孔或更换壳体。

（九）变速器盖

变速器盖的损伤主要有裂纹和球节座的磨损。目测检查变速器盖边缘上的裂纹，当其长度不超过 50 mm 且不通过变速叉轴安装孔、数目不多于 3 条时，可用环氧树脂胶粘接、螺钉填补或焊接修复；当裂纹较严重时，应予以更换。

（十）变速器换挡操纵机构的检查与调整

（1）换挡操纵机构各铰接点球头严重磨损或间隙过大时，会使变速操纵杆产生抖动，也有可能造成换挡位置不准，换入的各挡不能完全到位，以致在使用中发生换挡困难和跳、脱挡现象。此时应旋紧各球头螺塞，以消除过量间隙。拨叉轴的弯曲可以用百分表加 V 形支块或平板加塞尺检查，如弯曲度超过极限，应通过冷压予以校正。拨叉轴磨损过大时，应将拨叉轴车削后镀铬恢复或更换。定位槽磨损可堆焊修复，定位球、互锁销磨损严重，以及定位弹簧折断或弹性下降均应更换。调整后的铰接点球头应转动灵活，无摩擦，无松动。

（2）每 6 个月调整一次操纵机构各铰接点球头与球座的间隙，并加注润滑脂。

（3）以空挡位置为换挡操纵机构的原始位置，对操纵杆件进行调整。

（4）变速器拨叉端面磨损量应小于 0.4 mm，该端面与齿轮环槽配合间隙应为 0.2 mm ～ 1.0 mm。超过规定时，可对磨损的拨叉端面堆焊修复。拨叉端面对拨叉轴孔轴线的垂直度误差应不大于 0.2 mm。超过时，可进行压力校正，其垂直度的检验可在变速器盖上用角尺进行。

（5）变速杆下端球头与拨叉、拨槽磨损，应分别不大于 0.4 mm 和 0.6 mm，变速杆定位槽磨损应不大于 0.4 mm，超过要求时可堆焊修复。

二、变速器的故障维修

变速器的常见故障主要有跳挡、乱挡、挂挡困难、变速器异响等。

（一）跳挡

1. 现象

汽车在加速、减速、爬坡时或汽车剧烈振动时，换挡手柄自动跳回空挡位置。

2. 原因

（1）自锁装置的钢球未进入凹槽内或挂挡后齿轮未达到全齿宽啮合。

（2）自锁装置的钢球或凹槽磨损严重，自锁弹簧因疲劳过软或折断。

（3）齿轮沿齿宽方向磨损成锥形。

（4）一、二轴轴承过于松动，使一、二轴和曲轴三者轴线不同心或变速器壳与离合器壳接合平面相对曲轴轴线发生垂直变动。

（5）二轴上的常啮合齿轮轴向或径向间隙过大。

（6）各轴轴向或径向间隙过大。

3. 故障诊断与排除方法

先确定跳挡挡位。走热全车后，采用连续加、减速的方法逐挡进行路试便可确定。

将换挡手柄挂入跳挡挡位，发动机熄火，小心拆下变速器盖，观察跳挡齿轮的啮合情况。

（1）未达到全齿宽啮合，则故障由此引起。

（2）达到全齿宽啮合，应继续检查。

（3）检查啮合部位磨损情况，若磨损成锥形，则故障可能由此引起。

（4）检查二轴上该挡齿轮和各轴的轴向和径向间隙，若间隙过大，则故障可能由此引起。

（5）检查自锁装置，若自锁装置的止动阻力很小，甚至手感钢球未插入凹槽（把变速器盖夹在虎钳上，用手摇动换挡杆），则故障为自锁功能不良；否则，故障由离合器壳与变速器接合平面相对曲轴轴线发生垂直变动等引起。

（二）乱挡

1. 现象

在离合器技术状况正常的情况下，变速器同时挂上两个挡；或挂需要挡位时挂入别的挡位。

2. 原因

（1）互锁装置失效：如拨叉轴、互锁销或互锁钢球磨损过甚等。

（2）换挡手柄下端弧形工作面磨损过大或拨叉轴上拨块的凹槽磨损过大。

（3）换挡手柄球头定位销折断或球孔、球头磨损过于松动。

总之，乱挡的主要原因是变速器操纵机构失效。

3. 故障诊断与排除方法

（1）挂需要的挡位时挂入了别的挡位：摇动换挡手柄，检查其摆转角度，若超出正常范围，则故障由换挡手柄下端球头定位销与定位槽配合松动或球头、球孔磨损过大引起。换挡手柄摆转 360°，则为定位销折断。

（2）如摆转角度正常，仍挂不上或摘不下挡，则故障由换挡手柄下端从凹槽中脱出引起（脱出的原因是下端弧形工作面磨损或导槽磨损）。

（3）同时挂入两个挡由互锁装置失效引起。

（三）挂挡困难

1. 现象

离合器技术状况良好，但挂挡时不能顺利挂入挡位，常发生齿轮撞击声。

2. 原因

（1）同步器故障。

（2）拨叉轴弯曲、锁紧弹簧过硬、钢球损伤等。

（3）第一轴花键损伤或第一轴弯曲。

（4）齿轮油不足或过量，齿轮油不符合规格。

3. 故障诊断与排除方法

（1）检查同步器是否散架、锥环内锥面螺旋槽是否磨损、滑块是否磨损、弹簧是否过软等。

（2）如果同步器正常，检查第一轴是否弯曲、花键是否磨损严重。

（3）检查拨叉轴是否移动正常。

（四）变速器异响

1. 现象

变速器异响是指变速器工作时发出不正常的响声。

2. 原因

（1）齿轮异响：齿轮磨损过甚变薄，间隙过大，运转中有冲击；齿面啮合不良，如修理时没有成对更换齿轮，新、旧齿轮搭配，齿轮不能正确啮合；齿面有金属疲劳剥落或个别齿损坏折断；齿轮与轴上的花键配合松动，或齿轮的轴向间隙过大；轴弯曲或轴承松动引起齿轮啮合间隙改变。

（2）轴承异响：轴承磨损严重；轴承内（外）座圈与轴颈（孔）配合松动；轴承滚珠碎裂或有烧蚀麻点。

（3）其他原因异响：变速器内缺油；润滑油过稀、过稠或质量变坏；变速器内掉入异物；某些紧固螺栓松动；里程表软轴或里程表齿轮发响；等等。

3. 故障诊断与排除

（1）变速器发出金属般的干摩擦声，即为缺油或油的质量不好。应加油并检查油的质量，必要时更换。

（2）行驶时换入某挡时响声明显，即为该挡齿轮轮齿磨损；若发生周期性的响声，则为个别齿损坏。

（3）空挡时有异响，而踏下离合器踏板后异响消失，一般为第一轴前、后轴承或常啮合齿轮异响；如换入任何挡都有异响，多为第二轴后轴承异响。

（4）变速器工作时发生突然撞击声，多为轮齿断裂，应及时拆下变速器盖检查，以防机件损坏。

（5）行驶时，变速器只有在换入某挡时齿轮异响，在上述完好的前提下，可能是啮合齿轮搭配不当，必要时应重新装配一对新齿轮。此外，也可能是同步器齿轮磨损或损坏，应视情况修复或更换。

（6）换挡时齿轮相撞击而出现异响，则可能是离合器不能分离或离合器踏板行程不正确、同步器损坏、怠速过大、换挡手柄调整不当或导向衬套过紧等。遇到这种情况，应先检查离合器能否分离，再分别调整怠速或换挡手柄位置，检查导向衬套与分离轴承配合的松紧度。

如经上述检查排除后，变速器仍存在异响，应检查各轴轴承与轴孔配合情况、轴承本身的技术状态等。如完好，再查看里程表软轴及齿轮是否发响，必要时予以修理或更换。

（五）变速器漏油

1. 现象

变速器周围出现齿轮润滑油，变速器齿轮箱的油量减少，则可判断为润滑油泄漏。

2. 原因及排除方法

（1）润滑油选用不当，产生过多泡沫，或润滑油量太多，此时需更换润滑油或调节润滑油。

（2）侧盖太松，密封垫损坏，油封损坏，密封和油封损坏应更换新件。

（3）放油塞和变速器箱体及盖的固定螺栓松动，应按规定力矩拧紧。

（4）变速器壳体破裂或延伸壳油封磨损而引起的漏油，必须更换。

（5）里程表齿轮限位器松脱破损，必须锁紧或更换；换挡手柄油封漏油，则应更换油封。

第五章　自动变速器

第一节　自动变速器概述

自动变速器即自动操纵式变速器，它可根据发动机负荷和车速等工况的变化自动变换传动系统的传动比，使车辆获得良好的动力性和燃油经济性，并且可提高车辆的行驶安全性、乘坐舒适性、操纵轻便性及越野通过性。

一、自动变速器的分类

自动变速器常见的分类方式有以下五种。

（一）按传动比变化方式分类

按传动比变化方式不同，自动变速器可分为有级式、无级式和综合式三种。有级式自动变速器是指在机械式齿轮变速器的基础上实现自动控制的变速器，也称为电控机械式自动变速器（AMT）。无级式自动变速器主要是指目前在车辆上获得成功应用的金属带式无级式自动变速器（CVT）。综合式自动变速器是指实现自动控制的液力机械式变速器，即液力机械式自动变速器（AT）。

（二）按齿轮变速系统的控制方式分类

按齿轮变速系统的控制方式不同，自动变速器又可分为液控液压式和电控液压式两种。

液控液压式（简称为液控式）自动变速器是通过机械的手段，在手控制阀选定位置后，由反映节气门开度的节气门阀和反映车速的调速器阀把节气门开度和车速等参数转变为液压控制信号，按照设定的换挡规律，由这些液压控制信号直接控制换挡阀进行换挡。电控液压式（简称为电控式）自动变速器是在手控制阀选定位置后，通过反映节气门开度的节气门位置传感器和反映车速的车速传感器把节气门开度和车速等参数转变为电信号，并输入电子控制单元（ECU）。电子控制单元根据这些电信号，按照设定的换挡规律控制液压阀和液压执行机构进行换挡。相比之下，电控式自动变速器采用的输入信息更加丰富，控制更加精确，通过修改软件即可适用于不同的用户需求，控制模式更加灵活。由于电子技术的发展，目前越来越多的车辆采用电控式自动变速器。

（三）按挡位数目分类

自动变速器还可像手动变速器一样按照挡位数目分类。AT 与 AMT 的挡位数均是指其机械式变速器部分的前进挡传动比数目。其中，液力机械式自动变速器从最初的二挡已经发展到现在的八挡。由于自动变速器的换挡动作是自动实现的，因此增加挡位数目不会像手动变速器那样增大驾驶员的工作强度，但是变速器的结构将更复杂，控制技术要求也更高。目前，经济型轿车采用三挡或四挡，普通轿车主要采用四挡，而高级轿车通常采用五挡和六挡。为了提高车辆的动力，降低油耗和改善排放，同时使换挡更加平顺，行驶平稳，通常采用减小各挡传动比之间间隔的方法，即增加变速器挡位数，这也是自动变速器技术上的发展趋势。

（四）按所使用的车辆驱动方式分类

按所使用的车辆驱动方式的不同，自动变速器可分为后驱动自动变速器 [图 5-1（a）] 和前驱动自动变速器 [图 5-1（b）] 两种，它们在工作原理上没有区别，但在结构和布置上有较大的不同。后驱动自动变速器的输入轴和输出轴在同一轴线上，因此轴向尺寸较大，阀板总成一般布置在下方。前驱动自动变速器除了具有与后驱动自动变速器相同的组成部分外，在其壳体内还装有主传动器（减速器和差速器），故称这种结构为自动变速器驱动桥。纵置发动机前驱动自动变速器的布置与后驱动自动变速器基本相同。横置发动机的前驱动自动变速器由于车辆横向尺寸的限制，通常被设计成两轴式的，其液力变矩器和齿轮变速器输入轴布置在上方，输出轴则布置在下方，阀板总成布置在侧面或上方，以保证车辆有足够的离地间隙。

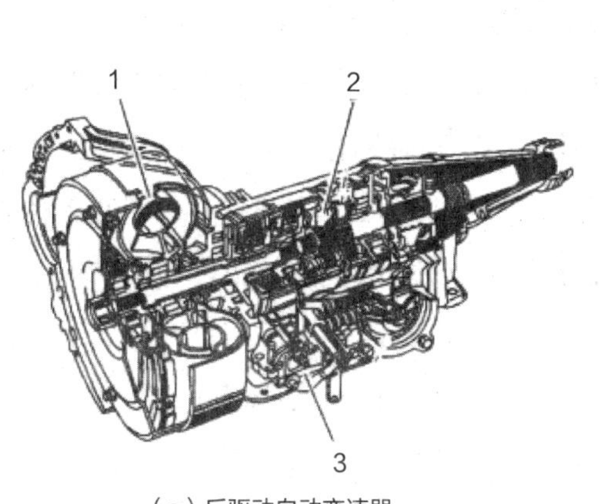

（a）后驱动自动变速器

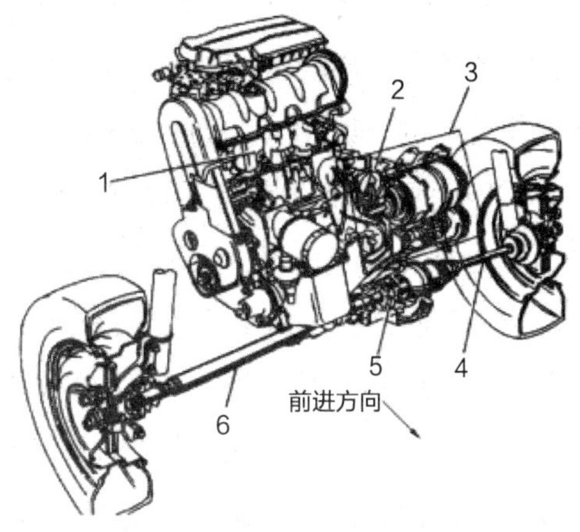

（b）前驱动自动变速器与自动变速驱动桥

（a）：1—发动机；2—液力变矩器；3—行星齿轮变速器；4—驱动轴；5—差速器。
（b）：1—液力变矩器；2—行星齿轮变速器；3—液压操纵控制装置。

图 5-1　后驱动自动变速器和前驱动自动变速器结构图
（图片来源：常明. 汽车底盘构造）

（五）按操作方式分类

按操作方式不同，自动变速器可分为传统自动变速器和手自一体化自动变速器。传统自动变速器虽然操作简单，但显得单调，缺乏驾驶乐趣。一些自动变速器制造商将电控自动变速器功能进行扩展，使其既可以自动换挡，也可由驾驶员通过操纵手柄操作模拟手动变速器换挡，为驾驶员提供了更加灵活的操作方式。

二、自动变速器的组成与特点

车辆上常见的自动变速器主要由液力传动（或离合器）系统、机械式变速系统、液压操纵系统和液压（电子）控制系统四部分组成，在重型车辆上使用的液力机械式自动变速器通常还设置有可用于车辆下长坡时辅助制动的液力缓速器。

AT、AMT、CVT 三种自动变速器在具体结构上有很大的差异，因此在控制方法和性能上也有各自的特点。

（一）液力机械式自动变速器（AT）的组成与特点

AT 主要由液力变矩器、行星齿轮变速器和液压（电子）控制操纵系统三大部分组成。液力变矩器依靠具有一定动量的油液来传递动力，即发动机通过液力变矩器的泵轮将动能全部转变成油液的动能，油液冲击作用于变矩器的涡轮上，再度将油液动能转变为涡轮的旋转动能，进而驱动行星齿轮变速器的输入轴。由于液体传递动力具有一定程度的“柔性”，能够吸收冲击能量，而且在一定范围内能够自动连续地调节转速，因此具有无级变速之称。实际上，行星齿轮变速器是有级的，所以这种变速器本质上也是有级变速器，无级变速只是小范围的。正因为这些结构特点，AT 在性能上具有如下特点：①由于采用液力传动，可有效消除传动系统中的扭转震动，不但可延长传动系统零部件的寿命，而且在松软地面行驶时车轮对土壤冲击小，减少了车轮滑转的可能；②由于采用液力传动，车辆可以长时间稳定地以低速行驶，因此改善了汽车的通过性，在松软地面上起步时，能保证车辆驱动扭矩逐渐地增加，从而防止土壤被破坏和车轮滑转；③ AT 属于不中断动力换挡，换挡控制比较容易实现，不但换挡平稳，无冲击和振动，乘坐舒适性好，而且在恶劣的地面行驶时也不易因换挡切断动力而造成停车。但 AT 动液的能量不能被充分利用，再加上液体分子对泵轮和涡轮的摩擦和冲击会使一部分能量转变成油液的热能而损失，所以传动效率较低，车辆油耗较高。此外，AT 结构复杂，制造成本较高。

国外车辆 AT 技术已相当成熟，典型品牌是美国 Allison、德国 ZF。AT 在轿车、商用车辆、军用车辆上得到了广泛应用，在北美、日本轿车上 AT 的装车率分别为 86%、93%。美军自 20 世纪 80 年代开始在军用车辆上全面采用 AT 自动变速器，使其军用车辆越野机动能力得到了大幅提升。

（二）电控机械式自动变速器（AMT）的组成与特点

AMT 是在原来干式离合器和定轴齿轮式有级机械式变速器所组成的手动变速系统的基础上，采用微机控制和液压操纵装置的系统。与 AT 相比，AMT 具有如下一些性能特点：①传动效率高，燃料经济性好，除了干式离合器在起步过程中处于半接合状态时存在一定的摩擦能量损失及液压操纵机构要消耗少量能量外，其余时候能量损失很小，变速器的传动效率最高可达 95%。②结构简单，成本比 AT 低廉，仅为 AT 的 1/4 ～ 1/3，性能价格比高。③适合多种车型，无论是重型车、轻型车、轿车还是微小型车都能适用，一般在重型车辆上的应用效果好，尤其是城市公交客车，换挡频繁，且要求车辆成本低，AMT 应是其首选对象。此外，AMT 在重型军用车辆及轮式装甲车辆上的应用也较多。④ AMT 换挡平稳性不如 AT，属于非动力换挡（换挡时动力必须中断），并且由于 AMT 不具备液力传动低速大扭矩和传动减振的功能，车辆的越野通过性比 AT 要差。由于换挡过程中离合器、加速踏板必须与选换挡操作协调配合才能使换挡时间最短且换挡平稳，所以 AMT 控制难度比 AT 要大。

（三）金属带式无级式自动变速器（CVT）的组成与特点

CVT 本质上是一种靠摩擦力传递动力的带传动式变速装置，其汽车传动比靠自动改变主动带轮和从动带轮的直径来进行调节。与 AT 和 AMT 相比，CVT 的特点如下：①它是真正意义上的无级变速装置，其传动比可以在最小值和最大值之间连续改变，可获得非常平滑的变速效果，装用 CVT 车辆的乘坐舒适性好；②加速性能好，燃料经济性高。但由于 CVT 的动力是靠 V 形带与带轮间摩擦传递，摩擦扭矩有限，故传递功率有限，目前仅适用于发动机排量在 3 L 及以下的轿车及轻型货车，应用范围受限。此外，CVT 启动性能较差，一般需另加启动装置，所以结构上也比较复杂，成本偏高。

第二节　液力耦合器与液力变矩器

液力传动主要靠液体在循环流动过程中动能的变化而传递动力。液力变矩器安装在发动机后端的凸缘上，相当于手动变速器汽车的离合器的位置，以液压油为工作介质，其功用是传递扭矩，改变扭矩大小（变矩），变速，并兼起离合器的作用。液力变矩器由液力耦合器发展而来，早先使用的是三元件普通液力变矩器，现在一般使用综合式液力变矩器和带锁止离合器的液力变矩器。

一、液力耦合器

图 5-2 所示为液力耦合器的示意图。在发动机曲轴的凸缘上，固定着耦合器外壳。泵轮与外壳作刚性连接而与曲轴一起旋转，为耦合器的主动元件。与从动轴相连的涡轮为耦合器的从动元件。泵轮与涡轮统称为工作轮。在工作轮的环状壳体中，径向排列着许多叶片。涡轮装在密封的外壳中，其端面与泵轮端面相对，二者之间留有一定间隙（3 ～ 4 mm）。泵轮与涡轮装合后，通过轴线的纵断面呈环形，称为循环圆。在环状壳体中储有工作液。

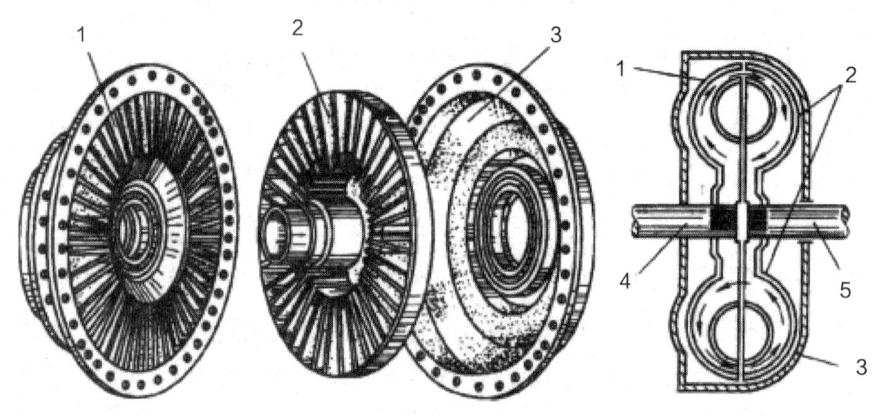

1—泵轮；2—涡轮；3—耦合器外壳；4—发动机曲轴；5—从动轴。

图 5-2　液力耦合器结构示意图

（图片来源：常明．汽车底盘构造）

当发动机驱动泵轮转动时，泵轮上的叶片推动液体同方向转动。运动的油液冲击在涡轮叶片上，使涡轮随之转动，可将动力传递至变速器输入轴。在循环过程中，发动机给泵轮以旋转力矩，泵轮使静止的液体连续不断获得动能。运动的液体在冲击涡轮叶片时，将部分动能传递给涡轮，以力矩的形式使涡轮带动输出轴转动。泵轮将发动机的机械能转变为油液的动能，而涡轮又将油液的动能转换为机械能对外输出。由于泵轮和涡轮的半径是相等的，故当泵轮的转速大于涡轮的转速时，泵轮叶片外缘的液压大于涡轮叶片外缘的液压，于是，工作液不仅随着工作轮绕发动机曲轴和从动轴的轴线做圆周运动，并且在上述压力差作用下，沿循环圆依箭头所示方向做循环流动。液体质点的流线形成一个首尾相连的环形螺旋线（图 5-3）。液力耦合器实现传动的必要条件是工作液在泵轮和涡轮之间有循环流动。而循环流动的产生是两个工作轮转速不等使两轮叶片的外缘处产生液压差所致，故液力耦合器在正常工作时，泵轮转速总是大于涡轮转速，如果二者转速相等，则液力耦合器不起传动作用。

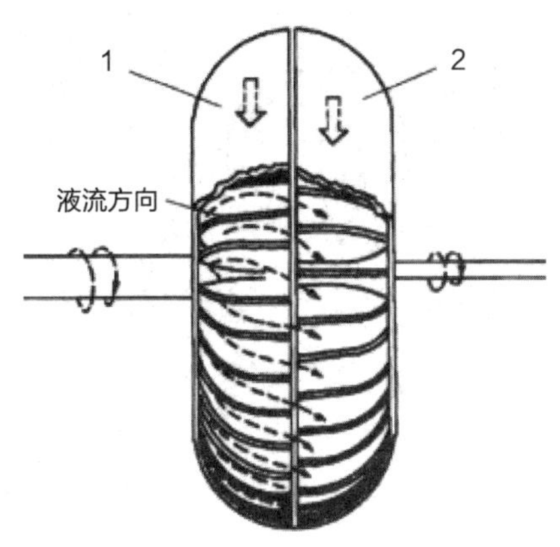

1—泵轮；2—涡轮。

图 5-3　液力耦合器工作示意图
（图片来源：常明．汽车底盘构造）

由于液力耦合器是用液体作为传动介质，泵轮与涡轮间允许有较大的转速差，因此可以保证汽车平稳起步和加速。液力耦合器能够吸收传动系统中的扭转振动并防止传动系统过载，从而延长传动系统和发动机部件的使用寿命，并且可以显著减少需要换挡的次数，甚至在暂时停车时不脱开传动系统也能维持发动机怠速运转。但液力耦合器只能起传递扭矩的作用，而不能改变扭矩的大小，故需要与变速器配合使用。目前车辆极少采用液力耦合器。

二、液力变矩器

（一）液力变矩器的工作原理

常见的液力变矩器（图 5-4）主要由可旋转的泵轮和涡轮及固定不动的导轮三个元件组成，如图 5-5 所示。各工作轮用铝合金精密铸造，或用钢板冲压焊接而成。泵轮与变矩器壳连成一体，用螺栓固定在发动机曲轴后端的凸缘上。壳体做成两半，装配后焊成一体（有的用螺栓连接），壳体外面有启动齿圈。涡轮通过从动轴与传动系统的其他部件相连，导轮则固定在不动的套管上。所有工作轮在装配后，形成断面为循环圆的环状体。

和耦合器一样，变矩器正常工作时，处于环形内腔中的工作液除有绕变矩器轴的圆周运动以外，还有在循环圆中沿图 5-4 中箭头所示方向的循环流动，故能将扭矩从泵轮传到涡轮上。

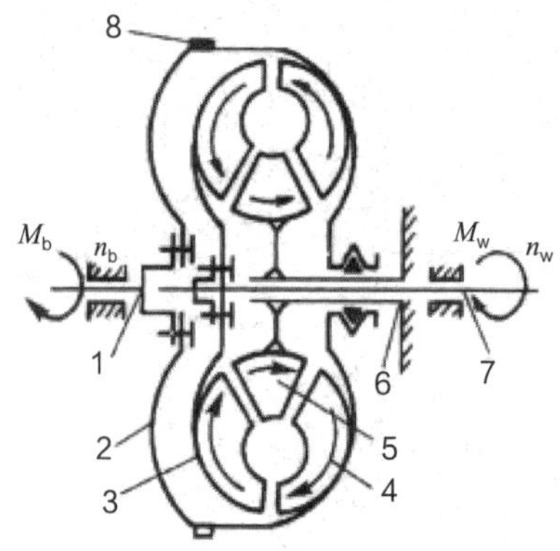

1—发动机曲轴；2—变矩器壳；3—涡轮；4—泵轮；5—导轮；6—导轮固定套管；7—从动轴；8—启动齿圈。

图 5-4 液力变矩器结构示意图

（图片来源：常明．汽车底盘构造）

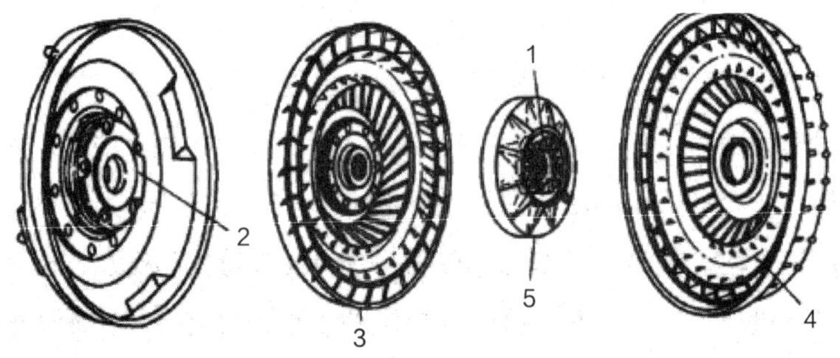

1—单向离合器；2—变矩器壳；3—涡轮；4—泵轮；5—导轮。

图 5-5 液力变矩器的主要零件

（图片来源：常明．汽车底盘构造）

与耦合器不同的是，变矩器不仅能传递扭矩，还能在泵轮扭矩不变的情况下，根据涡轮转速（反映着车辆行驶速度）的不同而改变涡轮输出的扭矩数值。

变矩器之所以能起变矩作用，是因为结构上比耦合器多了导轮机构。在液体循环流动的过程中，固定不动的导轮给涡轮一个反作用力矩，使涡轮输出的扭矩不同于泵轮输入的扭矩。当具有动能的油液从弯曲叶片上流出时，导轮位于涡轮液体流动的出口，从涡轮高速流出的油液冲击在导轮叶片前面。此时，导轮上的单向离合器产生锁止作用，使弯曲的导轮叶片固定不动，一方面给涡轮一个反作用力，另一方面强制液体改变流动方向，如图 5-6 所示，使油液从导轮流出时具有与泵轮相同的运动方向。发动机传递给泵轮的动能加上来自导轮的动能共同作用于涡轮，使涡轮的输出力矩进一步增加。只有当泵轮与涡轮存在转速差时才会产生增矩作用。

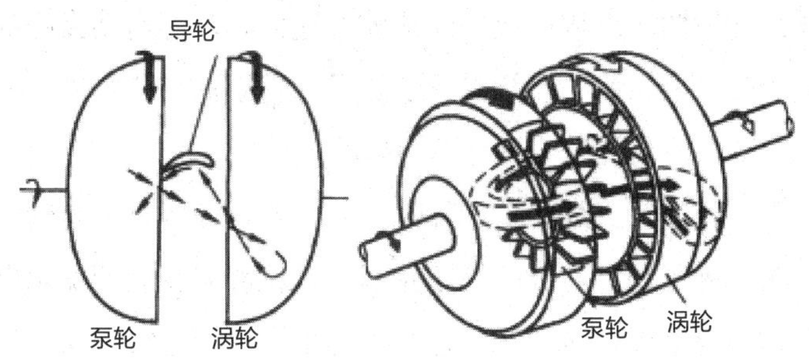

图 5-6　导轮改变液流方向

（图片来源：常明．汽车底盘构造）

（二）综合式液力变矩器

图 5-7 所示为车辆上常用的带单向离合器的综合式液力变矩器。它主要由泵轮、涡轮和导轮组成，最大变矩系数（涡轮转速为零时的变矩系数）为 2.5。

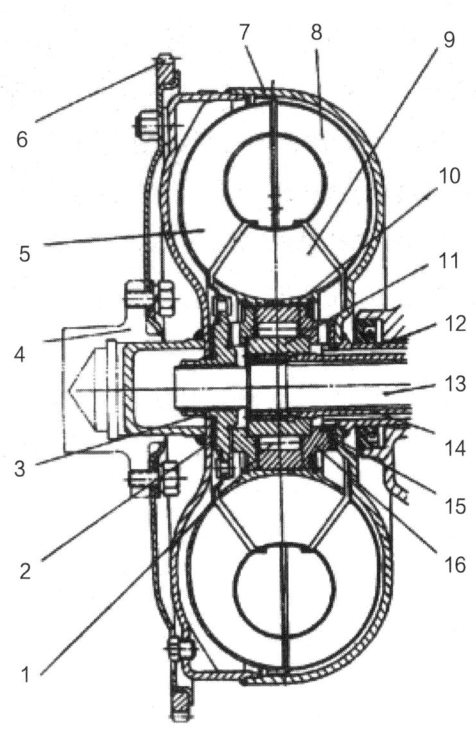

1—滚柱；2—塑料垫片；3—涡轮轮毂；4—曲轴凸缘；5—涡轮；6—启动齿圈；7—变矩器壳体；8—泵轮；9—导轮；10—单向离合器外座圈；11—单向离合器内座圈；12—泵轮轮毂；13—变矩器输出轴（齿轮变速器第一轴）；14—导轮固定套管；15—推力垫片；16—单向离合器盖。

图 5-7　综合式液力变矩器

（图片来源：常明．汽车底盘构造）

变矩器壳体由前后两半焊接而成。壳体前端连接着装有启动齿圈的托盘，并用螺钉固定在曲轴后端凸缘上。为了在维修拆装后保持变矩器与曲轴原有的相对位置，以免破坏动平衡，螺钉在圆周上的分布是不均匀的。

泵轮装有径向平直叶片。焊在泵轮外壳上的泵轮轮毂可自由转动。涡轮有倾斜的曲面叶片。与涡轮壳体用铆钉连接的涡轮轮毂，以花键与变矩器输出轴相连。泵轮及涡轮的叶片和壳体均为钢板冲压件，叶片和内环采用点焊连接。导轮用铝合金铸造，并与单向离合器外座圈固定连接。

液力变矩器中，导轮的存在使变矩器具有了增加扭矩的能力，而单向离合器的作用是限制导轮只能单方向转动。变矩器的单向离合器（自由轮机构）的结构形式有滚柱式和楔块式两种。

在图 5-7 所示的结构中采用的是滚柱式单向离合器，其构造如图 5-8 所示。它由单向离合器外座圈、单向离合器内座圈、滚柱及叠片弹簧组成。导轮用铆钉铆在单向离合器外座圈上（也可用花键连接）。单向离合器内座圈与导轮固定套管用花键连接。导轮固定套管被固定在齿轮变速器的壳体上，因而单向离合器的内座座圈是固定不动的。单向离合器外座圈的内表面有若干个偏心的圆弧面。滚柱经常被叠片弹簧压向内外座圈之间滚道比较狭窄的一端，而将单向离合器内、外座圈楔紧。

当涡轮转速较低、与泵轮转速差较大时，从涡轮流出的液流冲击导轮叶片，力图使导轮沿顺时针方向（图中虚线箭头所示）旋转，由于滚柱楔紧在滚道的窄端，导轮便同单向离合器外座圈一起被卡紧在单向离合器内座圈上而固定不动，此时液力变矩器起增大扭矩的作用。当涡轮转速升高到一定程度时，液流对导轮的冲击力反向，于是导轮自由地相对于单向离合器内座圈按实线箭头方向与涡轮同向转动。这时变矩器就转入了耦合器的工作状况。这种可以转入耦合器工况的变矩器称为综合式液力变矩器。

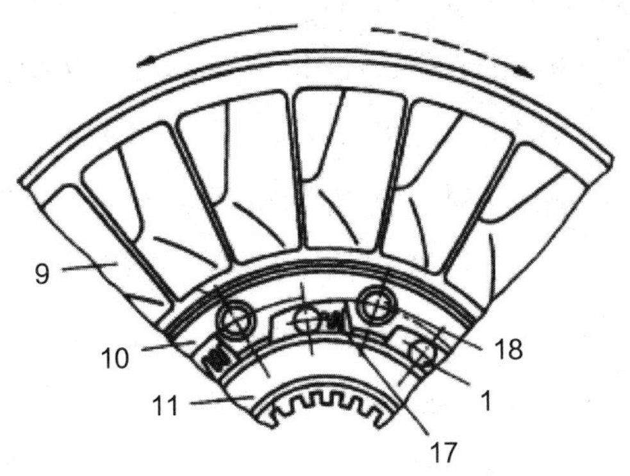

17—叠片弹簧；18—铆钉（其他图注同图 5-7）。

图 5-8　滚柱式单向离合器
（图片来源：常明. 汽车底盘构造）

楔块式单向离合器的构造及工作原理如图 5-9 所示。它由外座圈、楔块、回位弹簧内座圈和保持架等组成。保持架借助于片状回位弹簧把楔块均匀布置在内外座圈之间。导轮固定在外座圈上，内座圈通过花键与固定在变速器壳体上的导轮固定套管连接。

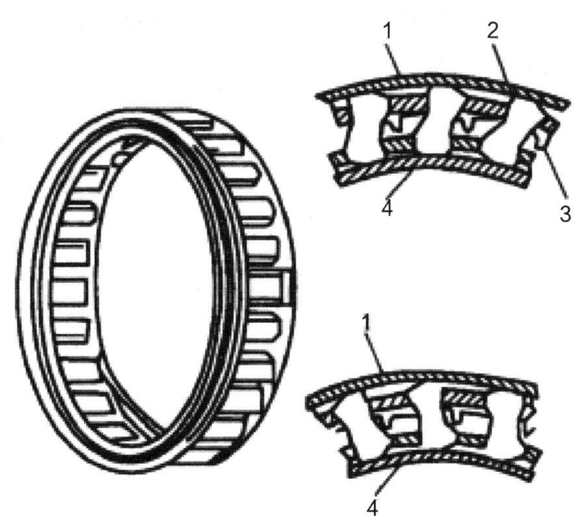

1—外座圈；2—楔块；3—回位弹簧；4—内座圈。

图 5-9　楔块式单向离合器
（图片来源：常明. 汽车底盘构造）

当外座圈相对于内座圈顺时针转动时，楔块在摩擦力作用下也顺时针转动，楔块短对角线的棱边对着内外座圈的表面，此时，因楔块短对角线棱边的距离小于内、外座圈的间距，所以外座圈可以自由转动，即导轮可以自由转动，此时变矩器转入耦合器工作状态。反之，当外座圈相对于内座圈逆时针转动时，楔块在摩擦力作用下也逆时针转动，因楔块长对角线棱边距离大于内外座圈的间距，致使外座圈被楔块卡死不能转动，即导轮被固定，此时为变矩器工作状态。

采用综合式液力变矩器的目的在于利用耦合器在高传动比时相对变矩器有较高效率的特点。上述综合式液力变矩器的结构简单，工作可靠，性能稳定，在转为耦合器工况时，高传动比区的效率可达 96%，因此，它在轿车上得到了广泛应用，在大型客车、自卸车、工程车辆、军用车辆上的应用也逐渐增多。

（三）带锁止离合器的液力变矩器

由于液力变矩器的涡轮与泵轮之间存在转速差和液力损失，变矩器的效率不如机械式变速器高，故采用变矩器的车辆在正常行驶时的燃油经济性较差。为提高变矩器在高传动比工况下的效率，可采用带锁止离合器的液力变矩器（图 5-10）。锁止离合器的主动部分是传力盘和操纵油缸活塞（压盘），它们与泵轮一起旋转。从动部分是装在涡轮轮毂花键上的离合器从动盘。压力油经油道进入后，推动活塞右移，压紧从动盘，即锁止离合器接合，于是泵轮与涡轮接合成一体旋转，变矩器不起作用。当撤除油压时，二者分离，变矩器恢复正常工作。

当车辆起步或在坏路面上行驶时，可将锁止离合器分离，使变矩器起作用，以充分发挥液力传动自动适应行驶阻力剧烈变化的优点。当车辆在良好道路上行驶时，应接合锁止离合器，使变矩器的输入轴和输出轴成为刚性连接，即转为直接机械传动。此时，变矩器效率为 1，提高了车辆的行驶速度和燃油经济性。

当锁止离合器接合时，单向离合器即脱开，导轮在液流中自由旋转。若取消单向离合器，则当泵轮与涡轮锁成一体旋转时，导轮将仍处于固定状态，导致液力损失加大，效率降低。

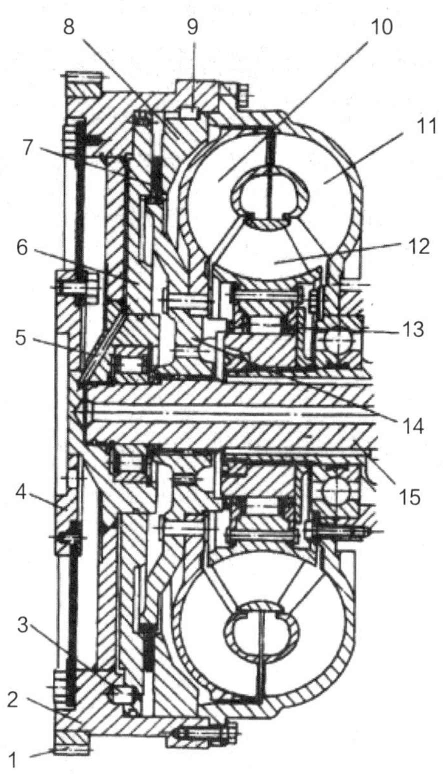

1—启动齿圈；2—锁止离合器操纵油缸；3—导向销；4—曲轴凸缘盘；5—油道；6—操纵油缸活塞（压盘）；7—离合器从动盘；8—传力盘；9—键；10—涡轮；11—泵轮；12—导轮；13—单向离合器；14—涡轮轮毂；15—变矩器输出轴。

图 5-10　带锁止离合器的液力变矩器

（图片来源：常明．汽车底盘构造）

第三节　液压自动换挡系统和电子控制系统

一、液压自动换挡系统

液压自动换挡系统主要是根据电子控制系统的指令通过液压系统推动换挡执行元件完成挡位的改变，其主要组成如下。

（1）供油部分：主要包括液压泵、主调压阀、次调压阀、油冷却器和滤清器等。

（2）操纵控制部分：主要包括手控阀等。

（3）换挡执行元件部分：主要包括离合器和制动器等。

（4）改善换挡品质工况部分：主要包括各个缓冲阀和蓄压器等。

（5）压力参数调节部分：主要包括节气门阀及其随动阀，调速阀及其随动阀。

（6）换挡时刻控制部分：主要包括各个换挡阀及锁止离合器控制阀。其中，压力参数调节部分和换挡时刻控制部分主要用于液控液压式控制系统中，本节仅对节气门阀、调速阀和换挡阀等进行简要介绍。

（一）液压泵

在自动变速器当中，液压泵一泵多用，除为液压自动换挡系统提供液压外，还用于液力变矩器中。因此，液压泵对自动变速器的使用性能及寿命有很大影响。液压泵一般安装在变矩器的后端，由变矩器的泵轮通过一个轴套驱动，其转速与发动机转速一致。常用的液压泵有定量泵和变量泵。定量泵有内啮合齿轮泵、摆线齿轮泵和叶片泵，变量泵常用变量叶片泵。

（二）主调压阀

液压油从液压泵输出后，即进入主油路系统。由于液压泵直接由液力变矩器的泵轮驱动，其转速与发动机一致，故其输出的流量和压力是随发动机的转速变化而变化的。发动机的转速变化范围很大，这导致了液压油输出流量和压力的变化也很大。油压过高，会使自动变速器在换挡时冲击过大，增加功耗；油压过低，可能使换挡执行元件工作压力不够而产生打滑。为保证主油路系统的压力稳定，应对从液压泵输出的液压油进行调节，因此在主油路中设置了主油路调压阀，以使液压泵输出压力调节到所需要的值后再进入主油路系统。另外，主油路调压阀还应能满足主油路系统在不同工况、不同挡位时对油压的要求。

（1）主油路油压应能随发动机节气门开度的增大而升高，当节气门开度较大时，发动机输出功率和自动变速器所传递的扭矩都较大，为了防止离合器和制动器等换挡执行元件打滑，主油路油压也要相应升高。反之，当节气门开度较小时，自动变速器所传递的扭矩也较小，主油路油压也要相应降低。

（2）当汽车在低速挡时，所传递的扭矩较大，主油路压力应较高；当汽车在高速挡以较高车速行驶时，主油路油压可以相应降低，因为此时汽车传动系统在高转速、低扭矩状态下工作，因此可以相应地降低主油路油压，以减小油泵的运转阻力，节省燃油，提高燃料的经济性。

（3）倒挡在汽车使用过程中所占用的时间很少，为了减小自动变速器的尺寸，倒挡执行机构一般均较小，因此在工作时需要有较高的油压，以防止其接合时打滑。

主油路调压阀的结构如图 5-11 所示，主油路调压阀是阶梯式滑阀。主油路的压力高低取决于阶梯式滑阀中弹簧的预紧力，此预紧力可从外部进行调整。其工作过程如下：当液压泵工作后，液压油被送到变矩器，油压升高。当主油路调压阀中的阶梯滑阀上部的压力和下部的压力、弹簧力不能平衡时，通过打开或关闭排油孔实现油压的稳定。倒挡时，手动阀会打开另一条油路，将液压油引入主油路调压阀的内部，使阶梯滑阀阀芯移动，导致排油孔关小，主油路压力增大。

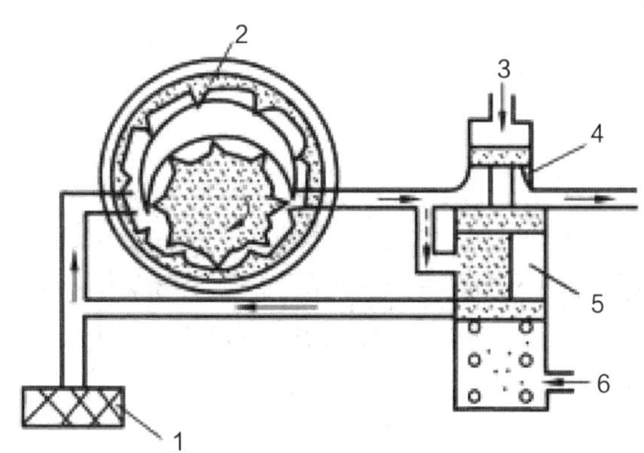

1—滤网；2—油泵；3—外部油压；4—通往变矩器；5—调压阀；6—外部压力。

图 5-11　主油路调压阀

（图片来源：常明. 汽车底盘构造）

（三）变矩器压力调节阀（次调压阀）

主油路压力较液力变矩器需要的压力高得多，因此需要变矩器压力调节阀对主油路压力进行减压后再送入液力变矩器，使液力变矩器内液压油的压力符合要求，同时将液力变矩器内受热后的液压油送至散热器冷却，并让一部分冷却后的液压油流回齿轮变速器，对齿轮变速器中的轴承和齿轮进行润滑。

（四）安全阀

安全阀的作用是限制油泵最高输出压力，保证操纵系统的安全。安全阀并联在油泵出油的油路上，当油泵出油口压力超过限定值时，会打开阀门泄油，使压力下降，因而它是一个常闭的单向阀。

（五）滤清器

自动变速器液压系统零件的精密度要求极高，经长期使用后，油液易被污染，从而会导致各种故障发生。因此，应采取多种措施对油液进行严格过滤。在自动变速器的供油系统中，通常设有进油滤清器、精滤器和阀前专用滤油器三种形式的滤油装置。

（六）手控阀

操纵控制部分主要为手控阀，手控阀是一种人力控制的多路换向阀，位于控制系统的阀板总成中，由驾驶员控制。它的主要功能是确定自动变速器的工作方式。如图5-12所示，阀体上有多条油道，一条进油道与主油路系统相连接，其余分别通至D、2、L、R和 P 等挡位的滑阀或换挡执行元件。

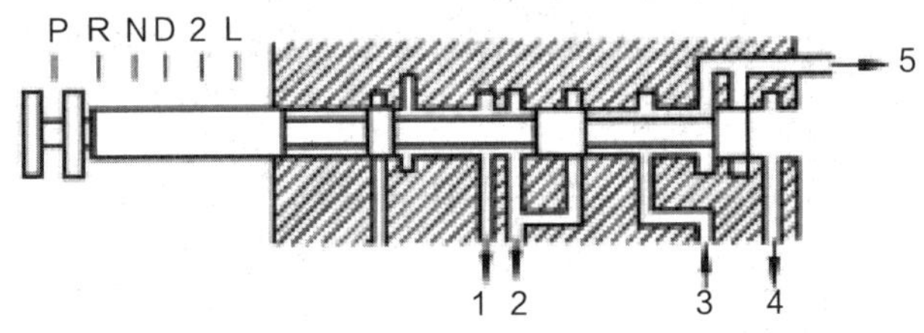

1—2和L工况油路；2—D、2和L工况油路；3—主油路入口；4—R工况油路；5—P、R和L工况油路。

图5-12　手控阀
（图片来源：常明. 汽车底盘构造）

（七）缓冲阀

缓冲阀主要由滑阀、阀座和弹簧组成。缓冲阀主要有两个作用：一是当汽车高挡行驶时，如强制挂低挡，为防止车速变化过快，要求车速越高，低挡制动器起作用要越慢，反之则要快；二是当驾驶员用松开油门的方法由低速挡提前换高速挡时，要求迅速松开低挡制动器并使高挡离合器接合，以符合换挡平稳的要求。

（八）蓄压器

蓄压器由减振活塞和弹簧组成，在自动变速器中起到缓冲换挡冲击的作用。在自动变速器中，每个前进挡一般均有一个蓄压器，它位于该挡的换挡阀至换挡执行元件的油路中，作用是满足离合器和制动器接合过程中工作压力增长先快后慢的要求，使之接合平稳柔和，同时吸收液压冲击，保证液压系统的压力稳定。

（九）节气门阀

节气门阀受发动机加速踏板控制，随节气门开度大小而变化，即随发动机负荷大小而变化，作用是将节气门开度的大小变换为液压信号，用于产生节气门油压，以便控制系统根据汽车节气门开度的大小改变主油路油压和换挡车速，使自动变速器的主油路油压和换挡规律满足汽车实际使用要求。节气门阀可分为机械式节气门阀和真空式节气门阀两种。

（十）离心调速阀

离心调速阀受汽车车速的控制，随车速的快慢而变化，作用是将车速的快慢转变为液压信号，用于产生车速控制油压。其基本原理是利用轴旋转时重块产生的离心力来确定阀芯的位置，即确定油压的高低。常用的离心调速阀可分为普通复合式双级离心调速阀和中间传动复合式双级离心调速阀。

二、电子控制系统

电控液动式自动变速器的控制系统的控制功能是由电子计算机或微处理器来完成的，换挡控制的信号采用电信号。它利用各种先进的电子手段对自动变速器及发动机的工作状态进行检测，并根据检测结果和相应的控制程序来操纵液压控制系统中各个控制阀的工作，以驱动离合器和制动器等换挡执行元件，从而实现对自动变速器的全面控制。电控液动式的自动变速器不但可以简化液压系统，提高控制精度和反应速度，还可以实现多种控制系统的综合控制。

电子控制系统主要由以下三大部分组成：①信号的来源，如各种传感器和开关等。②电子控制单元（ECU），它是电子控制系统的核心，包括输入和输出电路、中央处理器（CPU）及存储器（RAM 和 ROM）。③执行器，根据电子控制单元的指令驱动相应的液压系统工作，如电磁阀等。

（一）节气门位置传感器

发动机的节气门是由驾驶员通过加速踏板来操纵的，根据不同的行驶条件来控制发动机的运转。如负荷大时，节气门开度要大；而负荷较小时，节气门开度要小。不同的行驶条件要求汽车自动变速器具有不同的换挡规律。电子控制式自动变速器是利用节气门位置传感器，作为电子计算机控制自动变速器挡位变换的依据，从而使自动变速器的换挡规律在任何使用条件下都能满足汽车的使用要求。节气门位置传感器安装在汽车发动机的节气门体上，与节气门作为一个整体一起转动。

（二）车速传感器

车速传感器是为了检测汽车车速，为 ECU 提供汽车车速信号，以此作为控制换挡的依据。常用的车速传感器有电磁式车速传感器、光电式车速传感器和舌簧开关式车速传感器等。

（三）输入轴转速传感器

常用的输入轴转速传感器是电磁感应式传感器，与车速传感器的工作原理一致。输入轴转速传感器安装在行星齿轮变速机构的输入轴上，也就是液力变矩器的输出轴（涡轮轴）附近，检测输入轴的转速，将其转变为电信号后输入 ECU，为精确换挡提供依据。同时 ECU 还将该信号和来自发动机控制系统的发动机转速信号进行比较，计算出液力变矩器的传动比，使油路压力控制过程和锁止离合器的控制过程得到进一步的优化，减小换挡冲击，提高汽车行驶平稳性。

（四）油温传感器

由于在液力变矩器中受液力变矩器的效率较低的影响，自动变速器的液压油温一般情况下较高，因此应对油温进行监测。液压油温传感器安装在自动变速器油底壳内的阀体上，将油温转变为电信号传递给 ECU，作为换挡控制、油压控制和锁止离合器控制的依据。液压油温度传感器内部是一个半导体热敏电阻，它具有负的温度电阻系数，温度越高，电阻越低，电子计算机根据其阻值的变化测出自动变速器液压油的温度。

（五）超速挡开关（O/D 开关）

超速挡开关如图 5-13 所示，它安装在变速杆上，由驾驶员进行控制。当自动变速器变速杆在 D 位时，如该开关打开，则汽车可以超速挡行驶，即最高可以达到四挡。如该开关关闭，则无论汽车车速怎样，高自动变速器均只能升至三挡行驶，无法达到最高的四挡。一般超速开关在驾驶仪表盘上有指示灯“O/D OFF”，当超速挡开关打开时，“O/D OFF”灯灭；当超速挡开关关闭时，“O/D OFF”灯亮。

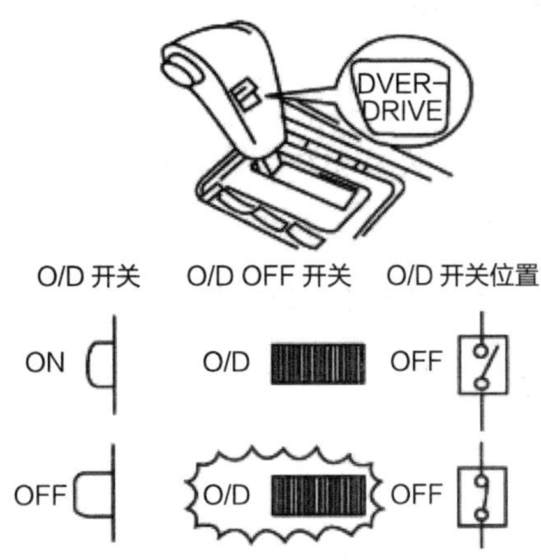

图 5-13　超速挡开关（O/D 开关）
（图片来源：常明. 汽车底盘构造）

（六）模式开关

模式开关用于确定自动变速器的控制模式，以满足汽车不同的行驶状态或驾驶人员不同的要求。一般模式开关安装在变速杆的旁边，也有的自动变速器不再需要驾驶员人工确定控制模式，而是自动根据行驶状态确定。主要的控制模式有经济模式、动力模式、普通模式、手动模式和雪地模式。

（1）经济模式。此模式是为了使汽车获得最佳经济性而设计的换挡规律。在此模式下，自动变速器将控制其换挡规律，以保证发动机总是处于经济转速范围内。一般在转速较低时就换入高一挡，以降低油耗。

（2）动力模式。此模式和经济模式正好相反，它是为了获得最佳动力性而设计的换挡规律。在此模式下，发动机将在大扭矩和大功率的转速范围内运行，因此可以获得较好的动力性和爬坡性能。一般在较高的转速下才能换入高一挡。

（3）普通模式。此模式是介于经济模式和动力模式之间的一种主要考虑汽车运行综合性能的模式，即保证动力性和经济性总体最优。

（4）手动模式。此模式可以让驾驶员手动选择一至四挡。在符合运行条件的情况下，可锁定在某个挡位，驾驶感觉与手动变速器相似，可获得更好的换挡效率或驾驶乐趣。

（5）雪地模式。此模式主要用于汽车在雪地上行驶。当选用此模式后，变速杆置于 2 位时，自动变速器自动保持在二挡行驶，变速杆置于 1 位时，自动变速器将保持在一挡行驶，如初始位置为二挡，则车速下降后自动降至二挡，并不再升挡。

（七）空挡启动开关

空挡启动开关的作用是保证发动机仅能在空挡或停车挡时才能启动。如图 5-14 所示，当空挡启动开关侦测到变速杆在 N 或 P 位置时，使点火开关工作，并将电力输送给起动机，实现启动，同时可以将变速杆的位置反映到汽车驾驶室的仪表板上，使驾驶员对现在的变速杆位置一目了然。

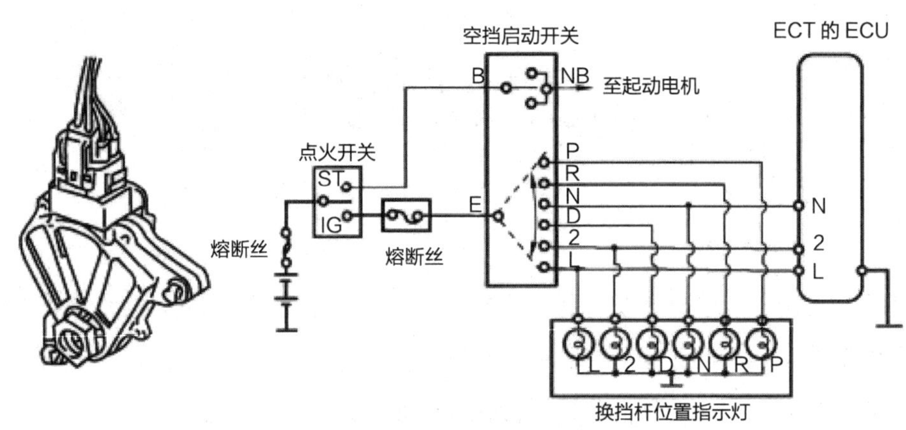

图 5-14　空挡启动开关电路

（图片来源：常明. 汽车底盘构造）

（八）制动开关

制动开关是一个在正常状态下保持闭合的开关，它安装在仪表板下面。该开关既可以与制动灯光开关组合在一起，也可以与巡航控制真空释放开关组合在一起。当踩下制动踏板时，制动开关中的常闭触点张开，从而切断通向锁止离合器电磁阀的电流，这样一来，便可使液力变矩器中的锁止离合器分离而防止在汽车制动时发动机熄火或损坏。

（九）变速器油温开关

在装有 ABS/ 牵引力控制系统（ASR）的自动变速器控制系统中，当自动变速器油温高于要求时，自动变速器油温开关自动断开，使 ABS/ASR 系统暂时停止工作，同时在仪表盘中点亮“TRACTION OFF”指示灯。当油温冷却至正常时，变速器油温开关又自动接通。

三、电磁阀的基本结构和原理

电控液动自动变速器的执行器主要是电磁阀，它可以分为开关式电磁阀和脉冲式电磁阀两类。开关式电磁阀主要用在换挡控制和锁止控制中，脉冲式电磁阀主要用在液压控制和锁止控制中。

（一）开关式电磁阀

开关式电磁阀有常开和常闭两种，常开电磁阀主要用于锁止控制，常闭电磁阀主要用于换挡控制。如图 5-15 所示，开关式电磁阀主要由电磁线圈、衔铁、阀芯、球阀和回位弹簧等构成。它有两个工作状态：全开和全关。常开电磁阀不通电时，电磁阀打开，通电时，电磁阀关闭；常闭电磁阀不通电时，电磁阀关闭，通电时，电磁阀打开。

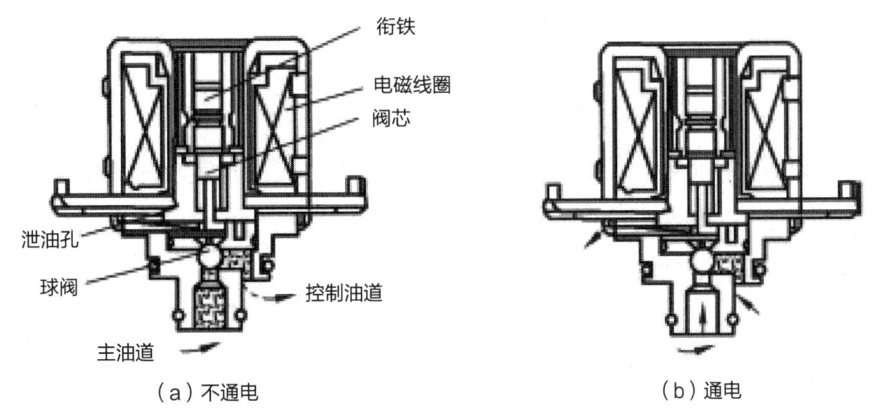

图 5-15　开关式电磁阀

（图片来源：常明. 汽车底盘构造）

（二）脉冲式电磁阀

脉冲式电磁阀由电磁线圈、衔铁和阀芯等组成，与开关式电磁阀相似，如图 5-16 所示。

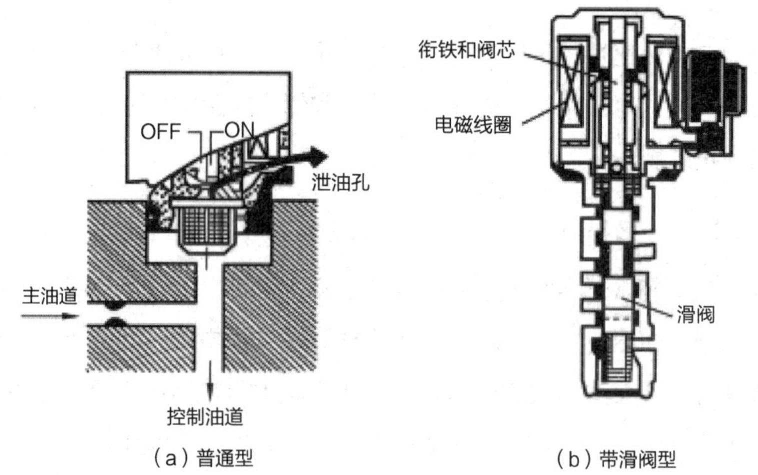

（a）普通型

（b）带滑阀型

图 5-16　脉冲式电磁阀

（图片来源：常明．汽车底盘构造）

其作用是控制油路的压力。它的电信号不是恒定不变的，而是一个频率固定的脉冲信号。在脉冲电信号的推动下，电磁阀不断地开闭泄油孔，通过改变脉冲信号的宽度，即每个脉冲周期中电流接通和断开的时间比例，也就是所谓的占空比，来改变电磁阀开启和关闭的时间，从而达到控制油路压力的目的。

四、ECU 及其控制电路的工作原理

ECU 是电子控制系统的核心，其主要部件包括 CPU、ROM 和 RAM 及 I/O 电路。CPU 即中央处理器，主要完成译码指令和数据处理工作；ROM 和 RAM 分别为只读存储器和随机存取存储器，主要用来储存只读数据和随机数据；I/O 电路即输入 / 输出电路，主要完成模数和数模转换和输入 / 输出信号。

电控自动变速器的 ECU 现在大多采用两种方式：一种是单独采用一个 ECU 专门针对自动变速器，然后通过局域网与其他 ECU 进行信息交换；另外一种是自动变速器和发动机共用一个 ECU。

（一）换挡控制

换挡控制即当汽车达到某一车速时，让自动变速器升挡或降挡，也就是控制自动变速器换挡的时刻。它是自动变速器 ECU 最重要和最基本的控制内容。自动变速器的换挡时刻包括升挡车速和降挡车速，它对汽车的动力性和燃料经济性有很大的影响。

汽车在任意行驶条件下都有一个最佳换挡时刻，ECU 应使自动变速器在任意行驶条件下都按最佳换挡时刻进行换挡，从而使汽车的动力性和燃料经济性等各项指标达到最优。汽车的最佳换挡时刻即最佳换挡规律，一般以自动换挡图的形式存储在 ROM 中。在不同的模式开关的作用下，汽车具有不同的换挡规律。经济模式下汽车升挡的车速较低，而动力模式下的升挡车速较高。

根据选挡杆或模式开关的不同，汽车的使用要求也有所不同，因此其换挡规律也应做相应的调整。ECU 将汽车在不同车速时的换挡规律以自动换挡图的形式储存在 ROM 中。在汽车行驶中，ECU 根据空挡启动开关和模式开关的信号从存储器内选择相应的自动换挡图，再将车速传感器和节气门位置传感器测得的车速、节气门开度与自动换挡图进行比较，根据比较结果，在达到设定的换挡车速时，电子计算机便向换挡电磁阀发出电信号，以实现挡位的自动变换，如图 5-17 所示。

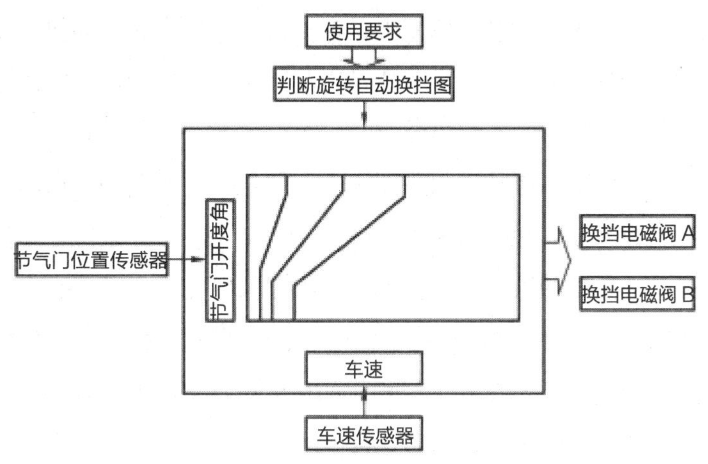

图 5-17　自动换挡控制方框图

（图片来源：常明．汽车底盘构造）

第四节　自动变速器的常见故障与排除

一、自动变速器的初步检查

自动变速器的初步检查包括油质和油面高度的检查、节气门拉索和变速杆的检查、怠速的检查、空挡启动开关及超速挡控制开关的检查等。

（一）油质和油面高度的检查

自动变速器油液品质和油面高度的检查是自动变速器最基本的检查项目，也是决定自动变速器是否进行拆检的主要依据之一。

1. 油面高度的检查

各种型号的自动变速器的加油量都有明确的规定，检查油面高度就是检查加油量是否符合规定。自动变速器加油量原则上是在液力变矩器及各换挡执行元件的活塞都充满油之后，油底壳的油面高度应在行星排等旋转零件的最低位置之下，但必须高于阀体总成与自动变速器壳体的安装结合面。

检查方法如下：将汽车停放在水平路面上，并拉紧驻车制动，启动发动机，在发动机怠速下踩住制动踏板，将选挡杆分别拨至 P、N、R、D、2 和 L 等位置，并在每个挡位上停留几秒，这样使液力变矩器和所有换挡执行元件中都充满自动变速器油，最后再将选挡杆拨至 P 位，拔出油尺并擦干净，将擦干后的油尺全部插入加油管后再拔出，检查油面高度。油面高度在油尺规定的刻度线范围内则符合要求。若油面过低，应检查是否有泄漏现象，同时检查油质是否变质，若一切正常则加注变速器油。

2. 油质的检查

应按照不同车型规定的行驶里程按时更换变速器油，汽车变速器油一般在 10 万～ 20 万公里后进行更换。当汽车没有行驶时，若放置一年以上，也必须将自动变速器油全部更换。另外，每行驶 2 万公里或每 6 个月还应对变速器油进行油质检查。自动变速器油品质的检查方法是将油尺上的自动变速器油滴在干净的白纸上，检查自动变速器油的颜色及气味。正常的自动变速器油颜色一般为粉红色，且无异味。如自动变速器油呈褐色或有焦味等，则说明油已变质。自动变速器油变质的特征及原因如表 5-1 所示。

表 5-1 自动变速器油变质的特征及原因

变质的特征	变质的原因
极深的暗红色或褐色	重负荷或未按期更换变速器油
颜色清淡，充满气泡	油面过高，油被搅动产生气泡，内部密封不严，混入空气或水
有黑色固体残渣及焦味	制动器或离合器烧损、轴承缺损、有金属磨蚀的粉末等
似油膏覆盖在油尺上	自动变速器油过热、自动变速器油超期使用、油面过低等

（二）节气门拉索和变速杆的检查

1. 节气门拉索的检查

节气门拉索的松或紧是由发动机和自动变速器相对位置的移动造成的。汽车的自动变速器和发动机修理后，装复自动变速器节气门拉索时均应按规定要求进行调整。若节气门拉索调整不当，液控自动变速器会使换挡时刻改变，造成换挡过早或过迟，使汽车加速性能变差或产生换挡冲击；电控自动变速器会使主油路压力异常，使换挡执行元件打滑或产生换挡冲击。检查方法为先踩下加速踏板，检查节气门开度，若节气门不能全开，应调整加速踏板的联动机构，然后再将加速踏板踩到全开位置，检查并调整节气门拉索的位置。调整的方法为先松开调整螺母，调整拉索，使防尘套与限位块的距离为 0 ～ 1 mm，然后拧紧调整螺母，最后再重新检查调整是否正确。

2. 变速杆的检查

变速杆一般分为地板式和转向柱式两种，其调整方法相差不大。

（1）地板式变速杆的调整过程如下：①松开连接杆螺母；②把手控阀摇臂拨至空挡位置。先将摇臂朝汽车前端方向拨至极限位置（停车挡位置），然后再退回两位至空挡位置；③将变速杆置于空挡位置；④轻轻将手控阀摇臂靠向倒挡位置，同时连接并固定选挡杆与手控阀摇臂之间的连接杆，检查调整情况。

（2）转向柱式变速杆的调整过程如下：①松开连接杆上的螺母；②将手控阀摇臂朝向汽车前方推到最前端；③调节连接杆上的螺母，使摇臂处于空挡位置，并轻轻靠向 R 侧；④将连接杆上的螺母拧紧固定，并检查调整情况。

（三）怠速的检查

怠速的检查是将变速杆置于空挡位置，使发动机在怠速工况下工作，如不打开空调，怠速的转速应在规定的范围内，一般为 600 ～ 800 r/min。

若怠速过高，将变速杆置于 D 位或 R 位，不踩加速踏板，车辆开始“爬行”，换挡时发动机出现冲击和振动。但应注意，大功率车辆或空车可能会有轻微的“爬行”，这是正常的。

若怠速过低，换挡时动力不足可能引起车身振动，严重时可能导致发动机熄火。

（四）空挡启动开关和超速挡控制开关的检查

1. 空挡启动开关的检查

检查变速杆和手控制阀的位置是否对应，这样才能保证变速杆在 P 位和 N 位时发动机能正常启动，而其他位置的发动机不能启动。否则，应对空挡启动开关进行调整。大多数情况下，变速杆在 N 位时，其控制拉臂应与地面垂直，具体的调节根据不同的车型有所不同。

2. 超速挡开关的检查

首先在停车状态下启动发动机几分钟后熄火，测量自动变速器油温，如在正常范围内（一般为 50 ～ 80 ℃），再启动发动机并接通超速挡（O/D）开关，查听变速器中的电磁阀有无操作声。以上检查都正常后进行路试，当接通超速挡（O/D）开关时，车速应有明显提高。

二、自动变速器的失速试验

失速试验是自动变速器检查的一种基本试验方法，它是汽车在前进挡或倒挡的同时踩住制动踏板和加速踏板，使发动机处于最大扭矩工况。此时，自动变速器输入轴及输出轴均静止不动，液力变矩器的涡轮也因此静止不动，只有液力变矩器壳及泵轮随发动机一起转动，这种工况属于失速工况，此时发动机的转速称为失速转速。它主要用于检查发动机、液力变矩器及自动变速器中有关的换挡执行元件的工作是否正常。失速试验是满负荷试验，应严格控制试验时间，一般在 5 s 以内。若需要重复试验，应间隔 3 min 进行。试验完成后不要马上关闭点火开关，应使发动机在怠速下运行一段时间。在试验中，如加速踏板踩下后发现驱动轮转动，应立即放开加速踏板，停止试验。

（一）失速试验的准备

（1）启动发动机，并行驶一定距离，确保发动机和自动变速器均达到正常工作温度。

（2）对汽车的行车制动和驻车制动进行彻底检查，确保其性能良好。

（3）检查自动变速器的油面高度，使其保持正常。

（二）失速试验的步骤

（1）将汽车停放在宽阔的水平地面上，前后应无障碍物，前后车轮用三角木块塞死，保证其不会发生移动。

（2）如汽车无发动机转速显示，则安装发动机转速表。

（3）拉紧驻车制动，左脚用力踩住制动踏板。

（4）启动发动机，并将变速杆拨入 D 位。

（5）在左脚踩紧制动踏板的同时，用右脚将加速踏板踩到底，迅速读取此时发动机的最高转速。读取发动机转速后，应立即松开加速踏板。

（6）将变速杆拨入 P 或 N 位，使发动机怠速运转 1 min 以上，以防止自动变速器油因温度过高而变质。

（7）将选挡杆拨入 R 位，做同样的试验。

（三）失速试验的分析

试验完成后对记录的自动变速器失速转速值与标准值进行核对，不同车型的自动变速器都有其失速转速标准。

（1）若记录的失速转速与标准值相符，说明自动变速器的油泵、主油路油压及各个换挡执行元件的工作基本正常。

（2）若记录的失速转速高于标准值，说明主油路油压过低或换挡执行元件打滑。

（3）若记录的失速转速低于标准值，则可能是发动机动力不足或液力变矩器有故障。具体的失速转速不正常的原因如表 5-2 所示。

表 5-2　失速转速不正常的原因

变速杆位置	失速转速	故障原因
所有位置	过高	主油路油压过低；前进离合器打滑；倒挡执行元件打滑
	过低	发动器动力不足；变矩器导轮单向离合器打滑
仅在 D 位	过高	前进挡油路油压过低；前进离合器打滑
仅在 R 位	过高	倒挡油路油压过低；倒挡执行元件打滑

三、自动变速器的时滞试验

自动变速器的时滞试验是利用换挡的迟滞时间来分析故障的，是对失速试验的进一步验证。所谓换挡迟滞时间，就是在怠速状态下，将变速杆从空挡拨至前进挡或倒挡后，需要有一段短暂时间的迟滞或延时才能使自动变速器完成挡位的变换，此时汽车会产生一个轻微的振动，这一短暂的时间差称为自动变速器换挡的迟滞时间。

（一）时滞试验的步骤

（1）启动发动机，并行驶一定距离，确保发动机和自动变速器达到正常工作温度（50 ～ 80 ℃）。

（2）将汽车停放在水平路面上，拉紧驻车制动。

（3）将变速杆分别置于 N 位和 D 位，检查两个挡位时的怠速。N 位怠速应略高于 D 位怠速，一般应在 50 r/min 左右，如不正常，应按规定予以调整。

（4）保持发动机怠速，将自动变速器变速杆从 N 位换至 D 位，用秒表测量从拨动变速杆开始到感觉汽车振动为止所需的时间，这个时间就是 D 位迟滞时间。

（5）将变速杆拨回 N 位，发动机仍保持怠速 1 min 后再次测试，测试 3 次后计算 3 次的平均值作为最终的 D 位迟滞时间。

（6）按上述方法测量并计算 R 位迟滞时间。

（二）时滞试验的分析

不同车型的迟滞时间不完全相同，但 D 位迟滞时间一般为 1.0 ～ 1.2 s，R 位迟滞时间为 1.2 ～ 1.6 s。如迟滞时间过长则可能是控制油压太低、前进离合器活塞漏油、离合器片磨损等。迟滞时间过短则可能是控制油压过高、间隙调整不当等。

四、自动变速器的油压试验

自动变速器控制系统油压正常与否是自动变速器能否正常工作的先决条件。油压试验正是测量自动变速器工作时控制系统中各个油路中的油压，以确定其是否符合要求。油压过高，会使自动变速器出现严重的换挡冲击，甚至会损坏控制系统；油压过低，会造成换挡执行元件打滑，加剧其摩擦片的磨损，甚至会使换挡执行元件烧毁。因油压过低而造成换挡执行元件烧毁的自动变速器，在更换烧毁的摩擦片前应找出真正的故障原因并加以修复，否则更换后的摩擦片经过一段时间的使用后往往会再次烧毁。因此，在分解修理自动变速器之前和修复自动变速器之后，都要对自动变速器进行油压试验，以保证自动变速器的修理质量。

（一）油压试验的方法

（1）拔去变速器壳体上的检查接头塞，接上压力表。

（2）启动发动机，拉紧驻车制动，并用三角木将 4 个车轮前后均堵死，确保车辆不会移动。

（3）当变速器油温正常（50 ～ 80 ℃）时开始试验。

（4）踩下制动踏板，将变速杆换入 D 位，先测量怠速状态下的主油路管道的压力。

（5）将加速踏板踩到底，测量发动机失速转速时油路的最高压力。

（6）将变速杆换入 R 位，重复上述试验。

（二）油压试验的分析

（1）仅在 D 位油压过低：可能是 D 挡位置油路泄漏或前进离合器出现故障。

（2）仅在 N 位油压过低：可能是 R 挡位置油路泄漏、直接挡离合器出现故障或倒挡制动器出现故障。

（3）任何范围油压均高于规定值或任何范围油压均低于规定值：可能是节气门拉索调整不当、节气门阀失效或调整阀失效。

五、自动变速器的道路试验

道路试验可以进一步检查自动变速器的使用性能和换挡性能，它是诊断、分析自动变速器故障的最有效的手段之一。另外，自动变速器在修复之后，也应进行道路试验，以检验其工作性能和修理质量。自动变速器的道路试验内容主要包括检查换挡车速、换挡质量，以及检查换挡执行元件有无打滑现象。

在道路试验之前，应先排除汽车发动机和底盘的故障，并让汽车以中低速行驶一段距离，使发动机和自动变速器都达到正常工作温度后分项进行试验。在试验中，一般情况下应将超速挡开关置于开的位置，即超速挡指示灯熄灭，并将模式开关置于普通模式或经济模式下。由于道路试验需要操纵者凭感觉来记录车速表和转速表的数值才能检查分析其性能，因此操纵者应选择技术熟练的人员，并将记录下的数据与此车型的换挡规律图进行比对。

（一）D 挡试验

在正常或加力模式下，挡位如果可以顺序自动增加，则属于正常情况，如不能，则应按升挡顺序检查。如不能从一挡升至二挡，可能是2号电磁阀或换挡阀出现故障。如不能从二挡升至三挡，可能是1号电磁阀或换挡阀出现故障。如不能从三挡升至四挡，可能是换挡阀出现故障。

检查锁止离合器的锁止机构：以加速挡行驶，当速度达到锁止离合器接合速度（约为75 km/h）时，轻轻加一下油，发动机转速表如有跳动，说明没有锁止。

（二）2挡试验

在2挡行驶时，放开加速踏板，检查发动机制动的效能。如没有制动效果，则2挡减速制动有故障。反复踩加速踏板，检查升挡和降挡时有无异响、振动。

（三）L挡试验

在L挡行驶时，放开加速踏板，检查发动机制动效能。如没有制动效果，则1挡与R挡制动器有故障。反复踩加速踏板，检查变速器有无不正常响声。

（四）R挡试验

停车后换入R挡，如能迅速倒车，不会打滑，说明是正常的。

（五）P挡试验

将车辆停在一定坡度（斜率为9%）的坡道上，换入 P 挡，逐渐放开驻车制动，检查制动效果。此时应注意车辆滑移或溜车。

第六章　万向传动装置

第一节　万向传动装置概述

万向传动装置主要用于轴线相交且轴间夹角及相对位置经常发生变化的转轴之间的动力传递。万向传动装置主要由万向节和传动轴组成，有的还加装有中间支承。

一、万向传动装置在汽车上的应用

万向传动装置在汽车上主要应用在以下部位。

（一）变速器（或分动器）与驱动桥之间

在发动机前置后轮驱动的汽车上，变速器常与发动机、离合器连成一体并固装在车架上，而装有主减速器的驱动桥则通过弹性悬架与车架相连（图 6-1）。变速器输出轴轴线与驱动桥输入轴轴线很难布置得重合，与两者相连的轴之间形成了一定的夹角，并且，在汽车负荷变化时及汽车在不平路面行驶时引起的驱动桥上下跳动会使驱动桥与变速器之间的距离、轴线间的夹角发生变化，因此，它们之间不能采用刚性连接，需用万向传动装置来连接，才能保证动力的可靠传递。

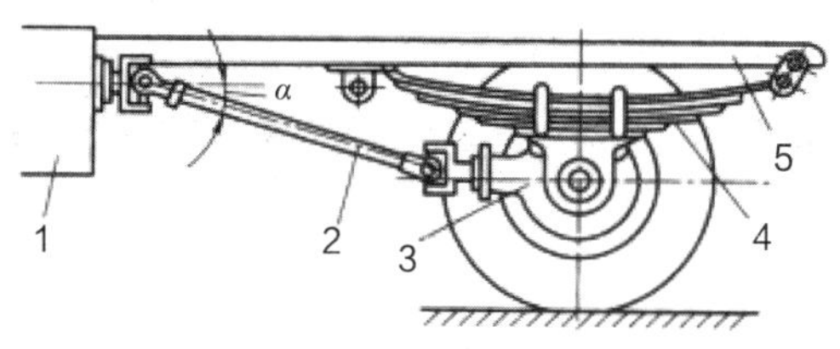

1—变速器；2—万向传动装置；3—驱动桥；4—后悬架；5—车架。

图 6-1　变速器与驱动桥之间的万向传动装置

（图片来源：常明. 汽车底盘构造）

（二）转向驱动桥中的差速器与转向驱动轮之间

转向驱动桥中的车轮既是转向轮又是驱动轮。作为转向轮，它应能在一定转角范围内任意偏转某一角度；作为驱动轮，则半轴应在车轮偏转过程中不间断地把动力从差速器传到车轮。因此，转向驱动桥的半轴不能制成整体，必须分成两段，且用万向节连接，以适应汽车行驶时两段半轴的交角不断变化的需要。若采用独立悬架，则在靠近差速器处也需要装有万向节 [图 6-2（a）]；若转向驱动桥采用非独立悬架，只需在转向轮附近装一个万向节 [图 6-2（b）]。

（三）断开式驱动桥的半轴之间

断开式驱动桥中段（主减速器及差速器壳部分）是固定在车架上的，而两端桥壳部分可以相对驱动桥中段上下摆动，半轴是分段的 [图 6-2（a）]。因此，需用万向节连接。

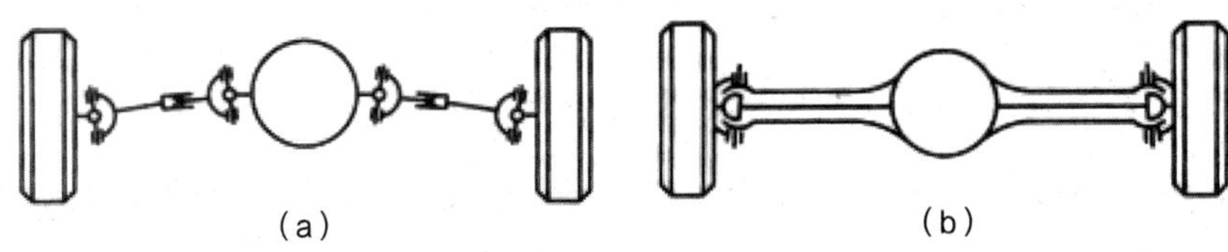

图 6-2　差速器与转向驱动轮之间的万向传动装置

（图片来源：常明．汽车底盘构造）

（四）越野汽车变速器与分动器之间

为消除制造、装配误差及车架变形引起的轴线同轴度误差对动力传递的影响，也需要在变速器与分动器之间装用万向传动装置。

万向传动装置除了用于汽车的传动系统外，还可用于动力输出装置、转向操纵机构等。

二、对万向传动装置的基本要求

（1）动力传递可靠；

（2）保证所连接的两轴较平稳地运转，产生的附加载荷、振动和噪声较小；

（3）传动效率高，使用寿命长，结构简单，维修方便。

第二节　万向节

万向节按其在旋转方向是否有明显的弹性和变形可分为刚性万向节和挠性万向节，其中刚性万向节按运动特性的不同又可分为不等速万向节、准等速万向节和等速万向节。

在刚性万向节中，动力是靠零件的铰链式连接传递的，在挠性万向节中则靠弹性元件传递，且有缓冲减振作用。

一、不等速万向节

目前，汽车传动系统中最常见的不等速万向节是十字轴式刚性万向节（图 6-3），它允许相邻两轴的交角为 15° ～ 20° 。

（一）构造

图 6-3 所示为十字轴式刚性万向节，它主要由万向节叉、十字轴及轴承组件组成。

两万向节叉上的孔分别套装在十字轴的四个轴颈上，这样，当主动轴转动时，从动轴既可随之转动，又可绕十字轴中心在任意方向摆动。为了减少摩擦损失，提高传动效率，在十字轴轴颈与万向节叉孔之间装有滚针和轴承座组成的滚针轴承，并用螺钉和轴承盖将轴承座固定在万向节叉上，用锁片将螺钉锁紧，以防止轴承在离心力作用下从万向节叉孔内脱出。为了润滑轴承，十字轴内制有油道（图 6-4），且与注油嘴、安全阀相通。为避免润滑油流出及尘垢进入轴承，在十字轴的轴颈上套有装在金属座圈内的毛毡油封（或橡胶油封）。在十字轴的中部还装有带弹簧的安全阀（图 6-3），当十字轴内腔润滑油压力超过允许值时，安全阀即被打开，润滑脂外溢，使油封不会因油压过高而损坏。

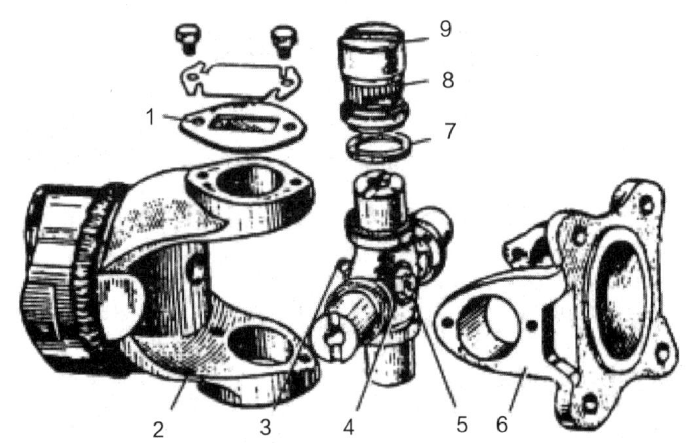

1—轴承盖；2、6—万向节叉；3—油嘴；4—十字轴；5—安全阀；7—油封；8—滚针；9—轴承座。

图 6-3 十字轴式刚性万向节

（图片来源：常明. 汽车底盘构造）

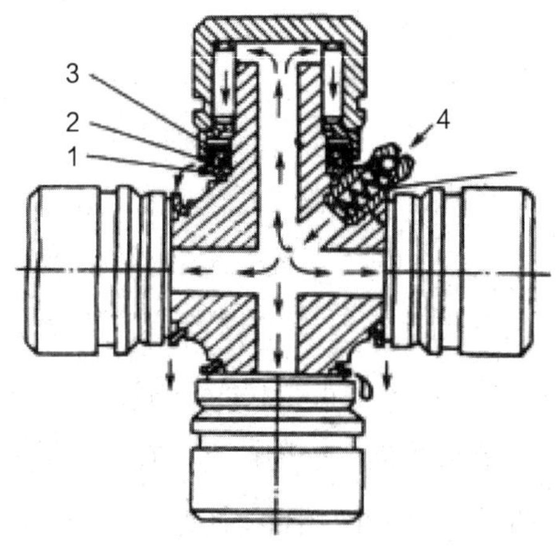

1—油封挡盘；2—油封；3—油封座；4—滑脂嘴。

图 6-4 十字轴润滑油道及密封装置

（图片来源：常明. 汽车底盘构造）

十字轴式万向节的损坏是以十字轴轴颈和滚针轴承的磨损为主要标志的，故润滑和密封直接影响万向节的使用寿命。为了提高密封性能，现代汽车多采用橡胶油封（图 6-4），其密封性能远优于老式的毛毡或软木垫油封。当十字轴内腔油压大于允许值时，多余的润滑油从油封内圆表面与十字轴轴颈接触处溢出，故在十字轴上无需安装安全阀。

万向节中常见的滚针轴承轴向定位方式除上述盖板式外，还有内、外挡圈固定式（图 6-5 和图 6-6）等，其特点是工作可靠、零件少、结构简单。

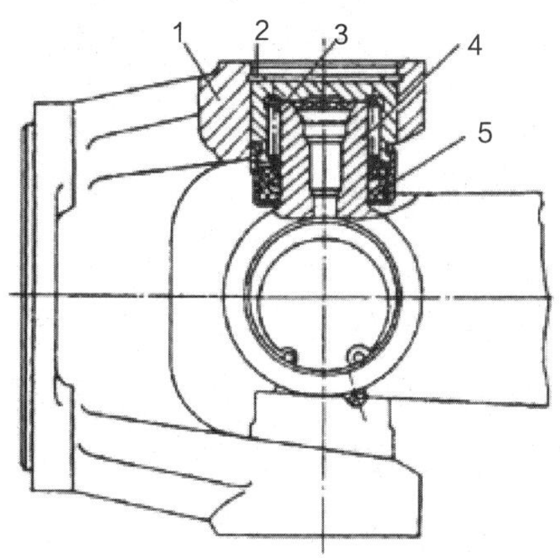

1—万向节叉；2—内挡圈；3—滚针轴承；4—十字轴；5—橡胶油封。

图 6-5　滚针轴承的内挡圈定位

（图片来源：常明．汽车底盘构造）

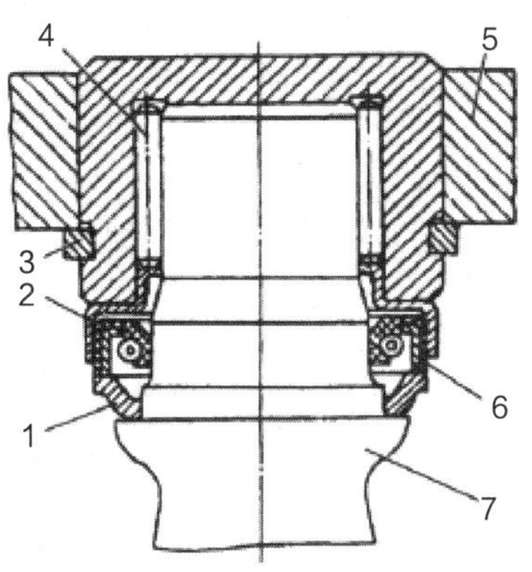

1—油封挡盘；2—油封座；3—外挡圈；4—滚针；5—万向节叉；6—橡胶油封；7—十字轴。

图 6-6　滚针轴承的外挡圈定位

（图片来源：常明．汽车底盘构造）

刚性十字轴万向节因具有结构简单、工作可靠、传动效率高等特点，故广泛应用于各类汽车的传动系统，如 EQ2050（猛士）、BJ2022（勇士）、东风 EQ1090E、解放 CA1122J、CA1091、北京 BJ2020、陕汽 SX2190、南京 NJ2045 等车型。其缺点是单个万向节在输入轴和输出轴之间有夹角的情况下，两轴的角速度是不相等的。

（二）十字轴式刚性万向节传动的不等速特性

单个十字轴式刚性万向节在输入轴和输出轴有夹角的情况下，当主动叉是等角速度转动时，从动叉角速度是不等的。下面通过万向节传动过程中两个特殊位置的运动分析来证明这种不等速特性。

1. 主动叉在垂直位置，并且十字轴平面与主动轴垂直时的情况［图 6-7（a）］

假设主动叉轴以等角速 ω_1 旋转，主动叉与十字轴连接点 a 的线速度 v_a 在十字轴平面内，从动叉与十字轴连接点 b 的线速度 v_b 在与主动叉平行的平面内，并且垂直于从动轴。点 b 的线速度 v_b 可分解为在十字轴平面内的速度和垂直于十字轴平面的速度。由速度三角形可以看出，在数值上 $v_b > v'_b$。十字轴各端的长度相等，即 $OA=OB$。当万向节传动时，十字轴是绕 O 转动的，其上 a、b 两点在十字轴平面内的线速度在数值上是相等的，即 $v'_b=v_a$。因此 $v_b > v'_b$。由此可知，当主、从动叉转到所示位置时，从动轴的角速度大于主动轴的角速度。

2. 主动叉在水平位置，并且十字轴平面与从动轴垂直时的情况［图 6-7（b）］

此时，主动叉与十字轴连接点 a 的线速度 v_a 在平行于从动叉的平面内，并且垂直于主动轴。线速度 v_a 可分解为在十字轴平面内的速度 v'_a 和垂直于十字轴平面的速度 v''_a。与前述同理，在数值上 $v_a > v'_a$，而 $v'_a=v_b$。因此，$v_a > v_b$，即当主、从动叉转到所示位置时，从动轴角速度小于主动轴角速度。

由上述两种特殊情况的分析可以看出，十字轴式万向节在传动的过程中，当主动叉轴以等角速度转动时，从动叉轴转动的角速度是不等的。

图 6-7（c）表示两轴转角差（$\varphi^{\circ}_1 - \varphi^{\circ}_2$）随主动轴转角 φ_1 的变化关系。由图可见，主动轴转角 φ_1 在 0° ～ 90° 的范围内，从动轴转角相对主动轴是超前的，即 $\varphi_2 > \varphi_1$，并且两角差在 φ_1 为 45° 时达到最大值，随后差值减小，即在此区间从动轴旋转速度大于主动轴旋转速度，且先加速后减速。当主动轴转到 90° 时，从动轴也同时转到 90° 。φ_1 从 90° 到 180° ，从动轴转角相对主动轴是滞后的，即 $\varphi_2 < \varphi_1$，并且两角差值在 φ_1 为 135° 时达到最大值，随后差值减小，即在此区间从动轴旋转速度小于主动轴旋转速度，且先减速后加速。当主动轴转到 180° 时，从动轴也同时转到 180° 。后半圈情况与前半圈相同。因此，如果主动轴以等角速旋转，从动轴则是时快时慢，这就是单个十字轴万向节在有夹角时传动的不等速性。需要注意的是，所谓传动的不等速性，是指从动轴在一周中角速度不同而言。而主、从动轴的平均转速是

相等的，即主动轴转过一圈从动轴也转过一圈。

单个普通十字轴万向节传动的不等速性，将使从动轴及与其相连的传动部件产生扭转振动及附加的交变载荷，使传动部件间产生冲击和噪声，影响部件的使用寿命。

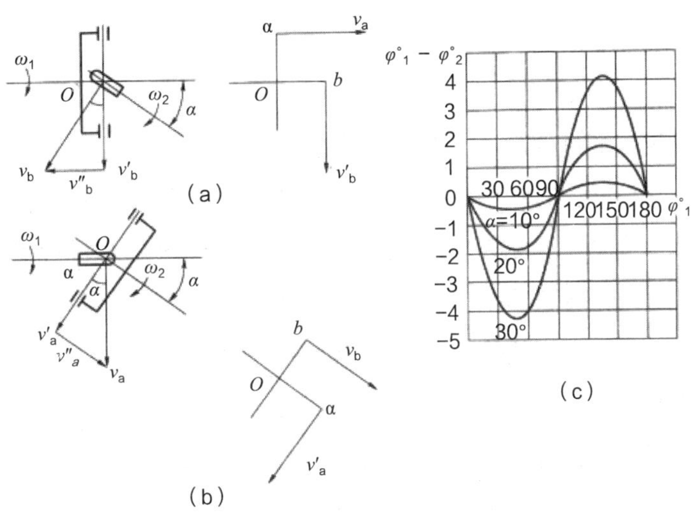

图 6-7　十字轴式刚性万向节传动的不等速特性分析
（图片来源：常明．汽车底盘构造）

（三）十字轴式刚性万向节等速传动的条件

为实现十字轴式刚性万向节等角速度传动，可将两个普通十字轴万向节按图 6-8 所示的方式安装，即第一个万向节的从动叉和第二个万向节的主动叉与传动轴串联，且传动轴两端的叉平面在同一平面内，输入轴、输出轴与传动轴的夹角相等，即 $\alpha_1=\alpha_2$。上述结论可用运动学原理证明如下。

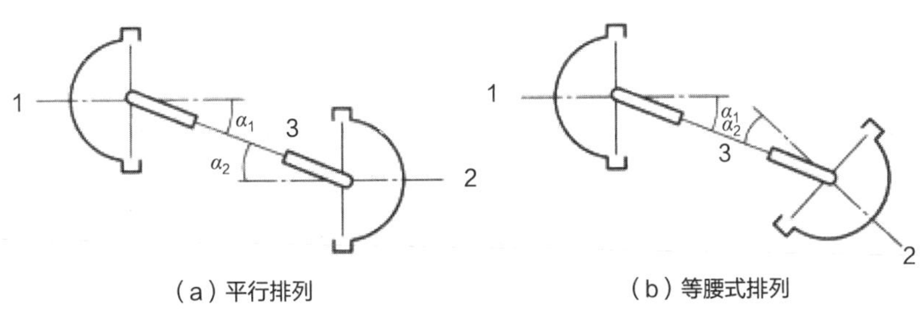

（a）平行排列　（b）等腰式排列

图 6-8　双十字轴万向节的等速排列方式
（图片来源：常明．汽车底盘构造）

从第一个万向节求出传动轴 3 的角速度为：

$$\omega_3=\frac{\omega_1}{\cos\alpha_1}$$

从第二个万向节求出传动轴 3 的角速度为：

$$\omega_3=\frac{\omega_2}{\cos\alpha_2}$$

因 $\alpha_1=\alpha_2$，故 $\omega_1=\omega_2$，即为等角速度传动。

第一个条件可以通过传动轴与万向节叉的正确装配来保证，但第二个条件只有在驱动轮采用独立悬架时，才有可能通过整车的总布置设计和总装配工艺的保证而实现。若驱动轮采用非独立悬架，由于驱动桥随弹性悬架一起振动，主减速器输入轴与变速器输出轴的相对位置不断变化，不可能在任何情况下都保证 $\alpha_1=\alpha_2$，因而此时这两部件之间的万向传动只能做到使传动的不等速性尽可能小些。

就每一个万向节而言，只要存在着交角 α_1 或 α_2，万向节在工作过程中内部各零件之间就有相对运动，因而会导致摩擦损失，降低传动效率。交角愈大，则效率愈低。故在汽车总体布置上应尽量减小 α_1 或 α_2。

上述双万向节传动虽能近似地解决等速传动的问题，但在某些情况下，如转向驱动桥和独立悬架的驱动桥受安装尺寸限制、转向轮偏转角大等，上述双万向节传动已难以适应要求。在长期的实践过程中，人们创造了各种形式的等速和准等速万向节。只要有一个这样的万向节即能实现或基本实现等角速传动。

二、准等速万向节

准等速万向节是根据上述两个普通十字轴万向节实现等速传动的原理制成的，常见的有双联式和三销轴式万向节。

（一）双联式万向节

1. 构造

双联式万向节实际上是一套传动轴长度缩短至最短的双十字轴万向节传动装置。如图 6-9 所示，双联叉相当于两个在同一平面内的万向节叉。要使轴 1 和轴 2 的角速度相同，应保证 $\alpha_1=\alpha_2$。为此，有的双联式万向节装有分度机构（多由球销之类零件组成），使双联叉的对称线平分所连两轴的夹角。

图 6-10 为双联式万向节的结构实例，它主要由万向节叉、双联叉和球碗组件构成。在万向节叉 6 的内端有球头，与球碗的内圆面配合，球碗座则镶嵌在万向节叉 1

内端。球头与球碗的中心与十字轴中心的连线中点重合。当万向节叉 6 相对万向节叉 1 在一定角度范围内摆动时，双联叉也被带动偏转相应角度，使两个十字轴中心连线与两万向节叉的轴线的夹角（图 6-9 中的 α_1 和 α_2）差值很小，从而保证两轴角速度接近相等，其差值在允许范围内，故双联式万向节具有准等速特性。

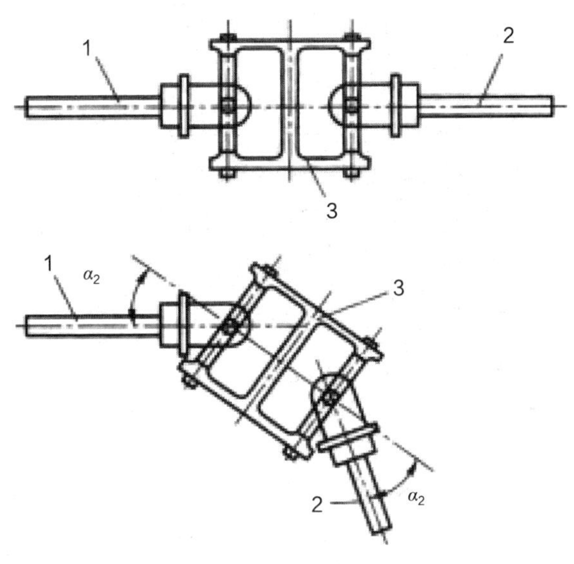

1、2—轴；3—双联叉。

图 6-9　双联式万向节示意图
（图片来源：常明. 汽车底盘构造）

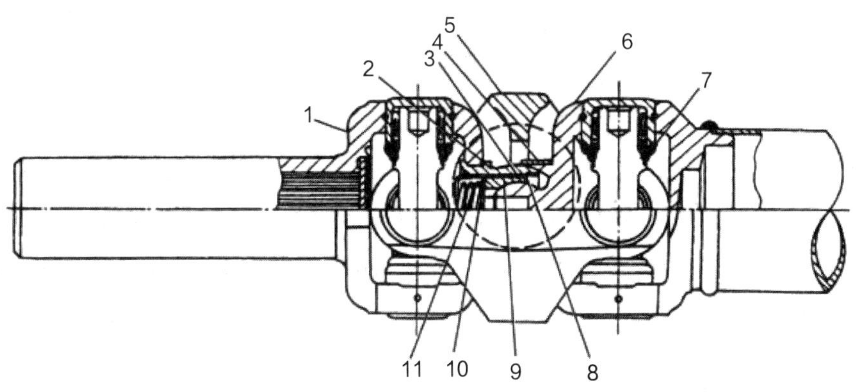

1、6—万向节叉；2—球碗座；3—衬套；4—防护圈；5—双联叉；7—油封；8、10—垫圈；9—球碗；11—弹簧。

图 6-10　双联式万向节
（图片来源：常明. 汽车底盘构造）

有些汽车转向驱动桥中采用的双联式万向节为使结构简化，省去了分度机构，在结构上将内半轴或外半轴用轴承组件固定在壳体上，保证汽车直线行驶时万向节中心点位于主销轴线与半轴轴线的交点上（图 6-11）。

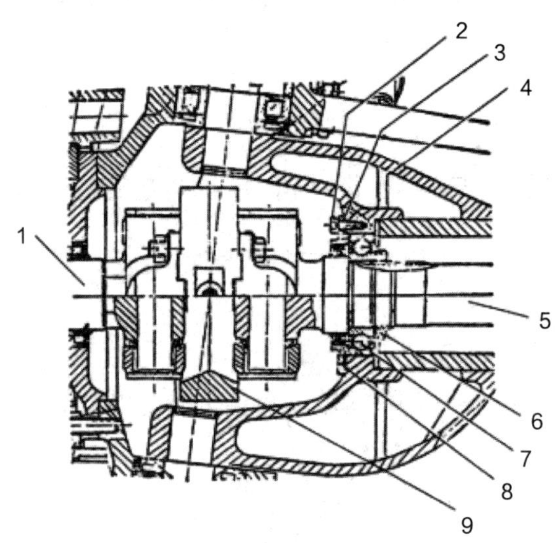

1—外半轴；2—螺栓；3—垫片；4—桥壳（叉形支座）；5—内半轴；6—止推垫圈及螺母；7—轴承；8—油封及油封座；9—双联式万向节。

图 6-11　双联式万向节在转向驱动桥上的安装

（图片来源：常明．汽车底盘构造）

当外半轴（与转向轮相连）相对内半轴在一定角度范围内摆动时，双联叉也被带动转过相应角度，使两个十字轴中心连线与两万向节叉轴线的交角（见图 6-9 中的 α_1 和 α_2）差值很小，内、外半轴的角速度接近相等。

2. 特点

双联式万向节允许有较大的轴间夹角，且具有结构简单、制造方便、工作可靠的优点，故在转向驱动桥中的应用逐渐增多，如陕汽 SX2190 等汽车的前驱动桥就采用了这种万向节。北京 BJ2022（勇士）汽车分动器至前桥间靠近分动器一侧也采用了双联式万向节。

（二）三销轴式万向节

1. 构造

三销轴式万向节是由双联式万向节演变而来的准等速万向节。图 6-12 为东风 EQ2080 汽车转向驱动桥中采用的三销轴式万向节。它主要由两个偏心轴叉、两个三销轴，以及六个滑动轴承和密封件组成。

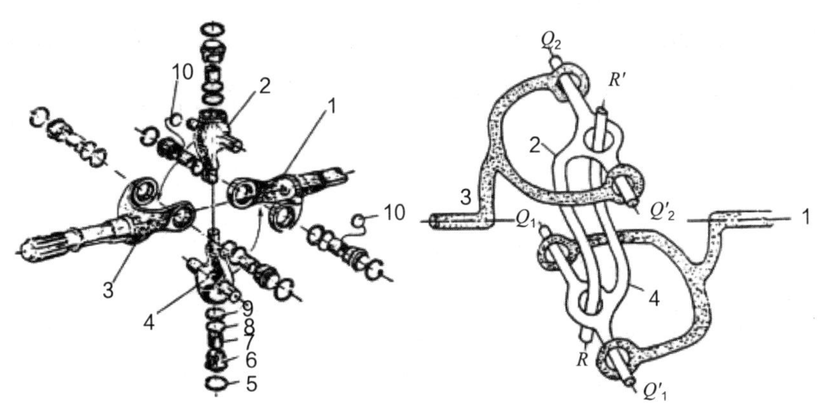

1—主动偏心轴叉；2、4—三销轴；3—从动偏心轴叉；5—卡环；6—轴承座；7—衬套；8—毛毡圈；9—密封罩；10—推力垫片。

图 6-12　三销轴式万向节

（图片来源：常明. 汽车底盘构造）

主、从动偏心轴叉分别与转向驱动桥的内、外半轴制成一体。叉孔中心线与叉轴中心线互相垂直但不相交。两叉由两个三销轴连接。每一偏心轴叉的两叉孔通过轴承和一个三销轴大端的两轴颈配合，两个三销轴的小端轴互相插入对方的大端轴承孔内，形成了 Q_1-Q'_1、Q_2-Q'_2、R-R' 三根轴线。传递扭矩时，由主动偏心轴叉经轴 Q_1-Q'_1、R-R'、Q_2-Q'_2 传到从动偏心轴叉。

与主动偏心轴叉相连的三销轴的两个轴颈端面和轴承座内端面之间装有推力垫片，其余各轴颈端面均无推力垫片，且端面与轴承座内端面之间留有空隙，以保证在转向时三销轴产生稍许窜动所需的空间，不致发生运动干涉现象。

2. 特点

三销轴式万向节允许相邻两轴有较大交角，最大可达 45°。采用此万向节的转向驱动桥可使汽车获得较小的转弯半径，提高了汽车的机动性。其缺点是所占空间较大。东风 EQ2080E、EQ2100E6D、EQ2102 等汽车前转向驱动桥中的内、外半轴之间装有此万向节。

三、等速万向节

等速万向节基本原理为从结构上保证万向节在工作过程中其传力点永远位于两轴

交角的平分面上。图 6-13 所示的是等速万向节的工作原理图。两个大小相同锥齿轮的接触点 P 位于两齿轮轴线交角 α 的平分面上，由 P 点到两轴的垂直距离都等于 r。P 点处两齿轮的圆周速度相等，两齿轮的角速度也相等。可见，若万向节的传力点在其交角变化时，始终位于两轴夹角的平分面上，就能保证等速传动。

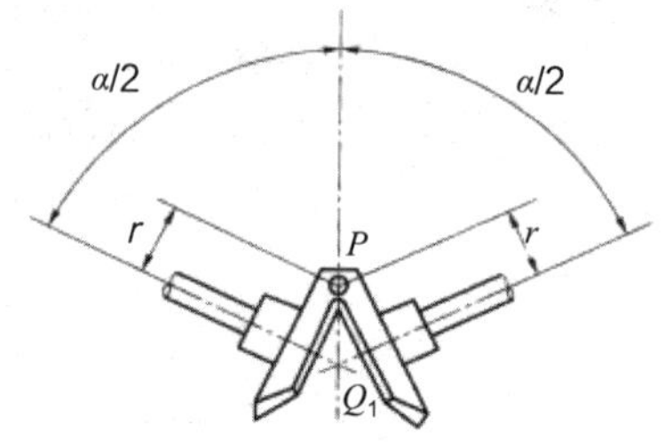

图 6-13　等速万向节的工作原理

（图片来源：常明. 汽车底盘构造）

等速万向节的常见结构形式有球叉式、球笼式、组合式。

（一）球叉式等速万向节

1. 构造

球叉式等速万向节如图 6-14 所示，它由主动叉、从动叉及钢球等组成。主动叉与从动叉分别与内、外半轴制成一体。在主、从动叉上，各有四条曲面凹槽，装合后，形成两个相交的环形槽，作为传力钢球的滚道。四个传力钢球放在两个环形槽相交处，中位钢球放在两叉中心的凹槽内，以定中心。

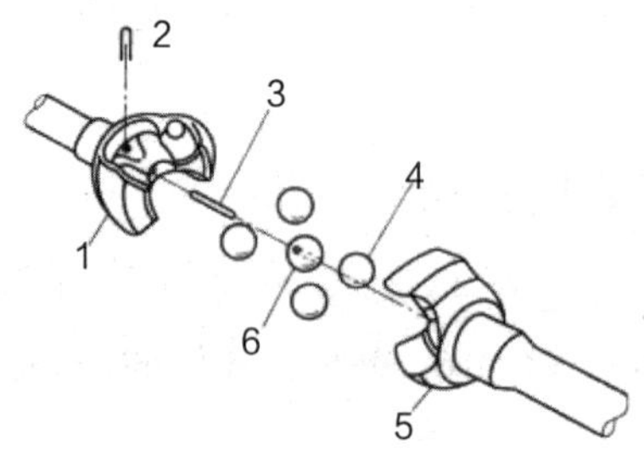

1—从动叉；2—锁止销；3—定位销；4—传动钢球；5—主动叉；6—中心钢球。

图 6-14　球叉式等速万向节

（图片来源：常明. 汽车底盘构造）

为顺利地将钢球装入槽内，在中心钢球上铣有一个凹面，凹面中央有一深孔。装合时，先将定位销装入从动叉内，放入中心钢球，然后在两球叉槽中陆续装入三个传动钢球，再将中心钢球的凹面对向未放钢球的凹槽，方便装入第四个传动钢球，而后再将中心钢球的孔对准从动叉孔，提起从动叉轴使定位销插入球孔中，最后将锁止销插入从动叉上与定位销垂直的孔中，以限制定位销轴向移动，保证中心钢球的正确位置。

2. 等角速传动原理

主动叉和从动叉凹槽的中心点 O_1、O_2 与万向节中心 O 的距离相等（图 6-15）。因此，在主动轴和从动轴以任何角度相交的情况下，传动钢球中心都位于两圆的交点上，即所有传动钢球都位于两轴夹角的平分面上，因而保证了等角速传动。

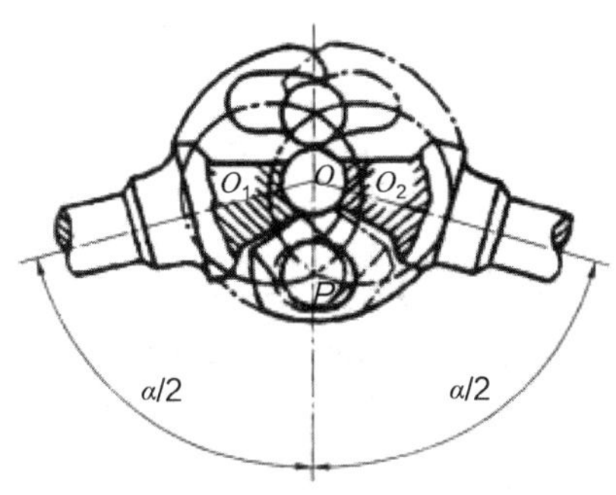

图 6-15 球叉式万向节等角速传动原理

（图片来源：常明. 汽车底盘构造）

3. 特点

球叉式等速万向节结构简单，体积小。但球叉式等速万向节工作时，只有两个钢球传力，反转时，则由另两个钢球传力，因此，钢球与曲面凹槽之间的单位压力较大，曲面凹槽易磨损，传递扭矩能力较小，一般应用于中小型越野汽车的转向驱动桥中，如北京 BJ2020 系列汽车。

（二）球笼式等速万向节

球笼式等速万向节按主、从动叉在传递扭矩过程中轴向是否可以产生位移分为固定型球笼式等速万向节（RF 型）和伸缩型球笼式等速万向节（VL 型）。

1. 固定型球笼式等速万向节

（1）构造：如图 6-16 所示，固定型球笼式等速万向节主要由星形套、球形壳、保持架（球笼）和钢球组成。星形套用内花键与主动轴固装在一起，其外表面有六条弧形凹槽，形成内滚道，球形壳的内表面有相应的六条凹槽，形成外滚道。六个钢球分别装在各条凹槽中，由保持架使其保持在同一平面内。动力由主动轴输入，经钢球传给球形壳输出。

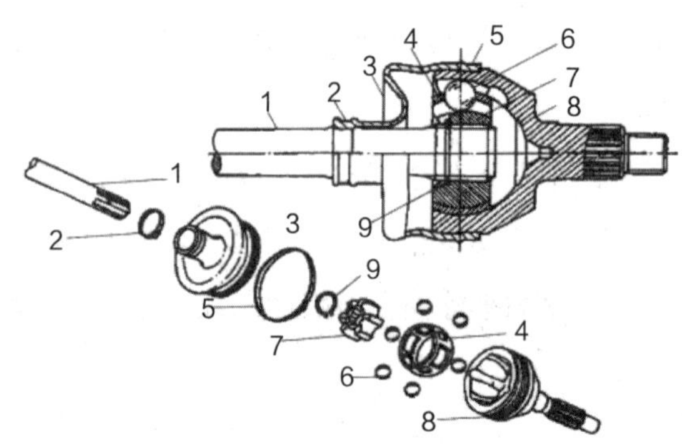

1—主动轴；2、5—钢带箍；3—外罩；4—保持架（球笼）；6—钢球；7—星形套（内滚道）；8—球形壳（外滚道）；9—卡环。

图 6-16 固定型球笼式等速万向节

（图片来源：常明. 汽车底盘构造）

（2）等角速传动原理：如图 6-17 所示，外滚道的弧线加工中心 A 与内滚道的弧线加工中心 B 分别位于万向节的中心 O 的两边，且与 O 等距离。钢球中心 C 到 A、B 两点的距离也相等。保持架的内外球面、星形套的外球面和球形壳的内球面均以万向节中心 O 为球心，故当两轴交角变化时，保持架可沿内外球面滑动，使钢球保持在一定位置。从图中可以看出，OA=OB，CA=CB，CO 是公共边，则两个三角形△ COA 与△ COB 全等。故∠ COA= ∠ COB，即两轴相交任意交角 α 时，传力的钢球 C 都位于交角平分面上。此时，钢球到主动轴和到从动轴的距离 a 和 b 相等，从而保证了从动轴与主动轴以相同的角速度旋转。

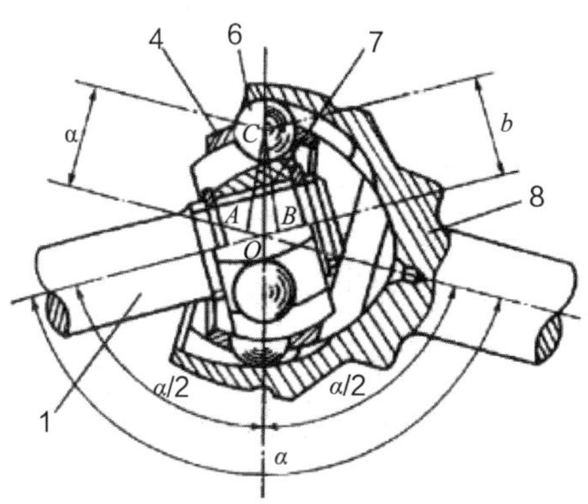

1—主动轴；2、5—钢带箍；3—外罩；4—保持架（球笼）；6—钢球；7—星形套（内滚道）；8—球形壳（外滚道）；9—卡环；O—万向节中心；A—外滚道中心；B—内滚道中 心；C—钢球中心；α—两轴交角（指钝角）。

图 6-17　固定球笼式等速等万向节等角速传动原理

（图片来源：常明. 汽车底盘构造）

（3）特点：球笼式等速万向节体积小，转角大（最大可达 50°），且在工作时六个钢球都参与传力，故承载能力强，磨损小，寿命长。它被广泛应用于转向驱动桥和独立悬架的驱动桥中，如南京 NJ2045、北京 BJ2022（勇士）、东风 EQ2050（猛士）、奥迪、捷达、红旗 CA7220 等汽车中。

2. 伸缩型球笼式等速万向节

（1）构造：如图 6-18 所示。伸缩型球笼式等速万向节主要由星形套（内滚道）、筒形壳（外滚道）、保持架和钢球组成。在传递扭矩过程中，星形套与筒形壳可以相对移动。

（2）等速原理：保持架的内、外轴线方向是偏心的，内球面中心 B 与外球面中心 A 分别位于万向节中心 O 的两边，且 OA=OB。同样，钢球中心 C 到 A、B 的距离相等，以保证万向节做等角速运动。

（3）特点：由于这种万向节能轴向相对移动，故可省去万向传动装置中的滑动花键，使结构简化，且轴向位移是通过钢球沿内外滚道的滚动来实现的，与滑动花键相比，滚动阻力小，磨损小，寿命长，适用于断开式车桥，如猎豹、上海大众桑塔纳、天津夏利、一汽大众捷达、奥迪等。

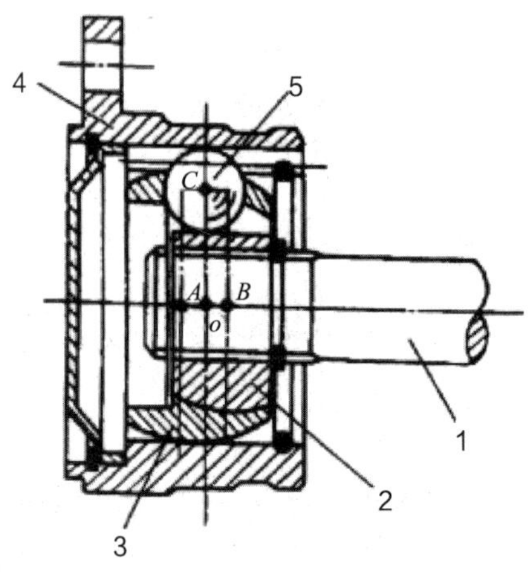

1—主动轴；2—星形套（内滚道）；3—保持架（球笼）；4—简形壳（外滚道）；5—钢球。

图 6-18 伸缩型球笼式等速万向节

（图片来源：常明. 汽车底盘构造）

3. 组合式等速万向节

（1）构造：如图 6-19 所示，组合式等速万向节主要由球叉、球笼和传力球组成。球叉上的三个直槽与三个传力球配合传力，三个球销制成一体，并分别定位在球笼上，连接卡簧上的三个爪分别卡入球叉的三个菱形槽内，以防止球笼脱离球叉。中心球座在弹簧作用下，始终与球叉内凹面接触，起到定心作用。

传力路线：半轴—球叉—传力球—球销—球笼—输出。

该万向节具有结构简单、紧凑的特点。

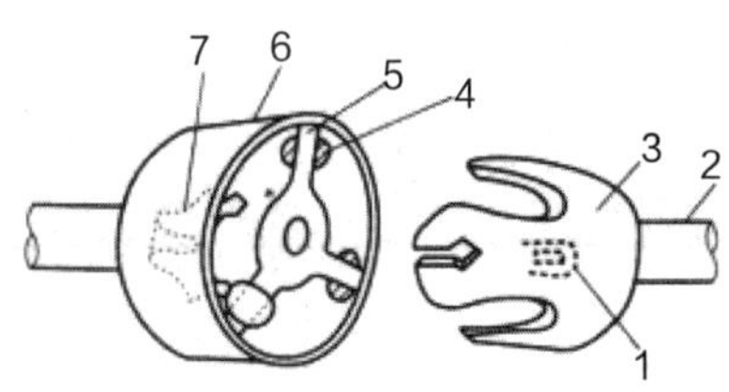

1—中心球座；2—半轴；3—球叉；4—传力球；5—球销；6—球笼；7—连接卡簧。

图 6-19 组合式等速万向节

（图片来源：常明. 汽车底盘构造）

四、挠性万向节

挠性万向节（图 6-20）依靠其中弹性元件的弹性变形来保证在相交两轴间传动时不发生机械干涉。因弹性件的弹性变形有限，故挠性万向节适用于两轴间夹角不大和轴向位移较小的万向传动装置。如有的汽车发动机与变速器之间、变速器与分动器之间装有挠性万向节，以消除制造与安装误差和车架变形对传动的影响。有些转向器的操纵机构中也采用了挠性万向节。

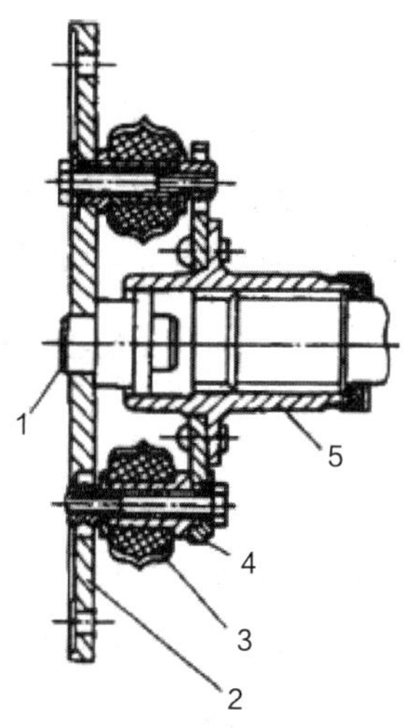

1—中心轴；2—大圆盘；3—弹性连接件；4—连接圆盘；5—花键毂。

图 6-20　原上海 SH3540A 自卸汽车上的挠性万向节
（图片来源：常明．汽车底盘构造）

图 6-20 所示为原上海 SH3540A 自卸汽车上用来连接发动机输出轴与液力机械变速器输入轴的挠性万向节。它主要由借螺栓固定在发动机飞轮上的大圆盘、与花键毂铆接在一起的连接圆盘、连接二者的四副弹性连接件及定心用的中心轴组成。

挠性万向节的特点为工作时没有相对滑动的工作表面，因此不需要润滑，也没有工作噪声，结构简单，起中间传动作用的挠性元件还能缓和传动过程中的冲击和衰减扭转振动，但传动效率低，两个万向节叉连接的对中性差。

第三节　传动轴和中间支承

一、传动轴

（一）功能

传动轴是万向传动装置的主要传力部件，通常用来连接变速器（或分动器）和驱动桥，在转向驱动桥和断开式驱动桥中，则用来连接差速器和驱动车轮。

（二）构造

传动轴有实心轴和空心轴之分。为了减轻传动轴的质量，节省材料，提高轴的强度、刚度，传动轴多为空心轴，一般用厚度为 1.5 ～ 3.0 mm 的薄钢板卷焊而成，超重型货车则直接采用无缝钢管。转向驱动桥、断开式驱动桥或微型汽车的传动轴通常是实心轴。

传动轴是一根转速相当高的长轴，理论与实践证明，一根长轴的转速高达某一数值时就会发生破坏，这时的转速称为轴的危险转速。危险转速取决于轴的长度、断面尺寸形状及轴的平衡情况等因素。短轴能大大提高危险转速，保证旋转的稳定性。当变速器与驱动桥之间距离较大时，汽车上传动轴多分为两段，其间用万向节连接并加装中间支承。

图 6-21 所示为解放 CA1092 汽车的万向传动装置，因传动轴过长时，其自振频率降低，易产生共振，故将其分成两段并加中间支承，中间传动轴前端焊有万向节叉，后端焊有花键轴，其上套装带内花键的凸缘盘。主传动轴前端焊有花键轴，其上套装滑动叉并在花键轴上可轴向滑动，适应变速器与驱动桥相对位置的变化，滑动部位用润滑脂润滑，并用防尘罩及毛毡油封总成防漏、防水、防尘。传动轴后端通过万向节与后桥主动锥齿轮轴端部的凸缘盘连接。

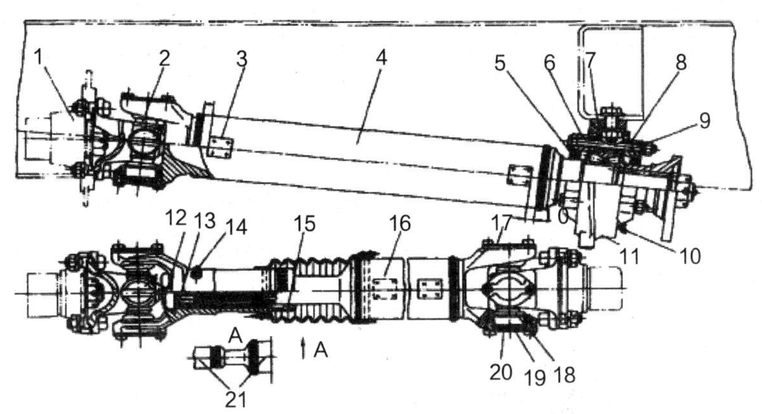

1—凸缘叉；2—万向节十字轴；3—平衡片；4—中间传动轴；5、15—中间支承油封；6—中间支承前盖；7—橡胶垫片；8—中间支承后盖；9—双列圆锥滚子轴承；10、14—油嘴；11—支架；12—堵盖；13—滑动叉；16—主传动轴；17—锁片；18—滚针轴承油封；19—万向节滚针轴承；20—滚针轴承轴承盖；21—装配位置标记。

图 6-21　解放 CA1092 汽车的万向传动装置

（图片来源：常明．汽车底盘构造）

传动轴两端的连接件装好后，应进行动平衡试验，在质量轻的一侧补焊平衡片，使其不平衡量不超过规定值。为防止装错位置和破坏平衡，滑动叉、轴管上都刻有带箭头的记号。该记号对准时传动轴两端的万向节叉正好处于同一平面内。为保持平衡，油封上两个带箍的开口销应装在间隔 180° 的位置上，且万向节的螺钉、垫片等零件不应随意改换规格。为方便加注润滑脂，万向传动装置的油嘴应在一条直线上，且万向节上的油嘴应朝向传动轴。

因驱动桥与车架是弹性连接的，故普通万向传动装置不可能在任何情况下都能保证等速传动，考虑到汽车满载时传动系统负荷已很大，应尽量消除由于不等速传动产生的惯性附加载荷。轻载和空载时传动系统的负荷小，且惯性冲击附加载荷也小，角速度差不大，可由传动系统的弹性变形来吸收。

（三）检修

（1）目视检查传动轴轴管，不得有裂纹及严重的凹瘪。

（2）检查传动轴轴管全长上的径向圆跳动，如图 6-22 所示，应符合表 6-1 的规定。

轿车传动轴径向圆跳动应比表 6-1 的值相应减小 0.20 mm。中间传动轴支承轴颈的径向圆跳动为 0.10 mm。当传动轴轴管的径向圆跳动超过表 6-1 所示的规定时，应对传动轴进行校正或更换。

（3）检查传动轴花键与滑动叉花键、凸缘叉与所配合花键的侧隙。轿车应不大于 0.15 mm，其他类型的汽车应不大于 0.30 mm，装配后应能滑动自如。

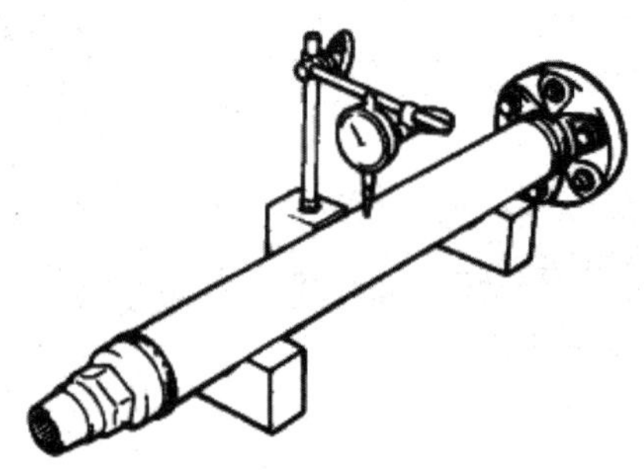

图 6-22　检查传动轴径向圆跳动
（图片来源：常明．汽车底盘构造）

表 6-1　传动轴轴管的径向圆跳动公差

轴长 /mm	小于 600	600 ～ 1000	大于 1000
径向圆跳动 /mm	0.6	0.8	1.0

二、中间支承

（一）功能

传动轴分段时需加中间支承，中间支承通常装在车架横梁上，能补偿传动轴轴向和角度方向的安装误差，以及汽车行驶过程中因发动机窜动或车架变形等引起的位移。

（二）结构

中间支承常用弹性元件来满足上述功用，如图 6-21 所示的中间支承由支架和轴承等组成，双列锥轴承固定在中间传动轴后部的轴颈上。带油封的支承盖之间装有弹性元件橡胶垫环，用三个螺栓紧固。紧固时，橡胶垫环会径向扩张，其外圆被挤紧于支架的内孔。

（三）万向传动装置的拆装

解放 CA1092 型汽车的万向传动装置的分解如图 6-23 所示。

1. 万向传动装置的拆卸

（1）卸下传动轴总成，步骤如下：①拆下传动轴与主减速器连接凸缘叉的 4 个连接螺栓，再拆下传动轴伸缩端凸缘的连接螺栓，卸下后传动轴总成；②拆下变速器第二轴凸缘与前传动轴凸缘叉的连接螺栓（注意暂保留 1 个螺栓）；③拆下中间支承轴承支架与车架上的紧固螺栓螺母，卸下前传动轴总成，如图 6-24 所示。

（2）总成分解，步骤如下：①将后传动轴总成固定在台虎钳上，在各连接部位做好装配标记；②拆下后传动轴的滑动叉，拆下油封盖、油封及防尘罩；③将前传动轴固定在台虎钳上，用鲤鱼钳拔下凸缘螺母的开口销，松出传动轴凸缘螺母，取下垫圈，拉出凸缘。如配合较紧，可用锤子轻轻敲击凸缘的背面将其击出；④从传动轴上拉出中间支承总成，如较紧可用顶拔器将其拉出；⑤将传动轴中间支承总成固定好，拆下轴承盖螺栓螺母，依次拆出轴承盖、轴承、隔套、支承支架及轴承外圈等零件；⑥拆下中间支承轴承前后盖中的油封，不能敲打，应用压具将其压出。

（3）万向节分解，步骤如下：①从传动轴上拆下滚针轴承盖紧固螺栓及锁片；②用左手将传动轴的一端托起，右手用锤子轻轻敲打凸缘叉的根部，可将一侧滚针轴承震落下来，用同样的方法拆下其他滚针轴承，取出十字轴；③拆出滚针轴承座的油封，取出滚针；④拆下十字轴上的滑脂嘴；⑤用同样的方法分解其他万向节。

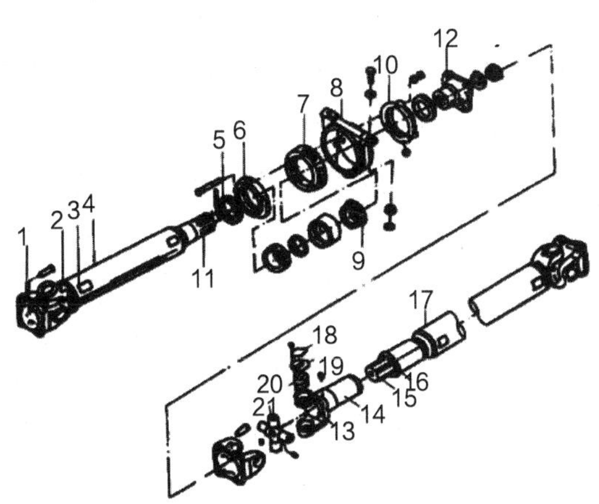

1—凸缘叉；2—焊接叉；3—平衡片；4—前传动轴轴管；5—中间支承油封；6—中间支承轴承前盖；7—橡胶垫环；8—中间支承轴承支架；9—中间支承轴承；10—中间支承轴承后盖；11—花键轴；12—凸缘；13—滑动叉堵盖；14—滑动叉；15—后传动轴花键轴；16—滑动叉防尘罩及毛毡油封总成；17—后传动轴轴管；18—锁片；19—支承片；20—滚针轴承；21—十字轴。

图 6-23　解放 CA1092 型汽车万向传动装置的分解

（图片来源：常明. 汽车底盘构造）

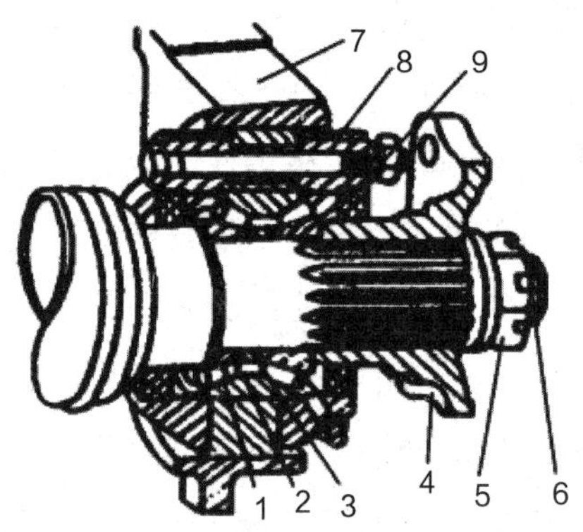

1—轴承内圈；2—轴承外圈；3—隔套；4—凸缘；5—凸缘螺母；6—开口销；7—中间支承支架；8—轴承盖；9—油封。

图 6-24　中间支承轴承的拆卸

（图片来源：常明．汽车底盘构造）

2．万向传动装置的装复

（1）万向节装复，步骤如下：①将滚针涂以润滑脂后装入轴承座中，再装上油封；②分别将组装好的滚针轴承装入凸缘叉的两耳孔中，注意轴承背面的切槽应与凸缘叉上的螺钉孔对准，然后将十字轴装入两轴承中，再用压具将两轴承与凸缘叉端面压平，转动十字轴试其松紧度，应转动自如；③装上支承片及锁片，以 18 ～ 23 N·m 的力矩拧紧固定螺栓，轴向扳动十字轴应无明显松动；④在十字轴上装好滑脂嘴，要求十字轴上的滑脂嘴方向与传动轴轴管叉上的滑脂嘴在同一侧；⑤将十字轴另两轴颈装入传动轴焊接叉的耳孔中，两孔端装入滚针轴承，然后将这两个滚针轴承压至与凸缘叉耳孔端面平齐，装上支承片和锁片，以 18 ～ 23 N·m 的力矩拧紧固定螺栓。用同样方法装好其他万向节。

（2）传动轴总成装复，步骤如下：①按标记把滑动叉插在传动轴的花键轴上；②将中间支承支架固定好，装上橡胶垫环，再将中间支承轴承外圈装在橡胶垫环内，然后依次装上中间支承轴承、轴承盖及油封，以及轴承盖螺栓和螺母，应注意不要一次性拧紧；③将中间支承总成装在中间传动轴花键一端的轴颈上，应注意有滑脂嘴的一面应朝后；④按标记将凸缘装在前传动轴的花键上，装时如较紧，可用铜棒及锤子敲击凸缘台阶外侧，使中间支承总成及凸缘在传动轴轴颈上装配到位；⑤装上垫圈和凸缘紧固螺母，以 200 ～ 250 N·m 的力矩拧紧螺母，并装好开口销。

（3）总成总装，步骤如下：①把前传动轴按标记与变速器第二轴凸缘用螺栓连接，同时将中间支承支架用螺栓紧固在车架的横梁上；②按标记装上后传动轴，凸缘连接螺栓螺母的拧紧力矩为 130 ～ 150 N·m; ③传动轴运转一定时间后，再以 25 ～ 35 N·m 的力矩拧紧中间支承轴承盖上的螺栓螺母。

（四）检修

（1）检查中间支承的橡胶垫环是否开裂，油封磨损是否过甚而失效，轴承松动情况或内孔磨损情况是否严重，如果是，均应更换新的中间支承。

（2）中间支承轴承磨损后需及时检查和调整，以恢复其良好的技术状况。以解放 CA1092 型汽车为例，其传动系统中间支承为双列圆锥滚子轴承，有两个内圈和一个外圈，两内圈中间有一个隔套，供调整轴向间隙用。当磨损使中间支承轴向间隙超过 0.30 mm 时，中间支承将会发响，传动轴会有严重振动，导致各传力部件早期损坏。

调整方法为拆下凸缘和中间轴承，将调整隔板适当磨薄，传动轴承在不受轴向力的自由状态下，轴向间隙在 0.15 ～ 0.25 mm 之间，装配好后用 195 ～ 245 N · m 的扭矩拧紧凸缘螺母，保证轴承轴向间隙在 0.05 mm 左右，以转动轴承外圈时无明显的轴向游隙为宜，最后从油嘴注入足够的润滑脂，以减小磨损。

第四节　万向传动装置的故障诊断

汽车经常在复杂道路上行驶，传动轴在角度和长度不断变化的情况下传递扭矩，因此万向传动装置常出现传动轴动不平衡、万向节与中间支承松动、传动轴异响等故障。

一、传动轴动不平衡

（一）现象

在万向节和伸缩叉技术状况良好时，汽车行驶中发出周期性的响声，且速度越快响声越大，甚至伴随有车身振动，握转向盘的手感觉麻木。

（二）原因

（1）传动轴上的平衡块脱落。

（2）传动轴弯曲或传动轴管凹陷。

（3）传动轴管与万向节叉焊接不正或传动轴未进行过动平衡试验和校准。

（4）伸缩叉安装错位，造成传动轴两端的万向节叉不在同一平面内，不满足等速传动条件。

（三）故障诊断与排除

（1）检查传动轴管是否凹陷，若有凹陷，则故障由此引起；否则继续检查。

（2）检查传动轴管上的平衡片是否脱落，若脱落，则故障由此引起；否则继续检查。

（3）检查伸缩叉安装是否正确，若不正确，则故障由此引起；否则继续检查。

（4）拆下传动轴进行动平衡试验，若不平衡，则应校准以消除故障，弯曲应校直。

二、万向节松动

（一）现象

在汽车起步或突然改变车速时，传动轴发出“抗”的响声；在汽车缓行时，发出“咣当、咣当”的响声。

（二）原因

（1）凸缘盘连接螺栓松动。

（2）万向节主、从动部分游动角度太大。

（3）万向节十字轴磨损严重。

（三）故障诊断与排除

（1）用榔头轻轻敲击各万向节凸缘盘连接处，检查其松紧度。若太松动，则故障由连接螺栓松动引起；否则继续检查。

（2）用双手分别握住万向节主、从动部分转动，检查游动角度。若游动角度太大，则故障由此引起。

三、中间支承松动

（一）现象

汽车运行中出现一种连续的“呜呜”响声，车速越高响声越大。

（二）原因

（1）滚动轴承缺油、烧蚀，或磨损严重。

（2）中间支承安装方法不当，造成附加载荷而产生异常磨损。

（3）橡胶圆环损坏。

（4）车架变形，造成前后连接部分的轴线在水平面内的投影不同线而产生异常磨损。

（三）故障诊断与排除

（1）给中间支承轴承加注润滑脂，若响声消失，则故障由缺油引起；否则继续检查。

（2）松开夹紧橡胶圆环的所有螺钉，待传动轴转动数圈后再拧紧，若响声消失，则故障由中间支承安装方法不当引起；否则，故障可能由橡胶圆环损坏、滚动轴承技术状况不佳、车架变形等引起。

四、传动轴异响

（一）现象

汽车行驶中传动装置发出周期性的响声，且车速越快响声越大，严重时伴随有车身振抖。

（二）原因

传动轴异响的主要原因是传动轴动不平衡、传动轴变形或平衡块脱落等，中间支承吊架固定螺栓松动或万向节凸缘盘连接螺栓松动也会导致传动轴偏斜。

（三）故障诊断与排除

除传动轴动不平衡的诊断方法外，再检查中间支承吊架固定螺栓和万向节凸缘盘连接螺栓是否松动，若有松动，则异响由此引起。

第七章　驱动桥

第一节 驱动桥概述

一、驱动桥的功用与组成

驱动桥的功用是将万向传动装置传来的发动机扭矩传给驱动轮，并实现减速增矩，改变动力传递方向，使车辆行驶，而且允许左右驱动轮以不同的转速旋转。

驱动桥主要由主减速器、差速器、半轴和驱动桥壳等组成。

二、驱动桥的类型

按照悬架的不同，驱动桥可以分为整体式驱动桥和断开式驱动桥。

（一）整体式驱动桥

整体式驱动桥桥壳是整体的，与非独立悬架配用。整体式驱动桥通过弹性悬架与车架连接，半轴套管与主减速器壳刚性地连为一整体，左、右半轴在一条直线上，左、右驱动轮不能各自独立地跳动。如一侧车轮通过地面的凸凹处升高或下降，则驱动桥和车身都随之倾斜，车身波动大。

（二）断开式驱动桥

断开式驱动桥桥壳分段以铰链连接，与独立悬架配用。主减速器壳固定在车架上，驱动桥两端分别通过悬架与车架或车身连接。半轴分为两段并用万向节连接。两侧的驱动轮可以彼此独立地相对于车架上下跳动。

第二节　主减速器

一、主减速器的功用

（1）降低发动机传给驱动轮的转速，增大扭矩。

（2）改变发动机传给驱动轮扭矩的传递方向（采用纵置发动机）。

二、主减速器的结构形式

为了满足不同汽车的使用要求，主减速器有多种形式，常见的分类方式有以下几种。

（1）按参加减速传动的齿轮副数目可分为单级式和双级式。双级式主减速器中，若第二级减速齿轮有两副，一般制成独立的减速机构，分置在两侧车轮附近，称为轮边减速器。

（2）按传动比数目可分为单速式和双速式。前者的传动比是固定的，后者有两个传动比供驾驶员选择，以适应不同行驶条件的需要。

（3）按齿轮副结构形式可分为圆柱齿轮式（又可分为轴线固定式和轴线旋转式）和圆锥齿轮式（又可分为圆弧齿轮式和准双曲线齿轮式）。

三、单级式主减速器

目前，中型以下的汽车绝大多数采用单级式主减速器。它只有一对锥齿轮传动，具有结构简单、体积小、质量轻、传动效率高等优点。

（一）构造

图 7-1 所示为解放 CA1122J 汽车驱动桥单级式主减速器和差速器总成图。

由图 7-1 可以看出，该主减速器主要由主动锥齿轮、从动锥齿轮、圆锥滚子轴承、圆柱滚子轴承组成。其中主动锥齿轮和从动锥齿轮为一对准双曲线齿轮，其传动比为 5.43。

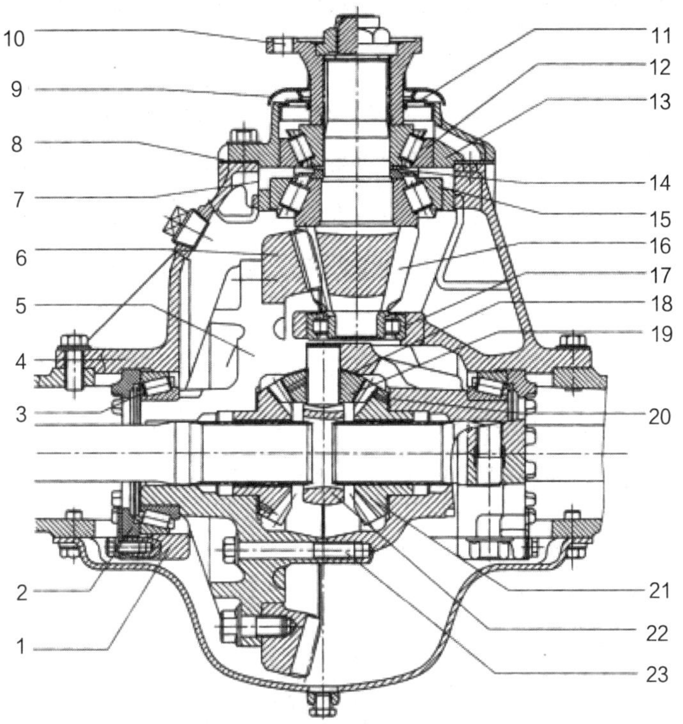

1—差速器轴承盖；2—轴承调整螺母；3、12、15—圆锥滚子轴承；4—主减速器壳；5—差速器壳；6—从动锥齿轮；7—进油道；8、14—调整垫片；9—防尘罩；10—凸缘；11—油封；13—轴承座；16—主动锥齿轮；17—圆柱滚子轴承；18—行星齿轮垫片；19—行星齿轮；20—半轴齿轮推力垫片；21—半轴齿轮；22—行星齿轮轴（十字轴）；23—螺栓。

图 7-1　解放 CA1122J 汽车驱动桥单级式主减速器及差速器剖面图

（图片来源：常明．汽车底盘构造）

经万向传动装置传来的动力由凸缘传给主动锥齿轮、从动锥齿轮，进行减速、增加扭矩并改变扭矩的传递方向后传给差速器，并经过半轴驱动车轮。

主动齿轮和从动齿轮之间必须有正确的相对位置，才能使两齿轮啮合传动时噪声较轻，而且轮齿沿其长度方向磨损较均匀。为此，在结构上一方面要使主动和从动锥齿轮有足够的支承刚度，使其在传动过程中不至于发生较大变形而影响正常啮合，另一方面齿轮副应有必要的啮合调整装置。

为保证主动锥齿轮有足够的支承刚度，主动锥齿轮和输入轴制成一体，前端支承在互相贴近而小端相对的两个圆锥滚子轴承上，后端支承在圆柱滚子轴承上，形成跨置式支承。环状的从动锥齿轮通过螺栓固装在差速器壳上，而差速器壳则通过两个圆锥滚子轴承支承在主减速器壳的座孔中。

装配主减速器时，支承主动锥齿轮的锥轴承应有一定的装配预紧度，即在消除轴承间隙的基础上再给予一定的压紧力，以减小主动锥齿轮传动过程中产生的轴向力所引起的齿轮轴的轴向位移，提高轴的支承刚度，保证锥齿轮副的正常啮合。但也不能过紧，若过紧则摩擦阻力增大，降低传动效率，且加速轴承磨损。为调整圆锥滚子轴承的预紧度，在两轴承内座圈之间的隔离套一端装有一组厚度不同的调整垫片，如过紧则增加垫片总厚度，反之则减小垫片总厚度。支承差速器壳的圆锥滚子轴承的紧度靠拧动两端调整螺母调整。需要注意的是，轴承预紧度的调整必须在齿轮啮合调整之前进行。

东风 EQ1090E 汽车主减速器在从动锥齿轮的背面装有支承螺栓（图 7-2），以限制从动锥齿轮过度变形而影响齿轮的正常工作。装配后，支承螺栓与从动锥齿轮背面的间隙为 0.3 ～ 0.5 mm。

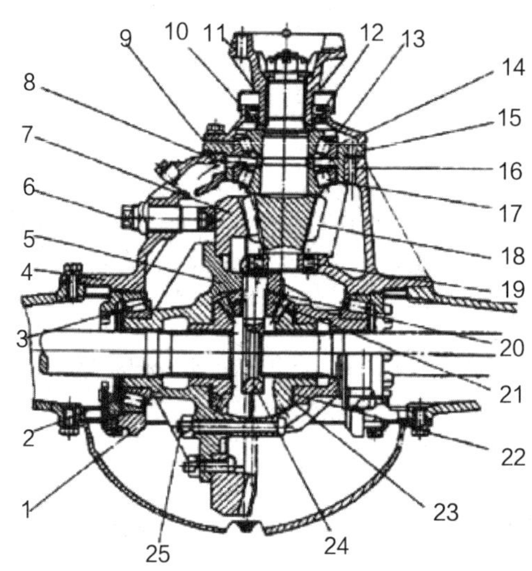

1—差速器轴承盖；2—轴承调整螺母；3、13、17—圆锥滚子轴承；4—主减速器壳；5—差速器壳；6—支承螺栓；7—从动锥齿轮；8—进油道；9、14—调整垫片；10—防尘罩；11—叉形凸缘；12—油封；15—轴承座；16—回油道；18—主动锥齿轮；19—圆柱滚子轴承；20—行星齿轮垫片；21—行星齿轮；22—半轴齿轮推力垫片；23—半轴齿轮；24—行星齿轮轴（十字轴）；25—螺栓。

图 7-2　东风 EQ1090E 汽车主减速器及差速器剖面图

（图片来源：常明．汽车底盘构造）

（二）结构分析

1. 主动锥齿轮常见的支承形式

（1）跨置式。主动锥齿轮前后方均有轴承支承［图 7-3（a）］，其径向支承刚度大，但在主减速器壳中布置较困难，如东风 EQ1108C6D、东风 EQ2102N、东风 EQ208OE、解放 CA1122J 等汽车的主减速器，以及负荷较大的单级式主减速器多数采用这种形式。

（2）悬臂式。主动锥齿轮只在前方有支承，后方没有支承，其径向支承刚度较差，但支承结构简单，多用于负荷较小的汽车单级式主减速器［图 7-3（b）］，如北京 BJ2022（勇士）汽车主减速器。有些中、重型汽车的双级式主减速器（如解放 CA1091 汽车主减速器）主动锥齿轮也采用这种支承形式。有的重型车主减速器主动锥齿轮采用三个轴承支承［图 7-3（c）］，以提高径向支承刚度。

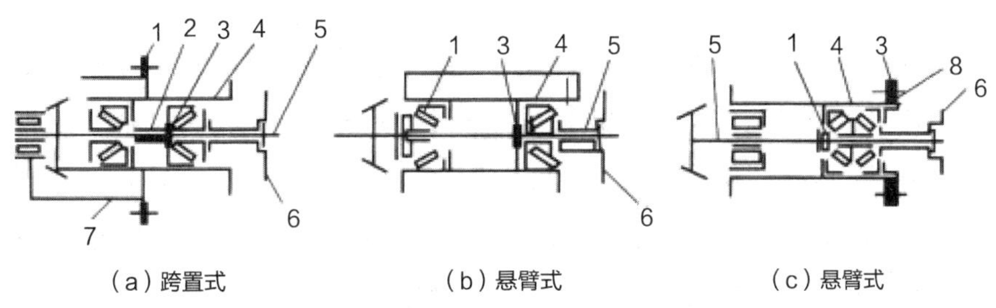

1—主动锥齿轮啮合状况调整垫片；2—隔套；3—轴承预紧度调整垫片；4—主动锥齿轮轴承座；5—主动锥齿轮；6—凸缘叉；7—主减速器壳；8—油封盖。

图 7-3 主动锥齿轮的支承形式及调整装置

（图片来源：常明. 汽车底盘构造）

2. 主减速器的调整

（1）轴承预紧度的调整。主动锥齿轮轴承预紧度多用调整垫片来调整，若两锥轴承外座圈距离已定，就可通过增减两轴承内座圈之间的距离来调整［图 7-3（a）、（b）］，在隔套［图 7-3（a）］和主动锥齿轮轴的轴肩前面［图 7-3（b）］装有轴承预紧度调整垫片，可调整两锥轴承内圈压紧后的距离，即调整轴承预紧度。有的两锥轴承内圈距离已定，在主减速器油封盖后面装有调整垫片［图 7-3（c）］，可调整两轴承外圈之间的距离，也可调整轴承预紧度。

从动锥齿轮轴承紧度的常见调整装置有两种，一种是多数主减速器使用的两个调整螺母调整差速器壳两侧的轴承预紧度（图 7-3），如东风 EQ2050（猛士）、东风 EQ1090E、东风 EQ2102、解放 CA1122J、解放 CA1091、北京 BJ2022（勇士）等汽车，另一种是在差速器轴承外圈外端面或内圈内端面处加减调整垫片，如北京 BJ2020 系列等汽车。

（2）锥齿轮啮合调整。锥齿轮啮合的调整是指啮合印迹和齿侧间隙的调整，是通过齿轮的轴向移动改变其相对位置来实现的。

主动锥齿轮常见的调整包括：①增减主动锥齿轮轴承座与主减速器壳之间的调整垫片的总厚度，来调整主动锥齿轮相对于从动锥齿轮向外或向内的移动量，如北京 BJ2022（勇士）、解放 CA1122J、解放 CA1091、东风 EQ1108G6D、东风 EQ2102N、东风 EQ1090E 等汽车。②增减主动锥齿轮背面与轴承之间的垫片厚度来调整，这种结构的轴承预紧度调整片靠在轴肩上，调整齿轮的轴向位移的同时，等量增减轴承预紧度的调整垫片，如北京 BJ2020 系列等汽车。③增减主动锥齿轮轴肩前面的调整垫片厚度来调整。

从动锥齿轮轴向位移的调整装置与轴承预紧度的调整装置是共用的。在预紧度调好后，将左右两侧调整螺母一侧松出多少另一侧等量紧进多少，在轴承预紧度不变的情况下，达到啮合状况调整的目的。

（3）从动锥齿轮的止推装置。有的单级式主减速器从动锥齿轮会因负荷较大产生变形而破坏正常啮合。为此，常在从动锥齿轮啮合处的背面装有止推装置（见图 7-2 的支承螺栓），在小负荷时与齿轮背面留有一定间隙，当负荷超过一定值时，因从动锥齿轮及支承轴承的变形而抵在支承螺柱端面上，既限制了齿轮的变形量，又承受部分负荷，保护差速器侧面轴承。在支承螺柱上还装有可相对螺柱转动的压帽，当从动齿轮背面压靠在支承螺柱上并相对装动时，压帽可自转，以减小摩擦。止推装置与从动锥齿轮的间隙可以调整，一般为 0.3 ～ 0.5 mm。

3. 主动锥齿轮的齿形

当车轮规格选定后，驱动桥中间部分在高度上的尺寸 H 对上影响车身底板高度，对下影响了大部分汽车最小离地间隙 h（图 7-4）。h 太小，将使驱动桥易与路面凸起的障碍物碰撞，降低了汽车在不平路面上的通过能力。而驱动桥的 H 尺寸主要取决于主减速器从动锥齿轮直径大小。在同样的主传动比情况下，主动锥齿轮齿数愈多，从动锥齿轮齿数也愈多，直径也愈大。因此，在保证所要求的传动比及足够的轮齿强度条件下，应尽可能减少主动齿轮的齿数，从而减小从动齿轮的直径，以保证汽车具有足够的最小离地间隙。

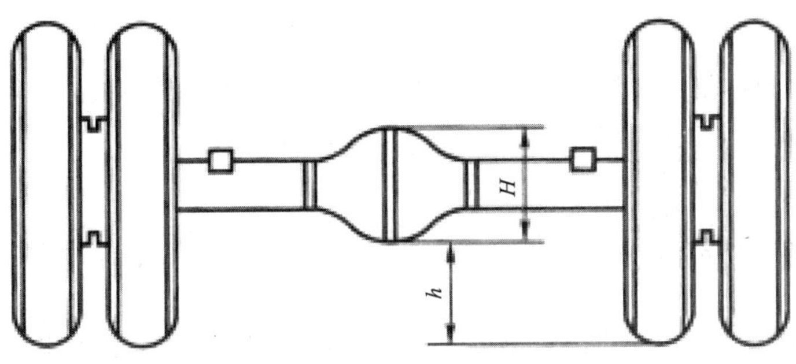

图 7-4 驱动桥离地间隙
（图片来源：常明. 汽车底盘构造）

近年来，准双曲线齿轮在广泛应用于轿车的基础上，愈来愈多地在中、重型汽车上得到采用，这是因为它与螺旋锥齿轮相比不仅齿轮的工作平稳性更好，轮齿的弯曲强度和接触强度更高，而且其主动齿轮的轴线可相对从动齿轮的轴线偏移，在保证一定的离地间隙的情况下，主动齿轮的轴线向下偏移可降低主动锥齿轮和传动轴的位置，因而使车身和整个汽车的重心降低，有利于提高汽车的行驶稳定性。东风 EQ2102N 汽车主减速器即采用了准双曲线齿轮，其偏移距为 35 mm。

准双曲线齿轮除可实现偏置安装外，还有其他一些特点。

（1）主动锥齿轮螺旋角大，不发生根切的齿数少，因此主动齿轮齿数少，在传动比一定情况下，从动齿轮齿数也少。

（2）主、从动齿轮螺旋角不同，容量系数大，传力大，噪声小，齿面滑磨大，磨合精度高，使用寿命长。

（3）齿面间的压力大，需用专用润滑油润滑。

4. 润滑

主减速器壳中储存的齿轮油，靠从动锥齿轮转动时击溅到各齿轮、轴和轴承上进行润滑。为保证主动齿轮上轴前端的圆锥滚子轴承得到可靠润滑，在主减速器壳体中铸出了进油道和回油道。齿轮转动时，飞溅起的润滑油从进油道通过轴承座的孔进入两圆锥轴承小端之间，在离心力作用下，润滑油从小端流向大端。流出圆锥滚子轴承大端的润滑油经回油道流回主减速器内。在大型车上，还装有专用油泵。在主减速器壳体上装有通气塞，防止壳体内气压过高而使润滑油渗漏。

在北京 BJ2020ST 汽车上首次采用了新的前、后桥（简称 T 桥）。T 前桥采用的是北京 BJ2021 前桥的主减速器，局部结构有些变动。T 后桥采用的是北京 BJ2021 后桥的主减速器，与主动齿轮相连的是法兰盘结构。T 桥具有以下特点。

（1）T 前桥和 T 后桥的主减速器主动齿轮采用了悬臂式支承；

（2）采用准双曲线齿轮传动，并用 SAE 80W-90 GL 多用途双曲线齿轮油进行润滑；

（3）主动齿轮与法兰盘相连，并装有可压缩隔套。

四、双级式主减速器

根据汽车的使用条件及其所采用的发动机的性能，当要求主减速器具有较大的传动比时，若仍采用单级式主减速器，由于主动锥齿轮受强度、最小齿数的限制，其尺寸不能太小，相应的从动锥齿轮尺寸就太大，这不仅会使从动锥齿轮刚度降低，而且会使主减速器壳及驱动桥外形轮廓尺寸增大，难以保证足够的离地间隙，故常采用双级式主减速器。

（一）构造

如图 7-5 所示为解放 CA1091 汽车驱动桥双级式主减速器。它主要由第一级主动锥齿轮、第二级主动齿轮、第一级从动锥齿轮、第二级从动齿轮及轴承组成。第一级传动为一对螺旋锥齿轮，传动比为 i_0=25/13=1.923；第二级为一对斜齿圆柱齿轮，传动比为 i_0=45/15=3，主减速器的传动比等于两级齿轮传动比的乘积，即

$$i_0=\frac{25}{13}\times\frac{45}{15}=5.77$$

目前该车有三种传动比可供选择，另两个主传动比分别为

$$\frac{25}{12}\times\frac{45}{15}=6.25 \text{ 和 } \frac{25}{11}\times\frac{47}{14}=7.63$$

第一级主动锥齿轮和第一级主动锥齿轮轴制成一体，用两个圆锥滚子轴承支承在轴承座的座孔中。第一级从动锥齿轮加热后套在中间轴的凸缘上并用铆钉铆接。第二级主动圆柱斜齿轮与中间轴制成一体。中间轴两端通过锥轴承支承在主减速器轴承盖上，轴承盖通过螺钉固定在减速器侧面。由于其右端靠近从动锥齿轮，受力大，故该端的轴承大于左端的轴承。圆柱从动齿轮夹在左、右两差速器壳之间，用螺栓与差速器壳紧固在一起。

从万向传动装置传来的动力经第一级主动锥齿轮传给第一级从动锥齿轮，再经中间轴传给第二级主动齿轮，第二级主动齿轮经第二级从动齿轮将动力传给差速器壳输出。

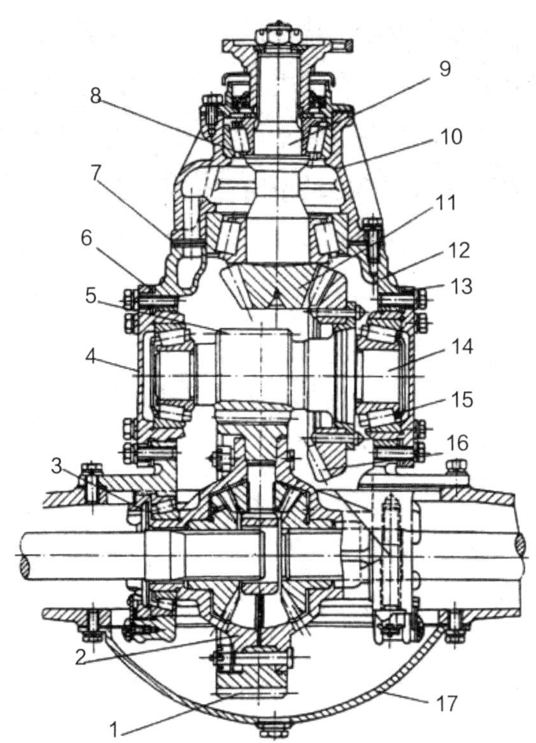

1—第二级从动齿轮；2—差速器壳；3—调整螺母；4、15—轴承盖；5—第二级主动齿轮；
6、7、8、13—调整垫片；9—第一级主动锥齿轮轴；10—轴承座；11—第一级主动锥齿轮；
12—主减速器壳；14—中间轴；16—第一级从动锥齿轮；17—后盖。

图 7-5　解放 CA1091 汽车双级式主减速器及差速器剖面图
（图片来源：常明. 汽车底盘构造）

（二）结构分析

1. 主动锥齿轮的支承形式

解放 CA1091 汽车主减速器主动锥齿轮采用悬臂式支承。一般双级式主减速器中主动锥齿轮轴多采用悬臂式支承的原因有两点：一是第一级齿轮传动比较小，相应的从动锥齿轮直径较小，因而在主动锥齿轮内端要再加一个支承，布置上比较困难；二是因为传动比小，主动锥齿轮及轴颈尺寸有可能做得较大，同时尽可能将主动锥齿轮轴的两轴承间的距离加大，同样可得到足够的径向支承刚度。

2. 轴承紧度的调整

第一级主动锥齿轮轴承预紧度可通过增减调整垫片的厚度来调整，中间轴圆锥滚子轴承的紧度可以通过改变两边侧向轴承盖和主减速器壳间的调整垫片的总厚度来调整。同样，为了便于齿轮啮合的调整，第一级主动锥齿轮轴和中间轴的位置都可以移动。通过增减调整垫片可以移动主动锥齿轮轴向位置，通过左右调换调整垫片可以移动第一级从动锥齿轮轴向位置（需要注意的是，若两组垫片的总厚度的减量和增量不相等，则将破坏已调整好的中间轴轴承紧度），第二级传动的圆柱齿轮间的间隙不可调整。差速器壳轴承的紧度靠拧动调整螺母来调整，同时也起到第二级齿轮副对中啮合的作用。

3. 双级式主减速器的特点

（1）由于双级减速，减小了从动锥齿轮的尺寸，其背面一般不需要止推装置。主动锥齿轮后方的空间小，常为悬臂式支承。

（2）第二级为圆柱齿轮传动。圆柱齿轮多采用斜齿或人字齿，传力平稳。人字齿轮传动可以消除斜齿轮产生轴向力的缺点。

（3）因为有中间轴，结构较复杂，并增加了调整部位。

五、轮边减速器

在有些大型汽车上，将双级式主减速器中的第二级制成结构相同的两套减速齿轮机构，分别安装在两侧驱动车轮附近，称为轮边减速器。

陕汽 SX2190 汽车的驱动桥均带有轮边减速器。图 7-6 所示为陕汽 SX2190 汽车后驱动桥的车轮轮边减速器的构造，其结构示意图见图 7-7。轮边减速器由齿圈、行星齿轮、太阳轮和行星架等组成。齿圈固定在桥壳的半轴套管上，它本身为非旋转件，是该行星齿轮机构中的固定元件；太阳轮与半轴固装为一体，随半轴一起旋转，为主动件；行星架为从动件，轮毂固定在行星架上；行星齿轮通过滚针轴承浮装在行星架轴上（行星齿轮轴），位于太阳轮与齿圈之间。由半轴传来的动力经太阳轮、行星齿轮、行星架传给轮毂，其传动比为

$$i_0 = 1 + \frac{\text{齿圈齿数}}{\text{太阳轮齿数}}$$

我国生产的重型载重汽车斯太尔汽车的车桥轮边减速器传动比有多种，对应的主减速器传动比也有多种，故驱动桥可选用的总传动比也有多种，如 5.73、6.72、7.49、8.46、9.49 等。其中，陕汽 SX2190 汽车车桥轮边减速器传动比为 6.72。

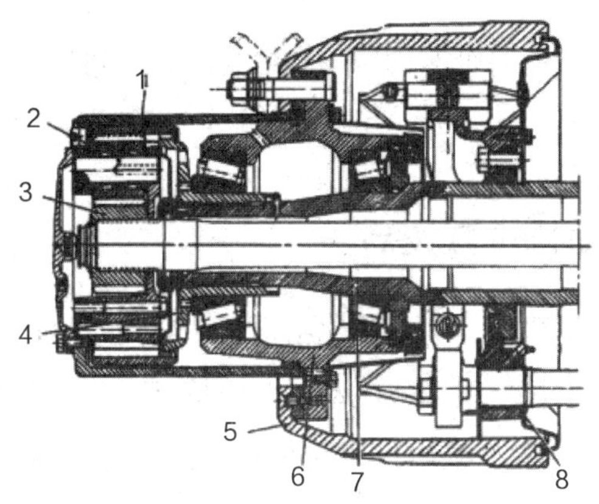

1—齿圈；2—行星齿轮；3—太阳轮；4—行星架；5—制动鼓；6—轮毂；7—半轴套管；8—制动底板。

图 7-6　陕汽 SX2190 汽车后驱动桥的轮边减速器

（图片来源：常明．汽车底盘构造）

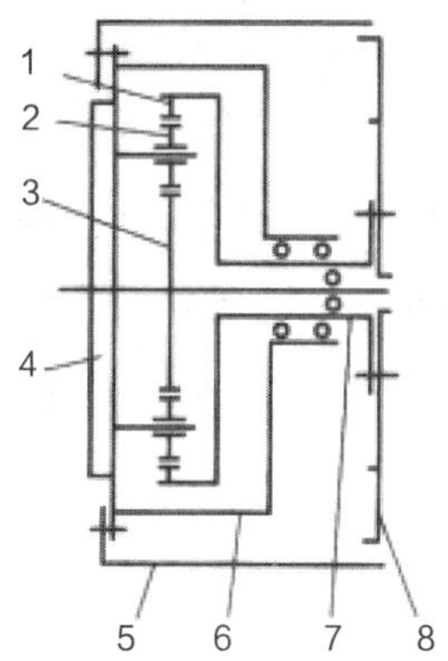

1—齿圈；2—行星齿轮；3—太阳轮；4—行星架；5—制动鼓；6—轮毂；7—半轴套管；8—制动底板。

图 7-7　陕汽 SX2190 汽车后驱动桥的轮边减速器结构示意图

（图片来源：常明．汽车底盘构造）

采用轮边减速器的特点是可以减小驱动桥中主减速器尺寸，保证足够的离地间隙，并可得到比较大的主传动比。由于半轴在轮边减速器之前，所承受的扭矩大为减小，因而半轴和差速器等零件尺寸可以减小。但是需要两套轮边减速器，结构较复杂，制造成本也较高。

在大型客车和一些越野汽车上，还常采用由一对外啮合圆柱齿轮组成的轮边减速器。主动小齿轮与半轴相连，从动大齿轮与车轮相连。当主动小齿轮位于车轮中心上方时，可增大驱动桥的离地间隙，以适应提高越野汽车通过性能的要求；当主动小齿轮位于车轮中心下方时，能降低驱动桥的离地高度，以利于降低客车地板的高度。但采用这种布置时，由于轴向和径向空间的限制，轮边减速器的传动比是有限的。

六、贯通式驱动桥主减速器

有些多轴驱动的越野汽车，为了简化结构、使部件通用性好，以及便于形成系列产品，常采用贯通式驱动桥。贯通式驱动桥分为单贯通式和双贯通式。双贯通式采用得很少，只有少数重型汽车上采用，如红岩 CQ261 汽车。单贯通式在三轴以上驱动的汽车上采用得比较普遍，如陕汽 SX2150、陕汽 SX2190、东风 EQ2102 等。后面（或前面）两驱动桥的传动轴是串联的，传动轴从距分动器较近的驱动桥中穿过，通往另一驱动桥。这种布置方案的驱动桥称为贯通式驱动桥。

（一）陕汽 SX2150 6×6 汽车贯通式驱动桥主减速器

如图 7-8 所示，它主要由主动斜齿圆柱齿轮、主动准双曲线齿轮、从动斜齿圆柱齿轮、从动准双曲线齿轮及贯通轴组成。第一级为圆柱斜齿轮传动，传动比为 1.19。从动斜齿圆柱齿轮和主动斜齿圆柱齿轮分别通过花键固装在贯通轴和主动准双曲线齿轮的轴上，而贯通轴通过两个圆锥滚子轴承支承在主减速器壳上，并贯穿该桥通向后驱动桥。第二级为准双曲线锥齿轮传动，减速比为 5.429。故总的主传动比为 6.46。主动准双曲线齿轮采用跨制式支承，前部通过两个圆锥滚子轴承支承在轴承座上，轴承座用螺钉固定在减速器壳上，其后端通过滚柱轴承支承在减速器壳上。从动准双曲线齿轮铆接在差速器壳上。有的贯通式驱动桥主减速器中第一级为锥齿轮传动，第二级用圆柱齿轮传动。

由分动器经万向传动装置传至凸缘盘的动力，经花键带动了贯通轴转动。贯通轴将一部分动力经中桥至后桥的万向传动装置传至后桥，另一部分经主动斜齿圆柱齿轮和从动斜齿圆柱齿轮、主动准双曲线齿轮和从动准双曲线齿轮减速增矩后传给中桥差速器。

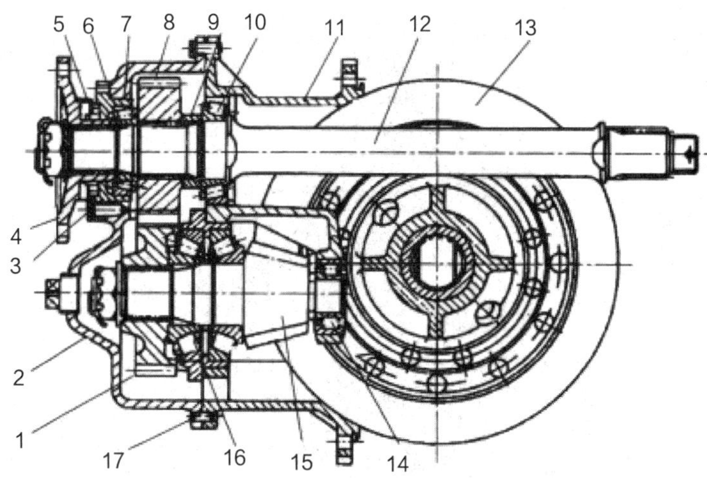

1—从动斜齿圆柱齿轮；2—主减速器盖；3—轴承座；4—传动凸缘；5—油封；6—调整垫片；7、10、16—圆锥滚子轴承；8—主动斜齿圆柱齿轮；9—隔套；11—主减速器壳；12—贯通轴；13—从动准双曲线齿轮；14—圆柱滚子轴承；15—主动准双曲线齿轮；17—定位销。

图 7-8 陕汽 SX2150 汽车贯通式驱动桥主减速器

（图片来源：常明．汽车底盘构造）

（二）陕汽 SX2190 6×6 汽车贯通式驱动桥

图 7-9 所示为陕汽 SX2190 汽车贯通式驱动桥，其结构示意图如图 7-10 所示。它由主减速器、过渡箱齿轮、轴间差速器、轮间差速器、输入轴、输出轴、半轴及桥壳等组成。

由分动器传来的动力从输入轴凸缘输入，并通过轴间差速器将动力分配给过渡箱齿轮和输出轴。传给过渡箱齿轮的动力再经主减速器、轮间差速器传给两根半轴，其中输出轴又称为贯通轴，它将动力传给后面的驱动桥。

该驱动桥具有以下结构特点。

（1）两驱动桥之间装有轴间差速器；

（2）轮间差速器和轴间差速器均带有牙嵌式差速锁；

（3）装有向后驱动桥传递动力的贯通轴。

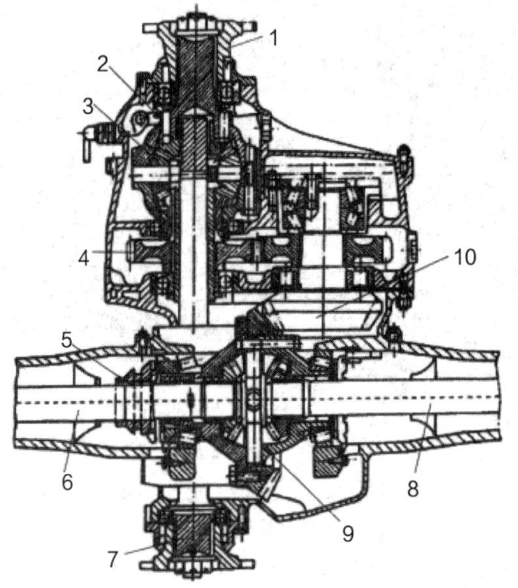

1—输入轴凸缘；2—轴间差速器锁；3—轴间差速器；4—过渡箱齿轮；5—轮间差速器锁；6、8—半轴；7—输出轴；9—轮间差速器；10—主减速器。

图 7-9　陕汽 SX2190 汽车贯通式驱动桥

（图片来源：常明．汽车底盘构造）

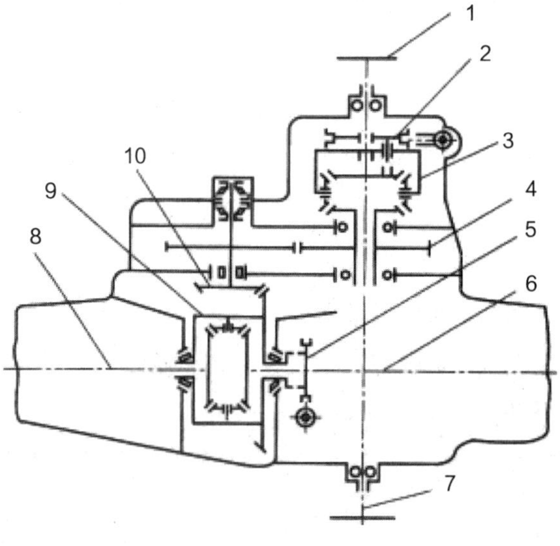

1—输入轴凸缘；2—轴间差速器锁；3—轴间差速器；4—过渡箱齿轮；5—轮间差速器锁；6、8—半轴；7—输出轴；9—轮间差速器；10—主减速器。

图 7-10　陕汽 SX2190 汽车贯通式驱动桥结构示意图

（图片来源：常明．汽车底盘构造）

七、双速主减速器

有些使用条件复杂的汽车，为了充分提高其动力性和经济性，装用具有两个传动比的主减速器，叫双速主减速器。

图 7-11 所示为常见的一种结构形式，其结构示意图见图 7-12。主减速器由一对圆锥齿轮和一个行星齿轮机构组成。从动锥齿轮通过螺栓和齿圈连成一体。几个行星齿轮的轴都固定在行星架上，而行星架则与差速器的壳体刚性连接。动力由锥齿轮副经行星齿轮机构传给差速器，最后由半轴传输给驱动车轮。太阳轮 D 的齿长较大，与接合套制成一体，可通过拨叉操纵在半轴上轴向滑动。接合套、主减速器壳与行星架上有接合齿圈 A、B 与 C。

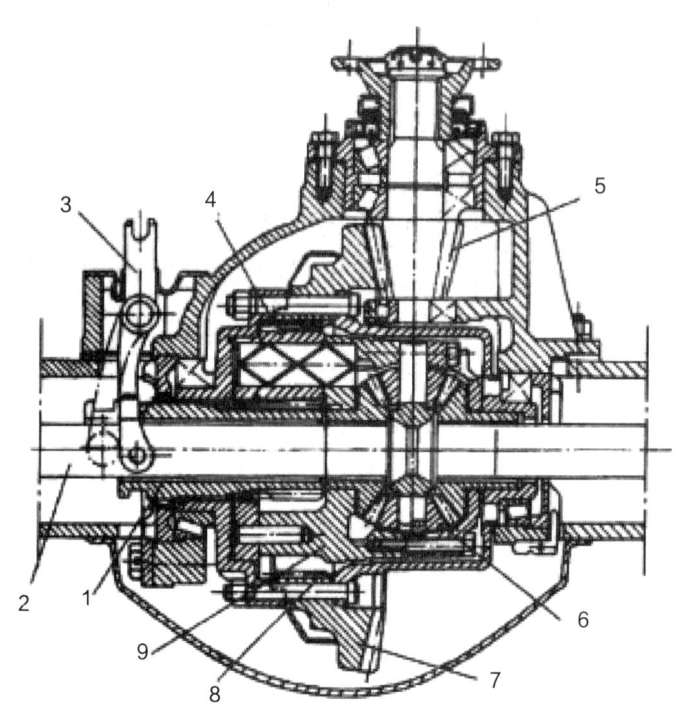

1—接合套；2—半轴；3—拨叉；4—行星齿轮；5—主动锥齿轮；6—差速器；7—从动锥齿轮；8—齿圈；9—行星架。

图 7-11　行星齿轮式双速主减速器

（图片来源：常明．汽车底盘构造）

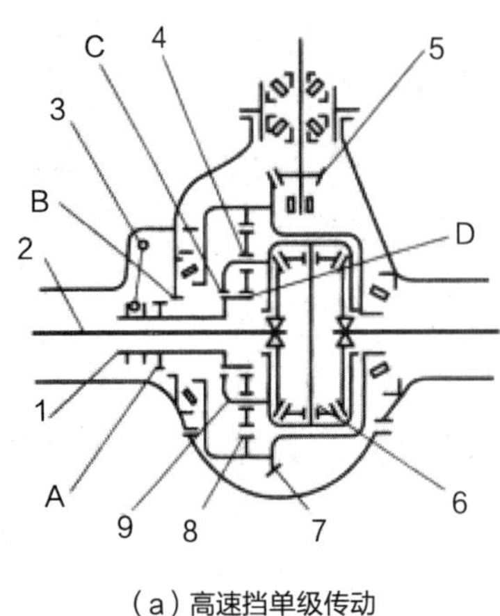

（a）高速挡单级传动

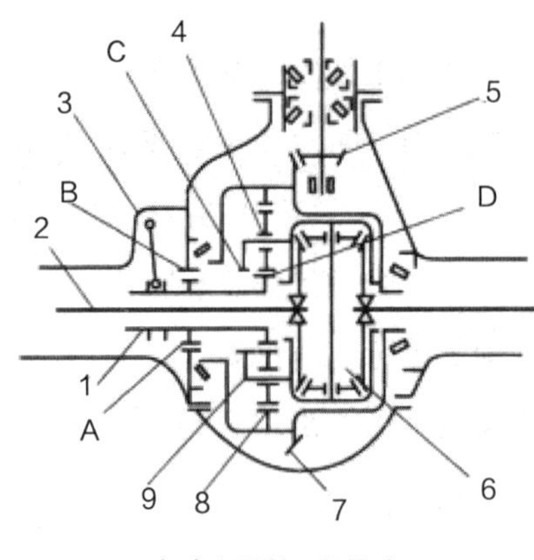

（b）低速挡双级传动

1—接合套；2—半轴；3—拨叉；4—行星齿轮；5—主动锥齿轮；6—差速器；7—从动锥齿轮；8—齿圈；9—行星架。

图 7-12　行星齿轮式双速主减速器结构示意图

（图片来源：常明．汽车底盘构造）

一般行驶条件下，用高速挡传动。此时拨叉将接合套连同太阳轮 D 保持在左方位置 [图 7-12（a）]。接合套短齿接合齿圈 A 与固定在主减速器壳上的接合齿圈 B 分离，而长齿接合齿圈与行星齿轮和行星架的齿圈 C 同时啮合，从而使行星齿轮不能自转，行星齿轮机构不起减速作用，主减速器只有锥齿轮副减速。此时，主减速器为单级式主减速器，其主传动比即为从动锥齿轮齿数与主动锥齿轮齿数之比。

当行驶条件要求有较大的驱动力时，驾驶员可通过气压或电动操纵系统转动拨叉，将接合套推向右方 [图 7-12（b）]，使接合套的短齿接合齿圈 A 与齿圈 B 接合，接合套即与主减速器壳连成一体；其长齿接合齿圈与行星架的内齿圈 C 分离，而仅与行星齿轮啮合。于是，行星机构的太阳轮 D 被固定。与从动锥齿轮连在一起的齿圈是主动件，与差速器壳连在一起的行星架则是从动件，行星齿轮机构起减速作用。整个主减速器的主传动比为圆锥齿轮副的传动比与行星齿轮机构传动比之乘积。

第三节　差速器

一、差速器的功用和分类

（一）功用

差速器的功用是将主减速器的动力传给左、右两半轴，在必要时使两半轴以不同的转速旋转，以保证两驱动轮均能做纯滚动。

汽车行驶过程中，车轮与路面之间的相对运动有两种状态——滚动和滑动，其中滑动又有滑转和滑移两种。设车轮中心在车轮平面内相对路面移动的速度为 v，车轮旋转角速度为 ω，车轮滚动半径为 r。若 $v=\omega r$，则车轮对路面的运动为纯滚动；若 $v=0$，但 $\omega \neq 0$，则车轮的运动为滑转；若 $\omega=0$，但 $v \neq 0$，则车为滑移。

汽车转弯行驶时（图 7-13），内外两侧车轮中心在同一时间内驶过的曲线距离显然不等，外侧车轮滚过的距离大于内侧车轮。若两侧车轮用一刚性转轴连接，两侧车轮只能以相同的角速度转动，则此时外车轮必然是边滚动边滑移，内车轮必然是边滚动边滑转。

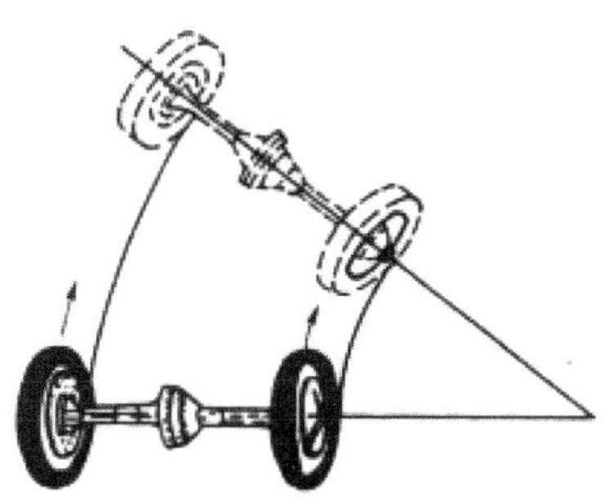

图 7-13　汽车转向时驱动轮运动示意图
（图片来源：常明．汽车底盘构造）

同样，汽车在不平路面上直线行驶时，两侧车轮实际滚过的曲线距离也不相等。在角速度相同的条件下，在波形较显著的路面上运动的一侧车轮是边滚动边滑移，另一侧车轮则是边滚动边滑转。即使路面非常平直，但由于轮胎制造的尺寸误差及磨损程度、充气压力及承受载荷的不同，各车轮的实际滚动半径也不可能完全相等。因此，只要各轮圆周速度不相等，车轮对路面的滑动就必然存在。

车轮对路面的滑动将会加剧轮胎磨损，增加汽车的动力消耗和发动机的油耗，使转向困难和制动性能下降，等等。所以，在正常行驶条件下，应使车轮尽可能不发生滑动，差速器就是为了实现这个目的而在汽车的结构上采取的措施。

（二）分类

1. 差速器按其用途分类

差速器按其用途分可分为轮间差速器和轴间差速器。

轮间差速器装在同一驱动桥两侧驱动轮之间。若主减速器从动齿轮通过一根整轴同时带动两侧驱动轮，则两轮角速度只能是相等的。故为了使两侧驱动轮可以不同角速度旋转，以保证其纯滚动状态，就必须将两侧车轮的驱动轴断开（称为半轴），而由主减速器从动齿轮通过差速器分别驱动两侧半轴和驱动轮。

轴间差速器装在各驱动桥之间（多用于越野汽车）。多轴驱动的汽车，各驱动桥间由万向传动装置相连，若各桥的驱动轮均以相同的角速度旋转，同样也会发生上述轮间无差速器的类似现象。为使各驱动桥能具有不同的输入角速度，以消除各桥驱动轮的滑动现象，可在各驱动桥之间装设轴间差速器。

2. 差速器按其工作特性分类

差速器按其工作特性分可分为普通齿轮式差速器和限滑差速器两大类。

当遇到左、右（或前、后）驱动轮与路面之间的附着条件相差较大的情况时，普通差速器将无法保证汽车得到足够的驱动力。此时，只是附着较差的驱动轮高速滑转，而汽车却不能行驶，故经常遇到这种情况的汽车应当采用限滑差速器。

二、普通齿轮式差速器

（一）分类

按传动齿轮的形式不同，普通齿轮式差速器有圆锥齿轮式和圆柱齿轮式两种。由于圆锥齿轮式差速器结构简单、紧凑，故目前应用较广泛。

按两侧输出扭矩是否相等，齿轮式差速器有对称式和不对称式两种。对称式用作轮间差速器或由平衡悬架联系的两驱动桥（6×6 或 6×4 汽车的中、后驱动桥）之间的轴间差速器。不对称式用作前、后驱动桥之间（4×4 汽车）或前驱动桥与中、后驱动桥之间（6×6 汽车）的轴间差速器。

（二）对称式圆锥齿轮式差速器构造

1. 构造

目前，汽车上广泛采用的是对称式圆锥齿轮式差速器，其结构见图 7-14。

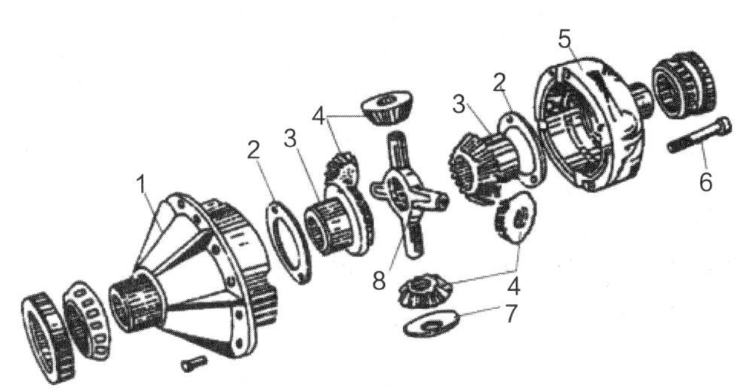

1—差速器左壳；2—半轴齿轮推力垫片；3—半轴齿轮；4—行星齿轮；5—差速器右壳；6—螺栓；7—行星齿轮球面垫片；8—行星齿轮轴（十字轴）。

图 7-14　CA1122J 汽车对称式圆锥齿轮式差速器零件分解图
（图片来源：常明. 汽车底盘构造）

该对称式圆锥齿轮式差速器由四个圆锥行星齿轮、行星齿轮轴（十字轴）、两个圆锥半轴齿轮和差速器壳等组成。差速器左壳用螺栓（或铆钉）与主减速器从动齿轮相连接，与差速器右壳用螺栓相连接。装合时，十字形的行星齿轮轴的四个轴颈装在两半差速器壳组成的孔中，差速器壳的剖分面通过行星齿轮轴各轴颈的中心线。每个轴颈上浮装着一个直齿圆锥行星齿轮，它们均与两个直齿圆锥半轴齿轮啮合。半轴齿轮以其轴颈滑动支承在差速器壳相应的内孔中，其内花键与半轴相连。

动力自主减速器从动齿轮依次经差速器壳、十字轴、行星齿轮、半轴齿轮及半轴输出给驱动车轮。

2. 结构分析

（1）行星齿轮的背面大都做成球面，与差速器壳的内球面配合，保证行星齿轮具有良好的对中性，以利于和两个半轴齿轮正确地啮合。

（2）由于行星齿轮和半轴齿轮是锥齿轮传动，在传递扭矩时，沿行星齿轮和半轴齿轮的轴线作用着很大的轴向力，而齿轮和差速器壳之间又有相对运动。为减少齿轮和差速器壳的磨损，在半轴齿轮背面与差速器壳相应的摩擦面之间装有半轴齿轮推力垫片，而在行星齿轮和差速器壳之间装有行星齿轮球面垫片。当汽车行驶了一定的里程、垫片磨损后可通过更换垫片来调整齿轮的啮合间隙，以提高差速器寿命。垫片通常用软钢、青铜、尼龙或聚甲醛塑料制成。

（3）在小型汽车上，由于扭矩不大，行星齿轮多用两个，相应的十字轴改用一字轴，而差速器壳也可做成两边开孔的整体式，其前后两侧都开有大窗孔，以便于拆装行星齿轮和半轴齿轮（如北京 BJ2020SJ 汽车的差速器，见图 7-15）。

（4）由于差速器靠主减速器壳体中的润滑油润滑，故在差速器壳体上开有窗口，供润滑油进出。为保证行星齿轮和十字轴之间有良好的润滑，可以在十字轴轴颈上铣出一个平面，有的是在行星齿轮的齿间钻有油孔。在行星齿轮垫片和半轴齿轮垫片上制有许多小凹坑（或开有螺旋槽），以储存润滑油润滑齿轮背面。

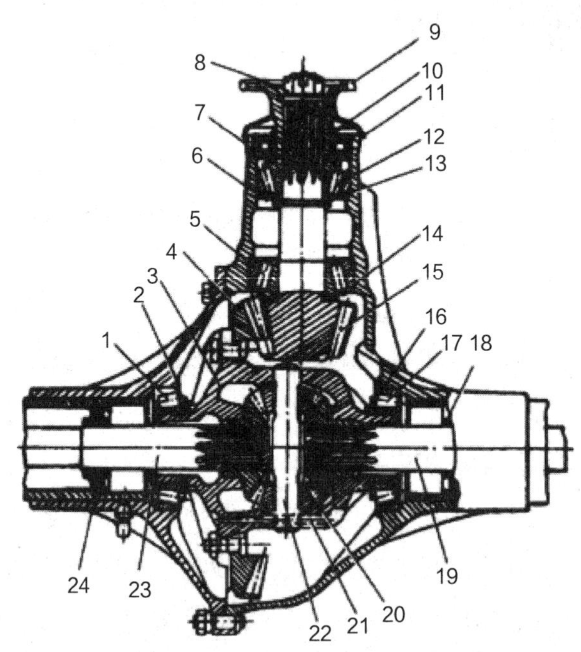

1、17—差速器滚锥轴承；2、16—从动锥齿轮调整垫片；3—差速器壳；4—从动锥齿轮；5、12—主动锥齿轮滚锥轴承；6—止推环；7—挡油环；8—锁紧螺母；9—凸缘盘总成；10、18、24—油封；11—回油环；13—调整垫片；14—主动锥齿轮调整垫片；15—主动锥齿轮；19、23—半轴；20—行星齿轮；21—锁销；22—一字轴。

图 7-15　北京 BJ2020SJ 汽车驱动桥

（图片来源：常明．汽车底盘构造）

（三）对称式圆锥齿轮式差速器的工作原理

1. 运动特性——差速原理

对称式圆锥齿轮式差速器是一种行星齿轮机构。如图 7-16 所示，差速器壳与行星齿轮轴连成一体，形成行星架，因为它又与主减速器的从动齿轮固连在一起，故为主动件，设其角速度为 ω_0；半轴齿轮 1 和 2 为从动件，其角速度分别为 ω_1 和 ω_2。A、B 两点分别为行星齿轮与半轴齿轮 2 的啮合点。行星齿轮的中心点为 C，A、B、C 三点到差速器旋转轴线的距离均为 r。

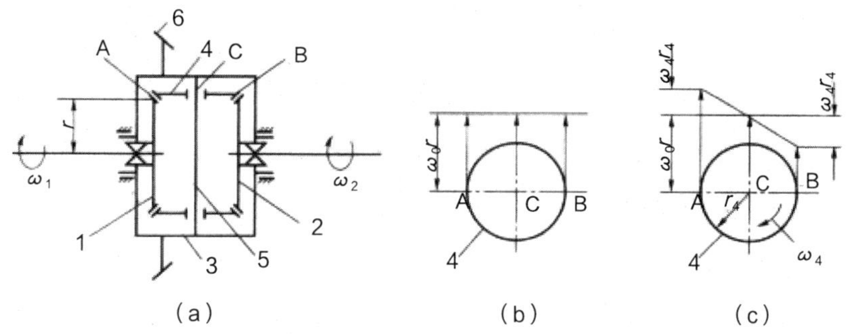

1、2—半轴齿轮；3—差速器壳；4—行星齿轮；5—行星齿轮轴；6—主减速器从动齿轮。

图 7-16　差速器差速原理

（图片来源：常明．汽车底盘构造）

汽车直线行驶（两侧驱动轮受到的路面阻力相同）时，A、B 两点受力相等，行星齿轮只是随十字轴绕差速器旋转轴线公转。显然，处在同一半径 r 上的 A、B、C 三点的圆周速度都相等 [图 7-16（b）]，其值为 $\omega_0 r$，于是 $\omega_0=\omega_1=\omega_2$，即差速器不起差速作用，而半轴角速度等于差速器壳的角速度。

汽车转弯行驶（两侧车轮受到的阻力不相等）时，此时，行星齿轮上 A、B 两点受力不相等，行星齿轮除公转外，还绕本身的轴以角速度 ω_4 自转 [图 7-16（c）]。啮合点 A 的圆周速度为

$$\omega_1 r = \omega_0 r + \omega_4 r_4$$

啮合点 B 的圆周速度为

$$\omega_2 r = \omega_0 r - \omega_4 r_4$$

故

$$\omega_1 r + \omega_2 r = (\omega_0 r + \omega_4 r_4) + (\omega_0 r - \omega_4 r_4)$$

即

$$\omega_1 + \omega_2 = 2\omega_0$$

若角速度以每分钟转数 n 表示，则：

$$n_1 + n_2 = 2n_0$$

式 $n_1+n_2=2n_0$ 为两半轴齿轮直径相等的对称式圆锥齿轮式差速器的运动特性方程式。它表明左、右两侧半轴齿轮的转速之和等于差速器壳转速的两倍，而与行星齿轮自转速度无关。因此，在汽车转弯行驶或其他行驶情况下，都可以通过行星齿轮以相应转速自转，使两侧驱动车轮以不同转速在地面上滚动。

由式 $n_1+n_2=2n_0$ 可得到如下推论。

（1）当任何一侧半轴齿轮的转速为 0 时，另一侧半轴齿轮转速为差速器壳转速的两倍；

（2）当差速器壳转速为 0 时，若一侧半轴齿轮受其他外来力矩而转动，则另一侧半轴齿轮即以相同转速反向转动。

2. 扭矩分配特性

（1）由主减速器传来的扭矩 M_0，经差速器壳、行星齿轮轴和行星齿轮传给半轴齿轮。行星齿轮相当于一个等臂杠杆，两个半轴齿轮的半径（R）相等。因此，当行星齿轮没有自转时，总是将扭矩平均分配给左、右两半轴齿轮，即

$$M_1 = M_2 = \frac{1}{2} M_0$$

（2）当两半轴齿轮以不同转速朝相同方向转动时，假设左半轴齿轮转速 n_1 大于右半轴齿轮转速 n_2，则行星齿轮将按图 7-17 上实线箭头 n_4 的方向绕行星齿轮轴自转。此时，行星齿轮孔与行星齿轮轴轴颈间及齿轮背部与差速器壳之间都产生摩擦。行星齿轮所受的摩擦力矩 M_1 方向与其转速 n_4 方向相反，如图 7-17 上虚线箭头所示。此摩擦力矩使行星齿轮对左右半轴齿轮作用了两个大小相等方向相反的附加圆周力 F_1 和 F_2。F_1 使快转的左半轴的扭矩 M_2 减小，而 F_2 使慢转的右半轴的扭矩 M_2 增加。

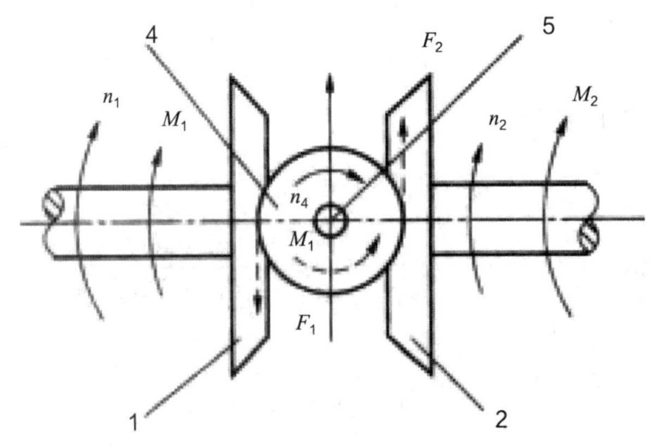

1、2—半轴齿轮；3—差速器壳（图中未画出）；4—行星齿轮；5—行星齿轮轴。

图 7-17 差速器扭矩分配（图片来源：常明. 汽车底盘构造）

三、限滑差速器

普通齿轮式差速器的结构特点，决定了其只能在驱动轮间平均分配驱动扭矩，而无法实现按需分配，这在很大程度上影响了汽车的通过性，特别是在附着系数较低或者附着条件不均匀的路面上行驶时，将严重影响汽车行驶安全性、稳定性和动力性。为解决这一问题，越来越多的汽车开始装用限滑差速器（Limited Slip Differential, LSD）。这种差速器最早在赛车上使用，随后在轿车、越野汽车、载货汽车上也逐渐开始得到广泛应用。根据工作原理和操作方式，限滑差速器可分为扭矩敏感式、转速敏感式和主动控制式三种。

扭矩敏感式限滑差速器简称扭矩式限滑差速器，是指差速器的限滑扭矩主要与差速器壳的输入扭矩密切关联的限滑差速器。一般此类差速器的限滑扭矩与差速器壳输入扭矩成递增函数关系，即随着差速器壳输入扭矩的增加，其限滑扭矩也将增大。

转速敏感式限滑差速器简称转速式限滑差速器，是指差速器的限滑扭矩主要与差速器左右半轴的转速差密切相关联的限滑差速器。一般此类差速器的限滑扭矩与差速器左右半轴的转速差成递增函数关系，即随着差速器左右半轴的转速差的增加，其限滑扭矩也将增大。

主动控制式限滑差速器是指通过气动、电磁或电液等控制装置来实现限滑的差速器，能使两侧驱动轮实时获得更好的驱动附着效果。

扭矩式限滑差速器具有性能优越、价格适中等优点而获得市场的青睐，成为军车和商用车限滑差速器的主导产品。但随着科技的发展和电子技术的突破，电磁或电液主动控制式限滑差速器将有良好的发展空间。

（一）扭矩式限滑差速器

扭矩式限滑差速器的种类有多种，按其结构主要可以分为轮齿式和内摩擦式两种。下面对目前两种常用扭矩式限滑差速器的结构性能与工作原理进行介绍和分析。

1. 轮齿式

利用不同轮齿的特性来实现限滑，也是扭矩式限滑差速器广泛采用的一种结构形式，较常见的轮齿形式有蜗轮式、螺旋齿式、直齿式等。目前应用最广泛的是托森（Torsen）式限滑差速器和 TrueTrac 限滑差速器。下面分别对这两种差速器进行介绍和分析。

（1）托森式限滑差速器：托森式限滑差速器利用蜗轮蜗杆传动的不可逆性原理和齿面高摩擦条件，使差速器根据其内部差动扭矩（差速器的内摩擦力矩）大小而自动锁死或松开，即在差速器内差动扭矩较小时起差速作用，而过大时自动将差速器锁死，有效地提高了汽车的通过性。这种差速器在一些军用轻型汽车和民用四轮驱动轿车上得到了广泛的使用，如美国悍马系列汽车驱动桥、我国东风 EQ2050（猛士）汽车的后驱动桥、奥迪 80 和奥迪 90（Audi Quattro）全轮驱动轿车的轴间差速器均使用了托森式限滑差速器。

图 7-18 是东风 EQ2050（猛士）汽车后桥所用的差速器总成。

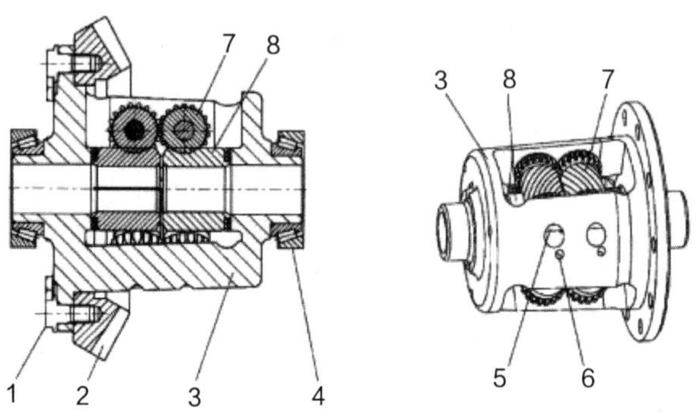

1—螺栓；2—从动锥齿轮；3—差速器壳体；4—差速器轴承；5—弹性销；6—销轴；7—组合齿轮。

图 7-18　东风 EQ2050（猛士）汽车后桥差速器总成
（图片来源：常明．汽车底盘构造）

图 7-19 是托森式限滑差速器的内部结构图。从图中可以看出，托森式限滑差速器主要由差速器壳、带外花键的左右半轴、带内花键的蜗杆（2 个）、蜗轮（6 个）、直齿轮（12 个）及直齿轮轴（6 根）等零件组成。

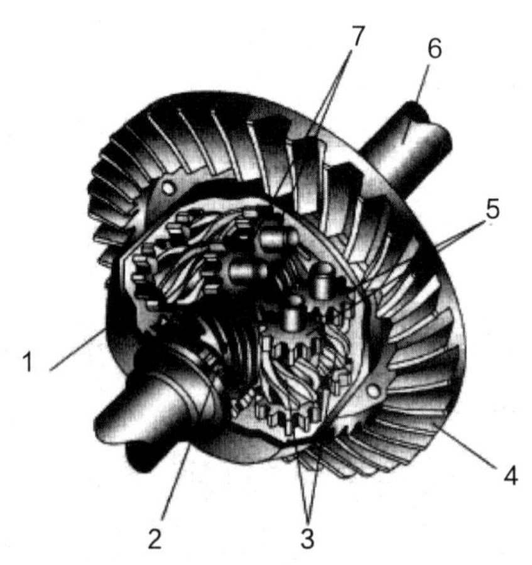

1—差速器壳；2—蜗杆；3—蜗轮；4—从动齿轮；5—直齿轮；6—半轴；7—直齿轮轴。

图 7-19　托森式限滑差速器的结构
（图片来源：常明．汽车底盘构造）

其中，左右蜗杆分别通过内花键与左右半轴外花键相连而一起转动。蜗轮与直齿轮制成一体，形成组合齿轮，共 6 个，分别套在各自的齿轮轴上，并通过齿轮轴安装在差速器外壳上。这 6 个组合齿轮分为两组，其中一组（3 个）的蜗轮与左侧半轴蜗杆相啮合，另一组（3 个）与右侧半轴蜗杆相啮合。与左、右半轴蜗杆啮合的两组蜗轮通过直齿圆柱齿轮彼此啮合。

当汽车驱动时，来自发动机的动力通过主减速器从动锥齿轮传至差速器壳，差速器壳通过蜗轮轴传到蜗轮，再传到蜗杆，蜗杆通过花键传递给两侧半轴。当左、右半轴转速不同时，通过啮合的直齿轮相对转动，使一侧半轴转速加快，另一侧半轴转速减慢，实现差速作用。

托森式限滑差速器的工作过程可分为下述两种情况。

①如图 7-20（a）所示，当 $n_1=n_2$ 时，此时汽车在平直路面上直线行驶，两侧车轮无转速差。

设差速器壳转速为 n_0，左、右半轴蜗杆转速分别为 n_1、n_2。由于两侧半轴（蜗杆轴）转速相等，通过花键与之相啮合的蜗杆转速也相等。此时差速器壳与两侧蜗杆均绕半轴轴线同步转动，$n_1=n_2=n_0$。显然，蜗轮与蜗杆之间无相对运动，两相啮合的直齿圆柱齿轮之间也无相对转动，此时扭矩也是平均分配的，设差速器壳传递来的扭矩为 M_0，左、右半轴上相应驱动扭矩分别为 M_1、M_2，则有

$$M_1 = M_2 = \frac{1}{2} M_0$$

②如图 7-20（a）所示，当 $n_1 \neq n_2$ 时，此时汽车转弯行驶，或者某侧车轮遇到不平路面或因附着不佳而打滑，两侧车轮存在转速差。为便于分析，假设汽车处于静止状态，且车桥被悬空。显然，此时差速器壳不动，即 $n_0=0$。人为使左侧车轮转动，转速为 n_1，转动方向如图 7-20（b）所示。在 n_1 作用下，左侧半轴将带动蜗杆转动，蜗杆则带动与其啮合的蜗轮转动，蜗轮两端的直齿圆柱齿轮也随之转动，转速为 n_r。由于左、右圆柱齿轮互相啮合，与右半轴相连的直齿圆柱齿轮也随之以相同的转速反向转动。又因直齿轮与蜗轮制成一体，右侧蜗轮也会以 n_r 的转速转动。显然，与右侧蜗轮啮合的蜗杆应该在蜗轮的带动下转动，转动方向与左侧半轴相反。但是由于蜗轮、蜗杆传动副的传动逆效率极低，右侧蜗杆不可能旋转。因此，只能是差速器壳在旋转，也就是 $n_0 \neq 0$，左、右半轴蜗杆也随之同向旋转。此时，两轴之间的转速差是通过一对相啮合的圆柱齿轮的相对转动而实现的。

由上述分析可知，当 $n_1 > n_2$ 时，左侧半轴通过花键带动左侧蜗杆，从而带动左

侧蜗轮及直齿轮旋转。通过左、右两侧直齿轮的啮合，使右侧直齿轮及蜗轮旋转，从而有迫使右侧蜗杆和半轴转动的趋势。因蜗轮与蜗杆的传动特性，其齿面之间存在很大的摩擦力，限制了蜗轮转速的增加，从而也通过啮合的直齿轮副阻止了左侧蜗轮、蜗杆转速的增加。显然，只有当左右两侧车轮转速差不大时才能实现差速，当转速和扭矩差较大时，差速器将被锁止。

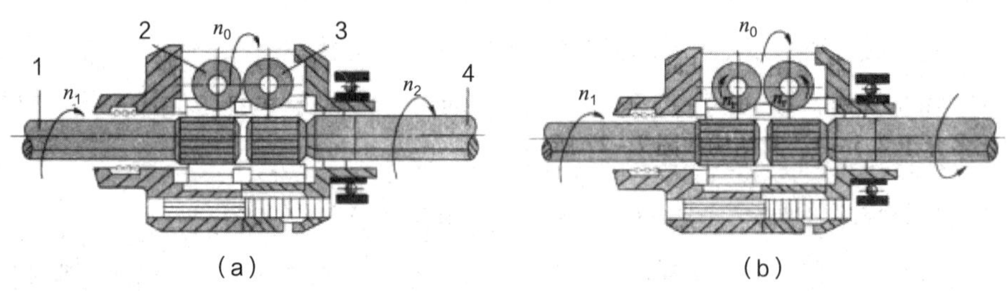

1—左半轴及蜗杆；2—左半轴齿轮上的圆柱齿轮；3—右半轴齿轮上的圆柱齿轮；4—右半轴及蜗杆。

图 7-20　托森式限滑差速器的工作情况

（图片来源：常明. 汽车底盘构造）

托森式限滑差速器是利用蜗轮蜗杆传动副的高内摩擦力矩进行扭矩分配的，其原理简述如下：设左侧蜗杆的转速大于右侧蜗杆的转速，即 $n_1 > n_2$，则通过一系列传动后，右侧蜗轮将带动右侧蜗杆转动。显然，快转侧（左侧）蜗轮蜗杆的内摩擦扭矩方向与左侧蜗杆的旋转方向相反，慢转侧（右侧）蜗轮蜗杆的内摩擦扭矩方向与右侧蜗杆的旋转方向相同。设蜗轮蜗杆的内摩擦扭矩为 M_r，则左右两侧半轴的扭矩分配为

$$M_1=\frac{1}{2}(M_0-M_r)，M_2=\frac{1}{2}(M_0+M_1)$$

蜗轮带动蜗杆的逆传动效率取决于蜗杆的螺旋角及传动副的摩擦条件。对于一定的差速器结构，其螺旋角是一定的，此时传动主要由摩擦状况来决定，即取决于差速器的内摩擦力矩 M_r，而 M_r 又取决于左、右半轴的相对转速。当 n_1、n_2 转速差比较小时，右侧蜗轮带动蜗杆的摩擦力也较小，此时通过啮合的直齿轮吸收两侧半轴的转速差。当 n_1、n_2 转速差比较大时，蜗轮驱动蜗杆的摩擦力矩也较大，差速器将抑制左侧车轮的空转，将输入扭矩 M_0 多分配到右侧半轴上。当 n_2=0、左侧蜗杆空转时，由于右侧蜗轮与蜗杆之间的内摩擦力矩 M_r 过高，使 M_0 全部分配到右侧蜗杆上。此时相当于差速器被锁死而不起差速作用。

蜗轮式差速器扭矩比为

$$s=\frac{\tan(\beta+\rho)}{\tan(\beta-\rho)}$$

式中，β 为蜗杆螺旋角，ρ 为摩擦角。当 $\beta=\rho$ 时，扭矩比 s 无限趋近正无穷，差速器自锁。一般 s 可达 5.5 ～ 9.0，锁紧系数 K 可达 0.7 ～ 0.8。选取不同的螺旋升角可得到不同的锁紧系数，使驱动力既可来自蜗杆，也可以来自蜗轮。为减少磨损，提高使用寿命，s 一般降低到 3.0 ～ 3.5 较好，这样即使在一端车轮附着条件很差的情况下，仍可以利用附着力大的另一端车轮产生足以克服行驶阻力的驱动力。

托森式限滑差速器由于其结构及性能上的诸多优点，被广泛用于全轮驱动轿车的轴间差速器及后驱动桥的轮间差速器。但由于其在转速扭矩差较大时的自动锁止作用，通常不用作转向驱动桥的轮间差速器。

（2）TrueTrac 限滑差速器：TrueTrac 限滑差速器是由美国 Eaton 公司生产的一种中型卡车用限滑差速器，广泛应用于悍马车（Hummer）、路虎（LandRover）、起亚（Kia）、尼桑（Nissan）、丰田（Toyota）等公司越野汽车上，扭矩比多介于 2.5 ～ 4.0，其结构如图 7-21 所示。

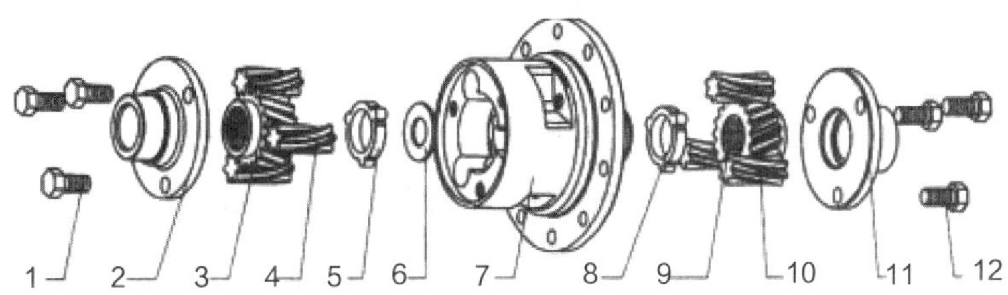

1、12—螺栓；2、11—差速器壳侧盖；3、9—半轴齿轮；4、10—行星齿轮；5、8—半轴齿轮隔套；6—半轴齿轮推力垫片；7—差速器壳中体。

图 7-21 TrueTrac 限滑差速器结构

（图片来源：常明．汽车底盘构造）

该限滑差速器主要由行星齿轮、半轴齿轮、差速器壳中体，以及差速器壳左、右侧盖等组成，其主要特征在于它采用螺旋齿形的行星齿轮和半轴齿轮，其中行星齿轮分为左行星齿轮和右行星齿轮，左行星齿轮与左半轴齿轮相啮合，右行星齿轮与右半轴齿轮相啮合，同时左行星齿轮与右行星齿轮也一一对应相啮合。

当左、右半轴无转速差时，左、右半轴转速与差速器壳转速均相等，此时左、右行星齿轮和相应的半轴齿轮之间无相对转动，差速器、左右半轴如同整体在一起转动，此时从差速器壳上分配到左右半轴上的扭矩是等分的。

当左右半轴产生转速差时，左右行星齿轮产生相对转动，且快转侧的旋转方向与相应侧半轴齿轮加快旋转相符合，而慢转侧的旋转方向与相应侧半轴齿轮减慢旋转相符合，即左右半轴齿轮的转速差是通过左右行星齿轮之间的相对转动来实现的。

由上述分析可知，快转侧半轴齿轮使快转侧的行星齿轮转动，从而迫使慢转侧行星齿轮带动慢转侧半轴齿轮转动。由于螺旋齿传动的特点，此时会在齿面间产生很大的摩擦力，限制了慢转侧行星齿轮转速的增加，也就阻止了快转侧行星齿轮及快转侧半轴齿轮转速的增加，实现了对快转侧驱动车轮的限滑作用。

2. 内摩擦式

内摩擦式限滑差速器是扭矩式限滑差速器中所占比例最高的一种，它不仅最早被开发为产品，而且也是应用最为广泛的。目前应用最多的是摩擦片自锁限滑差速器、多片式限滑差速器和美国 Eaton 公司的 SureTrac 限滑差速器。北京 BJ2022（勇士）汽车则首次采用了由中国人民解放军陆军军事交通学院自主设计开发的变传动比限滑差速器。

（1）摩擦片自锁限滑差速器：摩擦片自锁限滑差速器是在对称式圆锥齿轮式差速器的基础上发展而成的，其结构如图 7-22 所示。与对称式圆锥齿轮式差速器相比，增加了主、从动摩擦片组和推力压盘，摩擦片组由弹簧钢片和若干间隔排列的主动摩擦片及从动摩擦片组成，如图 7-22（b）所示。摩擦片组和推力压盘安装于半轴齿轮背面与差速器壳之间。推力压盘以内花键与半轴相连，轴颈处则通过外花键与从摩擦片相连。主动摩擦片的两个凸起则嵌入差速器壳的内键槽中。推力压盘和主、从动摩擦片均可做微小的轴向移动。十字轴则由两根互相垂直的行星齿轮轴组成，其端部均切出凸 V 形斜面，相应的差速器壳孔上也有凹 V 形斜面，两根行星齿轮轴的 V 形面是反向安装的。

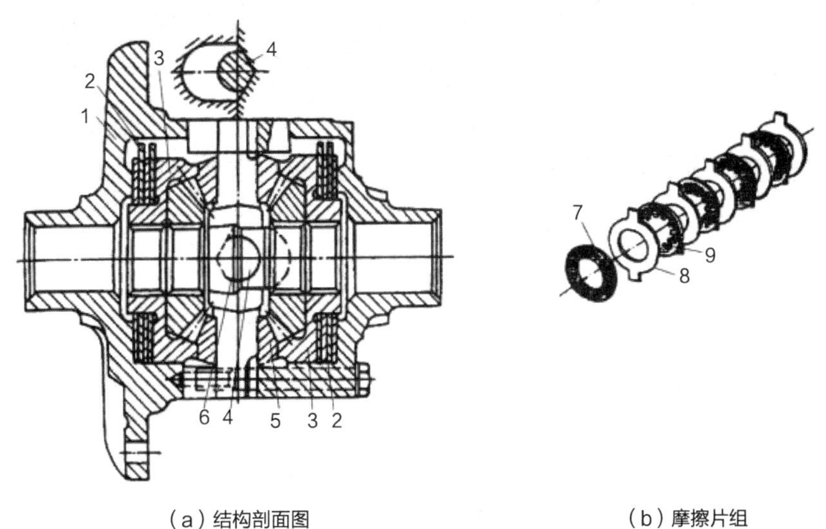

（a）结构剖面图　　（b）摩擦片组

1—差速器壳；2—主、从动摩擦片组；3—推力压盘；4—十字轴；5—行星齿轮；6—V 形斜面；7—弹簧钢片；8—主动摩擦片；9—从动摩擦片。

图 7-22　摩擦自锁限滑式差速器
（图片来源：常明．汽车底盘构造）

当汽车直线行驶、两半轴无转速差时，扭矩平均分配给两半轴。由于差速器壳通过 V 形斜面驱动行星齿轮轴，在传递扭矩时，斜面上产生的平行于差速器轴线的轴向分力迫使两根行星齿轮轴分别向左、右方向略微移动，通过行星齿轮使推力压盘压紧摩擦片。此时扭矩经两条路线传给半轴：一路经行星齿轮轴、行星齿轮和半轴齿轮将大部分扭矩传给半轴；另一路则由差速器壳经主、从动摩擦片和推力压盘传给半轴。

当一侧车轮在不平路面行驶或转弯行驶时，差速器起差速作用，使左右半轴齿轮的转速不等。由于转速差和轴向力的存在，主、从动摩擦片间在滑转的同时将产生摩擦力矩，其数值大小与差速器传递的扭矩和摩擦片数量成正比。而摩擦力矩的方向与快转半轴的转向相反，与慢转半轴的转向相同。较大数值的内摩擦力矩使慢转半轴传递的扭矩明显增加。

摩擦片自锁限滑差速器结构简单，工作平稳，锁紧系数 K 可达到 0.7 或更高，多用于轿车和轻型汽车上。

（2）多片式限滑差速器：多片式限滑差速器又称机械式限滑差速器，通用、萨博（SAAB）、起亚（Kia）和现代（Hyundai）等各大汽车公司的多款车型均采用了这种结构形式的限滑差速器。我军新装备的东风 EQ2050（猛士）汽车前桥也采用了这种差速器。图 7-23 是东风 EQ2050（猛士）汽车的主减速器分解图，其中 27 是差速器总成，图中有两种结构的差速器，一种是前桥用的多片式限滑差速器，一种是后桥用的托森式限滑差速器。

东风 EQ2050（猛士）汽车前桥多片式限滑差速器的结构如图 7-24 所示。

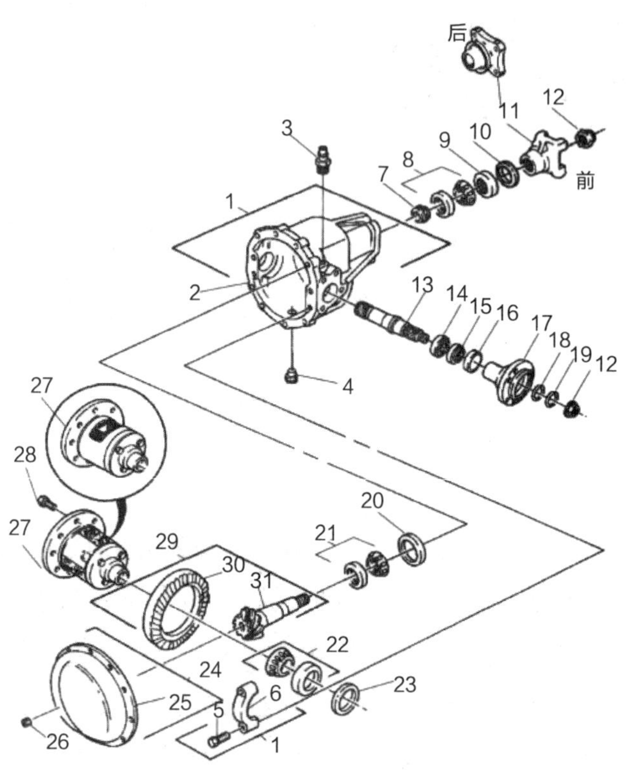

1—主减速器总成；2—主减速器壳；3—直通管接头；4—放油螺塞总成；5—螺栓—差速器轴承盖；6—轴承盖；7—主动轮轴承调整隔套；8—主动锥齿轮前外轴承总成；9—主轴油封；10—防尘罩；11—突缘总成；12—六角螺母 - 主动锥齿轮；13—差速器输出半轴；14—差速器外轴承；15—半轴油封；16—螺母；17—法兰盘；18—垫片；19—垫圈 - 主动锥齿轮螺母；20—主动锥齿轮调整垫片；21—主动锥齿轮前内轴承总成；22—差速器内轴承；23—差速器轴承调整垫片；24—主减速器盖总成；25—盖 - 主减速器；26—螺塞座—油面孔；27—差速器总成；28—螺栓 - 从动锥齿轮；29—主从动锥齿轮副；30—从动锥齿轮；31—主动锥齿轮。

图 7-23　东风 EQ2050（猛士）汽车的主减速器分解图

（图片来源：常明. 汽车底盘构造）

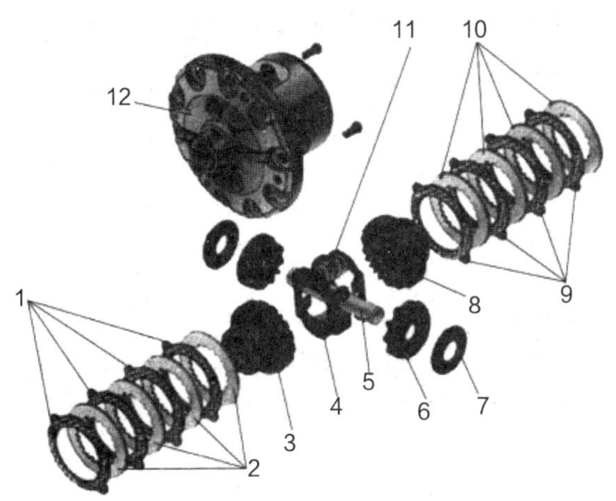

1、9—主动摩擦片组；2、10—从动摩擦片组；3、8—半轴齿轮；4—弹簧保持架；5—行星齿轮轴；6—行星齿轮；7—行星齿轮球形垫片；11—压紧弹簧；12—差速器壳。

图 7-24　东风 EQ2050（猛士）汽车前桥多片式限滑差速器的结构示意图
（图片来源：常明. 汽车底盘构造）

该型限滑差速器由主动摩擦片组、从动摩擦片组、行星齿轮、行星齿轮轴、压紧弹簧及其保持架，以及差速器壳等组成。摩擦片组安装于半轴齿轮背面与差速器壳之间。主动摩擦片的两个凸起嵌入差速器壳的内键槽中，从摩擦片则通过内花键与半轴齿轮的外花键相连。左、右两侧的弹簧保持架在压紧弹簧的作用下抵靠在半轴齿轮的端面上。主、从动摩擦片，半轴齿轮和弹簧保持架均可做微小的轴向移动。

差速器装合后，弹簧有一定的压缩，从而将两侧半轴齿轮与摩擦片组压紧在一起。

当左右半轴无转速差时，扭矩是经过两条传递路线传给半轴的。一条路线是由差速器壳通过行星齿轮轴、行星齿轮、半轴齿轮等传给半轴及驱动车轮，这与普通锥齿轮差速器的扭矩传动路径相同；另一条路线是由差速器壳传给在驱动扭矩作用下被弹簧压紧的摩擦片组与半轴齿轮，然后经左右半轴传给驱动车轮。由此可见，此时传递扭矩能力要比普通差速器的要大。

当左右半轴产生转速差时，差速器壳的转速与左右半轴齿轮的转速将不相等。在半轴齿轮与行星齿轮轴向力的作用下，摩擦片组和半轴齿轮被压向差速器壳，故在左、右两侧的锥盘和差速器之间必将分别产生一个转动摩擦力矩，其大小与摩擦因数及压紧力有关，其方向则与差速器壳与左右两侧半轴的相对转速有关。快转侧的摩擦力矩与旋转方向相反，而慢转侧的摩擦力矩与旋转方向相同，这就实现了对快转车轮的限滑作用。

另外一种结构类似的限滑差速器是AuburnGear公司生产的锥盘式限滑差速器，如图7-25所示。该型限滑差速器的特征是用摩擦锥盘代替了摩擦片组，通过摩擦锥盘与半轴齿轮的摩擦实现限滑作用，其工作原理与多片式限滑差速器相同。

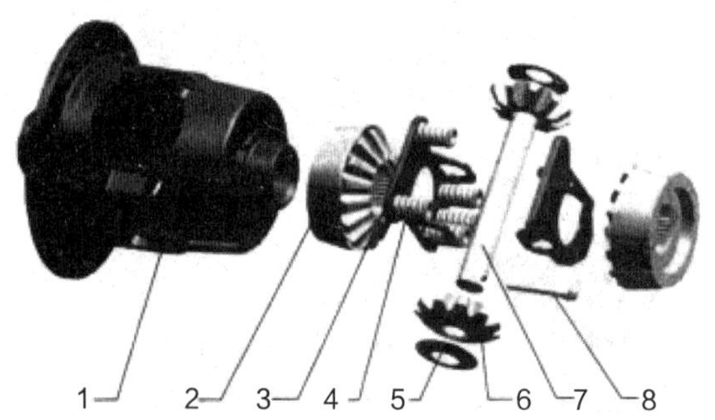

1—差速器壳；2—半轴齿轮锥盘总成；3—弹簧保持架；4—弹簧；5—行星齿轮球形垫片；6—行星齿轮；7—行星齿轮轴；8—锁销

图7-25 锥盘式限滑差速器结构示意图

（图片来源：常明．汽车底盘构造）

（3）SureTrac限滑差速器：Eaton公司生产的SureTrac限滑差速器是一种常用的摩擦片式差速器，主要应用于军用车辆和民用重型卡车、工程车辆，如小松（Komatsu）、卡特彼勒（Caterpillar）、沃尔沃（Volvo）卡车等，其结构如图7-26所示。

与摩擦片自锁限滑差速器相比，这种限滑差速器的主要特征在于它采用了整体十字轴，并且没有推力压盘。十字轴轴颈处具有方向相反的凸V形斜面，差速器壳孔上也有凹V形斜面。其工作过程与摩擦片自锁限滑差速器相同。

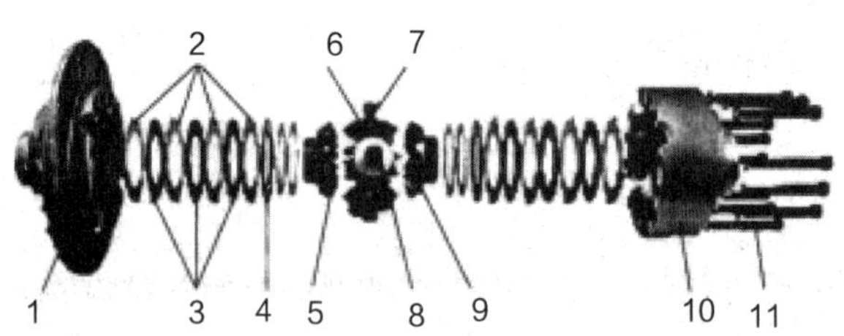

1—左差速器壳；2—主动摩擦片组；3—从动摩擦片组；4—摩擦隔环；5、9—半轴齿轮；6—行星齿轮；7—十字轴；8—推力垫片；10—右差速器壳；11—螺栓。

图7-26 SureTrac限滑差速器

（图片来源：常明．汽车底盘构造）

（4）变传动比限滑差速器：变传动比限滑差速器与对称式圆锥齿轮式差速器有着相似的组成和结构，但在工作原理上却不相同。对称式圆锥齿轮式差速器是圆锥齿轮传动，两侧车轮的扭矩总是近似相等。而变传动比限滑差速器则是一种非圆锥齿轮传动，两侧车轮的扭矩随着行星齿轮转角的变化而变化，或者说扭矩分配随差速器传动比的变化而变化。当一侧驱动轮出现打滑趋势时，它会比另一侧车轮转得略快，此时具有特殊齿形的变传动比非圆锥齿轮副将促使差速器中的行星轮偏离平衡位置，而使分配到快转轮和慢转轮上的扭矩不等（快转车轮上的小，慢转车轮上的大），从而增大差速器的锁紧系数，起到限滑的作用。

目前，传统的变传动比限滑差速器还存在两个缺点：一是传动比的变化范围太小，不足以克服打滑的影响；二是传动比的变化周期太短，产生脉动与冲击。其原因在于现有差速器的传动比是以齿轮周节为一个波动周期，周期太短，传动比变化范围受到极大限制。

由中国人民解放军陆军军事交通学院研制成功的变传动比限滑差速器突破了上述限制，研制出了一种全新的非圆锥齿轮副，可在行星轮整圈区间内设计其传动比变化周期，大大提高了其数值变化范围，从而显著提高了差速器的锁紧系数，同时减小了脉动和冲击，达到了提高汽车越野性能的要求。我军新装备的北京 BJ2022（勇士）汽车即采用了这种新型的变传动比限滑差速器，其结构如图 7-27 所示。

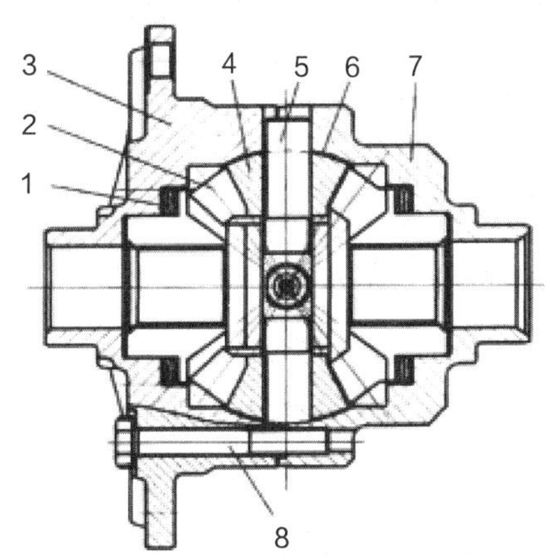

1—半轴齿轮推力垫片；2—半轴齿轮；3—差速器左壳；4—行星齿轮；5—行星齿轮轴（十字轴）；6—行星齿轮球面垫片；7—差速器右壳；8—螺栓。

图 7-27　变传动比限滑差速器

（图片来源：常明．汽车底盘构造）

（二）转速式限滑差速器

转速式限滑差速器一般是借助于液体的黏摩擦特性（如黏性式、Gerodise 式）或是特殊齿形（如牙嵌式自由轮或 NO-SPIN 式）来实现对差动速度的感知，实现差速器的限滑作用。黏性式限滑差速器主要用在轿车上，在此不作具体介绍。

牙嵌式自由轮差速器则主要用在中、重型汽车上，如东风 EQ2102N 汽车的中后桥差速器就采用了这种结构形式。图 7-28 所示为东风 EQ2102N 汽车主减速器总成，图中 7 为牙嵌式自由轮差速器。差速器壳分为左、右两半，分别是 6 和 9。两侧差速器壳与主减速器从动齿轮由螺栓固定在一起。

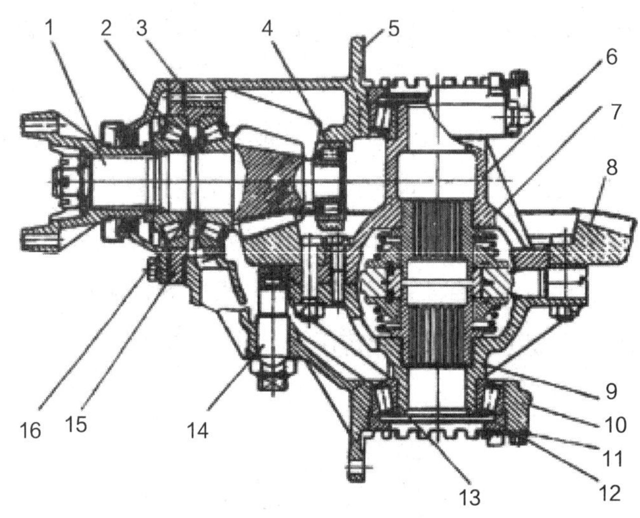

1—主动锥齿轮；2—主动锥齿轮前轴承；3—调整垫片；4—主动锥齿轮后轴承；5—主减速器壳；6—左差速器壳；7—差速器；8—从动锥齿轮；9—右差速器壳；10—轴承盖；11—锁片；12—调整螺母；13—差速器轴承总成；14—支承套总成；15—轴承座；16—调整垫圈。

图 7-28　东风 EQ2102N 汽车主减速器总成

（图片来源：常明．汽车底盘构造）

1. 牙嵌式自由轮差速器的构造及结构特点

牙嵌式自由轮差速器结构如图 7-29 所示。牙嵌式自由轮差速器主要由主动环（含中心环）、从动环（两个，含消声环）、弹簧（两个）、弹簧座（两个）和半轴花键套等零件组成。装合以后如图 7-29（b）所示。

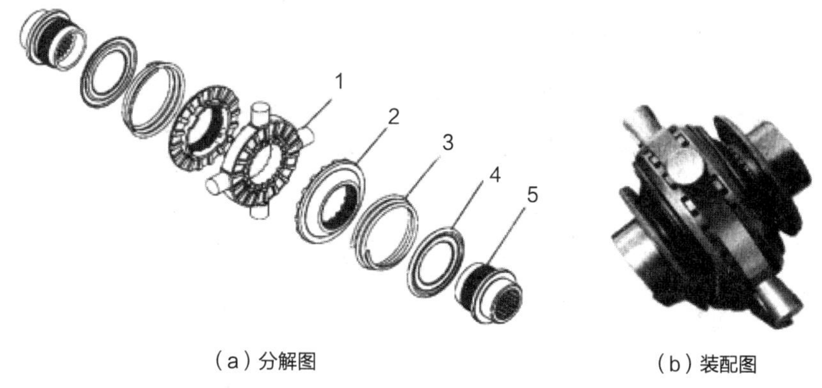

（a）分解图　　（b）装配图

1—主动环组件；2—从动环组件；3—弹簧；4—弹簧座；5—花键毂。

图 7-29 东风 EQ2102N 汽车牙嵌式自由轮差速器
（图片来源：常明．汽车底盘构造）

主动环组件的十字轴固定在差速器左、右两半壳体形成的圆孔中，随差速器壳体一起转动。它的两个侧面制有沿圆周分布的许多倒梯形（角度很小）断面的径向传力齿。相应的，左、右从动环的内侧面也有相同的传力齿。制成倒梯形齿的目的在于防止传递扭矩过程中从动环与主动环自动脱开。弹簧力图使主、从动环处于接合状态。花键毂内外均有花键，外花键与从动环组件啮合，内花键与半轴外花键啮合。

主动环内有中心环，二者通过键槽相连，如图 7-30（b）所示，中心环可以相对主动环转动一个很小的角度，但受卡环的限制而不能轴向移动。中心环的两个侧面制有与传力齿数量相同的分离齿。与传力齿不同，分离齿具有正梯形断面形状。相应的，从动环内圈也制有相同数量和形状的分离齿，如图 7-30（a）所示。在主、从动环传力齿相互啮合的同时，分离齿也相互啮合。但当两侧车轮无转速差时，主、从动环分离齿之间并无作用力。

主动环有一个传力齿的长度比其他传力齿长，称为伸长齿，见图 7-30（b）。消声环上相应的位置有一个缺口。装合后，伸长齿位于消声环相应的缺口内。消声环安装于从动环的键槽内，随从动环一起旋转。需要注意的是，消声环并不会相对于从动环旋转。当从动环被分离齿顶出而相对于主动环旋转时，消声环缺口的一侧就会与伸长齿抵触，从而阻止从动环继续相对于主动环转动。

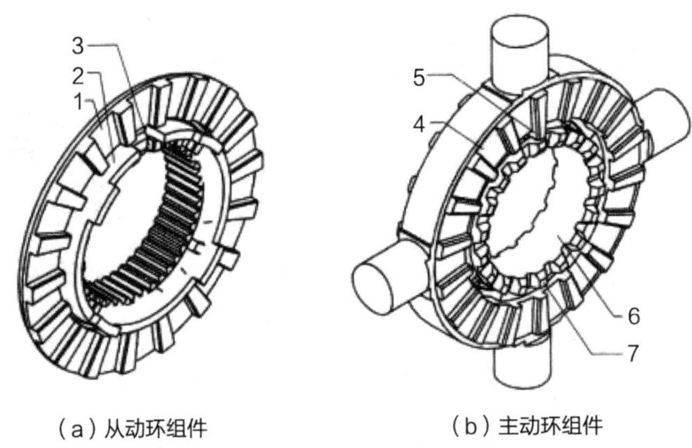

1—从动环；2—消声环；3—从动环分离齿；4—主动环；5—伸长齿；6—中心环；7—中心环分离齿。

图 7-30　主、从动环组件
（图片来源：常明. 汽车底盘构造）

2. 工作情况

当汽车的两侧车轮转速相等时，主动环通过两侧传力齿带动左、右从动环，从而带动花键毂及半轴一起旋转，如图 7-31（a）所示。此时，由主减速器传给主动环的扭矩平均分配给左、右半轴。

汽车转弯行驶时，要求差速器能起差速作用。假设此时汽车左转弯，如图 7-31（b）所示，则左驱动轮有慢转趋势，左从动环和主动环的传力齿之间压得更紧，于是主动环带动左从动环、左半轴一起旋转，左轮被驱动。而右轮有快转的趋势，即右从动环将相对于主动环向前转动一个角度，于是在中心环和从动环内圈分离齿斜面接触力的轴向分力作用下，右侧从动环克服压缩弹簧作用力右移，传力齿分离，不再啮合，右轮的扭矩传递中断，如图 7-31（b）所示。

但是如果不采取措施，从动环每转过一定角度，使主、从动环传力齿又处于啮合位置时，在压缩弹簧作用下又将进入啮合状态。这种分离与接合不断重复出现，将引起传递动力的脉动，产生啮合噪声，并加重零件的磨损。为此，牙嵌式自由轮差速器采用消声环和加长齿的结构以解决上述问题。如前所述，当汽车左转弯时，右侧从动环右移，与主动环解除啮合，同时右侧从动环连同消声环相对于中心环向前转动一个角度，当到达主、从动环分离齿齿顶彼此相对时，消声环缺口一边被主动环上的伸长齿挡住，如图 7-31（c）所示，从动环便被消声环阻挡在离主动环最远的位置（分离齿齿顶相对），主、从动环的往复啮合便不再发生。

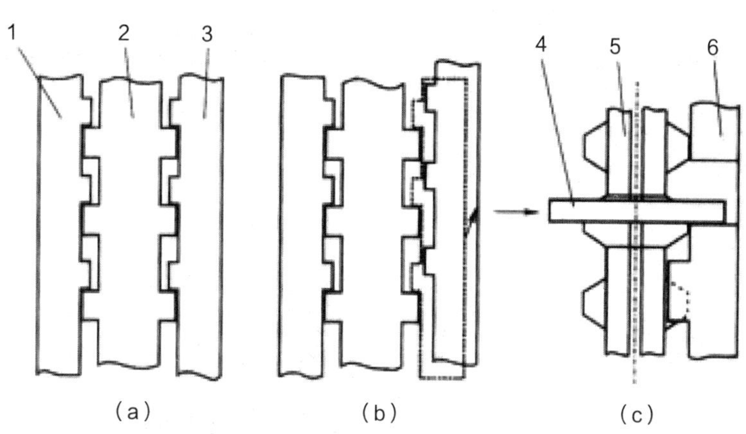

1—左从动环；2—主动环；3—右从动环；4—伸长齿；5—中心环；6—消声环。

图 7-31　牙嵌式自由轮差速器的工作过程
（图片来源：常明．汽车底盘构造）

当汽车回到直线行驶状态时，由于右侧驱动轮没被驱动，因此其转速将下降，当右侧驱动轮转速低于左侧驱动轮转速时，右侧从动环将相对于主动环后退一个角度，使分离齿齿顶不再相对，在压缩弹簧的作用下，主、从动环重新进行啮合状态。

当汽车一侧车轮位于附着不良的路面或被悬空时，另一侧车轮将接收大部分扭矩，甚至全部扭矩。牙嵌式自由轮差速器能在必要时使汽车变成由单侧车轮驱动，其锁紧系数为 1，明显提高了汽车的通过能力，并且它还具有工作可靠、使用寿命长等优点。其缺点是左右车轮传递扭矩时，时断时续，引起车轮传动装置中载荷的不均匀性，加剧轮胎的磨损。

（三）主动控制式限滑差速器

上述扭矩式限滑差速器和转速式限滑差速器具有自动适应和自行调节作用，驾驶员无法进行主动控制。为此，有些车辆采用了主动控制式限滑差速器，在必要时由驾驶员对差速进行控制。根据锁紧系数是否可调，主动控制式限滑差速器可分为锁紧系数不可调式和锁紧系数可调式两种，前者称为强制锁止式差速器，后者又分为电磁式和电液式两种。

1. 强制锁止式差速器

强制锁止式差速器是最简单的限滑差速器，它是在普通齿轮式差速器的基础上增设了由驾驶员控制的差速锁。需要时，驾驶员操纵差速锁，使差速器不起差速作用，相当于把两根半轴连成一体。

图 7-32 所示为奔驰 2026A 型汽车强制锁止式差速器。它的差速锁由牙嵌式接合器及操纵机构两大部分组成。

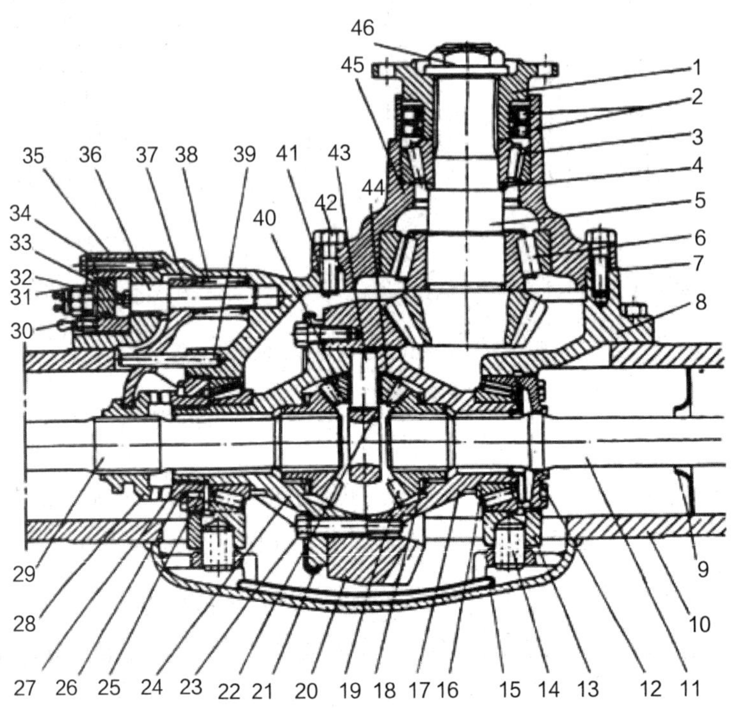

1—传动凸缘；2—油封；3、16—轴承；4—调整隔圈；5—主减速器主动齿轮；6—轴承；7—调整垫片；8—主减速器壳；9—挡油盘；10—桥壳；11、29—半轴；12—带挡油盘的调整螺母；13—轴承盖；14—定位销；15—集油槽；17、24—差速器壳；18、44—推力垫片；19—半轴齿轮；20—主减速器从动齿轮；21—锁板；22—衬套；23、42—螺栓；25—调整螺母；26—固定接合套；27—弹性挡圈；28—滑动接合套；30—进气管接头；31—带密封圈的活塞；32—差速锁指示灯开关；33—调整螺钉及其锁紧螺母；34—缸盖；35—缸体；36—拨叉轴；37—拨叉；38—复位弹簧；39—导轴；40—行星齿轮；41—密封圈；43—十字轴；45—轴承座；46—螺母。

图 7-32　奔驰 2026A 汽车型强制锁止式差速器结构示意图

（图片来源：常明．汽车底盘构造）

当汽车在好路面上行驶不需要锁止差速器时，牙嵌式接合器的固定接合套与滑动接合套不嵌合，即处于分离状态。当汽车通过坏路面而一侧车轮打滑时，驾驶员可操纵开关，压缩空气便由进气管接头进入气动活塞缸左腔，推动活塞右移，活塞通过调整螺钉和拨叉轴推动拨叉，压缩复位弹簧右移，从而拨动滑动接合套右移与固定接合套接合，将左半轴与差速器壳连成一个整体，则左右两半轴被连锁成一体转动，即差速器被锁止，不再起差速作用。这样，扭矩的全部或大部分分配给好路面上的车轮。差速器锁止的同时，指示灯开关被接通，驾驶室内信号灯亮，提醒驾驶员在驶入较好地面时立即打开差速锁，以避免差速器不起差速作用而给汽车带来不良影响。

当需要解除差速器的锁止时，可以通过操纵机构放掉气缸内的压缩空气，拨叉及滑动接合套在复位弹簧作用下左移复位，接合器分离，差速器恢复差速作用。

强制锁止式差速器结构简单，易于制造，但操纵不便，一般要在停车时进行操纵。而且如果过早接上或过早摘下差速锁，即在好路面上左右车轮仍刚性连接，则将产生前面所述的在无差速器情况下出现的一系列问题。

2. 电磁式主动控制限滑差速器

电磁式主动控制限滑差速器的限滑装置为常规多片式限滑差速器，但压紧力是由电磁力进行控制的，如图 7-33 所示。它可以依据工况需要，由驾驶员实现电路闭合，控制电磁力大小，改变限滑差速器内摩擦阻力矩，从而改变差速器的锁紧系数，实现实时主动控制。

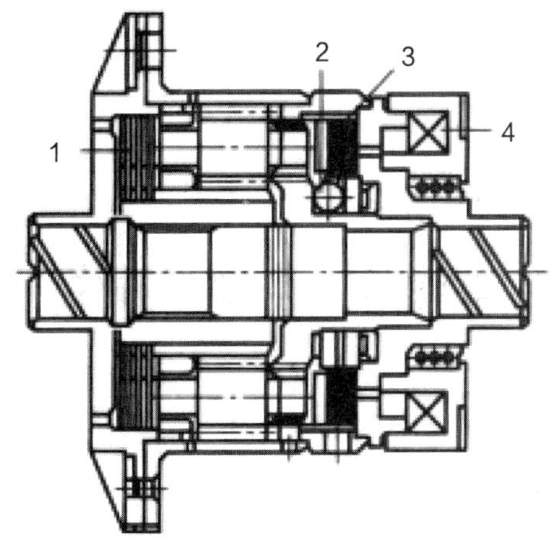

1—主离合器；2—凸轮；3—副离合器；4—电磁铁。

图 7-33 电磁式主动控制限滑差速器

（图片来源：常明. 汽车底盘构造）

3. 电液式主动控制限滑差速器

电液式主动控制限滑差速器结构也为常规的多片式限滑差速器结构，但压紧力是由电液压进行控制的，如图 7-34 所示。当主、从动片分开时，限滑差速器不起作用。当行驶工况需要限滑时，驾驶员控制电磁阀，打开电控液压阀，油压力通过活塞，使主、从动摩擦片相互接合，产生内摩擦力矩，且该摩擦力矩随油压增大而增加。

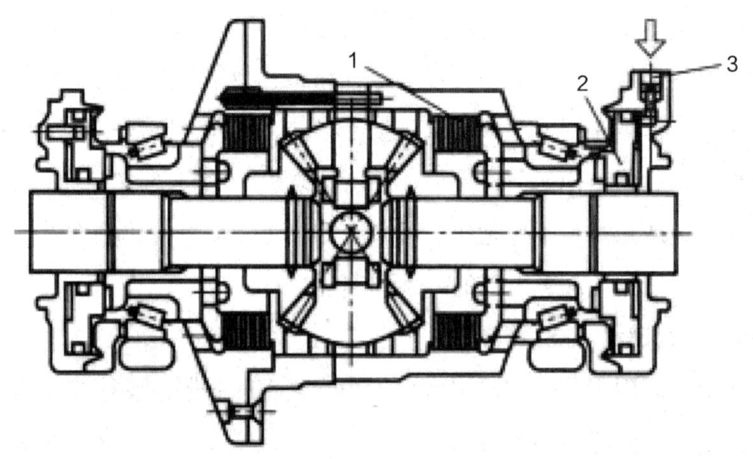

1—多片式主、从动摩擦片组；2—活塞；3—液压油管。

图 7-34　电液式主动控制限滑差速器

（图片来源：常明．汽车底盘构造）

第四节　半轴与桥壳

驱动车轮的传动装置位于汽车传动系统的末端，其功用是将扭矩由差速器的半轴齿轮传给驱动车轮。驱动车轮传动装置的结构形式与驱动桥的结构形式密切相关：在断开式驱动桥和转向驱动桥中，驱动车轮的传动装置包括半轴和万向节传动装置，且多采用等速万向节；在一般的非断开式驱动桥上，驱动车轮的传动装置就是半轴，半轴将差速器的半轴齿轮和车轮的轮毂连接起来；在装有轮边减速器的驱动桥上，驱动车轮的传动装置还应包括轮边减速器，这时半轴将半轴齿轮与轮边减速器的主动齿轮连接起来。

一、半轴

半轴是在差速器与驱动轮之间传递动力的实心轴，如图 7-35 所示，其内端用花键与差速器的半轴齿轮连接，而外端则用凸缘与驱动轮的轮毂相连，半轴齿轮的轴颈支承于差速器壳两侧轴颈的孔内，而差速器壳又以其两侧轴颈借助轴承直接支承在主减速器壳上。半轴与驱动轮的轮毂在桥壳上的支承形式决定了半轴的受力状况。现代汽车基本上采用全浮式半轴支承和半浮式半轴支承两种支承形式。

半轴的形式主要取决于半轴的支承形式。普通非断开式驱动桥的半轴，根据其外端支承形式或受力状况的不同可分为半浮式、3/4 浮式和全浮式三种。由于 3/4 浮式未能推广，故很少采用。目前汽车半轴的支承形式主要是半浮式和全浮式。

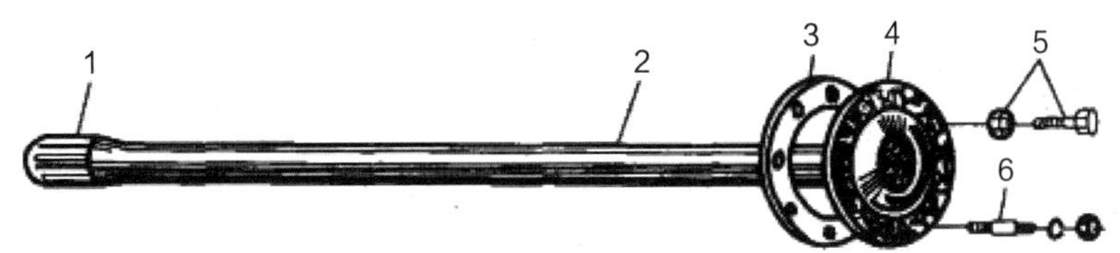

1—花键；2—杆部；3—垫圈；4—凸缘；5—半轴起拔螺栓；6—半轴紧固螺栓。

图 7-35 半轴

（图片来源：何高山，曾范亮. 汽车底盘构造与维修）

（一）半浮式半轴

如图 7-36（a）及图 7-37 所示，半浮式半轴以其靠近外端的轴颈直接支承在置于桥壳外端内孔中的轴承上，而端部则以具有圆锥面的轴颈及键与车轮轮毂相固定（如图 7-37 所示），或以凸缘直接与车轮轮盘及制动鼓相联接。因此，半浮式半轴除传递扭矩外，还要承受车轮传来的垂向力 Z_2、纵向力（驱动力或制动力）X_2 及侧向力 Y_2，所引起的弯矩为（Z_2—g_w）b、X_2b、Y_2r_r（g_w 为车轮对地面的垂直载荷）。由此可见，半浮式半轴所承受的载荷较复杂，但它具有结构简单、质量小、尺寸紧凑和造价低廉等优点，故被质量较小、使用条件较好、承载负荷也不大的轿车和微型客、货汽车所采用。

图 7-37 所示为国产某轿车的驱动桥，其半轴内端的支承方法与上述相同，即半轴内端不受力及弯矩。半轴外端是锥形的，锥面上切有纵向键槽，最外端有螺纹。轮毂有相应的锥形孔与半轴配合，用键连接，并用螺母紧固。半轴用圆锥滚子轴承直接支承在桥壳凸缘内。显然，此时作用在车轮上的各反力都必须经过半轴传给驱动桥壳。因这种支承形式只能使半轴内端免受弯矩，而外端却承受全部弯矩，故称为半浮式。

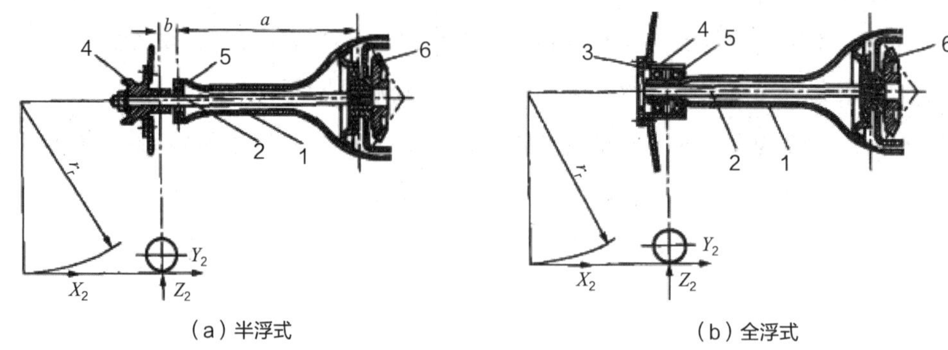

1—桥壳；2—半轴；3—半轴凸缘；4—轮毂；5—轴承；6—主减速器从动锥齿轮。

图 7-36　半轴支承形式及受力简图

（图片来源：何高山，曾范亮．汽车底盘构造与维修）

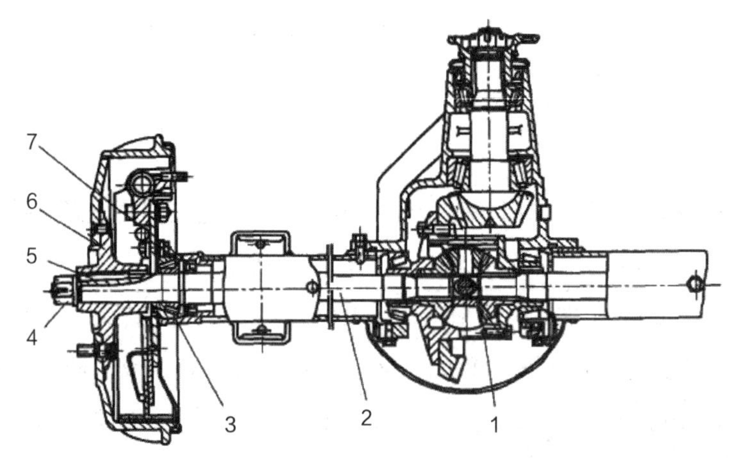

1—推力块；2—半轴：3—圆锥滚子轴承；4—锁紧螺母；5—键；6—轮毂；7—桥壳凸缘。

图 7-37　国产某轿车的驱动桥及半浮式半轴支承

（图片来源：何高山，曾范亮．汽车底盘构造与维修）

半浮式半轴中，半轴与桥壳间的轴承一般只用一个，为使半轴和车轮不致被向外的侧向力拉出，该轴承必须能承受向外的轴向力。另外，在差速器行星齿轮轴的中部浮套着推力块，半轴内端正好能顶靠在推力块的平面上，因而不致在朝内的侧向力的作用下向内窜动。

（二）全浮式半轴

全浮式半轴及支承形式如图 7-36（b）和图 7-38 所示。全浮式半轴外端和轮毂相连接。该轮毂通常用两个圆锥滚子轴承支承于桥壳的半轴套管上。由于车轮所承受的垂直力 Z、纵向力 X_2、侧向力 Y_2 及由这些力引起的弯矩都经过轮毂、轮毂轴承传给桥壳，因此全浮式半轴只承受传动系统的扭矩而不承受弯矩。这样的半轴支承形式称为全浮式支承，所谓“浮”，是相对于卸除半轴的弯曲载荷而言的。

具有全浮式半轴的驱动桥外端结构比较复杂，采用形状复杂且质量及尺寸均较大的轮毂，制造成本较高，故小型汽车及轿车一般不采用此结构形式。由于其工作可靠，故广泛用于轻型及中、重型载货汽车，以及越野汽车和客车上。

现代汽车全浮式半轴的结构中，几乎都采用一对圆锥滚子轴承支承轮毂，并且两轴承的圆锥滚子的锥顶应相向安装，轴承应有一定预紧度，调整好后用锁紧螺母锁紧，如图 7-38（a）、（c）所示，其中图 7-38（a）为常用结构，其半轴外端以凸缘与轮毂连接并采用一对圆锥滚子轴承支承轮毂。如图 7-38（b）所示的球轴承方案极少采用。半轴本身的结构形状，以端部锻成凸缘的最常见，如图 7-38（a）所示。重型汽车上，有时将半轴外端制成花键，以花键与轮毂相连接，如图 7-38（c）所示。也有采用齿套作为连接半轴与轮毂的中间零件的结构。

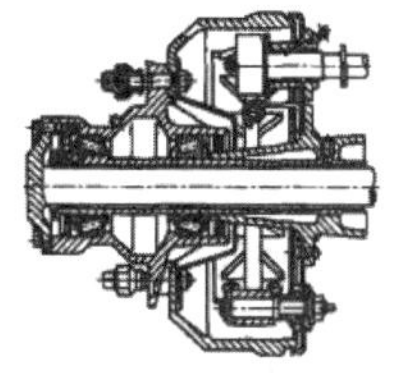

（a）最常用的结构形式

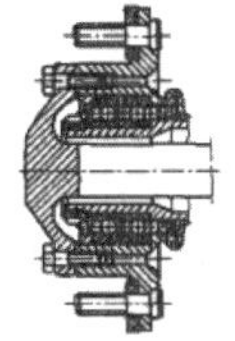

（b）采用一对球轴承支承轮毂的结构

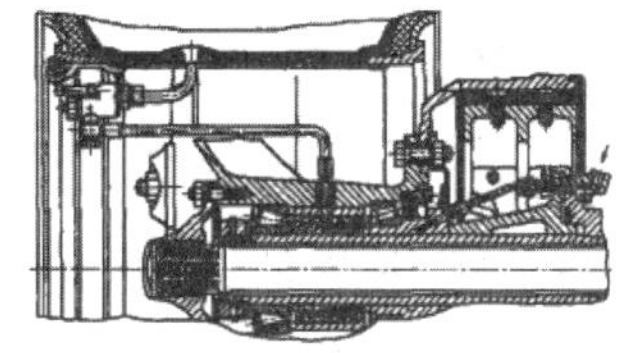

（c）半轴外端以花键与轮毂连接的结构

图 7-38　全浮式半轴的结构形式与安装

（图片来源：何高山，曾范亮. 汽车底盘构造与维修）

全浮式半轴支承广泛应用于各种类型的载货汽车上，如图 7-39 所示为东风 EQ1090E 型汽车半轴外端与轮毂及桥壳的连接装配图。半轴外端锻出凸缘，借助轮毂螺栓和轮毂连接。轮毂通过两个相距较远的圆锥滚子轴承支承在半轴套管上。半轴套管与驱动桥壳压配成一体，组成驱动桥壳总成。为防止轮毂连同半轴在侧向力的作用下发生轴向窜动，轮毂内的两个圆锥滚子轴承的安装方向必须使它们能分别承受向内和向外的轴向力。轴承的预紧度可借助调整螺母调整，并用锁紧垫圈和锁紧螺母锁紧。

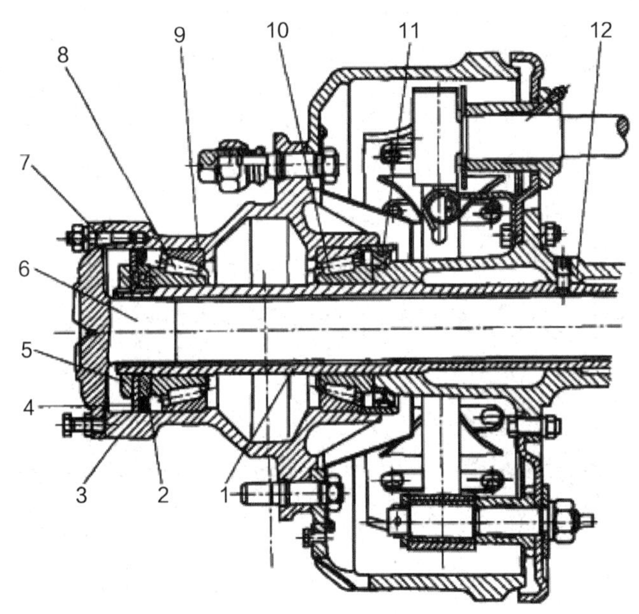

1—半轴套管；2—调整螺母；3、11—油封；4—锁紧垫圈；5—锁紧螺母：6—半轴；
7—轮毂螺栓；8、10—圆锥滚子轴承；9—轮毂：12—驱动桥壳。

图 7-39　东风 EQ1090E 型汽车全浮式半轴支承
（图片来源：何高山，曾范亮．汽车底盘构造与维修）

二、桥壳

桥壳的功用是支承并保护主减速器、差速器和半轴等，使左、右驱动车轮的轴向相对位置固定，同从动桥一起支承车架及其上的各总成质量。汽车行驶时，承受由车轮传来的路面反作用力和力矩，并经悬架传给车架。

桥壳应有足够的强度和刚度，且质量要小，并便于主减速器的拆装和调整。由于桥壳的尺寸和质量一般都比较大，制造较困难，故其结构形式在满足使用要求的前提下，要尽可能便于制造。

桥壳从结构上可分为整体式桥壳和分段式桥壳两类。整体式桥壳因制造方法不同又有多种形式，常见的有整体式铸造、钢板冲压焊接，以及中段铸造、两端压入钢管和钢管扩张成型等形式。

图 7-40 所示为解放 CA1091 型汽车的整体式铸造桥壳。中部是一个环形空心梁，用球墨铸铁铸成，两端压入钢制的半轴套管，并用止动螺钉限定位置。半轴套管外端

用以安装轮毂轴承。凸缘盘用来固定制动底板。主减速器和差速器预先装合在主减速器壳内，然后用固定螺钉将其固定在空心梁的中部前端面上。空心梁中部后端面的大孔可以供检查驱动桥内主减速器和差速器的工作情况用。后盖上装有检查油面用的螺塞。主减速器上有加油孔和放油孔。

整体式桥壳具有较大的强度和刚度，且便于主减速器的装配、调整和维修，因此普遍应用于各类汽车上。

整体式铸造桥壳如图 7-40 和图 7-41 所示，为增加强度和刚度，两端压入无缝钢管制成的半轴套管。如图 7-41 所示为东风 EQ1090E 型汽车的桥壳，也为整体式铸造桥壳。半轴套管压入后桥壳中。桥壳上有通气塞，保证高温下的通气，保持润滑油的品质和使用周期。这种整体式铸造桥壳刚度大、强度高、易铸成等强度梁形状，但因质量大，铸造品质不易保证，适用于中、重型汽车，更多地用于重型汽车上。

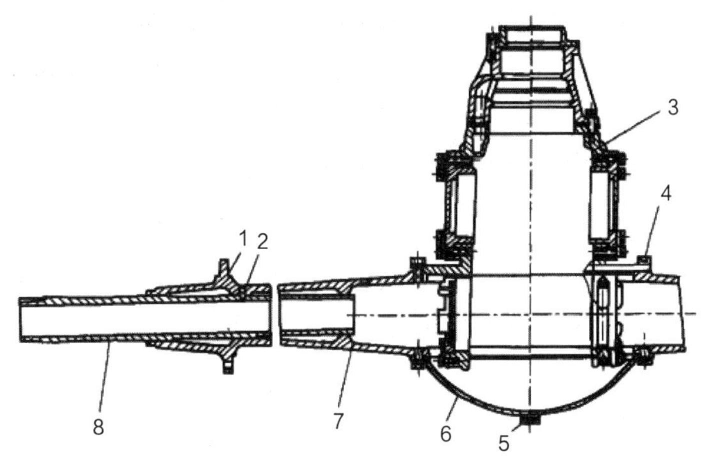

1—凸缘盘；2—止动螺钉；3—主减速器壳；4—固定螺钉；5—螺塞；6—后盖；7—空心梁：8—半轴套管。

图 7-40 解放 CA1091 型汽车的整体式铸造桥壳

（图片来源：何高山，曾范亮．汽车底盘构造与维修）

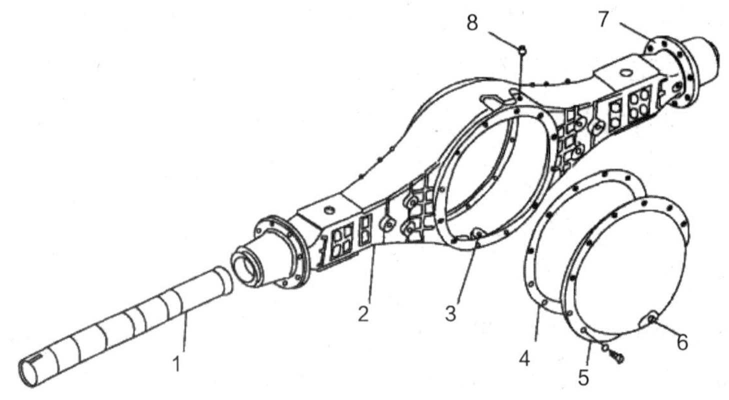

1—半轴套管；2—后桥壳；3—放油孔；4—后桥壳垫片；5—后盖；6—油面孔；7—凸缘盘；8—通气塞。

图 7-41　东风 EQ1090E 型汽车的整体式铸造桥壳

（图片来源：何高山，曾范亮．汽车底盘构造与维修）

中段铸造、两端压入钢管的桥壳，质量较小，工艺简单且易于变型，但刚度较差，适用于批量生产。北京 BJ2020 型汽车驱动桥壳即属于此种类型的整体式桥壳。

钢板冲压焊接桥壳具有质量小、制造工艺简单、材料利用率高、抗冲击性能好和成本低等优点，适于大量生产，目前，已在轻型货车和轿车上得到了广泛应用。

如图 7-42 所示为北京 BJ1040 型汽车的钢板冲压焊接驱动桥壳。它主要由冲压成型的上下 2 个壳体主件、4 块三角形镶块、前后 2 个加强环、1 个后盖，以及两端 2 个半轴套管组焊而成。为了防止桥壳内润滑油外溢，有的汽车在桥壳轴管处焊有挡油环或加装油封。

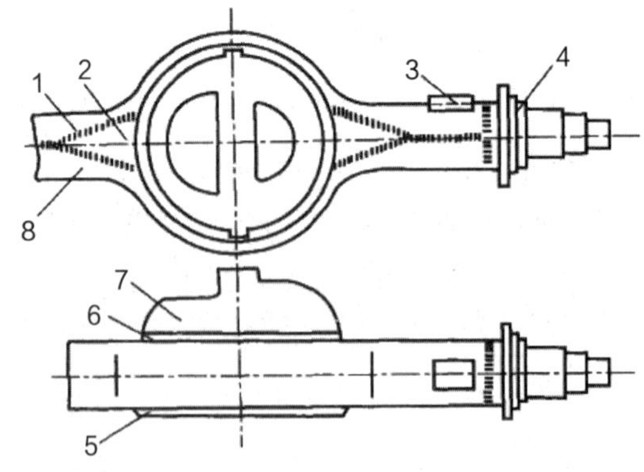

1、8—壳体主件；2—三角形镶块；3—钢板弹簧座；4—半轴套管；5—前加强环；6—后加强环；7—后盖。

图 7-42　北京 BJ1040 型汽车的钢板冲压焊接驱动桥壳

（图片来源：何高山，曾范亮．汽车底盘构造与维修）

用钢管扩张成型方法加工的桥壳，称为钢管扩张成型桥壳。它广泛应用于轿车和微、轻型货车，优点是材料利用率高，质量小，强度和刚度高，制造成本低，适于大量生产。

第五节　驱动桥的故障诊断

一、驱动桥主要零件的维护检修

汽车驱动桥的维护在一、二级保养维护中占有重要位置，有关其一级维护和二级维护的项目和内容，可按使用说明书相关规定和要求进行，也可以参考相关标准进行。

二级维护时，可根据下列情况决定驱动桥的附加作业项目：主减速器有异响，主减速器主、从动齿轮啮合间隙过大，说明轮齿磨损或啮合间隙不正常，应重新调整啮合间隙并检查齿面接合状况；驱动桥油温超过 60 ℃并伴有异响，说明轮齿啮合不当或轮齿折断，也可能是轴承预紧度过大，应拆检主减速器和差速器。国产汽车驱动桥的检修应按相关标准执行，其中，主要包括各桥管和半轴套管、半轴、轮毂、主减速器壳、主减速器锥齿轮（或双曲面齿轮）副、差速器和滚动轴承等。

二、主减速器和差速器的装配与调整

通常，首先分别进行差速器总成的装配和主动锥齿轮的装配，最后再进行主减速器总成的装配。

（一）差速器总成的装配

差速器装配时，应按下述顺序进行，并注意各步骤的注意事项。

1. 装差速器轴承

安装差速器轴承内圈时，应用压力机平稳地压入，不得用手锤敲击，以免损伤轴承的工作表面或刮伤轴颈表面，破坏配合性质。

2. 装齿轮

在与行星齿轮和半轴齿轮配合的工作表面上涂以机油，先在差速器左壳装入垫片和半轴齿轮，把行星齿轮及垫片装在行星齿轮轴上，然后再装入差速器左壳中，并使行星齿轮与半轴齿轮啮合。

在行星齿轮上装入另一侧半轴齿轮及垫片，扣上另一侧的差速器右壳，装入另一侧壳体时，应使两侧壳体上的位置标记对正，以免破坏齿轮副的正常啮合。

3. 从动齿轮的安装和差速器的装合

将主减速器从动齿轮装在差速器壳体上，将固定螺栓按规定方向穿过壳体，套入垫片，用规定力矩交替拧紧螺母，锁死锁片。

（二）主减速器的装配与调整

主减速器装配中的有关齿轮啮合印迹和间隙的要求，以及主、从动齿轮轴承预紧度的要求，在前面有关车型的驱动桥中已分别做过简要叙述，下面做全面深入的分析与总结。

主减速器装配中的调整包括主、从动圆锥齿轮轴承预紧度的调整（含差速器轴承预紧度的调整）及主、从动圆锥齿轮啮合印痕和啮合间隙的调整等项目。主减速器的调整品质是决定主减速器圆锥齿轮副使用寿命的关键，因此，在进行调整作业时，必须遵守主减速器的调整规则。

（1）先调整轴承的预紧度，再调整啮合印痕，最后调整啮合间隙。

（2）主、从动圆锥齿轮轴承的预紧度必须按原厂规定的数值和方法进行调整与检查，在主减速器调整齿轮副啮合印痕和间隙的过程中，轴承的预紧度不得变更，始终都应符合原厂的规定值。

（3）在保证啮合印痕合格的前提下，调整啮合间隙和啮合间隙的变化量都必须符合技术条件，否则成对更换齿轮副。

（4）准双曲线圆锥齿轮、欧瑞康圆锥齿轮（等高齿）和格里森圆锥齿轮（圆弧渐缩齿）啮合印痕的技术标准不尽相同，调整方法亦有差异。前两种齿轮往往以移动主动圆锥齿轮调整啮合印痕，以移动从动圆锥齿轮调整啮合间隙，而对格里森圆锥齿轮的调整则无特殊的要求。

1. 轴承预紧度的调整

主减速器主、从动圆锥齿轮的支承刚度对其能否正常工作至关重要，其原因一是主动齿轮采用圆锥齿轮，而圆锥齿轮在传动中对啮合的精度要求很高；二是主减速器锥齿轮副在工作中会有轴向力，装配时，先给轴承一定的预紧度，形成相当的预紧应力，这有利于加强主动圆锥齿轮的刚度，提高齿轮在工作中的自动定心能力，抑制齿轮的径向抖动和轴向窜动，保护润滑油膜，从而提高圆锥齿轮副的啮合精度，保证啮合间隙。通过改善圆锥齿轮副的啮合精度，减轻齿轮工作面的磨损和传动噪声，可以延长圆锥齿轮副的使用寿命。

2. 主动圆锥齿轮轴承预紧度的调整

主动圆锥齿轮轴承预紧度的调整方法有两种。

第一种方法是在前轴承内圈下加减调整垫片，当按规定力矩拧紧万向节凸缘螺母时，垫片越薄，轴承内、外圈压得越紧，预紧度越大。国产汽车主动圆锥齿轮轴承的预紧度多数采用这种方法进行调整，如解放 CA1091 和东风 EQ1090 型汽车。

第二种方法是用一个弹性隔套来调整主动圆锥齿轮轴承的预紧度。装配时，在前、后轴承内圈之间放置一个可压缩的弹性薄隔套，按规定力矩拧紧凸缘盘固定螺母时，隔套产生弹性变形，其张力自动适应对轴承预紧度的要求。此种方法简单、有效，但因隔套的弹性会衰退，每次都必须换用新的隔套。轿车的主减速器大多采用这种方法，如北京切诺基即采用此种结构。

3. 从动圆锥齿轮轴承预紧度的调整

从动圆锥齿轮轴承预紧度的调整因驱动桥的结构不同分为两种。

第一种为单级式主减速器，其从动圆锥齿轮固定在差速器壳上，从动圆锥齿轮轴承就是差速器轴承，调整从动圆锥轮轴承的预紧度就是调整差速器轴承的预紧度。

差速器轴承两侧都有调整螺母。装配时，将差速器轴承外圈套在轴承上，将差速器总成装入差速器壳内，将两侧调整螺母装在座孔内的螺纹部分（螺纹一定要对好），然后将两侧轴承盖对好螺纹后装复（左、右两轴承盖不得互换）。

调整轴承的预紧度时，慢慢转动两侧调整螺母，同时慢慢转动差速器总成，使滚柱处于正确位置。两侧相对向内旋转预紧度增加，而两侧向外相背旋转预紧度减少，正确的预紧度可用转动差速器总成的力矩来衡量。调好后，装好锁片并用螺栓紧固轴承盖。

第二种为双级式主减速器，从动圆锥齿轮与二级减速器的主动圆柱齿轮固定在同一根轴上，两端用轴承支承在主减速器壳上。轴承预紧度的调整可选择适当厚度的调整垫片，安装在主减速器壳与轴承盖之间。拧紧轴承盖紧固螺栓后，用转动从动圆锥齿轮的力矩来衡量预紧度是否合适。解放 CA1091 型汽车的标准是转动从动圆锥齿轮的力矩为 1.47 ～ 3.43 N · m。如所需力矩过大，说明预紧度过大，应增加垫片的厚度。

4. 主、从动圆锥齿轮啮合印痕与齿侧间隙的调整

主、从动圆锥齿轮应沿齿长方向接触，其位置控制在轮齿的中部偏向小端，接触痕迹的长度不小于齿长的 60%，齿高方向的接触印痕应不小于齿高的 60%，齿侧间隙一般为 0.15 ～ 0.50 mm，各车型不同。

当主、从动圆锥齿轮的啮合状况和齿侧间隙不符合要求时，齿面接触区应进行调整，这种方法可简化为如下的口诀：大进从、小出从；顶进主、根出主，即根据接触区偏向大端或小端、偏向齿顶或齿根而相应移动主、从动齿轮的进或出。用这种方法进行调整时，要注意保证齿侧间隙不得小于规定的最小值。

实现齿轮位移的具体方法与车辆的结构有关。对于整体式主减速器，可用增加或减少后轴承内圈与主动圆锥齿轮之间的垫片来实现主动圆锥齿轮的轴向移动。对于组合式主减速器，其主动圆锥齿轮安装在单独的轴承座中，增减轴承座与主减速器壳之间的垫片，可使轴承座连同主动圆锥齿轮的轴向位置发生变化。对于单级式主减速器，从动圆锥齿轮轴承就是差速器的轴承，将轴承两侧的调整螺母按左进右退或左退右进的原则转动相等的圈数，就可以在不改变轴承预紧度的前提之下，改变从动圆锥齿轮的轴向位置。对于双级式主减速器，在保持两侧轴承盖下垫片总厚度不变的前提下，将左、右轴承盖下垫片的数目重新分配，便可以在不改变轴承预紧度的前提下移动从动圆锥齿轮的位置。

三、驱动桥的故障与诊断

驱动桥的主减速器、半轴、轴承和油封等长期承受冲击载荷，使其各配合副磨损严重，各零部件损坏，导致驱动桥出现过热、漏油和异响等故障。

（一）过热

1. 故障现象

汽车行驶一段里程后，用手探试驱动桥壳中部或减速器壳，有无法忍受的烫手感觉。

2. 故障原因

（1）齿轮油变质、油量不足或牌号不符合要求。

（2）轴承调整过紧。

（3）主、从动齿轮啮合间隙或行星齿轮与半轴齿轮啮合间隙调整得太小。

（4）支承推力螺栓与主减速器从动齿轮背隙过小。

（5）油封过紧和各运动副、轴承润滑不良而产生干（或半干）摩擦。

3. 故障诊断与排除方法

检查驱动桥中各部分的受热情况。

（1）检查是否局部过热：①油封处过热，则故障由油封过紧引起。②轴承处过热，则故障由轴承损坏或调整不当引起。③油封和轴承处均不过热，则故障由支承推力螺栓与主减速器从动齿轮背隙过小引起。

（2）检查是否普遍过热：①检查齿轮油油面高度。油面太低，则故障由齿轮油油量不足引起；否则检查齿轮油规格、黏度或润滑性能。②检查结果不符合要求，则故障由齿轮油变质或规格不符合引起；否则检查主减速器齿轮啮合间隙的大小。③松开驻车制动器，变速器置于空挡，轻轻转动主减器的凸缘盘，若转动角度太小，则故障由主减速器齿轮啮合间隙太小引起；若转动角度正常，则故障由差速器行星齿轮与半轴齿轮啮合间隙太小引起。

（二）漏油

1. 故障现象

从驱动桥加油口、放油口螺塞处或油封、各接合面处可见到明显漏油痕迹。

2. 故障原因

（1）加油口、放油口螺塞松动或损坏。

（2）油封磨损、硬化，油封与轴颈不同轴，油封轴颈磨成沟槽。

（3）接合平面变形、加工粗糙，密封衬垫太薄、硬化或损坏，紧固螺钉松动或损坏。

（4）通气塞堵塞。

（5）桥壳有铸造缺陷或裂纹。

（6）齿轮油加注过多，运转中壳体内压增高，使齿轮油渗出。

3. 故障诊断与排除方法

根据漏油痕迹部位判断漏油的具体原因，并采取相应的排除措施。

（三）异响

1. 故障现象

（1）行驶时驱动桥有异响，脱挡滑行时异响减弱或消失。

（2）行驶时驱动桥有异响，脱挡滑行时亦有异响。

（3）汽车直线行驶时无异响，当汽车转弯时驱动桥处有异响。

（4）汽车上坡或下坡时后桥有异响，或上、下坡时驱动桥都有异响。

（5）车轮有运转噪声或沉重的异响。

2. 故障原因

（1）圆锥和圆柱主、从动齿轮及行星齿轮和半轴齿轮啮合间隙过大；半轴齿轮花键槽与半轴的配合松动；主、从动锥齿轮啮合间隙不均；齿轮面损伤或轮齿折断。

（2）主动锥齿轮轴承松动；主动圆柱齿轮轴承松动；差速器圆锥滚子轴承松动；后桥中某个轴承由于预紧力过大，导致间隙过小；主、从动锥齿轮调整不当，间隙过小。

（3）差速器行星齿轮和半轴齿轮不匹配，使其啮合不良；行星齿轮、半轴齿轮磨损或折断：差速器十字轴轴颈磨损；行星齿轮支承垫圈磨薄；行星齿轮与差速器十字轴卡滞或装配不当（如行星齿轮支承垫圈过厚），使行星齿轮转动困难；减速器从动齿轮与差速器壳的紧固铆钉松动。

（4）驱动桥某一部位的齿轮啮合间隙过小，导致汽车上坡时发响；后桥某一部位的齿轮啮合间隙过大，导致汽车下坡时发响；后桥某一部位的齿轮啮合印痕不当或齿轮轴支承轴承松动，导致汽车上、下坡时都发响。

（5）车轮轮毂轴承损坏，轴承外圈松动；制动鼓内有异物；车轮轮辋破碎；车轮轮辋轮胎螺栓孔磨损过大，使轮辋固定不牢。

3. 故障诊断与排除方法。

根据异响部位的不同判断异响的具体原因，并采取相应的措施和方法予以排除。

第八章　汽车行驶系统

第一节　汽车行驶系统概述

根据汽车的用途及经常行驶的道路条件不同，行驶系统的结构形式也不相同，绝大多数汽车采用轮式行驶系统，但在一些特种用途的汽车上，采用了许多特殊的行驶系统。

一、轮式汽车行驶系统

轮式汽车行驶系统是通过车轮与路面的接触而实现运动的，这种轮式汽车的行驶系统由车架、车桥、车轮和悬架四部分组成。如图 8-1 所示，车架是全车装配的基体，将整个汽车连接成一个整体。车轮分别装在车桥上，又通过弹性的悬架与车架相连接。汽车的总重力 G_a（包括行驶系统本身的重力）通过行驶系统各机件最后由车轮传给地面，引起地面分别作用于前轮和后轮上的垂直反力 Z_1 和 Z_2，即路面对汽车的垂直反力。当驱动桥中的半轴将驱动扭矩 M_k 传到驱动车轮上，克服该车轮本身的滚动阻力矩后，作用于地面，通过车轮与路面的附着作用，路面产生作用于驱动轮边缘上的向前的（切向）反力 —— 驱动力 F_t。该驱动力依次经过驱动桥和悬架传到车架，用来克服汽车行驶中所遇到的各种阻力，其中一部分驱动力通过车架经前悬架作用于前从动桥，用于克服前从动轮上的滚动阻力矩形成的滚动阻力，使汽车向前运动。如果行驶系统中处于驱动力传动路线上的任何一个环节中断，汽车就无法行驶。

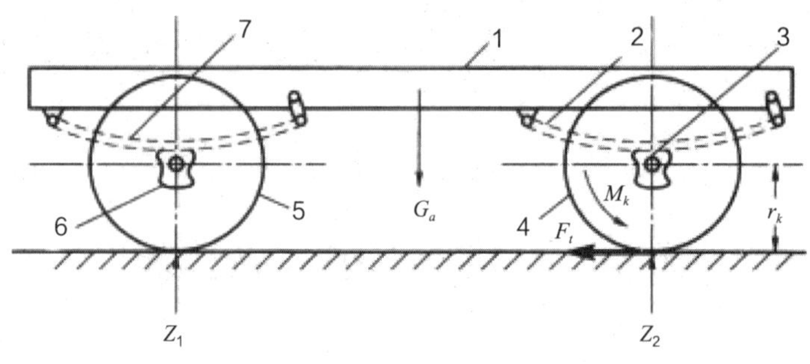

1—车架；2—悬架；3—驱动桥；4—驱动车轮；5—从动车轮；6—从动桥；7—前悬架。

图 8-1　行驶系统组成及部分受力情况

（图片来源：常明．汽车底盘构造）

由图 8-1 可以看出，驱动力是作用在轮胎与路面接地点的轮缘上的，因而对车轮中心 O 造成了一个反力矩 $F_t r_k$，此反力矩力图使驱动桥壳的中部（主减速器壳）的前端向上抬起，这一点可以通过图 8-2 来说明。分析时取主减速器的主动锥齿轮连同主减速器壳为一个分离体。上述驱动力矩 $F_t r_k$ 依次通过半轴和差速器传到主减速器的从动齿轮，使之在主动锥齿轮的轮齿上作用一个向上的反力 Q。与此同时，主动齿轮也在从动齿轮轮齿上作用一个等值反向圆周力。这个圆周力将通过从动锥齿轮支承轴承而传给主减速器壳，即图中所示的 G。Q 对主动锥齿轮轴线所形成的反力矩正好与主减速器的输入扭矩 M_k 相平衡（Q_a=$F_t r_k$）。但此反力矩力图使主动锥齿轮连同主减速器壳绕驱动桥轴线朝车轮旋转的相反方向转动。主减速器壳的这种转动是不应有的，因为这将导致万向传动装置中的万向节卡死不能工作，甚至损坏，所以必须设法将此反力矩（Q_a=$F_t r_k$）传到车架上，由车架反力形成的力矩予以平衡，以抑制主减速器壳的转动。当采用断开式车桥时，主减速器可以直接固定在车架上，因而驱动力的反力矩 $F_t r_k$ 也就直接由主减速器壳传给车架。当采用非断开式车桥时，驱动力的反力矩则由主减速器经桥壳传给后悬架，再由后悬架传给车架（图 8-1）。驱动力的反力矩 $F_t r_k$ 传到车架上的结果，使车架连同整个汽车前部有向上抬的趋势，具体表现为前轮上的垂直载荷减轻，后轮上的垂直载荷加重。

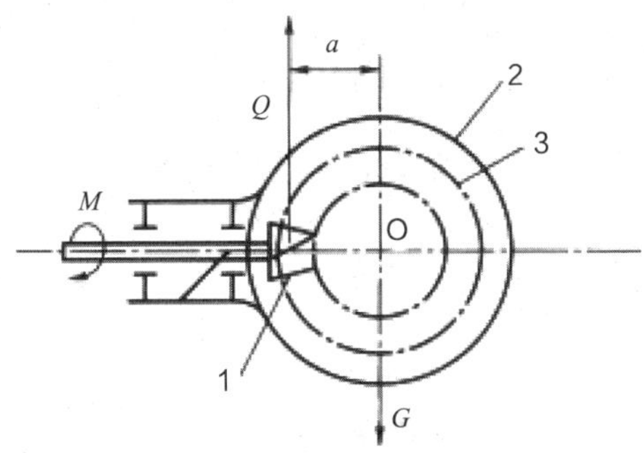

1—主动锥齿轮；2—主减速器壳；3—从动齿轮。

图 8-2　作用在主传动器壳上的反力
（图片来源：常明. 汽车底盘构造）

当汽车制动时，路面作用于车轮上向后的切向反力 —— 制动力也是由车桥和悬架传给车架的，迫使汽车降低速度，以至停车。同样，由制动力引起的反力矩则由车轮依次通过车轮制动器、半轴套管和悬架传到车架，其作用结果是使汽车后部有向上抬起的趋势，因此后轮上的垂直载荷减小，而前轮上的垂直载荷增加。汽车在弯道或横向坡道上行驶时，路面作用在车轮边缘上的侧向力，也由行驶系统传递和承受。

总之，在汽车运动过程中，路面作用在车轮边缘上的所有力，即垂直反力、驱动力、制动力和侧向反力等都必须通过行驶系统中若干个机件，最后传到车架上，才能保证汽车正常行驶。

综上所述，汽车行驶系统的主要作用如下。

（1）将整个汽车连接成一个整体，并支承全车的重量；

（2）接收传动系统传来的扭矩，并通过驱动车轮与路面的附着作用，产生使汽车行驶的驱动力；

（3）传递并承受路面作用于车轮上的各向反力及其力矩。

另外，行驶系统还应尽可能缓和不平路面对车身造成的冲击及减少车身的振动，并且应与汽车转向系统很好地配合工作，以实现汽车行驶方向的正确控制。

二、特种汽车行驶系统

为了提高汽车的越野性能，特别是在松软及泥泞地面上的通过能力，人们除了对汽车常规行走机构进行改进外，也注意到了对车辆特殊行走机构的研制，如全履带式汽车、半履带式汽车、车轮 - 履带式汽车、可转换式半步行轮汽车、地面星行轮汽车等。

1. 全履带式汽车

如图 8-3 所示，全履带式汽车的结构特点是前、后桥均装有履带，以减少对地面的单位压力，控制汽车下陷，同时履带上的履刺增强了履带与地面的附着作用，从而具有很高的通过能力。

图 8-3 全履带式汽车
（图片来源：常明．汽车底盘构造）

2. 半履带式汽车

如图 8-4 所示，半履带式汽车的结构特点是前桥装有滑橇或车轮，后桥上装有履带，该车主要用于在雪地或沼泽地带行驶。

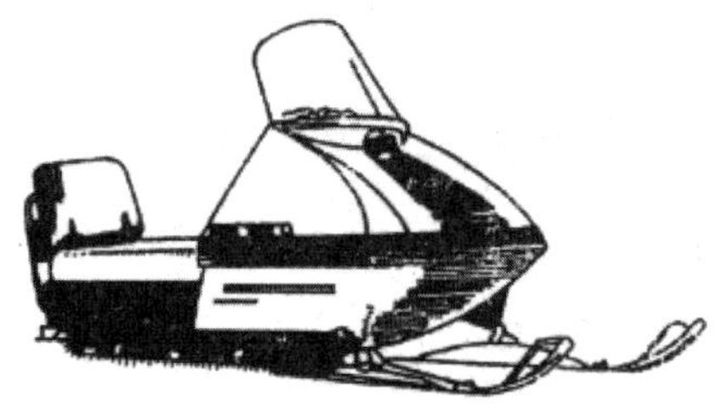

图 8-4 半履带式汽车
（图片来源：常明．汽车底盘构造）

3. 车轮－履带式汽车

如图 8-5 所示，车轮 - 履带式汽车可以互换使用车轮和履带，其主要用于在雪地或沼泽地行驶。

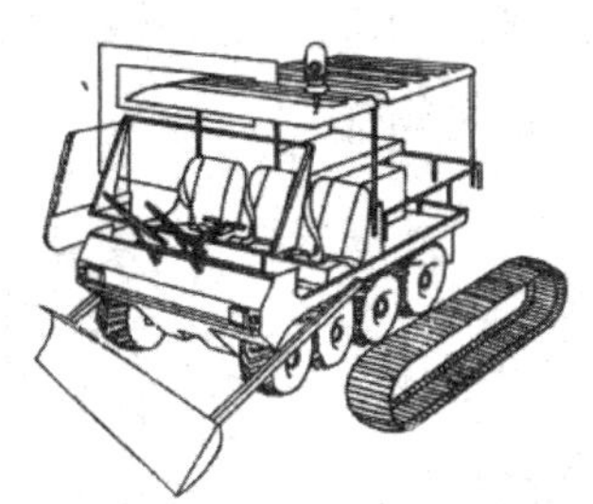

图 8-5　车轮 - 履带式汽车
（图片来源：常明．汽车底盘构造）

4．可转换式半步行轮汽车

如图 8-6 所示，可转换式半步行轮汽车可以根据不同土壤、地形条件，采用不同的工作方式：在松软的土壤上采用半步行轮方式，以获得较小的滚动阻力和较大的驱动力；在硬路面上采用圆形轮子方式以获得良好的平顺性。转换是采用手动或自动方式使轮脚绕腿轴线转动 90° ，然后锁定来实现的。

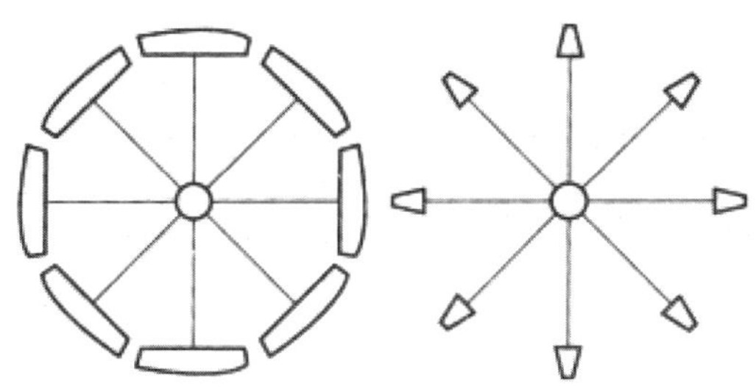

图 8-6　可转换式半步行轮
（图片来源：常明．汽车底盘构造）

5．地面星行轮汽车

如图 8-7 所示，该车星行轮行走装置由一组行星齿轮和三个对称布置的小车轮构成，小车轮是一种宽断面的低压充气轮胎，每一个小轮由半轴上的太阳齿轮带动行星齿轮而驱动。所有齿轮都安装在三个径向壳体中，驱动轮上有一转换离合器，它可以使三个径向壳体绕驱动轴旋转，此时三个小轮呈现公转状态。

当车辆在松软的地面上通过时，小轮出现公转状态。这种跨越式的行走，能减少行驶阻力，提高瞬时推力，使车辆一步一步地走出困难的路段。

当车辆行驶在良好的路面上时，小轮呈现自转运行状态，相当于一辆 8×8 的越野汽车，具有合适的速度和较好的平顺性。

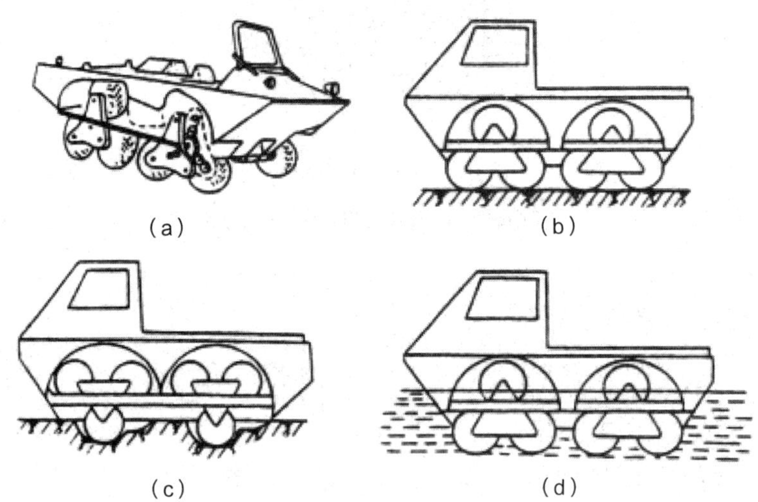

图 8-7　地面星行轮汽车
（图片来源：常明．汽车底盘构造）

第二节　车架与车桥

一、车架

车架是整个汽车的基体，汽车的绝大部分总成和部件都通过车架来连接成一体，并承受汽车内外的各种力及其力矩的作用。

汽车在行驶时，车架除要承受汽车载重和支承部件及总成的重量外，还要承受各个部件和总成工作时传来的力和力矩，特别是当汽车行驶在崎岖不平的道路上时，车架将承受较大的冲击和扭转载荷，使之产生扭转和弯曲变形。这些变形将会改变安装在车架上各部件之间的相对位置，使之失去可靠的支承而影响其正常的工作。因此，车架应具有足够的强度和刚度，同时结构应简单，重量应尽可能轻。

通常，车架有整体承载式结构和非整体承载式结构两种形式。车架采用整体承载式结构的特点是所有的车身构件都参加承载。这种车身经过精心设计和计算，各构件承载时相互牵连和协调，充分发挥材料的最大潜力，使车身质量最小而强度最大，并

能使整车的高度降低，以提高汽车的操纵稳定性。非整体承载式结构有单独的车架，汽车的载荷及各种主要受力由车架承受。非整体承载式结构又可分为边梁式车架和中梁式车架（或称脊梁式车架）两种形式。

（一）边梁式车架

边梁式车架由两根位于两边的纵梁和若干根横梁组成，通常用焊接或铆接法，也有用螺栓连接的方法将纵梁和横梁连接成刚性构架。纵梁用低碳合金钢钢板冲压而成，断面形状一般为槽形，也有的做成“Z”字形或箱形。根据汽车不同的形式及结构布置的要求，纵梁的形状可以在水平面或纵向平面内做成弯曲的形状，断面形状做成等断面或非等断面。横梁不仅用来支承汽车的主要总成部件，还要承受车架的扭转和纵向载荷，通常，汽车的横梁数量及形状、位置由总布置来确定。边梁式车架的结构便于安装车身和布置其他的总成，有利于满足改装变形和发展多品种的需要，所以被广泛地采用在货车、大多数的特种车，以及早期的轿车上，如解放 CA1122J、东风 EQ1141G、东风 EQ2050（猛士）、陕汽 SX2150K、北京 BJ2022（勇士）等汽车都采用这种形式的结构，它们的结构类似。

图 8-8（a）所示为陕汽 SX2150K 汽车车架，它由两根断面为槽形的纵梁及其数根横梁组成，纵梁用 16 MnL 钢板冲压而成。第一道、第二道、第七道横梁及前保险杠与纵梁用螺栓连接，这样有利于拆装绞盘等，其余的横梁与纵梁用铆接的方法连接。第五道横梁附近有内外加强板。在最后一道横梁上装有牵引钩。

陕汽 SX2150K 汽车车架牵引钩总成如图 8-9（a）所示，牵引钩通过弹簧与车架横梁弹性连接。为便于牵挂，牵引钩总成可向左或向右各偏摆 30°。上、下支座通过螺栓与车架横梁连接，支架上的轴销分别通过衬套装在牵引钩外壳的孔中。不偏转时，定位销在弹簧作用下插入牵引钩外壳定位孔中，以此定位。需要偏转时，将手柄向上抬起，定位销上移离开壳体上的定位孔，牵引钩总成可绕上、下支座销转动。

在需要时牵引钩可轴向伸出 110 mm，以便于牵挂。无须伸出时，两个抱爪在弹簧的作用下内收，抱住牵引钩轴，使其不得外伸。抱爪通过轴销装在前衬套上。当需伸出时，将拉杆向后拉，通过杠杆克服弹簧的张力，使抱爪外张脱开牵引钩轴，使其可以外伸。

根据理论分析及大量的试验证明，作为重型越野汽车在越野条件下牵引行驶时，弹性连接的牵引钩的性能不如刚性连接的牵引钩，所以有些车辆的牵引钩就采用刚性连接，仅在牵引钩与车架横梁的连接处装有一定强度高、弹性不大的非金属材料作为衬垫。

图 8-8（b）所示为北京 BJ2022（勇士）汽车车架，其结构特点是由两根断面为箱形的纵梁及六根横梁组成，以提高车架的强度及刚度。纵梁用钢板冲压而成，第一道、第三道、第六道横梁及前保险杠与纵梁用螺栓连接，这样有利于拆装，其余的横梁与纵梁用铆接的方法连接。车架中段向下弯曲，以利于降低汽车重心，提高汽车的稳定性。在车架最后一道横梁上装有牵引钩，如图 8-9（b）所示。汽车车架牵引钩通过缓冲块与车架横梁弹性连接，以缓和牵引过程中的冲击和消减震动。为便于牵挂，牵引钩总成可径向偏摆 360° ，结构简单，使用方便。

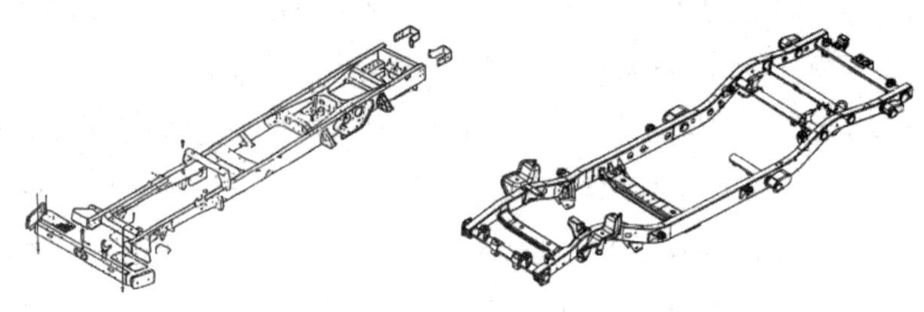

（a）陕汽 SX2150K 汽车车架　　（b）北京 BJ2022（勇士）汽车车架

图 8-8　汽车车架

（图片来源：常明. 汽车底盘构造）

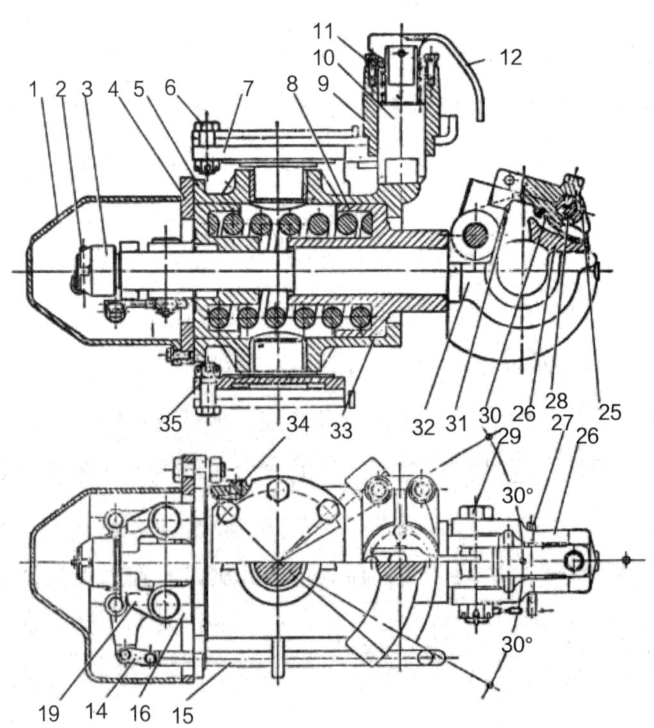

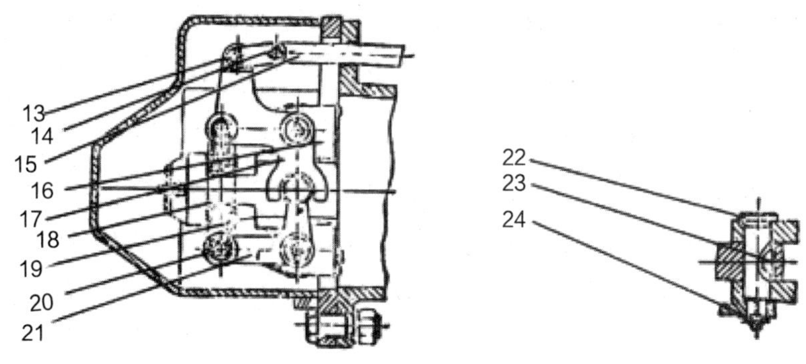

（a）为陕汽 SX2150K 汽车牵引钩

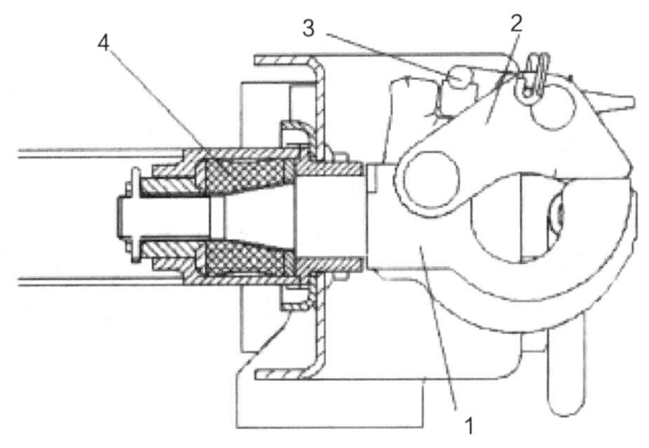

（b）北京 BJ2022（勇士）汽车牵引钩

（a）1—后盖；2—开口销；3—螺母；4—后盖板；5—外壳；6—螺栓；7—上支座；8、11、18—弹簧；9—支座；10—定位销；12—手柄；13—销；14—耳环；15—拉杆；16—前衬套；17、21—杠杆；19—抱爪；20—销；21—杠杆；22—轴销；23—半圆键；24—垫圈；25—定位螺栓；26—锁扣；27—插销；28—锁块销；29—螺栓；30—锁块弹簧；31—锁块；32—牵引钩；33—后衬套；34—导销；35—下支座。

（b）1—牵引钩；2—抱爪；3—抱爪锁块；4—缓冲块。

图 8-9　汽车车架牵引钩

（图片来源：常明. 汽车底盘构造）

（二）中梁式车架

中梁式车架主要是一根位于汽车中央并贯穿前后的纵梁，因此亦称为脊梁式车架。中梁的断面可以做成管形，也可以做成箱形。如图 8-10 所示，该车架纵梁有前桥壳、前脊梁、分动器壳、中央脊梁、中桥壳及中后桥之间的连接桥所组成。上述各部的连接均通过其连接盘用螺栓紧固而成一体。在纵梁上有若干个托架，分别用以安装、支承发动机、驾驶室、货箱副梁及前、后悬架等机件。

这种中梁式车架的特点是能使车轮有较大的运动空间，便于采用独立悬架，保持车轮与路面的良好接触，从而提高汽车的越野性能。采用中梁式车架与采用边梁式车架的同吨位汽车相比，采用中梁式车架的汽车车架轻，减少了汽车的自重，同时重心低，行驶的稳定性较好，车架的强度和刚度较大，尤其是抗扭刚度大，而且中梁能起封闭传动轴的防尘套作用。但这种车架的制造工艺复杂，要求精度高，而且给保养修理带来不便。如太脱拉 138、太脱拉 148、太脱拉 815 汽车上均采用了这种中梁式车架。

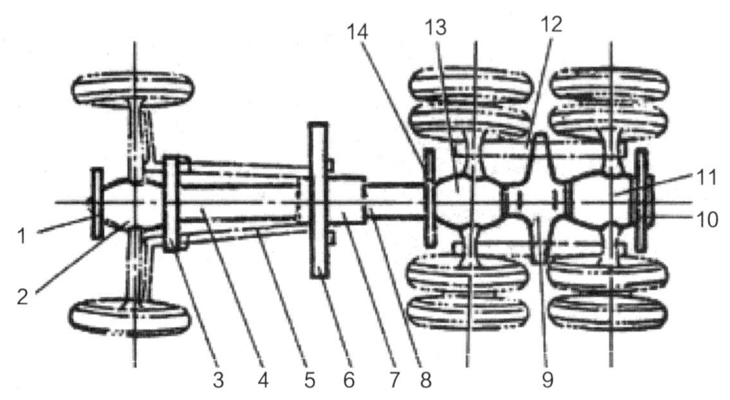

1—发动机前部托架；2—前桥壳；3—发动机后部及驾驶室前部托架；4—前脊梁；5—前悬架扭杆弹簧；6—驾驶室后部及货箱副梁前部托架；7—分动器壳；8—中央脊梁；9—连接桥；10—连接货箱副梁的托架；11—后桥壳；12—后悬架的钢板弹簧；13—中桥壳；14—连接货箱副梁的托架。

图 8-10 太脱拉 138 汽车中梁式车架示意图

（图片来源：常明．汽车底盘构造）

另外，在有些汽车上，车架的前部采用边梁式，而后部采用中梁式，这种车架称为综合式车架。它同时具有上述两种车架的特点，综合性能较好，但结构较复杂。

（三）综合式车架的特点

图 8-11 所示的车架前部为边梁式车架，而后部为中梁式车架，这种车架称为综合式车架（也称复合式车架）。它同时具有中梁式和边梁式车架的特点。该车架的边梁用于安装发动机，悬伸出来的支架可以固定车身。

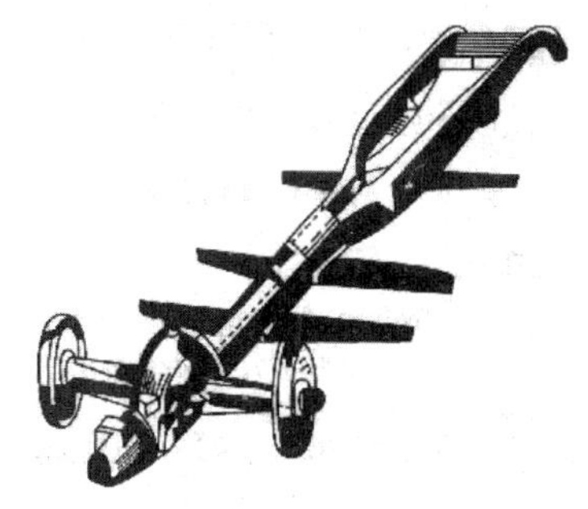

图 8-11　综合式车架

（图片来源：常明．汽车底盘构造）

随着汽车工业的发展，近年来车架结构也呈现出多样化和复杂化，如桁架式车架，这种立体结构式车架主要用于竞赛汽车及特种汽车。它由钢管组合焊接而成，这种车架兼有车架和车身的作用。

（四）典型的综合式车架

1. 平台式车架

图 8-12 所示为平台式车架，它是一种将底板从车身中分出来而与车架组成一个整体的结构，车身通过螺栓与车架相连接。

从图 8-12 中可以看出，它是一个以中梁式车架为基体，在脊柱车架两侧连接车身底板而成的车架，也可以看作是中梁式车架的一种变形。座椅的金属骨架焊接在车架上，具有较高的刚度。

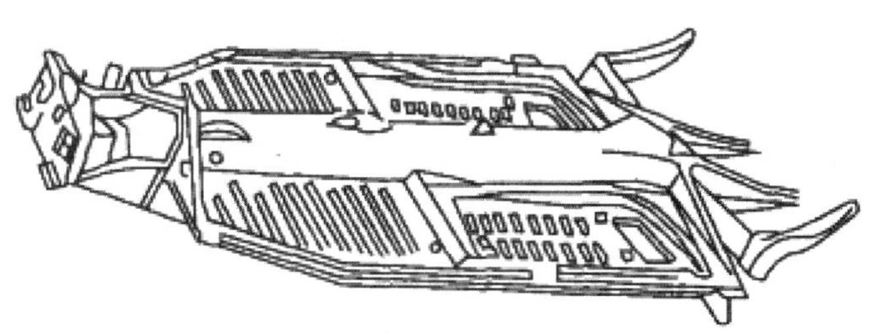

图 8-12　平台式车架

（图片来源：常明．汽车底盘构造）

2. IRS 型车架

目前在某些高级轿车上采用了一种 IRS 型车架，如图 8-13 所示。后部车架与前部车架用活动铰链连接，后驱动桥总成（主传动器、差速器）安装在后车架上，半轴与驱动轮之间用万向节连接，后独立悬架连接在后车架上。这样不仅独立悬架可使汽车获得良好的行驶平顺性，而且活动铰链点处的橡胶衬套也使整车获得一定的缓冲，从而进一步提高了汽车的行驶平顺性。

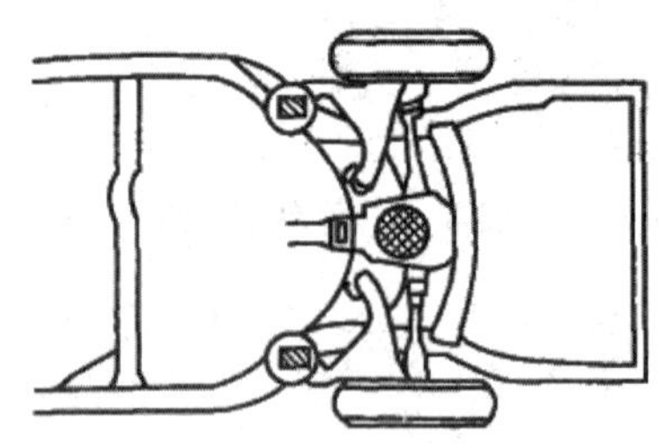

图 8-13　IRS 型车架
（图片来源：常明．汽车底盘构造）

3．半车架

有些轿车为了减轻车架质量，尽量做到轻量化，采用了半车架，如图 8-14 所示。在车身前部有一部分车架，称为半车架（或短车架），而后部无车架，发动机和前悬架安装在车架上，这样使车身局部得到加强。

图 8-14　半车架
（图片来源：常明．汽车底盘构造）

（五）承载式车身

部分轿车和大型客车取消了车架，而以车身兼代车架的作用，即将所有部件固定在车身上，所有的力也由车身来承受，这种车身称为承载式车身。目前，大多数轿车都采用承载式车身，如上海桑塔纳轿车、一汽大众的捷达和奥迪 100 及红旗 CA7220 型轿车等均为此种结构形式。

承载式车身由于无车架，可以减轻整车质量，可以使底板高度降低，使上、下车方便。但是传动系统和悬架的振动与噪声会直接传入车内，为此，应采取隔音和防振措施。

二、车桥

（一）车桥的功用与分类

车桥（也称车轴）通过悬架和车架（或承载式车身）相连，它的两端安装车轮，其功用是传递车架（或承载式车身）与车轮之间各方向的作用力及其力矩。

根据悬架结构的不同，车桥分为整体式和断开式两种。当采用非独立悬架时，车桥中部是刚性的实心或空心梁，这种车桥即为整体式；断开式车桥为活动关节式结构，与独立悬架配合使用。

根据车桥上车轮的作用，车桥又可分为转向桥、驱动桥、转向驱动桥和支持桥四种类型。根据车桥上的车轮是驱动车轮还是从动车轮，车桥又可分为驱动桥和从动桥。其中，转向桥和支持桥都属于从动桥。一般汽车多以前桥为转向桥，而以后桥或中、后两桥为驱动桥。越野汽车和大部分轿车的前桥为转向驱动桥。

支持桥除不能转向外，其他功能和结构与转向桥相同。因此，本小节中主要叙述整体式和断开式的转向驱动桥和转向桥。

（二）转向驱动桥

在许多轿车和全轮驱动的越野汽车上，前桥除作为转向桥外，还兼起驱动桥的作用，故称为转向驱动桥。它同一般驱动桥一样，有主减速器和差速器。但由于转向时车轮需要绕主销偏转过一个角度，故与转向轮相连的半轴必须分成内、外两段（内半轴和外半轴），其间用万向节（一般多用等角速万向节）连接，同时主销也因而制成上、下两段。转向节轴颈部分做成中空，以便外半轴穿过其中。

目前，许多现代轿车采用了发动机前置前轮驱动的布置形式，其前桥既是转向桥又是驱动桥。此种类型的转向驱动桥多与麦弗逊式独立悬架配合使用，因其前轮内侧空间较大，便于布置，故具有良好的接近性，维修方便。

1. 东风 EQ208OE 型汽车转向驱动桥

东风 EQ2080E 型 6×6 汽车的前桥为与非独立悬架配合使用的转向驱动桥，其构造如图 8-15 所示。内半轴与外半轴通过三销轴式等角速万向节连接在一起。当前轴驱动时，扭矩由差速器、内半轴、三销轴式等角速万向节、外半轴和凸缘盘传到车轮轮毂上。

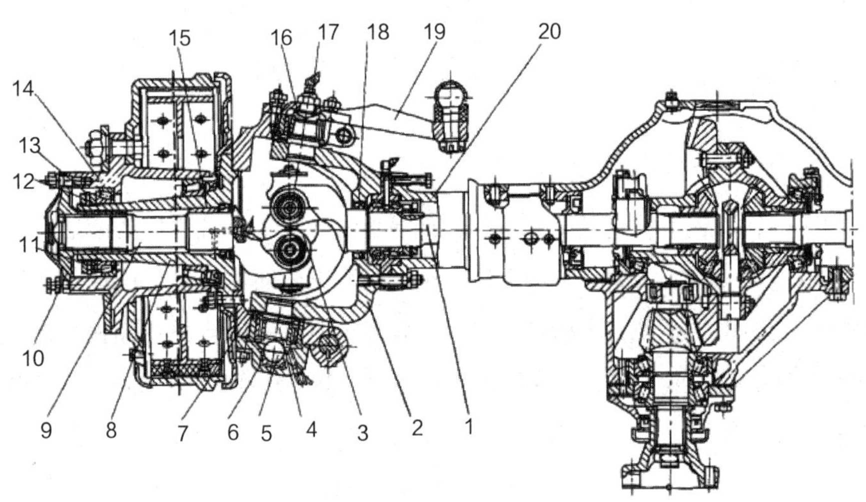

1—内半轴；2—转向节支座；3—三销轴式等角速万向节；4—主销；5—钢球；6—下轴承盖；7—转向节外壳；8—转向节轴颈；9—外半轴；10—凸缘盘；11—锁紧螺母；12—锁止垫圈；13—调整螺母；14—轮毂；15—青铜衬套；16—球碗；17—推力螺钉；18—油封；19—转向节臂；20—半轴套管。

图 8-15　东风 EQ2080E 型 6x6 汽车的转向驱动桥
（图片来源：常明．汽车底盘构造）

转向节通过两个滚针轴承和球碗及钢球支承在转向节支座上，分成两段的主销与转向节支座固装成一体，其上、下两段的轴线必须在同一直线上。主销轴承用轴承盖（左边的上轴承盖与转向节臂是一体的）压紧在转向节外壳上，下轴承盖内装有一个钢球及两个球碗，以承受主销的轴向载荷。上轴承盖内装有一个推力螺钉，并通过球碗顶住主销，以防止主销轴向窜动。拧紧推力螺钉的预紧力不要太大，否则会使转向沉重。转向节支座下端面与主销下轴承座油封罩间应有一定的间隙（1 ～ 2 mm），当间隙过小（如小于 0.2 mm）时可能引起转向沉重，此时应在钢球下球碗的下面加装垫片（厚 1 mm）。转向节支座用螺钉与半轴套管相连接。转向节做成转向节外壳和转向节轴颈两段，用螺钉连接成一体。轮毂通过两个锥轴承装在转向节轴颈上，轮毂轴承用调整螺母、锁止垫圈和锁紧螺母固紧。在转向轴颈内压装一个青铜衬套，以便支承外半轴。当通过转向节臂推动转向节时，转向节便可绕主销转动而使前轮偏转。

2. 南京 NJ2046 汽车转向驱动桥

南京 NJ2046 汽车前桥的内、外两半轴之间以球笼式等速万向节相连。内半轴两端的花键分别插入差速器半轴齿轮和等速万向节内。外半轴与球笼式等速万向节的球形壳制成一体，通过衬套支承于转向节的轮毂轴的内孔，外半轴的外端锥形花键段上套有半轴凸缘，轴向用螺母压紧，半轴凸缘通过螺栓与轮毂连接，从而使万向节具有正确的轴向位置。带主销的球形支座经螺栓固定在桥壳两侧的端部。转向节由外半壳、内半壳和轮毂轴三部分用螺栓连成一体，通过上、下滑动轴承和圆锥滚子推力轴承支承于球形支座的主销上，其上、下端分别用轴承盖和转向节臂封住。在下轴承座和转向节壳之间，以及转向节臂与上主销的推力垫片之间分别装有调整垫片，垫片用以调节转向节在主销轴线方向上的位置，以保证万向节中心位于球形支座的轴线上，避免转向行驶时产生运动干涉。上、下轴承靠油嘴注入滑脂保证润滑，在转向内半壳侧面固定有带护圈的油封。

3. 奔驰 Benz2026A 汽车转向驱动桥

奔驰 Benz2026A 汽车转向驱动桥具有和它后桥相似的主减速器、差速器和轮边减速器。如图 8-16 所示，该车转向驱动桥的内、外两半轴之间用双联式准等速万向节连接。内半轴的内侧花键插入差速器半轴齿轮内孔，其拳形外端以轴孔与万向节轴销配合，而外侧轴颈借衬套及滚针轴承支承于叉形支座的轴孔内，并可沿轴向浮动，在叉形支座相应的轴孔端部安装有两个油封。外半轴的拳形内端以轴孔与万向节轴销配合，其外侧花键插入轮边减速器的太阳齿轮内孔，并有弹性挡圈、推力垫圈、止推垫圈及挡盖等机件予以轴向限位，其轴向移动量可通过改变垫片（位于挡盖与弹性挡圈之间）来调节。该外半轴内侧轴颈借衬套、滚针轴承支承于转向节的轮毂轴管内孔，相应的孔端有两个油封密封。转向节为整体式，它的转向节壳和轮毂轴两部分制成一体。转向节上端部用螺栓固定着转向节臂上盖，下部端面固定着下盖，且通过固定在上盖内的主销与叉形支座的上主销座孔衬套活动配合，而通过下盖座孔内的衬套与固定在叉形支座上的下主销轴颈活动配合。上主销下端面与叉形支座的座孔底面之间装有推力垫片。主销中间通孔可用以储存润滑油，以润滑主销轴颈。该孔上端由带密封垫圈的螺塞封闭，在上盖的下端部装有油封，以防止润滑油漏失。

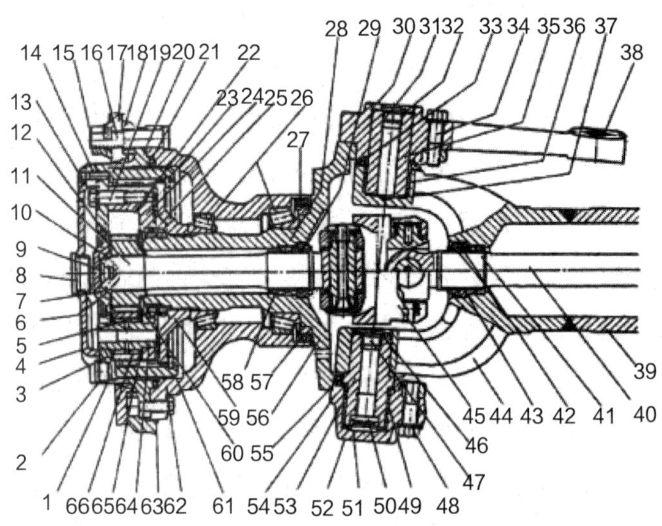

1—螺塞；2、32、46—密封垫圈；3、6—推力垫圈；4—端盖；5—隔圈；7、12、23、30、52—弹性挡圈；8—螺塞及密封垫圈；9—止推垫块；10—挡盖；11—外半轴；13—调整垫片；14、19、34、48、63—螺栓；15、21—密封圈；16—螺栓与螺母；17—轮盘；18—制动鼓；20—减速器罩；22—太阳齿轮；24—行星架；25—止退垫圈及螺母；26、28、41、66—轴承；27、29、33、42、55—油封；31—螺塞；35—上主销；36、43、49、58—衬套；37—推力垫片；38—转向节臂上盖；39—桥壳；40—内半轴；44—叉形支座；45—双联式准等速万向节；47—螺塞；50—上止推垫块；51—下止推垫块；53—下主销；54—梯形臂下盖；56—转向节；57—油封颈衬套；59—行星齿圈毂；60—推力垫圈；61—行星排齿圈；62—轮毂；64—行星轮轴；65—行星齿轮。

图 8-16　奔驰 Benz2026A 汽车转向驱动桥（部分）

（图片来源：常明．汽车底盘构造）

在下主销与下盖座孔底面之间装有上、下止推垫块，通过选择两个止推垫块的厚度，可以调整转向节沿主销轴线方向的移动量。其中上止推垫块由固定在主销内孔环槽内的弹性挡圈加以轴向限位，该垫块的球面朝向下止推垫块，且侧向铣有切槽，可使主销中间储油腔与该垫块下腔沟通，以保证下主销与垫块等机件得到可靠润滑。与转向节上部结构相类似，下主销中间通孔的上端用螺塞封闭，下盖上端部固定有油封。为减小在较大角度转向时万向节内、外半轴之间的转速差，该万向节中心向外偏中心线约 3.05 mm，这距离由外半轴的轴向限位结构予以保证。

陕汽 SX2190 汽车转向驱动桥结构与奔驰 Benz2026A 汽车转向驱动桥相似。

（三）转向轮定位参数

转向桥在保证汽车转向功能的同时，应使转向轮有自动回正作用，以保证汽车稳定的直线行驶功能，即当转向轮在偶遇外力作用发生偏转时，一旦作用的外力消失后，应能立即自动回到原来的直线行驶的位置。这种自动回正作用是由转向轮的定位参数来保证实现的。也就是说，转向轮、主销和前轴之间的安装应具有一定精确的相对位置。这些转向轮的定位参数有主销后倾角、主销内倾角、前轮外倾角、前轮前束，以及后轮的外倾角和前束。

1. 主销后倾角

设计转向桥时，使主销在汽车的纵向平面内有向后的一个倾角 γ，即主销轴线和地面垂直线在汽车纵向平面内的夹角，如图 8-17 所示。

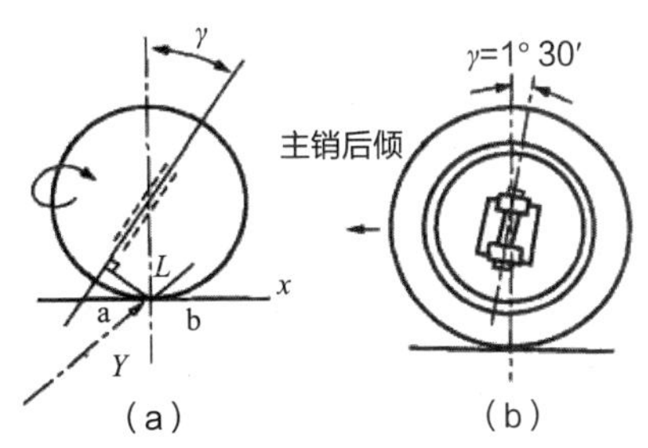

图 8-17　主销后倾角作用示意图
（图片来源：常明．汽车底盘构造）

主销后倾角 γ 能形成回正的稳定力矩，当主销具有后倾角 γ 时，主销轴线与路面交点 a 将位于车轮与路面接触点 b 的前面，a、b 之间的距离称为主销后倾拖距，如图 8-17（a）所示。当汽车直线行驶时，若转向轮偶然受到外力作用而稍有偏转（如同图中箭头所示向右偏转），将使汽车行驶方向向右偏离，这时由于汽车本身离心力的作用，在车轮与路面接触点 b 处，路面对车轮作用着一个侧向反作用力 Y。反作用力 Y 对车轮形成绕主销轴线作用的力矩 YL，其方向正好与车轮偏转方向相反。在此力矩的作用下，车轮将会恢复到原来中间的位置，从而保证了汽车稳定的直线行驶，故此力矩称为稳定力矩。但此力矩也不宜过大，否则在转向时为了克服此稳定力矩，驾驶员需在转向盘上施加较大的力（所谓转向沉重）。因稳定力矩的大小取决于力臂 L 的数值，而力臂 L 又取决于后倾角 γ 的大小，故现在车辆一般采用的 γ 角为 2°～3°。现代高速汽车由于轮胎气压降低、弹性增加，而引起稳定力矩增加，因此 γ 角可以减小到接近于零，甚至为负值。如图 8-17（b）所示为解放 CA1091 型汽车的主销后倾角示意图。

2. 主销内倾角

在设计转向桥时，主销在汽车的横向平面内向内倾斜一个 β 角，即主销轴线和地面垂直线在汽车横向平面内的夹角，称为主销内倾角，如图 8-18（a）所示。

主销内倾角 β 也有使车轮自动回正的作用，如图 8-18（b）所示。当转向轮在外力的作用下由中间位置偏转一个角度（为了解释方便，图中画成 180° ，即转到如虚线所示位置）时，车轮的最低点将陷入路面以下，但实际上车轮下边缘不可能陷入路面以下，而是将转向车轮连同整个汽车前部向上抬起一个相应的高度（位能增加），这样汽车本身的重力有使转向轮恢复到原来中间位置的效应。

此外，主销的内倾还使得主销轴线与路面交点到车轮中心平面与地面交线的距离 c（称为转向主销偏置量）减小 [如图 8-18（a）所示]，从而可减少转向时驾驶员加在转向盘上的力，使转向操纵轻便，同时也可减少从转向轮传到转向盘上的冲击力。但 c 值也不宜过小，即内倾角不宜过大，否则在转向时，车轮绕主销偏转的过程中，轮胎与路面间将产生较大的滑动，因而增加了轮胎与路面间的摩擦阻力，不仅会使转向变得很沉重，而且还会加速轮胎的磨损，故一般内倾角 β 不大于 8° ，距离 c 一般为 40 ～ 60 mm。如图 8-18（c）所示为解放 CA1091 型汽车的主销内倾角 β 和前轮外倾角 α（虚线为垂线）。

主销内倾角是在前轴（梁）设计中保证的，由机械加工来实现。加工时将前梁两端主销孔轴线上端向内倾斜就形成了内倾角 β。

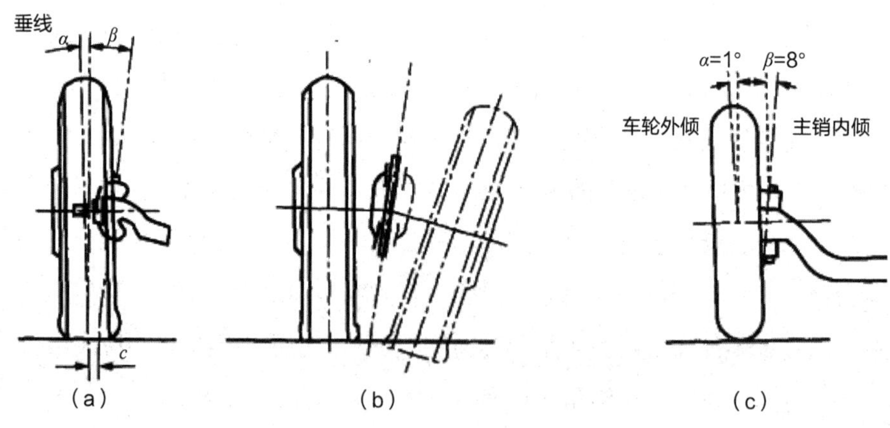

图 8-18　主销内倾角作用示意图及前轮外倾角

（图片来源：常明. 汽车底盘构造）

3. 前轮外倾角

除上述主销后倾角和内倾角两个角度保证汽车稳定的直线行驶外，前轮外倾角 α 也具有定位作用。前轮外倾角 α 是通过车轮中心的汽车横向平面与车轮平面的交线与地面垂线之间的夹角，如图 8-18（c）所示。如果空车时车轮的安装位置正好垂直于路面，则满载时，车桥将因承载变形，而可能出现车轮内倾，这样将加速汽车轮胎的偏磨损。另外，路面对车轮的垂直反作用力沿轮毂的轴向分力将使轮毂压向轮毂外端的小轴承，加重了外端小轴承及轮毂紧固螺母的负荷，降低了它们的使用寿命。因此，为了使轮胎磨损均匀和减轻轮毂外轴承的负荷，安装车轮时应预先使车轮有一定的外倾角，以防止车轮内倾。同时，车轮有了外倾角也可以与拱形路面相适应。但是，外倾角也不宜过大，否则也会使轮胎产生偏磨损。

前轮外倾角在转向节设计中确定。设计时使转向节轴颈的轴线与水平面成一角度，该角度即为前轮外倾角 α（一般 α 为 0.5° ～ 1.0° ）。

4. 前轮前束

车轮有了外倾角后，在滚动时就类似于滚锥，从而导致两侧车轮向外滚开。由于转向横拉杆和车桥的约束使车轮不可能向外滚开，车轮将在地面上出现边滚边滑的现象，从而增加了轮胎的磨损。为了消除车轮外倾带来的这种不良后果，在安装车轮时，应使汽车两前轮的中心面不平行，两轮前边缘距离 B 小于后边缘距离 A，A 与 B 之差称为前轮前束值，如图 8-19 所示。这样可使车轮在每一瞬时滚动方向接近于向着正前方，从而在很大程度上减轻和消除了由于车轮外倾而产生的不良后果。

前轮前束可通过改变横拉杆的长度来调整。调整时，可根据各厂家规定的测量位置，使两轮前后距离差（A-B）符合规定的前束值。一般前束值为 0 ～ 12 mm。测量位置除图示的位置外，还通常取两轮胎中心平面处的前后差值，也可以选取两车轮轮辋内侧面处的前后差值。

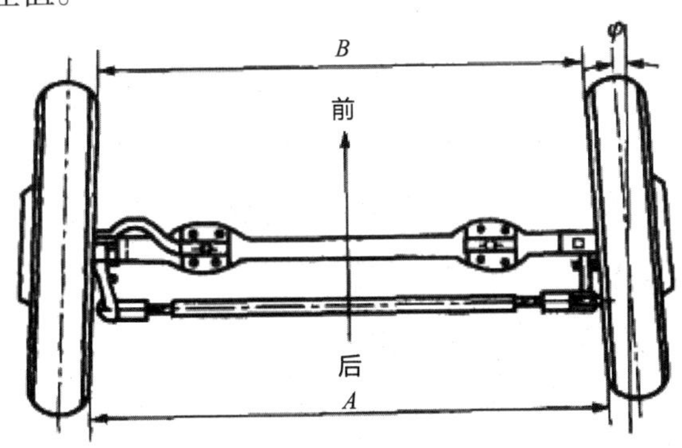

图 8-19　前轮前束（俯视图）

（图片来源：常明. 汽车底盘构造）

5. 后轮的外倾角和前束

车轮定位参数通常都是相对于汽车的前转向轮而言的，但是，现代汽车不仅前转向轮有外倾角和前束，有些汽车后轮也有外倾角和前束。如红旗 CA7220 型轿车，后轮设置有前束角 8a′+5′ 和外倾角 -58′ ± 10′。该车为发动机前置前驱动形式，后轮是从动轮。汽车的驱动力 F 通过纵臂作用于后轴上，如果车轮没有前束角，则当汽车行驶时，在驱动力的作用下，后轴将产生一定的弯曲，使车轮出现前张现象，而预先设置的前束角就是用来抵消这种前张。后轮外倾角有两个作用：①由于外倾角是负值，故可增加车轮接地点的跨度，增加汽车的横向稳定性；②负外倾角可用来抵消当汽车高速行驶且驱动力 F 较大时，车轮出现的负前束（前张），以减少轮胎的磨损。该车轮前束角和外倾角均不可调整，而在有些轿车上，如 AudiA4 轿车，其后轮的前束和外倾角是可以调整的。

某些后轮驱动的重型汽车，由于采用独立悬架和脊梁式车架，为了保持加载后汽车行驶时轮胎处于正确的接地位置，减少磨损，后轮也设计成有一定的正外倾角，如太脱拉 138 型汽车。

（四）转向桥

转向桥利用车桥中的转向节使车轮可以偏转一定角度以实现汽车的转向。它除承受垂直载荷外，还承受纵向力和侧向力及这些力造成的力矩。转向桥通常位于汽车前部，因此也常称为前桥。

各种车型的转向桥结构基本相同，主要由前梁、转向节组成。下面以东风 EQ1090E 型汽车前桥（如图 8-20 所示）为例加以说明。

作为主体零件的前梁是用钢材锻造的，其断面是工字形，以提高抗弯强度。为提高抗扭强度，两端接近方形。中部加工出两处用以支承钢板弹簧的加宽面——弹簧座。中部向下弯曲，使发动机位置得以降低，从而降低汽车重心，扩展驾驶员视野，并减小传动轴与变速器输出轴之间的夹角。前梁两端各有一个加粗部分，呈拳形，其中有通孔，主销即插入此孔内。用带有螺纹的楔形锁销将主销固定在拳部孔内，使之不能转动。转向节上有销孔的两耳通过主销与前梁的拳部相连，使前轮可以绕主销偏转一定角度而使汽车转向。为了减小磨损，转向节销孔内压入青铜衬套，衬套上的润滑油槽在上面端部切通，由装在转向节上的滑脂嘴注入润滑脂润滑。为使转向灵活轻便，在转向节下耳与前梁拳部之间装有滚子推力轴承。在转向节上耳与拳部之间装有调整垫片，以调整其间的间隙。

在左转向节的上耳上装有与转向节臂制成一体的凸缘，在下耳上则装着与转向梯形臂制成一体的凸缘，此两凸缘上均制有一矩形键，因此在左转向节的上、下耳上都有与之配合的键槽。转向节通过矩形键及带有锥形套的双头螺栓与转向节臂及梯形臂相连。在键与键槽端面间装有条形的橡胶密封垫。

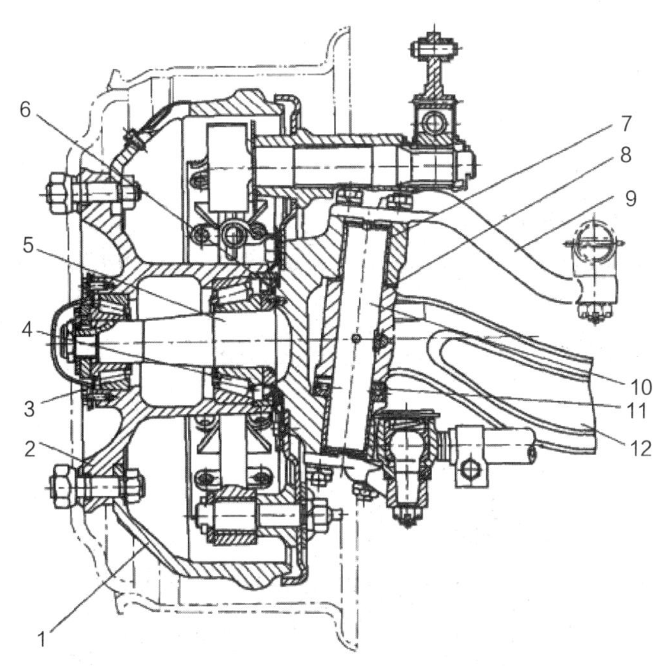

1—制动鼓；2—轮毂；3、4—轮毂轴承；5—转向节：6—油封；7—青铜衬套；
8—调整垫片；9—转向节臂；10—主销；11—滚子推力轴承；12—前梁。

图 8-20　东风 EQ1090E 型汽车转向桥（前桥）
（图片来源：常明．汽车底盘构造）

车轮轮毂通过两个圆锥滚子轴承支承在转向节外端的轴颈上，轴承的松紧度可用调整螺母（装于轴承外端）加以调整。轮毂外端用冲压的金属罩盖住。轮毂内侧装有油封。如果油封漏油，则外面的挡油盘仍足以防止润滑油进入制动器内。转向节上靠近主销孔的一端有方形的凸缘，以固定制动底板。

断开式转向桥在轿车和微型客车上得到了广泛应用，它与独立悬架相配置组成了性能优良的转向桥。由于它有效地减少了非簧载质量，降低了发动机的质心高度，从而提高了汽车的行驶平顺性和操纵稳定性。

图 8-21 所示为 JL6360 微型客车的断开式转向桥的结构图。该断开式转向桥（前桥）主要由车轮、减振器、上支点总成、缓冲弹簧、转向节、大球头销总成、横向稳定杆

总成、左右梯形臂、主转向臂、中臂、左右横拉杆、悬臂总成等组成。其中，有些臂、悬臂为薄钢板焊接结构，主转向臂与中臂是通过螺栓与橡胶衬套连接的，左右转向梯形臂用大球头销总成与悬臂总成连接。

该断开式转向桥和前述转向桥一样，在具有承载传力功能的同时，还应具有转向的功能，它与转向器配合，通过纵拉杆、主转向臂、中臂、左右横拉杆和左右梯形臂使车轮偏转，以实现汽车转向。

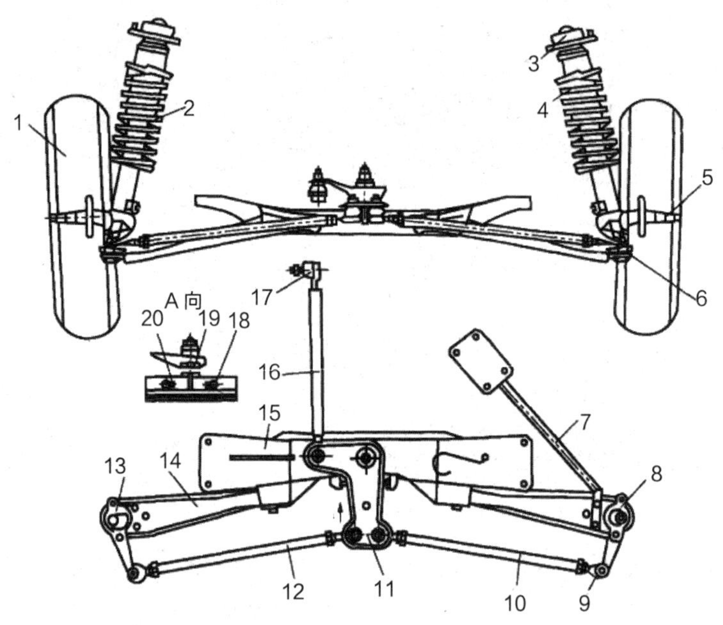

1—车轮；2—减振器；3—上支点总成；4—缓冲弹簧；5—转向节；6—大球头销总成；7—横向稳定杆总成；8—左梯形臂；9—小球头销总成；10—左横拉杆；11—主转向臂；12—右横拉杆；13—右梯形臂：14—悬臂总成：15—中臂；16—纵拉杆；17—纵拉杆球头；18—转向限位螺钉座；19—转向限位杆：20—转向限位螺钉。

图 8-21　JL6360 微型客车的断开式转向桥

（图片来源：常明．汽车底盘构造）

第三节　车轮和车胎的构造与维修

车轮与轮胎又称车轮总成，主要由车轮和轮胎两部分组成，是汽车行驶系统中的重要部件。

车轮与轮胎的功用主要包括：支承整车质量；缓和由于路面不平引起的冲击力；产生并传递制动力、驱动力和侧向力；保证汽车正常转向的同时具有自动回正能力，使汽车保持直线行驶；承担越障，提高通过性；等等。

车轮是介于轮胎和车桥之间承受负荷的旋转件，通常由轮辋和轮辐两个主要部件组成。轮辋用于安装和支承轮胎，轮辐是介于车桥和轮辋之间的支承部件。轮辋和轮辐可以是整体的、永久连接的或可拆卸的。车轮有时还包含轮毂。

一、车轮的类型

按照轮辐的结构，车轮可分为辐板式和辐条式等。汽车的轮辐多种多样，与汽车造型融为一个整体，对整车起到了很好的装饰作用。采用少辐板的轮辐，更有利于制动器的散热。

根据车轮形式不同，车轮可分为组装轮辋式、可调式、对开式和可反装式等。

根据车轮材质不同，又有铝合金、镁合金、钢制车轮之分。钢制车轮可以大批量生产，价格低廉，目前应用最广，但质量和散热方面不如铝制车轮，且很难实现新颖的造型；铝制车轮散热性较好，质量轻，造型上受限少；镁合金制车轮比铝制车轮轻，但由于价格昂贵且耐腐蚀性差，所以普及率很低。

按车桥一端安装的轮胎数目，车轮可分为单式车轮和双式车轮。

（一）辐板式车轮

辐板式车轮使用与轮毂铸成一体的钢质空心辐条与轮辋连接，故也称铸钢式车轮。为了使轮辋与轮毂很好地对中，在轮辋与轮毂上均制有配合锥面，并借助于相配合的衬块用螺栓固定。这种辐板式车轮一般用得较少，只在载重量较大的载重汽车上才采用。但在有些轿车上也采用较细的实心辐条作为车轮的轮辐。

（二）辐条式车轮

辐条式车轮是轮辋由若干辐条连接到轮毂上的车轮。轮辐有钢丝辐条，类似于自行车车轮用的钢丝，质量小，但价格昂贵，维修安装不便，一般用在赛车和某些高级轿车上。还有和轮毂铸成一体的铸造辐条，一般装在较大的重型汽车上，在这种结构的车轮上，轮辋用螺栓和特殊形状的衬块固定在辐条上，为使轮辋与辐条对中，在轮辋和辐条上都加工出配合锥面。

二、轮辋的类型

轮辋是轮胎装配和固定基础，其尺寸及形式应符合有关标准的规定，每种规格的轮胎应配用标准轮辋。如果轮辋选用不当，尤其是使用过窄的轮辋，会使轮胎过早损坏，影响汽车的行驶性能。

（一）按轮辋断面形式分类

轮辋有多种形式，按其断面形式来分，常见的有深槽轮辋、平底轮辋和对开式轮辋。

1. 深槽轮辋

深槽轮辋代号 DC，它的轮辋一般都采用钢板冲压成型的整体结构，是一种整体轮辋。深槽轮辋结构简单，刚度大，质量小，轮辋中部制成深凹槽，使尺寸小、弹性较大的轮胎易于装卸。

深槽轮辋主要用于轿车、轻型车、微型车、轻型越野车，如红旗 CA7180 轿车、北京 BJ212 型越野汽车。

2. 平底轮辋

平底轮辋代号 FB，轮辋中部平直，其一侧凸缘与轮辋制成一体，另一侧以可拆挡圈做凸缘，挡圈可拆，轮胎拆装方便。

平底轮辋主要用于中、重型载货汽车，以及自卸汽车和大客车，如解放 CA1091 型汽车、东风 EQ1090E 型汽车。

3. 对开式轮辋

对开式轮辋代号 DT，由内、外可分的两个轮辋组成，当其可靠地紧固在一起时，就形成固定轮缘的车轮。这种轮辋在拆装轮胎时，只需拆下螺栓即可。

对开式轮辋主要用于大、中型越野汽车，如东风 EQ2080 型汽车。

（二）按轮辋组成件数分类

轮辋形式按其组成件数可分为一件式和多件式，如图 8-22 所示。

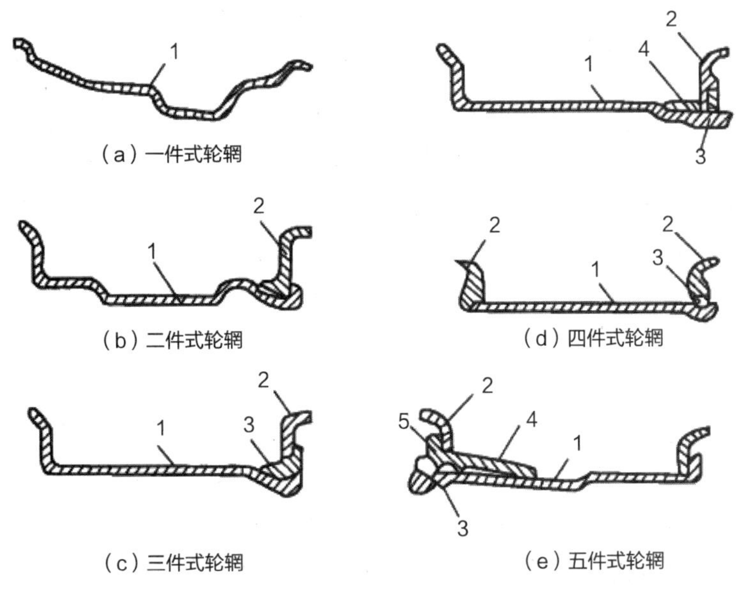

1—轮辋体；2—挡圈；3—锁圈；4—座圈；5—密封环。

图 8-22　轮辋的结构形式

（图片来源：常明．汽车底盘构造）

三、轮胎

如今汽车几乎都采用充气轮胎。轮胎总成安装在轮辋上，直接与路面接触。轮胎应具有适宜的弹性和承受载荷的能力，同时，在与路面直接接触的胎面部分，应具有用以增强附着能力的花纹。车轮滚动时，在所分担汽车的一部分重量和由于道路不平而产生的冲击载荷作用下，轮胎产生变形，消耗于变形的功在载荷去除后并不能完全回收，有一部分消耗于橡胶的内摩擦，会使轮胎发热。温度过高将严重影响橡胶的性能和轮胎的组织，从而大大增加轮胎的磨损，减少轮胎的使用寿命。从试验和理论分析中可知，轮胎的发热程度随轮胎的结构、内部压力、载荷、行驶速度和所传递扭矩大小而改变，在使用时，必须充分考虑这些因素，以提高轮胎使用性能并延长其使用寿命。例如：当轮胎载荷超载 20%（或气压为标准值的 80%）时，其寿命仅为正常载荷和气压下行驶里程的 70%；超载 40%（或气压为标准值的 70%）时，其寿命为 50%；若超载 80%（或气压为标准值的 55%），其寿命仅为 30%。

（一）轮胎的分类

1. 按轮胎内有无内胎分类

按轮胎内有无内胎，充气轮胎可分为有内胎轮胎和无内胎轮胎两种。有内胎轮胎由内胎、外胎和衬带组成，内胎中充满着压缩空气，外胎是坚硬而富有弹性的外壳，套在内胎的外边，垫带放在内胎与轮辋之间，防止内胎被轮辋及外胎的胎圈擦伤。无内胎轮胎的外形与普通轮胎的外形相似，所不同的地方是没有内胎和衬带，空气直接压入外胎中，故要求轮胎与轮辋之间有很好的密封。

2. 按轮胎气压的高低分类

按轮胎气压的高低，轮胎可分为高压胎、低压胎和超低压胎。一般气压在 0.50 MPa ～ 0.70 MPa（0.5 ～ 0.7 N/mm^2）为高压胎；气压在 0.15 MPa ～ 0.45 MPa 为低压胎；气压在 0.15 MPa 以下为超低压胎。但由于制造轮胎用的原材料的不断发展，轮胎负荷能力大幅度提高，相应的气压也提高了，而轮胎的缓冲性能仍在某种程度上保持了原来同规格低压胎的性能，因此按过去标准来讲，虽然已属于高压胎气压范围，但现在国内外还是将其归于低压胎这一类，如国产 9.00—20 的 14 层级尼龙胎，负荷能力为 21 413 N，气压为 0.67 MPa，仍属低压胎。

目前，大多数汽车采用低压胎，因为低压胎弹性好，断面宽，与道路接触面大，壁薄而散热性良好，这些特点提高了汽车行驶的平顺性和操纵性。此外，道路和轮胎本身的寿命也得以延长。而超低压胎 —— 拱形轮胎，其断面特别宽，只用于在十分松软的地面上行驶。

3. 按胎体中帘线的排列方向分类

按胎体中帘线的排列方向不同，轮胎可分为普通斜交轮胎、子午线轮胎及带束斜交轮胎。

（二）轮胎的构造

1. 普通斜交轮胎

普通斜交轮胎的外胎由帘布层、缓冲层、胎面及胎圈组成。

帘布层是外胎的骨架，是轮胎的主要承载部分，并保持外胎的形状和尺寸，通常由双数的多层挂胶布（帘布）用橡胶贴合而成，帘布的帘线与轮胎子午断面的交角（冠角）一般为 52° ～ 54°，相邻层帘线相交排列。帘布层数愈多，强度愈大，但弹性降低，并在外胎上标注有它的层级。帘线可以用棉线、人造丝线、尼龙线和钢丝帘线。采用人造丝线与采用棉线相比可以使同样尺寸的轮胎增加载重量，因为人造丝线的强度和弹性大，而尼龙线又比人造丝线好，耐用性高，我国已大量使用。近年来也开始采用金属帘线，但因价高和质脆，且保护层破损后帘线易生锈，而没有广泛应用。为了适应军用越野车的需要，一种高强度复合帘线的低压胎正在被采用。

缓冲层是用橡胶片和两层或数层挂胶稀疏帘布制成，用来连接帘布层和橡胶胎面。因此，缓冲层应做到弹性大，能吸收冲击，并能防止制动时胎面与帘布层脱离。

胎面是外胎最外的一层，可分为胎冠、胎侧和胎肩三部分。胎冠用耐磨的橡胶制成，它直接承受摩擦和载荷，能减轻帘布层所受冲击，并保护帘布层和内胎免受机械损伤。为使轮胎与地面有良好的附着性能，防止纵、横向滑移等，在胎面上制有各种花纹。普通花纹适用于较好路面；越野花纹深而粗，越野能力较强，适用于松软路面；越野菱形花纹深而粗，特别适合松软沙地使用。当安装“人”字形越野花纹轮胎时，胎面花纹的尖端与旋转方向一致，以免在花纹间被泥土所填塞。混合花纹介于普通花纹与越野花纹之间。胎侧的橡胶层用以保护帘布层侧壁免受潮湿和机械损伤。

胎圈的作用是使外胎能牢固地装在轮辋上，它有很大的刚度和强度，由钢丝圈、帘布层包边和胎圈包布组成。

普通斜交轮胎的内胎是一个环形橡胶气囊，它具有良好的弹性，并且耐热，不漏气。为使内胎在充气状态下不产生褶皱，内胎的有效尺寸应稍小于外胎内腔尺寸。内胎上装有充放气用的气门嘴，它有一个金属座筒。气门嘴底部的凸缘通过内胎上的孔插入内胎中，用硫化的方法将编织物和橡胶衬垫固化在内胎孔的边缘，紧密地包住座筒，并由螺母将它夹紧在两个垫片之间，使气门嘴严密地装在内胎上。轮胎安装在车轮上时，气门嘴被固定在轮辋的相应孔内。座筒里面装有带密封衬套的气门芯，衬套的环形槽内嵌有橡胶密封圈，当转动螺母时，密封圈即被压紧在座筒的锥形凹座上。座筒外面旋上一个带橡胶密封罩的盖，盖的柄部可作为拧出气门芯螺母的工具。衬套下面装有橡胶阀。当轮胎充气时，橡胶阀被空气压力压下，充气完毕后，套在杆上的弹簧及胎内气压便将它紧密地压在阀座上。

2. 子午线轮胎

子午线轮胎与普通斜交轮胎的区别仅在于外胎的帘布层和缓冲层，其结构特点如下。

（1）帘布层帘线的排列方向与轮胎的中心平面之间的夹角为 90°。帘线的这种排列很像地球上的子午线（经线），子午线轮胎由此而得名。由于这种排列，帘线的强度能得到充分地利用，故子午线轮胎胎体帘布层数一般比普通轮胎可减少 40% ～ 50%，而钢丝子午线轮胎仅有 1 ～ 2 层钢丝帘线。

（2）采用了帘线与轮胎中心平面夹角较小（10° ～20° ）的多层、高强度及伸张较小的缓冲层。子午线轮胎帘线之间是仅靠橡胶来黏结的，承受切向力能力较小，为使该轮胎能够承受较大的切向力，子午线轮胎采用了多层、高强度的缓冲层，就像一刚性环带紧箍于胎体上，大大提高了轮胎承受切向力的能力。

子午线轮胎与普通斜交轮胎相比较有以下优点。

（1）轮胎寿命长。子午线轮胎的接地面积较大，车轮对地面的单位压力小，附着性能好，胎面滑移小，轮胎的耐磨性比普通斜交轮胎提高了约50%，延长了使用寿命；

（2）负荷能力大。子午线轮胎帘布层的帘线排列方向与轮胎变形方向一致，使帘线强度能够得到充分、有效的利用，在帘布层数相同的情况下，子午线轮胎比普通斜交轮胎的负荷能力大；

（3）缓冲性能好。由于子午线轮胎的帘布层数少，轮胎的径向弹性大，缓冲作用好；

（4）经济性好。由于子午线轮胎帘布层数少，轮胎的滚动阻力小，燃油消耗少，节油率一般在6% ～ 8%；

（5）轮胎耐穿刺。由于胎冠较厚，且有坚实的缓冲层，不容易刺穿。

但由于子午线轮胎胎侧较薄，因此存在侧向稳定性差、胎侧易裂口等缺点。东风EQ1090E、东风EQ2080、陕汽SX2150等中大型汽车上，绝大多数都采用子午线轮胎。

3. 无内胎轮胎

无内胎轮胎近年来在轿车和一些货车上的使用日益广泛。它没有内胎，压缩空气被直接压入外胎中，因此，要求外胎和轮辋之间有很好的密封性。

无内胎轮胎在外观上与有内胎轮胎相似，所不同的是无内胎轮胎的外胎内壁上附加了一层厚度为2 ～ 3 mm的专门用来封气的橡胶密封层，它是用硫化的方法将自黏层黏附上去的。在密封层正对着胎面下面贴着一层用未硫化橡胶的特殊混合物制成的自黏层，当轮胎穿孔时，自粘层能自行将刺穿的孔黏合，故称为有自黏层的无内胎轮胎。胎圈上做有若干道同心圆的环形槽纹，在轮胎内空气压力作用下，槽纹能使胎圈可靠地紧贴在轮辋边缘上，以保证轮胎与轮辋之间的气密性，但也有的胎圈外是光滑而没有槽纹的。气门嘴直接固定在轮辋上，其间垫以密封用的橡胶密封衬垫。铆接轮辋和辐板的铆钉自内侧塞入，并涂上一层橡胶。

无内胎轮胎的优点包括：轮胎穿孔时，压力不会急剧下降，能安全地继续行驶；无内胎轮胎中不存在因内外胎之间摩擦和卡住而引起损坏，气密性较好；可以直接通过轮辋散热，所以工作温度低，使用寿命长，结构简单，质量较小，适应于高速行驶。

无内胎轮胎的缺点是途中修复较为困难。此外，自黏层只有在穿孔尺寸不大时方能自黏合，而且天气炎热时自黏层可能软化而向下流动，从而破坏车轮平衡。因此，一般多采用无自黏层的无内胎轮胎。它的外胎内壁只有一层密封层，当轮胎穿孔后，由于其本身处于压缩状态而紧裹着穿刺物，故能较长时间不漏气。即使将穿刺物拔出，也不会漏气，通常无内胎轮胎只有在轮胎爆破时才会失效。

东风 EQ2050（猛士）汽车采用了无内胎半钢丝子午线轮胎，胎内装有支承体，可泄气行驶，该车在战时若被子弹（或弹片）击穿泄气，仍然能以一定的速度行驶一定的距离，以撤离战区或行驶至安全地带。轮胎主要参数及尺寸如下。

型号：37 × 12.5 R16.5 半钢子午胎；

额定气压：350 kPa（后轮）/240 kPa（前轮）；

轮胎接地压力调节范围：100 kPa ～ 300 kPa；

最大载荷：1750 kg；

轮胎半径：463 mm（自由半径）；

轮胎外周长：2909 mm；

轮胎的断面宽：31.5 mm。

为提高高速性能和通过性能，轮胎设计采用大弧度的设计思路。为增加轮胎的耐磨性，采用了新型耐磨配方，增大轮胎冠部的接地面积。为使轮胎适应在复杂条件下使用，轮胎的外观更接近于球形。花纹参考美国固特异公司同规格轮胎花纹，轮胎花纹结构为混合式越野花纹，既能保证轮胎的越野性能，又能在路况较好的路面上以一定速度行驶。

内支承总成固定于车轮轮辋上，且内支承与轮胎内壁之间留有一定的间隙，保证轮胎在有最大下沉量时不与轮胎内壁干涉或摩擦。轮胎内支承必须保证任何两个车轮泄气后，车辆仍能在不同路面上续驶 30 km。采用聚氨酯（PU）实心复合材料支承体，内支承内径与车轮轮辋为紧配合，防止支承在轮辋上产生圆周滑移和轴向窜动，与轮胎接触的工作部分硬度较低，便于装配和增加接触面积，提供行驶稳定性。

分体式车轮轮辋一般为两件组成，之间通过螺栓连接。车轮总成的气密性也需用专门的 O 型圈或密封圈加涂密封胶来保证。但分体式车轮总成的安装拆卸比较方便，仅使用通用工具就可以更换轮胎。

（三）充气轮胎的尺寸标记方法

1. 有内胎轮胎的尺寸标记方法

有内胎轮胎尺寸通常用英制表示，但欧洲国家则常用公制，个别国家也有用代号来表示轮胎标记的。我国轮胎规格标记英制、公制均有采用。随着汽车工业的发展，我国轮胎也制定了相应的标准，并经几次修订，现执行的标准为：《轿车轮胎》GB 9743-2015；《轿车轮胎规格、尺寸、气压与负荷》GB/T 2978-2014；《载重汽车轮胎》GB 9744-2015，《载重汽车轮胎规格、尺寸、气压与负荷》GB/T 2977-2016。标准规定了轮胎的规格、基本参数、主要尺寸、气压、负荷等相对应关系。

（1）以轿车轮胎规格的表示方法“185/60R13 80 H”举例，185 表示轮胎断面宽度（mm），60 表示轮胎高宽比为 0.60，R 表示子午线轮胎结构代号，13 表示轮辋直径（in），80 表示负荷指数（可从 GB/T 2978-2014 中查出），H 表示速度级别为最高行驶速度 210 km/h；

（2）在载货汽车轮胎规格的表示方法中，子午线轮胎以“900R20”举例，900 表示轮胎的断面宽度（in），20 表示轮辋的直径（in），R 表示子午线轮胎结构代号。斜交轮胎按气压的不同可分为低压胎、超低压胎、高压胎。低压胎用“*B-d*”来表示，如“9.00-20”表示断面宽度 B 为 9（in），而轮辋直径 d 为 20（in）。超低压轮胎的标注方法与低压轮胎相同，只是在轮胎上标注的所使用的气压范围不同。高压胎用“$D \times B$”来表示，如“34×7”即表示轮胎外径 D 为 34（in），轮胎断面宽度 B 为 7（in）。安装轮胎的轮辋直径为

$$d = D - 2H$$

式中，断面高度 H 随外胎的结构特点而不同，其值约等于 B。

2. 无内胎轮胎的尺寸标记方法

中型载重汽车子午线轮胎：以“8R22.5”（英制）举例，8 表示轮胎的断面宽度（in），R 表示子午线轮胎，22.5 表示轮辋直径（in）；以“315/75 R 22.5 154/149 L”（公制）举例，315 表示轮胎的断面宽度（mm），75 表示轮胎的高宽比（%），R 表示子午线轮胎，22.5 表示轮辋直径（in），154/149 表示荷指数（单胎 / 双胎），L 表示速度级别代号。

中型载重汽车斜交轮胎：以“245/75 22.5”（公制）举例，各部分含义同上。

中、重型载重汽车子午线轮胎：以“245/75 R 22.5”（公制）举例，各部分含义同上。上述标记均为名义尺寸。

四、汽车轮胎中央充放气系统

（一）汽车轮胎中央充放气系统概述

汽车轮胎中央充放气系统（CTI/DS）是一套能够使汽车在行驶中或停驶时均能检测和调节轮胎气压的系统。随着CTI/DS在军事和民用领域的广泛应用，它对提高轮式车辆越野机动性的重要作用也逐渐为更多人所认识并接受。由于调压轮胎的使用和CTI/DS的安装，当今轮式车辆具有较高的通过性，其通过性能几乎能与一般的履带车辆相媲美，这一点已经得到了实践的证明。我国新疆塔里木油田的石油运输车也能证明CTI/DS对汽车通过性的重要作用。在南疆沙漠上，一般车辆根本无法行驶，这些车辆一旦进入其中，车轮就会深陷沙中无法驶出，但装有德国CTI/DS的日本五十铃汽车却可以照常运送石油和其他货物，避免了绕道沙漠行驶的问题，大大缩短了运输时间，提高了运输效率。总之，CTI/DS不仅大幅度地提高了汽车的通过性，还在燃油消耗、轮胎寿命、汽车的寿命周期、货物损伤、野外维修需求，以及道路的损坏和维护等方面直接或间接地影响着汽车的经济性。在松软地面上，驾驶员可以利用CTI/DS降低轮胎气压，增大轮胎接地面积，增强土壤推力，减小地面的行驶阻力，使汽车通过。驶出松软地面后，驾驶员在汽车行驶中又可以利用CTI/DS提高轮胎的气压。在遇到诸如砂石路、凸凹不平的道路等坏道路时，驾驶员可以利用CTI/DS适当降低轮胎气压，减轻地面对汽车的冲击作用，减少轮胎扎胎、夹石块等现象的发生，从而增加轮胎的寿命，延长汽车的寿命周期，减轻或者避免货物损伤。此外，利用CTI/DS还可以大大减少，甚至避免汽车对辅助车辆和野外维修的需求，减轻道路的损坏。CTI/DS能使汽车在不利道路条件下行驶，这一点对军用车辆来说尤为重要，因为它可以提高军用车辆和车载武器系统的机动和生存能力，这在现代战争中是非常重要的。下面以中国人民解放军陆军军事交通学院研制的CTI/DS为例介绍该系统的基本组成与工作原理。

（二）CTI/DS的基本组成及各装置功能

如图8-23所示，CTI/DS主要由以下部分组成。

（1）由空压机、储气筒、干燥器等组成气源，任务是为系统提供清洁干燥的、不低于轮胎最高气压的压缩空气。

（2）由控制面板、电子控制装置、气控装置等组成操纵控制系统。控制面板上设有轮胎气压设置键和随机测压键，可根据汽车的使用情况对轮胎的气压进行设置和监测。电子控制装置由单片机、压力传感器等组成，根据控制面板的指令来控制气控装置工作。气控装置由气压变换装置、胎位电磁阀，以及充气、放气、测压、保压电磁阀等组成，以上各阀集成于一体，内部孔通道按要求连通或截止。该装置主要功能是向车轮阀输出不同控制的气压信号，并向电子控制装置提供轮胎气压信号。

（3）旋转密封装置。该装置位于车桥轴管与半轴之间，或半轴套管与轮毂之间，作用是将压缩空气或气压信号，由不旋转的桥壳传递到装于旋转车轮上的阀组中。

（4）由车轮阀、闭锁阀等组成车轮阀组。车轮阀组装于车轮上，它是系统连通轮胎的最后部分，作用是接受气控装置传来的四种气压信号，完成对轮胎的充气、放气、测压保压的功能。闭锁阀的作用是当它与车轮阀之间的管路或车轮阀损坏时，关闭该阀以防止轮胎漏气，并备有外接气门嘴，可以对轮胎实现外充气。

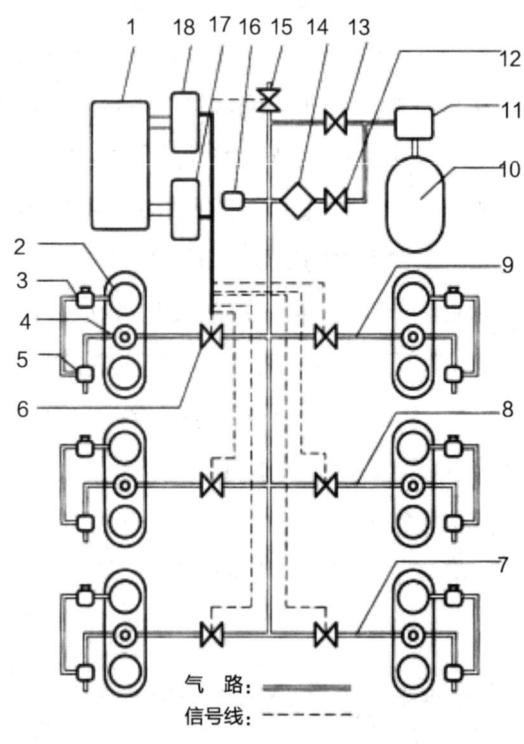

1—控制面板；2—轮胎；3—闭锁阀；4—旋转密封装置；5—车轮阀；6—电磁阀；7—三桥；8—二桥；9—一桥；10—储气筒；11—干燥器；12—放气电磁阀；13—充气电磁阀；14—发生器；15—常开电磁阀；16—压力传感器；17—电子控制装置；18—气控装置。

图 8-23　汽车轮胎中央充放气系统工作原理

（图片来源：常明．汽车底盘构造）

（三）CTI/DS 的工作过程

1. 系统测压工作过程

打开电源，系统通过气控装置打开待测压轮胎的轮位电磁阀，关闭常开阀，使气控装置上的主气道与大气隔绝。打开测压电磁阀，使主气道与压力传感器相通，同时，打开充气电磁阀组一段时间后再关闭。此时，气控装置向待测压的轮胎发出一个高气压脉冲信号，该信号经旋转密封装置将车轮阀上的充气阀门打开。此时，气控装置主气道、测压通道、旋转密封装置与轮胎形成了一个封闭的气体通道。经一段时间后，封闭通道内的脉冲气体将与轮胎内的高压气体达到压力平衡状态，平衡后的气压就是轮胎内的气压。此时读取压力传感器，测到的气压值就是该轮胎的气压值，从而实现了对该轮胎的自动测压工作。系统将对所有车轮进行一次自动测压，测压后使所有车轮进入保压状态。

2. 系统放气工作过程

测压完成后，系统电子控制装置将所测得的各轮气压值与电子控制装置中设置的目标气压值进行比较，首先对气压高的轮胎进行放气操作。

进行放气操作时，系统的气控装置打开放气电磁阀组（可以是一个，也可以是多个），使负压发生器工作，并将其产生的负压接通气控装置上的主气道。关闭常开阀，使主气道与大气隔绝，同时，打开待放气轮胎的轮位电磁阀，使主气道通过旋转密封装置与车轮阀相通，负压使车轮阀上的放气阀门打开。此时，轮胎内的气体便经该阀门排入大气，从而实现了对该轮胎的放气操作。放气时间的长短由系统根据测压检测到的轮胎气压与系统设定的目标气压的差值确定（若由手工操作，则由驾驶员依经验确定）。一次放气工作完成后，系统将再次对放气轮胎进行测压工作。如果轮胎气压仍高于目标气压，则继续对该轮胎进行放气操作，直至轮胎气压与目标气压相符，系统自动转入保压状态。

3. 系统充气工作过程

测压操作完成后，系统对气压低于目标气压的轮胎进行充气操作。

进行充气操作时，系统的气控装置打开充气电磁阀组，关闭常开阀，使气控装置内主气道与大气隔绝，来自储气筒的高压气体经打开的充气阀组进入主气道。打开待充气轮胎的轮位电磁阀，使主气道经旋转密封气室与车轮阀相通。此时，在高压气体的作用下，车轮阀上的充气阀门打开，高压气体充入轮胎，从而实现了对该轮胎的充气操作。充气时间的长短由系统根据测压检测到的轮胎气压与系统设定的目标气压的差值确定（若由手工操作，则由驾驶员依经验确定）。该操作也可同时打开所有轮位电磁阀，实现对全车轮胎的充气操作。一次充气工作完成后，系统将再次对充气轮胎进行测压工作。如果轮胎气压仍低于目标气压，继续对该轮胎进行充气操作，直至轮胎气压与目标气压相符，系统自动转入保压状态。

4. 系统保压工作过程

测压完成后，如果轮胎气压与目标气压相符，系统的气控装置上的常开阀打开，使车轮阀的进气口经旋转密封气室、气控装置主气道通大气。此时，车轮阀上的充气阀门和放气阀门均处于关闭状态，轮胎则处于保压状态。

汽车在行驶中，驾驶员可以按下控制面板上的随机测压键，系统则对各轮胎进行检测，对于不符合设置的轮胎气压，系统会自动予以调整至设置轮胎胎压。当汽车行驶在不同道路上时（如越野路），驾驶员可通控制面板上的道路模式键将系统调整到与道路相适应的模式，系统自动将轮胎气压的目标气压也调整到与道路相适应的气压值。系统进行类似前述过程，自动调节各轮胎气压，直至达到设置轮胎气压值后，自动转入保压工况。

此外，系统还设有备用手动操作装置，以供电子装置出现故障失效时使用。该装置在控制面板上设置了对应所有胎位的开关和操作状态开关（能完成充、放、测、保四种工况的四位开关），可由人工操作完成上述工作过程。

（四）东风 EQ2050（猛士）汽车轮胎中央充放气系统

东风 EQ2050（猛士）汽车轮胎中央充放气系统包括电动气泵、中央控制阀总成、车轮手控阀总成、电控装置、气路装置等部分（图 8-24）。电动气泵为系统提供气源。中央控制阀总成为系统的核心控制部件，通过不同电磁阀单独或组合的吸合或断开，来分别实现对前桥车轮和后桥车轮轮胎气压的调整。车轮手控阀总成的作用是在车辆长时间停放的情况下手工断开气路，保证轮胎的气密性。另外，在手控阀上装有气门嘴，可利用外界气源对轮胎进行快速充气。电控装置是控制电动气泵和中央控制阀总成中各个阀体动作的组合开关线路。气路装置包括将各个零部件连接成密闭气路的管件和管接头。气路分别连接到前后桥，通过轮边减速器后盖进入到轮毂轴管里，然后再通过车轮控制阀进入轮胎。

1. 电动气泵

电动气泵受充放气开关控制。由于制动系统采用液压制动，同时受空间限制，所以采用电动气泵（图 8-24）。电动气泵为电动机与气泵一体化设计，体积较小，容易安装，且不受制动系统干扰。外部空气经过空气滤清器过滤后进入气泵。因受电源（发电机或车载蓄电池）限制，电动气泵功率也有限，轮胎气压调整时间相对较长。

2. 中央控制阀

由于系统比较独立，中央控制阀采用模块化设计，简化结构和节省空间，直接利用电磁阀的吸合和断开来实现控制气道的通断（图 8-24），所有的电磁阀集成安装在一块金属底座上，利用底座上的内部气道实现有机的连接和不同的结合，简化结构和减小体积，实现了总成的模块化。

如图 8-24 所示，东风 EQ2050（猛士）汽车轮胎中央充放气系统中央控制阀是由放气控制阀、前轮充放气控制阀和后轮充放气控制阀组成，三阀均为常开电磁阀，气泵供气管路为常闭气道。当给轮胎充气时，放气控制阀没有动作，前轮充放气控制阀和后轮充放气控制阀中的一个或者全部吸合，接通前轮或后轮气道，对前、后轮中的一个或全部进行充气；当给轮胎放气时，放气控制阀吸合，同时前轮充放气控制阀和后轮放充气控制阀中的一个吸合，接通前轮或后轮气道，通过消声器对前后轮中的一个进行放气。在气道上还分别设有气压表、低压报警开关和安全阀，在轮胎气压过低（150 kPa）或过高（380 kPa）时发出报警或自动卸压。

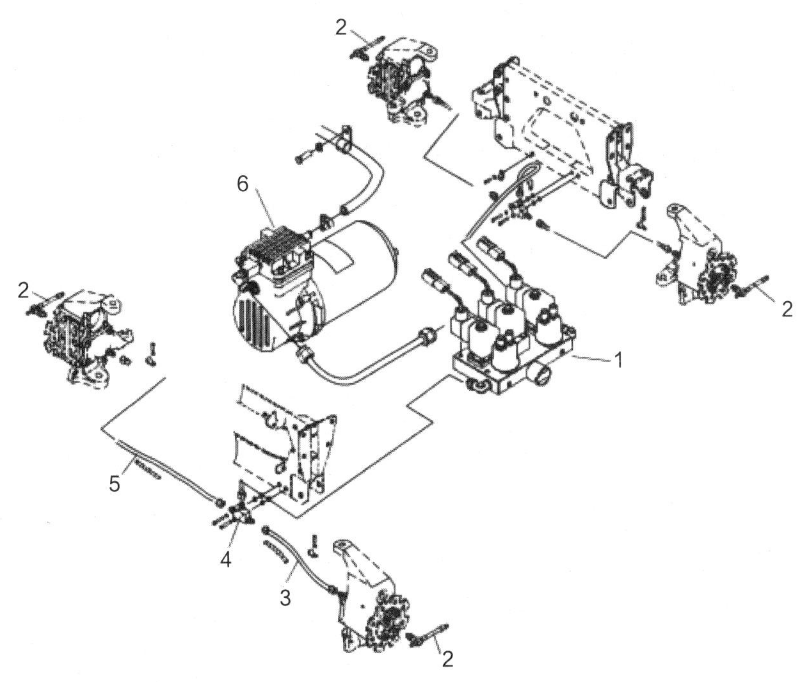

1—中央控制阀；2—车轮控制阀；3、5—气管；4—接头；6—气泵。

图 8-24　东风 EQ2050（猛士）汽车轮胎中央充放气系统结构示意图

（图片来源：常明．汽车底盘构造）

3. 车轮手控阀

装备有中央充放气系统的车辆，由于气路复杂，连接件多，车辆在长期停放（48h以上）以后，很难保证主压（含有细微减少的轮胎气压）基本不下降。此时，采用车轮手控阀可以保证轮胎的气密性（图 8-25）。

轮胎通过尼龙管与阀体连接。在不需要对轮胎进行气压调节时，压下锁片，阀体A部弹起，A部气路与B部气路完全断开，轮胎与系统的气路被切断；在需要对轮胎的气压进行调节时，压下阀体A部，锁片自动弹起，A部气路与B部气路接通，对各个轮胎充放气。阀体上安装有气门芯，可利用外接气源快速充气。

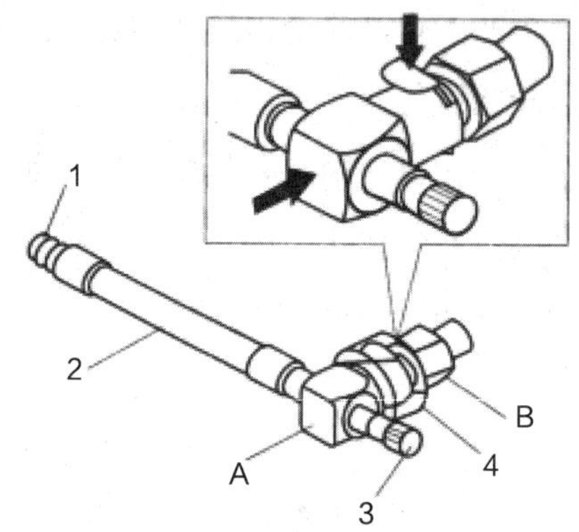

1—接气门嘴；2—过渡气管；3—气门嘴；4—橡胶护套；A—阀体A部；B—阀体B部。

图 8-25 东风 EQ2050（猛士）汽车车轮手控阀总成
（图片来源：常明. 汽车底盘构造）

4. 电控装置

电控装置由充放气系统中央控制面板、充放气选择开关、前后轮选择开关、导线等组成。充放气系统中央控制面板安装在驾驶室的仪表板上，其面板上分别安装充放气选择开关、前后轮选择开关，经导线分别与电动气泵、放气控制阀、前轮充放气控制阀、后轮充放气控制阀相连接。轮胎充放气开关有三个挡位，上端充气，中间关闭，下端放气，平时应在中间位置。充放气选择开关也有三个挡位，上端为前轮，中间为前轮及后轮，下端为后轮。

轮胎充放气控制开关通常应处在中间位置，将开关向上按动，实现对前轮或后轮的充气功能，向下按动则实现对前轮或后轮的放气功能。

前后轮选择开关为三挡开关，当开关处于中间位置时，则实现对前后轮同时进行充气或放气的功能。当开关处于上部位置时，则实现对前轮进行充气或放气的功能，当开关处于下部位置时，则实现对后轮进行充气或放气的功能。

5. 管路系统

大部分管路采用钢丝编织软管。钢丝编织软管柔性好，弯曲半径小，适合于连接转向轮等运动部件。外面的钢丝编织层强度高，耐磨性、抗老化性、抗剪切性能好；内部的胶管采用含氟材料，管子的耐高温性能好，最高可耐受 120 ℃，可有效抵御来自发动机排气管等零件的高温辐射。电动气泵至中央控制阀和中央控制阀至前、后轮气压表的管路布置在发动机罩内，工作环境较好，无相对运动，采用尼龙管总成。

五、车轮与轮胎的检修

（一）车轮的拆装

1. 车轮总成的拆卸

（1）停稳车辆，用三角木掩住各车轮。

（2）取下车轮上的装饰罩，弄清汽车左右侧车轮与轮毂连接螺栓的螺旋方向，使用车轮螺母拆装机或用套筒扳手初步拧松各连接螺母。

（3）用千斤顶顶在指定的位置，使被拆车轮稍离地面。也可将车辆停在举升架上，升起车辆，使车轮稍离开地面。

（4）拧下车轮与轮毂连接的全部螺母，取下垫圈，并摆放整齐。

（5）边向外拉边左右晃动车轮，从车轴上取下车轮总成。

2. 车轮总成的安装

（1）顶起车桥，套上车轮，将螺母初步拧在螺柱上。

（2）放下车轮并在车轮前后用三角木掩住，用扭力扳手或车轮螺母拆装机，按对角线顺序分 2 ～ 3 次拧紧车轮螺母，最后一次要按规定力矩拧紧。

（3）安装后轮双胎时，要先拧紧内侧车轮的内螺母，再装外侧轮胎。在安装过程中，应用千斤顶分两次顶起车桥，分别安装内、外两个车轮。双轮胎高低搭配要合适，一般较低的胎装于里侧，较高的胎装于外侧。应注意内侧轮胎和外侧轮胎的气门嘴应互成 180° 位置。

（二）车轮常见故障诊断

车轮常见故障为轮毂轴承过松或过紧。轮毂轴承用于支承车轮轮毂，是一对圆锥滚子轴承。轮毂轴承过松，会造成车轮摆振及行驶不稳，严重时还能使车轮甩出。轮毂轴承过紧，会造成汽车行驶跑偏。全部轮毂轴承过紧时，会使汽车滑行距离明显下降。轮毂轴承过紧会使汽车经过一段行驶后，轮毂处温度明显上升，有时甚至会使润滑脂融化而甩入制动鼓内，使制动性能下降。

轮毂轴承过松或过紧必须立即修理，即调整轮毂轴承的预紧度，方法如下。

（1）用千斤顶支起车轮，拧下轮毂盖螺钉，拆下轮毂衬垫；

（2）拆下锁止销钉，旋下锁紧螺母，拆下锁止垫片；

（3）旋转调整螺母改变轮毂轴承间隙，旋进轴承间隙变小，旋出轴承间隙变大。一般是将调整螺母旋紧到底，再退回 1/3 圈即可；

（4）调整合适的轮毂轴承预紧度应使车轮能够自由转动，且轴向推动无明显间隙。

（三）轮胎的拆装、检查及故障诊断

1. 轮胎的拆装

目前轿车几乎都是采用无内胎的子午线轮胎，最常见的拆装轮胎的专用设备是轮胎拆装机。

（1）拆装轮胎要在清洁、干燥、无油污的地面上进行。

（2）拆装轮胎要用专用工具，不允许用大锤敲击或用其他尖锐的用具拆胎。

（3）外胎、内胎、垫带、轮辋必须符合规格要求才能组装。要特别注意子午线轮胎胎圈部分应完好。

（4）内胎装入外胎前，需紧固气门嘴，以防漏气，并在外胎内部和垫带上涂上滑石粉。

（5）气门嘴的位置应装在轮辋气门嘴孔中。胎侧有平衡标记（彩色胶片）的，标记应在与气门嘴相对的位置上，以便于平衡。轮辋上有平衡块的，应用动平衡机进行平衡调整。

（6）安装有向花纹的轮胎时，应注意滚动方向的标记。拆装子午线胎应做记号，使安装后的子午线胎滚动方向保持不变。

2. 轮胎的检查

轮胎的检查主要是检查轮胎的磨损程度和轮胎气压，轮胎磨损程度的检查包括胎面花纹深度的检查和轮胎异常磨损的检查。

轮胎磨损过甚，花纹过浅，是行车的不安全因素。过度磨损的轮胎除容易爆破外，还会破坏汽车操纵稳定性。汽车在雨中高速行驶时，由于不能把水全部从胎下排出，

轮胎将会出现水滑现象，致使汽车失控。花纹越浅，水滑的倾向越严重。而轮胎（包括备胎）气压的检查对于行车也是非常重要的。轮胎气压不足，会导致轮胎过热，并因轮胎的接地面积不均匀而产生不均匀磨损或胎肩和胎侧快速磨损，缩短轮胎的使用寿命，同时会增加滚动阻力，加大油耗，而且影响车辆的操控，严重时甚至会引发交通事故。轮胎气压过高则会使车身重量集中在胎面中心上，导致胎面中心快速磨损，不但会缩短轮胎的使用寿命，而且会降低车辆的舒适性。所以，日常维护和各级维护时，对于轮胎的检查是非常必要的。

（1）胎面花纹深度的检查应按照 GB 7258-2017《机动车运行安全技术条件》规定，轿车轮胎胎冠上的花纹深度小于 1.6 mm（磨损标志）、载货汽车转向轮胎冠上的花纹深度小于 3.2 mm、其余轮胎胎冠花纹深度小于 1.6 mm 时，应停止使用。轮胎花纹深度可用深度尺进行测量。

胎面磨耗标志位于胎面花纹沟底部，当胎面磨损到此处时，花纹沟断开，表明轮胎必须停止使用并送去翻新。为便于用户找到磨耗标志所在的位置，通常在磨耗标志对应的胎肩处会标出“TWI”或者“△”等符号。这种磨耗标志按国家标准的规定，每条轮胎应沿周向等距离地设置不少于 4 个。

（2）检查轮胎的异常磨损，可以发现故障的早期征兆和原因，以便及时排除影响轮胎寿命的不良因素，防止早期磨损和损坏。具体内容见下文轮胎的故障诊断。

（3）轮胎气压可用气压表进行检查。不同的车辆，轮胎的气压值也许不同，检查时应参看相应车辆的维修手册。如桑塔纳 2000 轿车前轮的胎压为 0.18 MPa，后轮的胎压为 0.22 MPa。

3. 轮胎的故障诊断

轮胎的常见故障是轮胎的异常磨损。

（1）胎肩和胎面中间磨损。集中在胎肩上或胎面中间的磨损，主要是由于未能正确保持充气压力。如果轮胎充气压力过低，轮胎的中间便会凹入，将载荷转移到胎肩上，使胎肩磨损快于胎面中间。如果轮胎充气压力过高，轮胎中间便会凸出，承受了较大的载荷，使胎面中间磨损快于胎肩。

故障排除步骤如下：①检查是否超载；②检查充气压力；如果充气过量或充气不足，应调整充气压力；③调换轮胎位置。

（2）内侧和外侧磨损。内侧和外侧磨损故障原因如下：①在过高的车速下转弯会造成转弯磨损。转弯时轮胎滑动，便产生了斜形磨损，这是较常见的轮胎磨损原因之一。驾驶员所能采取的唯一补救措施就是在转弯时降低车速。②悬架部件变形或间隙过大，会影响前轮定位，造成不正常的轮胎磨损。③如果轮胎面某一侧的磨损快于另一侧的磨损，其主要原因可能是外倾角不正确。由于轮胎与路面接触面积大小因载荷而异，对具有正外倾角的轮胎而言，其外侧直径要小于其内侧直径，因此胎面必须在路面上滑动，以便其转动距离与胎面的内侧相等，这种滑动便造成了外侧胎面的过量磨损。反之，具有负外倾角的轮胎，其内侧胎面磨损较快。

故障排除步骤如下：①询问驾驶员是否高速转弯，如果是则要避免；②检查悬架部件。如松动则将其紧固，如变形和磨损，应修理或更换；③检查外倾角。如不正常，应校正；④调换轮胎位置。

（3）前束和后束磨损（羽状磨损）。胎面的羽状磨损主要是前束调节不当所致。过量的前束会迫使轮胎向外滑动，并使胎面的接触面在路面上朝内拖动，造成前束磨损。胎面呈明显的羽毛形，用手指从轮胎的内侧至外侧划过胎面便可加以辨别。过量的后束会将轮胎向内拉动，并使胎面的接触面在路面上朝外拖动，造成后束磨损。

故障排除步骤如下：①检查前束和后束，如果前束过量或后束过量，应该加以调整；②调换轮胎位置。

（4）前端和后端磨损。故障原因如下：①前端和后端磨损是一种局部磨损，常常出现在具有横向花纹和区间花纹的轮胎上，胎面上的区间发生斜向磨损（与鞋跟的磨损方式相同），最终变成锯齿状；②具有纵向折线花纹的胎面，磨损时会产生波状花纹；③非驱动轮的轮胎只受制动力的影响，而不受驱动力的影响，因此往往会有前后端形式的磨损，如反复使用和放开制动器，便会使轮胎每次发生短距离滑动而磨损，前后端磨损的形式便与这种磨损相似；④如果是驱动轮的轮胎，则驱动力所造成的磨损会在制动力所造成的磨损的相反的方向上出现，所以驱动轮轮胎极少出现前后端磨损；客车和大货车由于制动时产生了大得多的摩擦力，故具有横向花纹的轮胎便会出现与非驱动轮相似的前后端磨损。

故障排除步骤如下：①检查充气压力。如果充气不足，就将其充至规定值；②检查车轮轴承。如果磨损或松动，应更换或调整；③检查外倾角和前束。如果不正确，应加以调整；④检查轴颈或悬架部件。如果损坏，应修理或更换；⑤调换轮胎位置。

第四节　悬架

一、悬架概述

悬架是车架与车桥之间的一切连接和传力装置的总称。

（一）悬架的功用

1. 传递并承受各种力和这些力所形成的力矩

汽车在行驶过程中，路面作用于车轮上的垂直反力、切向反力（驱动力和制动力）和侧向反力，以及这些反力所造成的力矩都要通过悬架传递到车架上，以保证汽车的正常行驶。

2. 缓和、消减由于路面不平所引起的冲击和振动，以保证汽车具有良好的平顺性

所谓汽车行驶的平顺性是指汽车在通常使用速度范围内行驶时，能保证乘员不致因车身振动而引起不舒适和疲劳感觉，以及保证所运物资装备完整无损的性能。

在汽车行驶中，由于路面不可能都是平坦的，路面作用于车轮上的垂直反力往往是冲击性的，特别是在坏路面上高速行驶时，这种冲击力将达到很大的数值。冲击力传到车架和车身时，将使乘员感到极不舒适，也可能使所运物资、装备受到损伤，并会引起汽车机件的早期损坏。为缓和冲击，除了采用弹性的充气轮胎以外，在悬架中还必须有弹性元件，使车架和车身与车桥之间作弹性连接。但弹性系统在受到冲击后将产生振动，持续的振动易使乘员感到不舒适和疲劳。为使振动迅速衰减（振幅迅速减小），在许多汽车的悬架中设有专门的减振器。

（二）悬架的组成

多数悬架主要由弹性元件、减振器和导向机构三部分组成。这三个组成部分分别起缓冲、减振和导向的作用，三者有一共同任务则是传力。

应该指出，悬架只要具备上述功能，在结构上并不是非设置上述三套单独的部分不可。例如，常见的钢板弹簧，除了作为弹性元件起缓冲作用外，当它在汽车上纵向安置并且一端与车架作固定铰链连接时，即可担负起传递所有各向力和力矩及决定车轮运动轨迹的任务，因而就没有必要设置其他导向机构。此外，一般钢板弹簧是多片叠成的，它们之间的摩擦就具有一定的减振作用，因而当对减振要求不很高时，采用钢板弹簧的悬架中也可以不装减振器。

（三）悬架的分类

根据导向装置的形式，悬架可以分成两大类。第一类是非独立悬架，两侧车轮由一根整体式车桥相连，车轮连同车桥一起通过弹性悬架与车架相连接，其特点是当一侧车轮在汽车横向平面内摆动时，必定会引起另一侧车轮的摆动，使车架和车身也随之摆动。第二类是独立悬架，每一侧车轮单独地通过弹性悬架与车架（或车身）相连接。采用独立悬架时，车桥都制成断开式的。这样，一侧车轮在汽车横向平面内摆动时不会同时引起另一侧车轮的摆动。实际上，这种悬架的大多数结构中，车桥已不再独立存在，而由导向机构和车轴等部件组合所代替。

二、弹性元件

汽车悬架的弹性元件有钢板弹簧、螺旋弹簧、扭杆弹簧、气体弹簧、油气弹簧、橡胶弹簧等，以下介绍五种常见的弹性元件。

（一）钢板弹簧

钢板弹簧（又称叶片弹簧）应用得最广泛，一般是由若干片曲率半径不同、不等长的合金弹簧钢板片组合而成的，近似于等强度弹性梁。为了其结构合理，钢板弹簧的断面形状可制成不同的形状。其结构如图 8-26 所示。

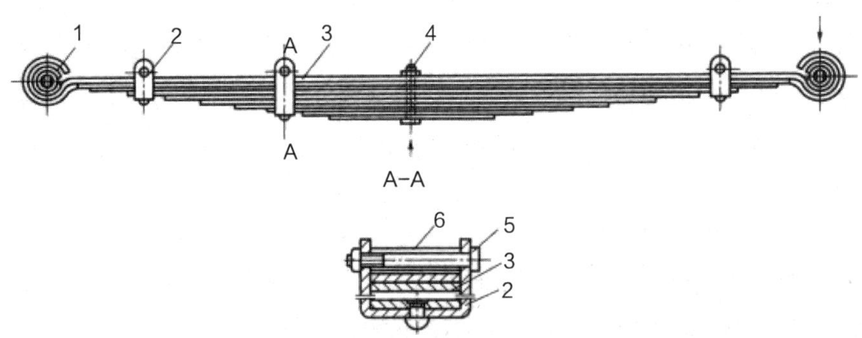

1—卷耳；2—弹簧夹；3—钢板弹簧；4—中心螺栓；5—螺栓；6—限位套管。

图 8-26 钢板弹簧

（图片来源：常明．汽车底盘构造）

中心螺栓用以连接各片弹簧钢板，并保证装配时各片的相对位置。这种连接方式的缺点是在钢板中心孔处易形成应力集中，削弱钢板的强度，因此，有些汽车（如解

放 CA1122J、陕汽 SX2150）的钢板弹簧不用中心螺栓，而在每片钢板中部上表面压出圆形凹坑，相应地在下表面则形成圆形凸起，装配弹簧时，各片的凸部与凹部依次互相嵌合。钢板弹簧的第一片（最长的一片）称为主片，其两端弯成卷耳，内压装青铜（或塑料、橡胶、粉末冶金）制成的衬套，以便用钢板销与固定在车架上的支架或吊耳作铰链连接。钢板弹簧的中部一般固定在车桥上。当钢板弹簧安装到汽车上，承受的垂直载荷为正向时，各片钢板都受力变形，有向上拱的趋势，这时，车桥和车架便互相靠近。当车桥与车架互相远离时，钢板弹簧所受的正向垂直载荷和变形便逐渐减小，有时甚至会反向。主片卷耳受力严重，是薄弱处，为改善主片卷耳的受力情况，常将第二片末端也制成卷耳，包在主片卷耳的外面。为了使在弹簧变形时各片有相对滑动的可能，在主片卷耳与第二片卷耳之间留有较大的空隙。有些悬架中的钢板弹簧两端不制成卷耳，而用其他的支承连接方式（如两端插入橡胶支承垫中）。

当钢板弹簧反向变形（车桥与车架互相离开）时，为使各片不互相分开，避免主片单独承载，常采用若干个弹簧夹（又称回弹夹）予以限位，有的钢板弹簧还在主片上面附加一至两片平直的回弹钢板，以减小主片承载。弹簧夹用铆钉铆接在与之相连的最下一片钢板上，防止当钢板弹簧变形时从钢板上松脱。弹簧夹的两边用螺栓连接，在螺栓上装有限位套管顶住弹簧夹的两边，以免将钢板夹得过紧。在限位套管与钢板之间有一定间隙（不小于 1.5 mm），以保证弹簧变形时各片钢板可以相互滑移。此外，弹簧夹还可防止各片横向错动。钢板弹簧在载荷作用下变形时，各片之间有相对滑动而产生摩擦，可以消减振动。但各片间的干摩擦将在很大的程度上把车轮所受的冲击传给车架，降低了悬架缓和冲击的能力，使弹簧各片加速磨损。为减少弹簧片的磨损，在装复钢板弹簧时，各片间需涂上润滑脂（石墨滑脂），并应定期进行保养。为了在长期行驶期间内储存润滑脂和防止污染，有的将钢板弹簧装在护套内。弹簧各片的润滑状况严重影响弹簧各片间的摩擦力数值。为保证在弹簧内产生一定的摩擦力及消除噪声，有的在钢板之间夹入塑料垫片，如红旗牌各型轿车的后悬架弹簧就采用这种结构。

前文已述及，钢板弹簧本身能兼起弹性元件和导向机构的作用。上述一般结构的钢板弹簧本身的刚度是不变的。近年来出现了片数很少的钢板弹簧，如单片和双片钢板弹簧。这种弹簧的截面尺寸沿长度方向变化，有的片宽和片厚均是变化的，有的则是等宽而厚度变化的。以单片钢板弹簧为例，其特点是重量小，无片间摩擦，可改善汽车的行驶平顺性，无须弹簧夹和中心螺栓，使结构简化，成本低。但由于单片钢板弹簧比多片的长，因此它在汽车上的布置较困难。单片钢板弹簧采用高强度变断面型钢轧制而成，需要专门的轧制设备。如果单片钢板弹簧损坏，将使车架与车轮的连接中断，而多片钢板弹簧某一片损坏（除卷耳处损坏外），仍可通过其他片固定连接或更换损坏的一片，来保证弹簧的正常工作。

（二）螺旋弹簧

螺旋弹簧广泛地应用于独立悬架，特别是前轮独立悬架中。螺旋弹簧（图 8-27）与钢板弹簧相比具有的优点包括无须润滑、不忌泥污、安置所需的纵向空间不大、弹簧重量轻，缺点则是螺旋弹簧本身没有减振作用，因此在螺旋弹簧悬架中必须另装减振器。此外，螺旋弹簧只能承受垂直载荷，故必须设置导向机构以传递垂直力以外的各种力和力矩。

螺旋弹簧用弹簧钢棒料卷制而成，可制成等螺距或变螺距。前者刚度不变，后者刚度是可变的。

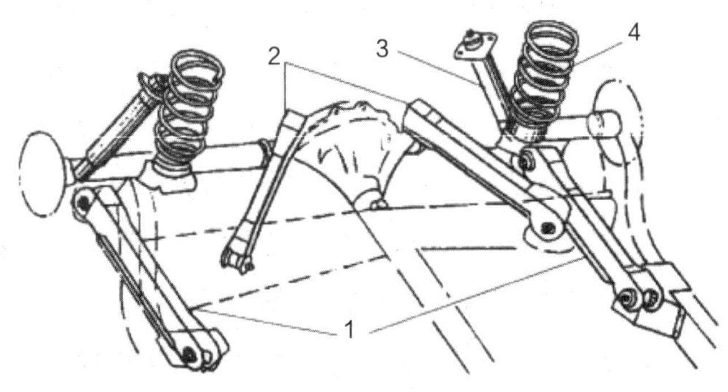

1—下控制臂；2—上控制臂；3—减振器；4—螺旋弹簧。

图 8-27　螺旋弹簧

（图片来源：常明．汽车底盘构造）

（三）扭杆弹簧

扭杆弹簧本身是一根由弹簧钢制成的杆，可以在汽车上纵向布置，也可以横向布置。扭杆断面通常为圆形，少数为矩形或管形，其两端形状可以做成花键、方形、六角形或带平面的圆柱形等，以便一端固定在车架上，另一端固定在悬架的摆臂上。摆臂与车轮相连，当车轮跳动时，摆臂便绕扭杆轴线摆动，使扭杆产生扭转弹性变形，借以保证车轮与车架的弹性联系，有的扭杆由一些矩形断面的薄条（扭片）组合而成，这样弹簧更加柔软。

扭杆本身的扭转刚度虽然是常数，但采用扭杆的悬架刚度却是可变的。若将扭杆的固定端转过一个角度，则摆臂的初始位置将改变，借此可调节车架与车轮之间的距离，即调节车身高度。扭杆弹簧与钢板弹簧和螺旋弹簧相比，有以下一些优点。

（1）扭杆弹簧比钢板弹簧单位重量储藏的能量多三倍有余，所以在相同载荷下，用扭杆弹簧来代替钢板弹簧，可节省很多合金钢材；

（2）扭杆弹簧本身固定在车架或车身上，弹簧载重量小，有利于平顺性的提高；

（3）扭杆弹簧保养维修简便，无须润滑；

（4）可以较方便地实现车身高度的调整；

（5）与螺旋弹簧相比较，它结构紧凑，便于布置。

随着我国汽车工业的发展，扭杆弹簧在汽车上的应用将逐渐增多。

（四）气体弹簧

气体弹簧是在一个密封的容器中充入压缩气体（气压为 0.5 MPa ～ 1.0 MPa），利用气体的可压缩性实现弹簧的作用。这种弹簧的刚度是可变的，因为作用在弹簧上的载荷增加时，容器内的定量气体受压缩，气压升高，弹簧的刚度增大。反之，当载荷减小时，弹簧内的气压下降，刚度减小，故它具有较理想的弹性。气体弹簧有空气弹簧和油气弹簧两种，而空气弹簧又分为囊式和膜式。

囊式空气弹簧由夹有帘线的橡胶气囊和密闭在其中的压缩空气所组成。气囊的内层用气密性好的橡胶制成，而外层则用耐油橡胶制成。气囊一般做成两节，但也有单节或三节的，节数愈多，弹性愈好。节与节之间围有钢质的腰环，使中间部分不致有径向扩张，并防止两节之间相互摩擦。气囊的上下盖板将气囊密闭。

膜式空气弹簧的密闭气囊由橡胶膜片和金属压制件组成。与囊式的相比，其弹性特性曲线比较理想，因其刚度较囊式小，车身自然振动频率较低，且尺寸较小，在车上便于布置，故多用在轿车上，但是制造较困难，寿命也较短。

油气弹簧以气体(一般是惰性气体——氮)作为弹性介质,而用油液作为传力介质。它一般是由气体弹簧和相当于液力减振器的液压缸组成的。单气室油气弹簧又分为油气分隔式和油气不分隔式两种。前者可防止油液乳化，且便于充气。

油气弹簧又起液力减振器的作用。在阻尼阀座的中心及边缘上各钻有一小通孔，工作液通过此两孔时产生阻尼力。此外，在压缩行程时钻有一小通孔，工作液通过此两孔伸张阀关闭，在一定压差（0.5 MPa）作用下压缩阀开启。在伸张行程时，压缩阀关闭，而伸张阀在一定压差（1.0 MPa）作用下开启，从而保证了振动的迅速衰减。

（五）橡胶弹簧

橡胶弹簧是利用橡胶本身的弹性来起弹性元件的作用。它可以承受压缩载荷与扭转载荷。其优点是单位质量的储存能量较金属弹簧多，隔音性能好，因此多用作悬架的副簧和缓冲块。在某些汽车的悬架中也有用它作为主簧的。

三、非独立悬架

非独立悬架因其结构简单、工作可靠，而被广泛地应用在汽车上。

悬架的结构，特别是导向机构的结构，随所采用弹性元件的不同而不同。采用螺旋弹簧、气体弹簧时需要有较复杂的导向机构，而采用钢板弹簧时，其本身可兼起导向机构的作用，并有一定的减振作用，可以使悬架的结构大为简化，因而在非独立悬架中大多采用钢板弹簧作为弹性元件。

（一）纵置钢板弹簧式非独立悬架

钢板弹簧通常是纵向安置的。图 8-28 所示为解放 CA1091 汽车的前悬架。前钢板弹簧中部用两个“U”形螺栓固定在前桥上，弹簧两端的卷耳孔中压入衬套。前端卷耳用钢板弹簧销与前支架相连，形成固定的铰链支点，而后端卷耳则通过钢板弹簧吊耳销与用铰链挂在吊耳支架上可以自由摆动的吊耳相连接，从而保证了弹簧变形时两卷耳中心线间的距离的改变。这种用铰链和吊耳将钢板弹簧两端固定在车架上的结构是目前广泛采用的一种连接形式。解放 CA1091 汽车的钢板弹簧销钻有轴向油道及径向油道，通过油嘴将润滑脂加注到衬套处，以便于润滑。使用时，应注意定期加注润滑脂，以免磨损加剧。为加速振动的衰减，改善驾驶员的乘坐舒适性，悬架中一般都装有减振器，而货车后悬架则不一定装减振器。解放 CA1091 汽车前悬架装用的是双向作用筒式减振器，减振器的上下两吊环通过橡胶衬套和减振器连接销分别与固定在车架和车桥上的上、下支架相连接。在钢板弹簧盖板上装有橡胶缓冲块，以限制弹簧的最大变形并防止弹簧直接撞击车架。

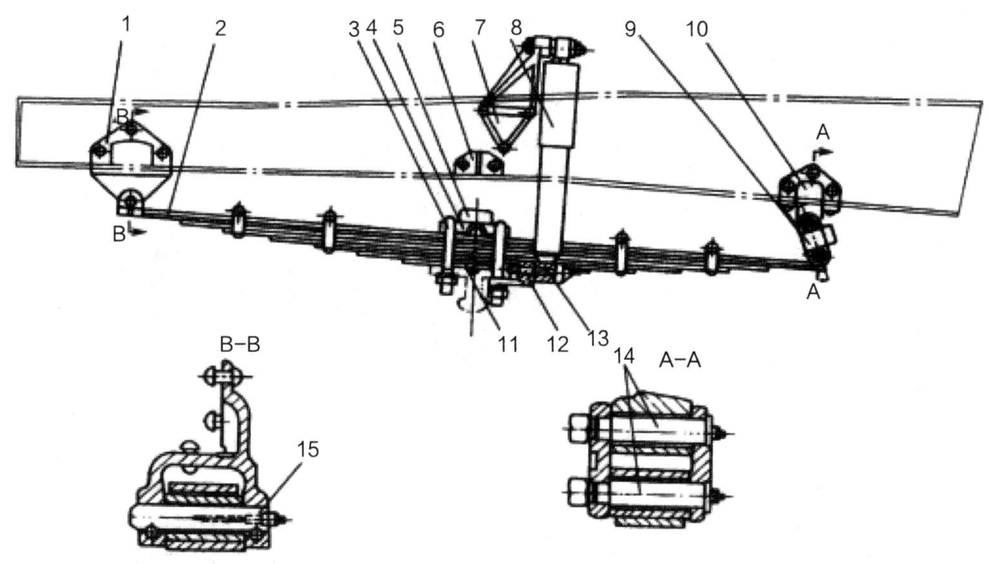

1—钢板弹簧前支架；2—前钢板弹簧；3—“U”形螺栓；4—钢板簧盖板；5—缓冲块；6—限位块；7—减振器上支架；8—筒式减振器；9—吊耳；10—吊耳支架；11—中心螺栓；12—减振器下支架；13—减振器连接销；14—前钢板弹簧吊耳销；15—钢板弹簧销。

图 8-28　解放 CA1091 汽车的前悬架
（图片来源：常明. 汽车底盘构造）

图 8-29 所示为东风 EQ1090E 汽车前悬架，钢板弹簧的前端为固定铰链连接，而后端则采用滑板式支承来代替吊耳式结构。由于钢板弹簧变形时，主片与弧形滑块的接触点是变动的，因而由于钢板长度的变化，其刚度略有变化。为避免钢板弹簧变形时直接摩擦支架，在后支架上装有滑块和两侧的垫板。弹簧第二片后端带有直角弯边，弹簧伸张时借此弯边支靠在支架下端的限位螺栓上，以防止钢板弹簧从支架中脱出而发生事故。这种滑板式支承结构简单，拆装方便，且不需润滑，因此也较为广泛地应用于货车上。东风 EQ1090E 汽车的前、后钢板弹簧的弹簧片的断面采用了单面双槽的断面结构，与矩形断面的弹簧片相比，其疲劳寿命提高了 30%，材料消耗下降 10%。

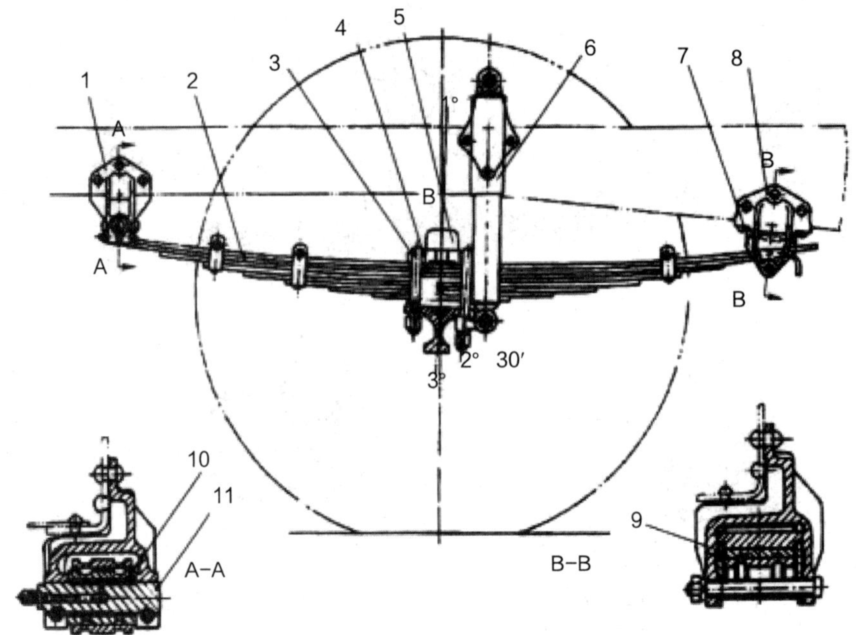

1—前支架；2—钢板弹簧；3—“U”形螺栓；4—盖板；5—缓冲块；6—减振器；7—滑块；8—后支架；9—垫板；10—塑料衬套；11—钢板弹簧销。

图 8-29 东风 EQ1090E 汽车前悬架

在有的汽车上，钢板弹簧两端采用橡胶块支承的前悬架结构形式，如图 8-30 所示。钢板弹簧没有卷耳，其两端插入厚度相当的橡胶支承垫中，靠橡胶变形保证弹簧变形时两端的相对移动，纵向力、侧向力直接由橡胶支承垫传至车架。采用这种结构的优点是主片不易损坏，无须润滑，有良好的消除噪声的能力，但钢板弹簧的纵向移动量受到限制。因此，这种结构只有在比较长而且刚度较大的钢板弹簧上才采用。两个“U”形螺栓间的距离应尽可能小，因为这一距离增加时，就会减少钢板弹簧的有效工作长度，这不仅会增加弹簧的刚度，还会使钢板弹簧的应力增大，从而降低它的使用寿命。因此，在该结构中固定钢板弹簧的两个“U”形螺栓都是倾斜的，以减少两者上端的距离，在弹簧盖板及车架上分别装有主、副缓冲块，以限制弹簧的最大变形量。

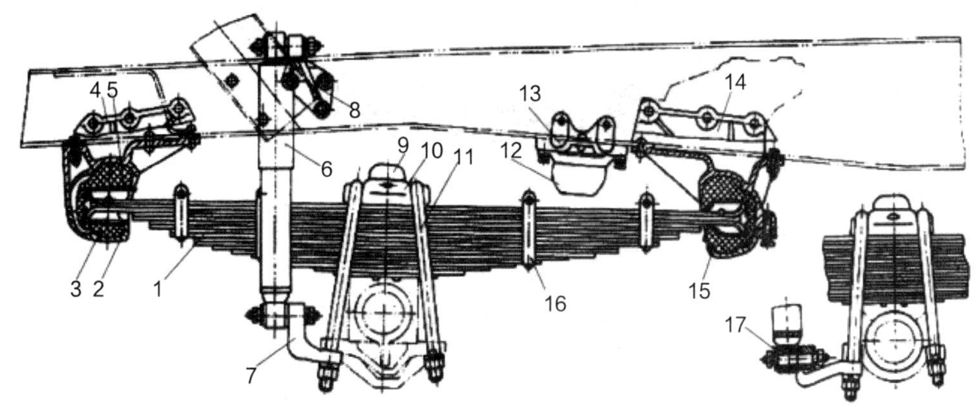

1—钢板弹簧；2—前支架底盖；3、15—橡胶支承垫；4—前支架；5—支承盘；6—筒式减震器；7—减震器下支架；8—减震器上支架；9—主缓冲块；10—盖板；11—“U”形螺栓；12—副缓冲块；13—副缓冲快支架；14—后支架；16—弹簧夹；17—橡胶衬套。

图 8-30　钢板弹簧两端采用橡胶块支承的前悬架
（图片来源：常明. 汽车底盘构造）

货车后悬架所承受的载荷因汽车行驶时实际装载质量不同而在很大范围内变化，因而为保持车身自振动频率不变或变化较小，悬架刚度应该是可变的，而且变化的幅度应是后悬架比前悬架要大，通常是在后悬架中加装副钢板弹簧。解放 AC1091 汽车后悬架由主、副钢板弹簧叠加而成，是中型货车后悬架常用的结构形式。就受力情况而言，主、副钢板弹簧是并联的。

当汽车空载或装载质量不大时，副簧不承受载荷而由主簧单独工作。在重载或满载情况下，车架相对车桥下移，使车架上的副钢板弹簧滑板式支座与副钢板弹簧接触，即主、副簧共同参加工作，一起承受载荷而使悬架刚度增大，以保证车身振动频率不致因载荷增大而变化过大。这种结构形式的悬架的主要缺点是刚度的增加很突然，对汽车行驶平顺性不利。为提高汽车的平顺性，有的轻型汽车上采用将副簧置于主簧下面的渐变刚度钢板弹簧，如图 8-31 所示。主簧由五片较薄钢板弹簧片组成，副簧由五片较厚的弹簧片组成，它们用中心螺栓固定在一起，在较小载荷时，仅主簧起作用，而当载荷增加到一定值时，副簧开始与主簧接触，悬架刚度随之相应提高，弹簧特性变为非线性。当副簧全部接触后，弹簧特性又变为线性的。这种渐变刚度钢板弹簧的特点是副簧逐渐起作用，因此悬架刚度的变化比较平稳，从而改善了汽车行驶平顺性。但在使用中因主钢板弹簧与副钢板弹簧之间容易存积泥垢，对悬架刚度的渐变有一定影响。如果在主、副钢板弹簧外部装上护套，则可消除此缺点。

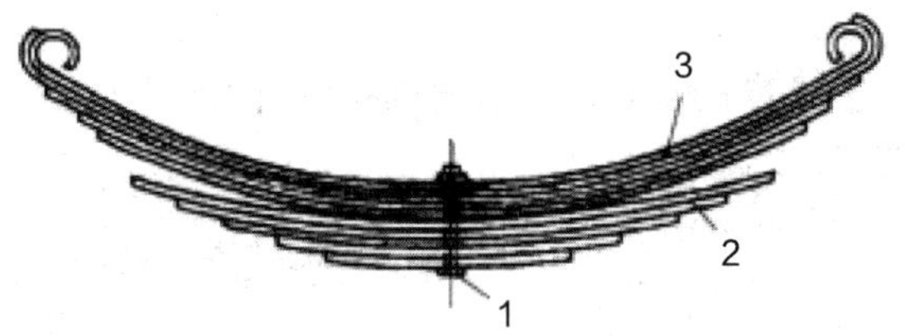

1—主钢板弹簧；2—副钢板弹簧；3—中心螺栓。

图 8-31 渐变刚度汽车后悬架
（图片来源：常明．汽车底盘构造）

（二）螺旋弹簧非独立悬架

螺旋弹簧非独立悬架一般用在轿车的悬架上，但少量越野汽车上也有采用。图 8-32 所示为北京 BJ2021 汽车前悬架，由控制臂、螺旋弹簧、双向减振器、横向推力杆、稳定杆和缓冲块部件组成。螺旋弹簧的上端装在车架上的弹簧上座中，而下端支承在车桥外壳上的弹簧下座上，它只承受垂直力。前桥用上、下控制臂与车架相连。上、下控制臂用以传递驱动力、制动力及其力矩。

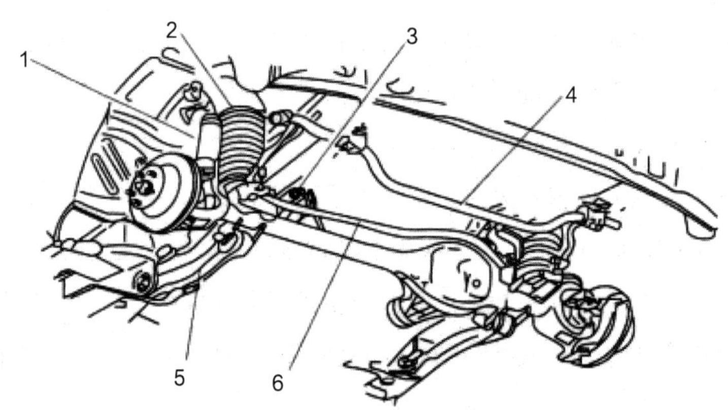

1—减震器；2—螺旋弹簧；3—上控制臂；4—稳定杆；5—下控制臂；6—横向推力杆。

图 8-32 北京 BJ2021 汽车前悬挂
（图片来源：常明．汽车底盘构造）

控制臂安装在车架支架和车桥支架上，连接点有衬套，控制臂控制着车桥的运动轨迹，衬套起着控制臂和车桥间隔振作用。螺旋弹簧上部安装在车轮罩内，该车轮罩是整体式车身支架的一部分。在弹簧的顶部和车身之间安装有一个橡胶隔振垫，弹簧

的底部安放在车桥隔振垫上，该隔振垫由橡胶制成，里面镶有钢件，能隔离路面干扰。

螺旋弹簧控制汽车的行驶平顺性，保持汽车正确的行驶速度。减振器的上部用螺栓安装在车身上，减振器的下部用螺栓安装在车桥支架上。减振器衰减汽车的振动，并限制悬挂的伸张行程。

横向推力杆安装在纵梁支架和车桥支架上，用来控制汽车前桥的侧向移动，对车桥总成进行横向定位。稳定杆横跨于底盘的前下部并连接到车架纵梁上，用连杆与前桥支架相连。稳定杆用于限制汽车转向时前桥的侧摆。缓冲块为橡胶件，安装于车架上，起着限制悬挂行程的作用。

（三）空气弹簧非独立悬架

空气弹簧非独立悬架的囊式空气弹簧的上端分别固定在车架和车桥（或与车桥相连的支架）上。从空压机产生的压缩空气经油水分离器和压力调节器进入储气筒。压力调节器可使储气筒中的压缩空气保持一定的压力，储气罐通过气管路与两个（或几个）空气弹簧相通。储气罐和空气弹簧中的空气压力由车身高度控制阀控制。空气弹簧和螺旋弹簧一样只能传递垂直力，其纵向力和横向力及其力矩也是由纵向推力杆和横向推力杆来传递的。这种悬架中也要装有减振器。

为提高汽车行驶平顺性，应尽可能将弹簧做得柔软些，但如果弹簧太软，在汽车空车和满载时，弹簧的变形数值会相差很大，空车时车身将被抬得很高，满载时车身则被压得很低，经常出现碰撞缓冲块的现象。而不同类型的汽车在使用中也有着不同的要求：对重型矿用车及大型客车而言，要求空车与满载时的车身高度相等；对于轿车而言，要求在好路上降低车身高度以便高速行驶，在坏路上提高车身以增大通过能力，这说明在保证行驶平顺性的前提下，车身高度与汽车使用要求之间存在着较大的矛盾，为此应该对车身高度进行调节。

采用空气弹簧非独立悬架时，容易实现车身高度的自动调节，在装有空压机的汽车上，一般可以随载荷的不同而改变空气弹簧内的空气压力，达到上述目的。高度控制阀起控制作用。高度阀固定在车架上，通过控制杆与车桥相连，高度阀体内有两个阀，通气源的充气阀和通大气的放气阀，这两个阀均由控制杆操纵。当汽车载荷增加、车桥移近车架时，控制杆上升，通过摇臂机构打开充气阀，压缩空气便进入空气弹簧，使车架和车身升高，直到恢复车身与车桥的原定距离为止。而当载荷减小、车桥远离车架时，控制杆下移，打开放气阀，则空气弹簧内的空气排入大气，车身和车架随即降低至原定数值。

（四）油气弹簧非独立悬架

油气弹簧装于汽车上，可以构成独立悬架或非独立悬架。两个油气弹簧的两端分别固定在前桥上的支架和纵梁上的支架上，左、右两侧各有一根下纵向推力杆，装在前桥和纵梁之间。一根上纵向推力杆安装在前桥上的支架和纵梁的内侧支架上。上下纵向推力杆构成平行四边形，既可传递纵向力，承受制动力引起的反作用力矩，又可保证车轮上下跳动时主销倾角不变，有利于汽车操纵稳定性。一根横向推力杆装在左侧纵梁与前桥右侧的支架上，传递侧向力。在两纵梁下面装有缓冲块，以避免在很大的冲击载荷下前桥直接碰撞车架。

大吨位的自卸汽车采用油气弹簧非独立悬架与采用纵置钢板弹簧式非独立悬架相比有以下特点：①油气弹簧非独立悬架具有变刚度特性，可保证汽车具有良好的行驶平顺性，特别是工地和矿山用车，其道路条件和装载条件都很恶劣（用大型电铲将矿石从空中往车箱里倾装时，会产生很大的冲击），采用油气弹簧非独立悬架后可显著缓和冲击，减少颠簸，从而改善驾驶员的劳动条件，提高平均车速；②油气弹簧纵向尺寸小，对整车总布置有利，有的自卸车采用了烛式独立前悬架，能使转向轮偏转角达 45° ，大大减小了汽车的转弯半径；③改变缸筒工作腔的油量和气室的充气压力，可得到不同的变刚度特性，从而使油气弹簧的主要部件可以在不同吨位的汽车上通用。基于以上特点，油气弹簧非独立悬架愈来愈广泛地被运用在大型工矿用自卸汽车上。

四、独立悬架

随着汽车速度的不断提高，非独立悬架已不能满足行驶平顺性和操纵稳定性等方面提出的要求。因此独立悬架获得了很大的发展。

独立悬架的结构特点是两侧的车轮各自独立地与车架或车身弹性连接，因而具有以下优点：①在悬架弹性元件一定的变形范围内，两侧车轮可以单独运动，而互不影响，这样，在不平道路上行驶时可减少车架和车身的振动，而且有助于消除转向轮不断偏摆的不良现象。②减少了汽车的非悬架质量（不由弹簧支承的质量）。在非独立悬架的情况下，整个车桥和车轮都属于非悬架质量部分。在用独立悬架时，对驱动桥而言，由于主减速器、差速器及其外壳都固定在车架上，成了悬架质量；对转向桥而言，它仅具有转向主销和转向节，而中部的整体梁不再存在，所以在采用独立悬架时，非悬架质量只包括车轮质量和悬架系统中的一部分零件的全部或部分质量，显然比用非独立悬架时的非悬架质量要小得多。在道路条件和车速相同时，非悬架质量愈小，则悬

架所受到的冲击载荷也愈小，故采用独立悬架可以提高汽车的平均行驶速度。③采用断开式车桥，发动机总成的位置便可以降低和前移，使汽车重心下降，提高了汽车行驶稳定性。同时能给予车轮较大的上下运动的空间，因而可以将悬架刚度设计得较小，降低车身振动频率，以改善行驶平顺性。

以上优点使独立悬架被广泛地采用在现代汽车上，特别是轿车的转向桥普遍采用了独立悬架。但是，独立悬架结构复杂，制造成本高，保养维修不便。在一般情况下，车轮跳动时，由于车轮外倾角与轮距的变化，会增加轮胎的侧向磨损。

具有特殊要求的某些越野汽车车桥全部采用独立悬架，因为除上述优点外，独立悬挂还可保证汽车在不平道路上行驶时，所有车轮和路面有良好的接触，从而增大驱动力。此外，独立悬挂可增大汽车的离地间隙，因而大大提高了越野汽车的通过性能。

（一）横臂式独立悬架

横臂式独立悬架分为单横臂式独立悬架和双横臂式独立悬架两种。

单横臂式独立悬架的特点是当悬架变形时，车轮平面将产生倾斜而改变两侧车轮与路面接触点间的距离——轮距，致使轮胎相对于地面侧向滑移，破坏轮胎和地面的附着。此外，这种悬架用于转向轮时，会使主销内倾角和车轮外倾角发生较大的变化，对于操纵性有一定影响，目前很少采用。太脱拉 138 型越野汽车的前悬架是车轮在横向平面内摆动的单横臂扭杆弹簧独立悬架，图 8-33 所示为太脱拉 138 汽车前轮单格壁扣杆禅等独立悬加整体图。

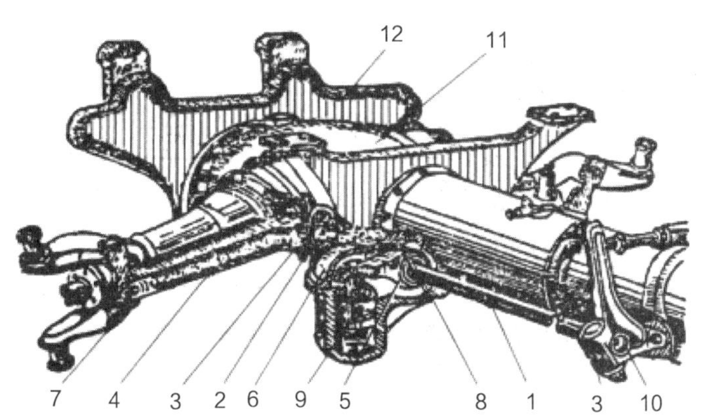

1—扭杆弹簧；2—杆弹簧前托架；3—楔形销；4—摆臂；5—减振器摇臂；6—减振器盖；7—吊耳；8—套筒（与摆臂一体）；9—减振器活塞；10—扭杆弹簧后托架；11—前桥壳；12—发动机前支架横梁。

图 8–33　太脱拉 138 汽车前轮单横臂扭杆弹簧独立悬架

（图片来源：常明. 汽车底盘构造）

扭杆弹簧纵向安置，其后端通过楔形销固定在后托架的孔中，前端则用楔形销与横向摆臂固定连接。摆臂外端用吊耳与可摆动的半轴套管连接，其内端有套筒，以其轴颈支于托架的孔中，用以承受径向力，以免扭杆弹簧受到径向力所造成的弯矩。

当车轮上下跳动时，垂直载荷经半轴套管和吊耳传到摆臂的外端，使摆臂外端上移，于是扭杆弹簧便产生扭转变形，从而实现了车轮与车架之间的弹性连接。摆臂外端之所以必须用吊耳而不能直接装在半轴套管上，是因为半轴套管与摆臂二者的摆动并非绕同一轴线，且半轴套管是不能伸缩的整体。

由于扭杆弹簧本身没有减振作用，因此独立悬架中装有减振器，用螺栓固定在扭杆支架上。减振器的摇臂通过两个长键固定在与摆臂制成一体的驱动套筒的后端，摆臂摆动时即带动减振器摇臂，从而驱动减振器活塞而使减振器起作用。该减振器是单向作用的，即仅在伸张行程中产生起减振作用的阻尼力。

双横臂式独立悬架分为等长双横臂式和不等长双横臂式。

图 8-34（a）所示为等长双横臂式独立悬架示意图，当车轮上下跳动时，车轮平面没有倾斜，但轮距却发生了较大的变化，这将增加车轮的侧向滑移；在不等长双横臂式独立悬架中 [图 8-34（b）]，如适当选择两臂长度，可以使车轮和主销的角度及轮距的变化都不太大，不大的轮距变化在轮胎较软时可以由轮胎变形来适应。目前，轿车的轮胎可容许轮距的改变在每个车轮上达到 4 ～ 5 mm，而不致使车轮沿路面滑移，因此，不等长双横臂式独立悬架在轿车的前轮上应用得较广泛。

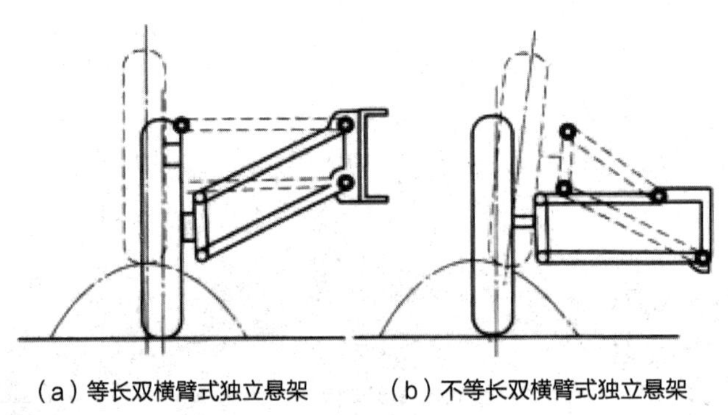

（a）等长双横臂式独立悬架　　（b）不等长双横臂式独立悬架

图 8-34　双横臂式独立悬架示意图

（图片来源：常明．汽车底盘构造）

图 8-35 所示为红旗 CA7560 轿车不等长双横臂式前桥独立悬架。

上摆臂和下摆臂的内端分别通过上摆臂轴和下摆臂轴与车架作铰链连接，二者的外端则分别通过上球头销和下球头销与转向节相连。螺旋弹簧的上、下端分别通过橡胶垫圈支承于车架横梁上的支承座和下摆臂上的支承盘内。双向作用筒式减振器的上、下两端同样分别通过橡胶衬垫与车架和下摆臂上的支承盘相连。上摆臂与上球头销是铆接不可拆式，其中装有弹簧，保证当球头销与销座有磨损时自动消除二者之间的间隙。下摆臂与下球头销是可拆的，下球头销如有松动出现间隙，可以拆开球头销，适当减少垫片以消除间隙。红旗轿车采用球头结构代替主销，属于无主销式，即上、下球头销的连心线相当于主销轴线，转向时车轮即围绕此轴线偏转。

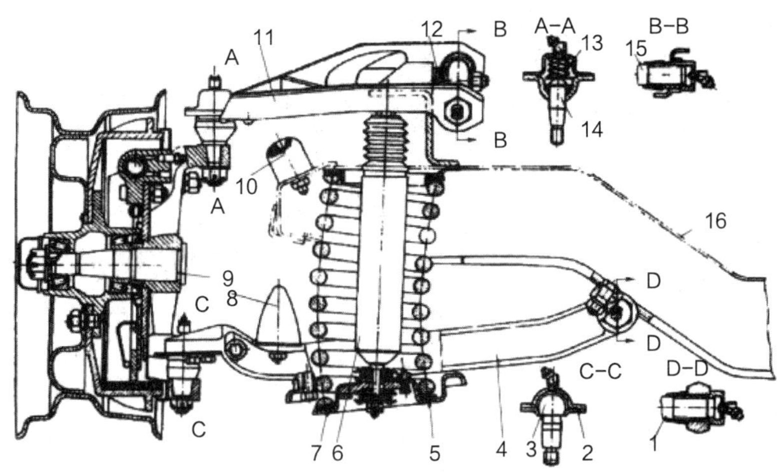

1—下摆臂轴；2—垫片；3—下球头销；4—下摆臂；5—螺旋弹簧；6—筒式减振器；7—橡胶垫圈；8—下缓冲块；9—转向节；10—上缓冲块；11—上摆臂；12—调整垫片；13—弹簧；14—上球头销；15—上摆臂轴；16—车架横梁。

图 8-35　红旗 CA7560 轿车不等长双横臂式前桥独立悬架

（图片来源：常明. 汽车底盘构造）

主销后倾角由移动上摆臂在摆臂轴上的位置来调整，而上摆臂的移动是通过上摆臂轴的转动实现的。前轮外倾角由加在上摆臂轴与固定支架间的调整垫片调整。主销内倾角和车轮外倾角的关系已由转向节的结构所确定，故调整车轮外倾角以后，主销内倾角自然正确。悬架的最大变形由上下分置的两个缓冲块限制。路面对车轮的垂直力依次通过转向节、下球头销、下摆臂和螺旋弹簧传到车架。纵向力、侧向力及其力矩均由转向节及导向机构上、下摆臂和上、下球头销来传递，为了可靠地传递纵向力、侧向力及其力矩，必须使悬架具有足够的纵向和侧向刚度。为此，上、下两摆臂都是叉形的刚架，其内端为宽端，外端为窄端。

（二）纵臂式独立悬架

纵臂式独立悬架有单纵臂和双纵臂两种。转向桥采用单纵臂独立悬挂时，车轮上下跳动将使主销后倾角产生很大变化。因此，单纵臂式独立悬架一般多用于不转向的后轮，如捷达、桑塔纳、富康等轿车后悬架。

图 8-36 所示为双纵臂式扭杆弹簧独立悬架。两个等长的纵臂形成平行四连杆机构，当车轮上下跳动时，主销后倾角保持不变，因此，这种悬架可用于转向桥悬架。扭杆弹簧由弹簧钢片叠合而成并装在管状的横梁内，两端固装在纵臂轴上。

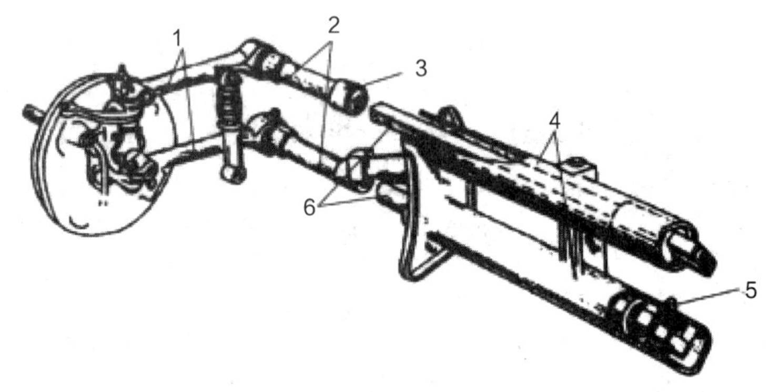

1—纵臂；2—纵臂轴；3—衬套；4—横梁；5—螺钉；6—扭杆弹簧。

图 8-36　双纵臂式扭杆弹簧独立悬架

（图片来源：常明．汽车底盘构造）

（三）横向稳定器

采用边梁式车架汽车的悬架一般都较软，轿车车身更明显，在高速行驶中转向时，车身会产生很大的横向倾斜和横向角振动。为减少这种横向倾斜，往往在悬架中添设横向稳定器，用得最多的是杆式横向稳定器。吉普车、大型越野车由于经常在一些道路条件差的路面上行驶，所以绝大多数均装有横向稳定器。

杆式横向稳定器在汽车上的安装见图 8-37。用弹簧钢制成的横向稳定杆呈扁平的“U”形，横向安装在汽车的前端或后端（也有的轿车前后端均有）。横向稳定杆支承在两个带橡胶套的套筒内，而套筒则固定在车架上。横向稳定杆的两侧通过拉杆与悬架下的弹簧支座相连。

当车身只做垂直移动而两侧悬架变形相等时，横向稳定杆在套筒内自由转动，且不起作用。当两侧悬架变形不等而车身相对于路面横向倾斜时，车架的一侧移近弹簧

支座，稳定杆的该侧末端就相对于车架向上移，而车架的另一侧远离弹簧支座，相应的，稳定杆的末端则相对于车架向下移，然而在车身和车架倾斜时，横向稳定杆的中部对于车架并无相对运动，这样，在车身倾斜时，稳定杆两边的纵向部分向不同方向偏转，于是稳定杆便被扭转，弹性的稳定杆所产生扭转的内力矩就阻碍了悬架弹簧的变形，因而减小了车身的横向倾斜和横向角振动。

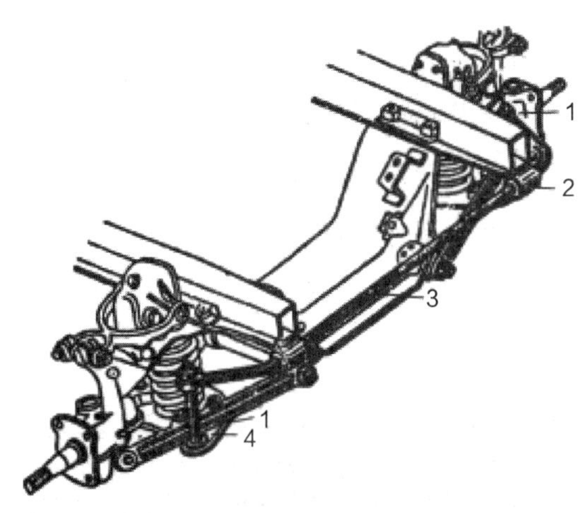

1—拉杆；2—套筒；3—横向稳定杆；4—弹簧支座。

图 8-37　汽车杆式横向稳定器的安装

五、多轴汽车的平衡悬架

多轴汽车的全部车轮如果都是单独刚性地悬挂在车架上，则在不平道路上行驶时将不能保证所有车轮同时接触地面。即使各个车轮能与地面接触，各车轮的垂直载荷也会相差很大。若转向轮不能与地面较好地接触，汽车操纵能力将大大降低。若驱动车轮遇此情况，将不能产生足够的驱动力，保证汽车正常行驶，此外，还会使其他车桥及车轮有超载的危险。如全部车轮采用独立悬架，则可以保证所有车轮与地面的良好接触，但将使汽车结构变得复杂。若将两个车桥（如三轴汽车的中桥与后桥）装在平衡杆的两端，而将平衡杆中部与车架做铰链式的连接，这样，一个车桥抬高将使另一车桥下降，而且，由于平衡杆两臂等长，两个车桥上的垂直载荷在任何情况下都相等。这种能保证中、后桥车轮垂直载荷始终相等的悬架称为平衡悬架。

钢板弹簧平衡悬架在三轴驱动的越野汽车上运用得较普遍，如东风 EQ2102、东风 EQ2080、陕汽 SX2190、陕汽 SX2150 等汽车。图 8-38 所示为东风 EQ2102 汽车的中、后驱动桥平衡悬架。纵向布置的钢板弹簧中部用“U”形螺栓固定在钢板弹簧座上，钢板弹簧的两端自由地支承在中、后驱动桥半轴套管上的滑板式支架内，这样，钢板弹簧相当于一根平衡杆，它以悬架平衡轴为支点转动，从而可保证汽车在不平道路上行驶时，各轮都能着地，且使中、后驱动桥车轮的垂直载荷平均分配。这种钢板弹簧的布置只能传递垂直力和侧向力，而不能传递驱动力、制动力及其相应的反作用力矩，为此，在中、后驱动桥上还装有导向杆。每一车桥有一根上导向杆及两根下导向杆。上导向杆一端以球头销和桥壳中部的导向杆上臂相连，另一端用球头销与固定在车架上的支架连接。下导向杆一端用球头销与桥壳两侧的导向杆下臂相连，另一端用球头销与悬架平衡轴支架连接。横向力则由装在钢板弹簧座内的内、外止推垫圈来承受。

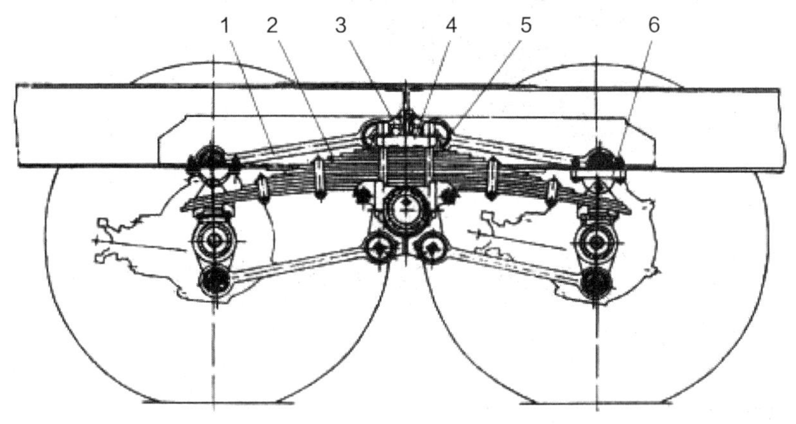

1—导向杆；2—钢板弹簧；3—支架；4—钢板弹簧盖板；5—“U”形螺栓；6—限位块。

图 8-38　东风 EQ2102 汽车中、后驱动桥平衡悬架

（图片来源：常明. 汽车底盘构造）

如图 8-39 所示，钢板弹簧座通过衬套与固定不动的平衡轴作铰链连接，平衡轴则固装在平衡轴支架上，内侧用螺母固紧，而支架通过螺栓固定在车架纵梁上。为防止钢板弹簧座轴向移动或脱出，在钢板弹簧座的两端装有外止推垫圈及内止推垫圈，并用调整螺母、锁紧螺栓等轴向固定，钢板弹簧座外侧装有轴承盖。为了润滑轴承，在轴承盖上制有加油孔，并用加油孔螺塞密封，在钢板弹簧座内侧装有油封及防尘密封圈，在钢板弹簧座下面装有放油螺塞。轴承也可以用润滑脂润滑，在轴承盖上还装有用于加注润滑脂的滑脂嘴。

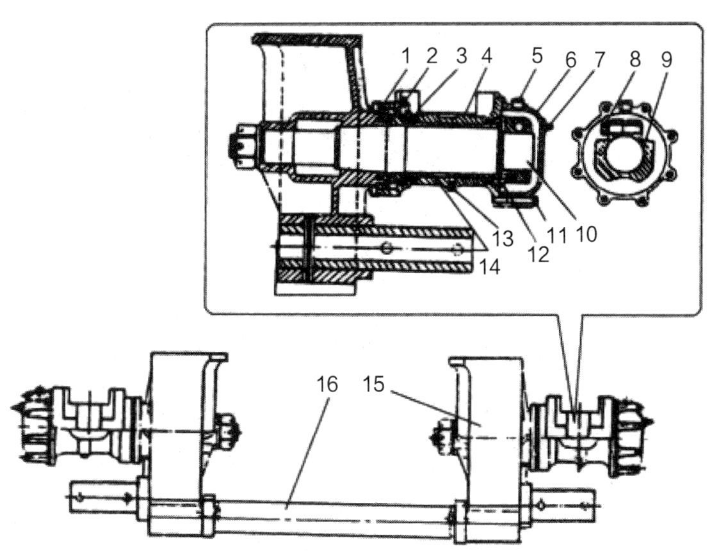

1—防尘密封圈；2—油封；3—定位销；4—钢板弹簧座；5—加油孔螺塞；6—轴承盖；7—滑脂嘴；8—锁紧螺栓；9—调整螺母；10—平衡轴；11—螺栓；12—外止推垫圈；13—放油螺塞；14—衬套；15—平衡轴支架；16—连通轴。

图 8-39　东风 EQ2102 汽车中、后桥悬架平衡轴装置

（图片来源：常明. 汽车底盘构造）

在6×2汽车上，为了使中、后驱动桥上轴向载荷始终相等，采用了摆臂式平衡悬架，如解放CA1140K2T2、东风EQ1130F等汽车，图8-40所示为解放CA1140K2T2汽车中、后驱动桥摆臂式平衡悬架。由于该悬架具有结构简单、多数零部件能与原4×2汽车通用等优点，所以采用得越来越多。根据用户的需要还可以加装后轮举升装置，当汽车空载或轻载时可以通过油缸及杠杆机构将后轮举起。为了减少后轮轮胎的磨损及燃油消耗，还可以增加中桥（驱动桥）的附着力，以便汽车在道路条件较差（附着系数较小）路面上行驶时提高驱动力。

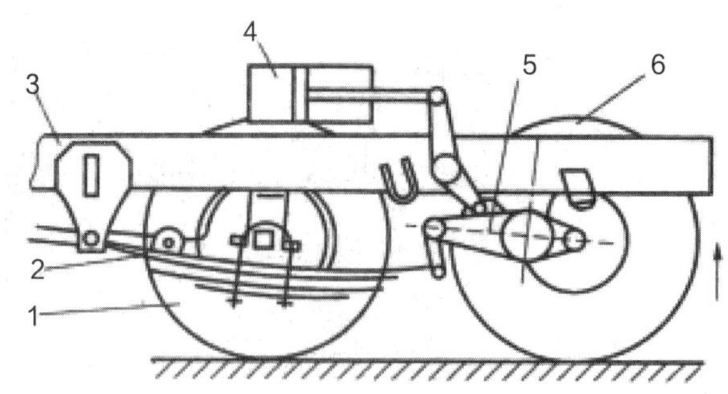

1—驱动轮；2—钢板弹簧；3—车架；4—油缸；5—摆杆；6—支承轮。

图 8-40　解放 CA1140K2T2 汽车中、后驱动桥摆臂式平衡悬架
（图片来源：常明．汽车底盘构造）

六、主动悬架

传统的汽车悬架刚度和阻尼不会随汽车行驶状态而变化，当汽车运动状态及道路条件发生变化时，会对汽车的一些性能产生影响，例如，为了提高汽车的乘坐舒适性，悬架会做得较软些，但汽车行驶在不平的路面上时车轮较大的空间运动，将导致汽车在行驶过程中由于路面的颠簸而增大车身位移，给汽车的操纵稳定性带来不利影响。反之，为了提高汽车的操纵稳定性，悬架会要求较大的弹簧刚度和较大的减振器阻尼力，以限制过大的车身运动（如汽车转弯行驶时的车身侧倾、汽车紧急制动时的点头和加速行驶时的后蹲现象），但这样会导致即使行驶在较平坦的道路上，汽车车身也会产生颠簸，从而影响汽车的行驶平顺性。这种刚度和阻尼不会随汽车行驶状态的变化而变化的悬架被称为被动悬架。

随着电子技术、传感器技术的飞速发展，智能控制悬架在一些汽车上开始应用。最早是用于车身高度可调的空气或油气弹簧悬架，以及阻尼可随路面条件、车辆工况分级改变的自适应悬架，其后发展为可快速切换或连续可控阻尼的半主动悬架，进而发展到有自身能源、连续可控的主动悬架系统。如果悬架系统的刚度和阻尼特性能根据汽车的行驶条件（车辆的运动状态和路面状况等）进行动态自适应调整，使悬架系统始终处于最佳减振状态，则称为主动悬架。

主动悬架按其是否包含动力源可分为全主动悬架（有源主动悬架）和半主动悬架（无源主动悬架）两大类。

从各种理论分析和试验的结果可以证明，主动悬架的各种性能显著优于被动悬架。

特别是随着微型电路技术的发展，主动悬架的发展前景更为可观。日产汽车公司开发的一种电控液压主动悬架系统主要有液压和电子控制两大系统。电子控制系统设有由悬架所提供的抵消相应车辆干扰所需的能量（液压能）装置，以及以有效控制车辆姿势为目的而设置于各轮的执行元件。液压系统由油泵、储油罐、各轮压力控制阀、工作缸液压控制系统及安全阀等组成。它具有控制车辆侧倾、俯仰、跳动所必需的响应性，还具有柔和吸收路面输入干扰的悬架特性，并可以通过调整控制阀内的各种参数使车辆性能达到最佳状态。

与全主动悬架相比，半主动悬架结构简单，造价较低，工作时几乎不消耗汽车的动力，而且还能获得与全主动悬架相近的性能。因此，尽管主动悬架的提出早于半主动悬架，但在商业上的应用，半主动悬架却早于主动悬架，故有较好的应用前景。日本丰田和德国奔驰等汽车公司在 20 世纪 90 年代生产的有些车上就采用了主动悬架系统，路特斯、沃尔沃等汽车公司也已在汽车上做了较成功的试验。

（一）全主动悬架

全主动悬架是在被动悬架系统中增加一个可控调整装置，调整装置由能源系统、控制系统及执行机构等组成。能源系统的作用是为该装置各部分提供能量。控制系统主要由电子计算机及各种传感器组成，它的作用是测量悬架系统的各种状态信息，为调控悬架系统的性能（刚度、阻尼力）提供依据，以及处理数据和对执行机构发出各种控制指令。执行机构一般为力发生器或扭矩发生器（液压缸、气缸、伺服电动机、电磁铁等），作用是执行控制系统的指令。

图 8-41 所示为瑞典沃尔沃汽车公司在 Volvo740 轿车上开发的主动悬架系统，它采用了计算机控制的液压伺服系统。计算机接收并处理由传感器测得的汽车操纵系统及车身和车轮的状态信息，不仅能控制液压缸的动作，而且还可以根据需要改变悬架的刚度和阻尼，对各车轮进行单独的控制，实现任意需要的运动。在不良的路面上进行高速试验时，车身非常平稳，轮胎的噪声较小，转向和制动时车身能够保持水平。

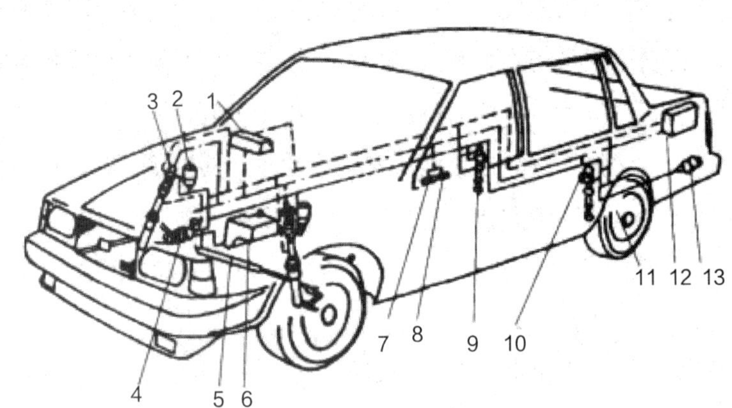

1—控制面板；2、13—蓄能器；3、9—前、后作动器液压缸；4—液压缸；5—转向角传感器；6—油箱；7—横摆陀螺仪；8—纵向加速度传感器；10—伺服阀门；11—轮毂加速度传感器；12—控制计算机。

图 8-41 沃尔沃 Volvo740 轿车全主动悬架系统
（图片来源：常明．汽车底盘构造）

目前，全主动悬架系统包括主动空气悬架、主动油气悬架和主动液压悬架三种。

（二）半主动悬架

半主动悬架在汽车运动状态及道路条件变化时，只考虑改变悬架的阻尼力，不改变悬架的刚度，它无动力源，只有可控制的阻尼系统。

半主动悬架按阻尼级又可分为有级式半主动悬架和无级式半主动悬架两种。

1. 有级式半主动悬架

有级式半主动悬架是将悬架系统中的阻尼力分成两级、三级或更多级，可由驾驶员选择或根据传感器信号自动选择所需要的阻尼级，也就是说，可以根据路面条件和汽车的行驶状态来调节悬架的阻尼级，使悬架适应外界环境的变化，从而可较大幅度地提高汽车的行驶平顺性和操纵稳定性。

图 8-42 所示是由日产公司研制成功，首先装于 1988 年的 Maxima 轿车上，后来装于英菲尼迪 M30 轿车上的三级超声悬架系统，简称 SSS。超声悬架系统主要包括路面超声波传感器、模式选择开关、电子控制装置、转向盘转角传感器、车速传感器、燃油喷射传感器、制动灯开关和减振器执行器等。

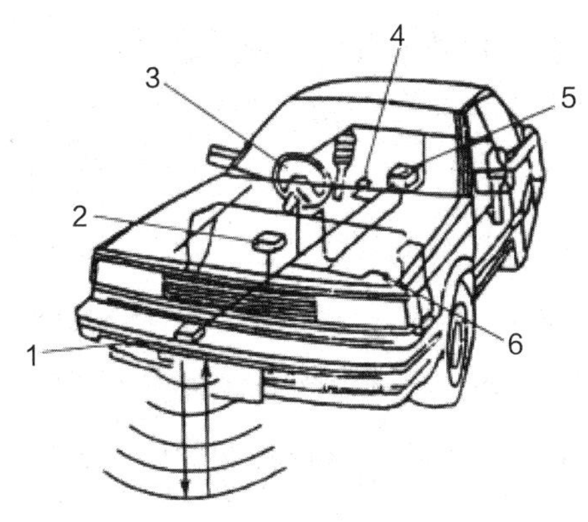

1—路面超声波传感器；2—制动灯开关；3—转向盘转角传感器；4—车速传感器；
5—控制装置；6—燃油喷射传感器。

图 8-42　超声悬架系统

（图片来源：常明. 汽车底盘构造）

（1）路面超声波传感器用于检测恶劣路面、突起、上下跳动量等路面与车身相对位置的变化，它由超声波发射器和超声波接收器构成，安装在汽车前轮内侧的车架上。汽车行驶过程中，路面超声波传感器不断向地面发射超声波，并接收来自路面的反射波，将接收到的信号输送给悬架电子控制装置，悬架控制装置便可根据此输入信号及其他输入信号（车速传感器信号、转向盘转角信号、制动灯开关和模式选择开关信号等）来控制减振器阻尼力，进而控制汽车行驶状态。

（2）模式选择开关位于驾驶员座椅旁，它有两个挡位：自动调节和硬路面适应。对于因路面不平而引起的车身跳动和摆振，该装置在几十毫秒内即可将其消除。行驶中按一下模式选择开关，将其置于“硬”挡，超声系统就会自动对汽车的减振器进行检测，并将减振器的阻尼力调整到适应路面情况的正确值。装有这种超声悬架系统的汽车在不平的路面上行驶时，甚至可以不扶转向盘。

（3）电子控制装置是一种有两个终端的组合件，其一端与超声波输出信号接通，另一端与几个传感器相连。当模式选择开关处于“自动”挡时，电子控制装置就会对输入信号进行自动识别，并根据道路情况将减振器自动调节到“软”“中间”工况，并且前后减振器可以独立进行调节。

（4）转向盘转角传感器为一光电式传感器，它安装于转向柱上，用于检测转向盘的转动角度和转动速度，并将此信号输送到控制装置。控制装置根据转角传感器和路面超声传感器的输入信号来控制减振器的阻尼特性，如汽车在不平的路面上行驶，并且转向角大于 90° 时，控制装置就会将减振器调至“硬”工况；当转向角小于 90° 时，减振器就会被调至“中间”工况。

（5）车速传感器用于检测车速信号。当车速低于 3.22 km/h 时，所有减振器就会处于“硬”工况，以减小减振器的伸缩量，控制汽车加速时的“后蹲”现象；在坎坷不平路面上行驶时，若车速在 30.5 km/h 以下，所有的减振器会处于“中间”工况；当车速超过 30.5 km/h 时，前悬架减振器就会被调至“硬”工况。这样可以使汽车在行驶的全过程得到较好的控制，特别是在高速行驶中，若车速达到系统预定值，所有减振器就会自动调至“硬”工况。

（6）燃油喷射传感器可以提供燃油喷射信号。根据此信号，电子控制装置可以判断汽车的加速和减速情况，并据此来调节减振器的工作状态，从而避免汽车行驶过程中由于车速变化而引起“后蹲”或“点头”现象。

（7）汽车行驶过程中，若驾驶员踩下制动踏板，电子控制装置根据制动灯开关信号使所有的减振器处于“中间”工况，这样可以避免制动时的“点头”和解除制动后的余振现象。

（8）减振器执行器变换通过转子阀的转动来实现，转子阀由装在减振器内的电机驱动。通过电机驱动，转子阀可按三个阶段变换减振器内节流孔的流通面积，从而控制减振器阻尼力为三种状态，即“软”工况、“中间”工况、“硬”工况。

汽车行驶过程中，由装在汽车右前轮内侧车架上的路面超声传感器向路面发出 10 Hz 的超声波，由该无噪声的声波对汽车前进的路面进行搜索，并对来自路面的发射波进行接收识别，将信息输送至电子控制装置，由控制装置根据汽车行驶路面情况调节各减振器的阻尼力。

一般行驶情况下，四个车轮减振器均处于“软”工况。当车轮突然出现反跳时，系统就会立即将前减振器调至“硬”工况，将后减振器调至“中间”工况，这种自动调节过程不超过半秒钟，所有减振器恢复到原状态也仅需要 5 s。路面超声波传感器除对道路表面的坡角、凹坑及其他一些影响舒适性和操纵稳定性的情况进行识别之外，对于因种种原因产生的路面裂缝的识别也是很灵敏的，当路面不平引起车身跳动和摆振时，该装置在几十毫秒内即可将其消除。

2. 无级式半主动悬架

无级式半主动悬架可以根据汽车行驶的路面条件和行驶状态对悬架系统的阻尼在几毫秒内进行由最小变到最大的无级调节。

图 8-43 所示为一种无级式半主动悬架示意图。微处理机从速度、位移、加速度

等传感器处接收信号，计算出系统相应的阻尼值，并发出控制指令给步进电动机，经阀杆带动调节阀门转动，使其改变节流孔的通道截面积，从而改变整个系统的阻尼力。该系统虽然不必外加能源装置，但所需的传感器较多，故成本较高。

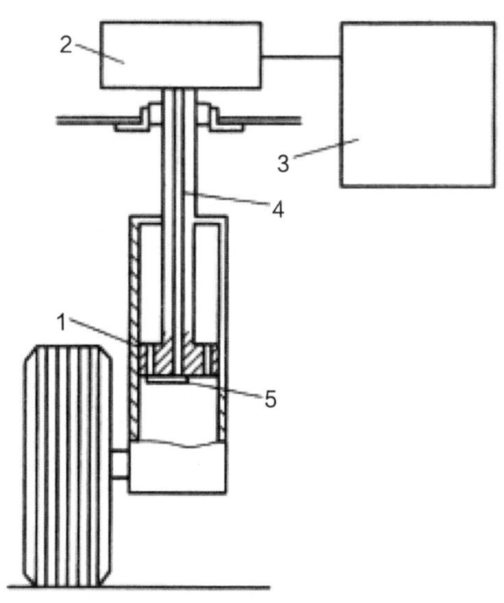

1—节流孔；2—步进电动机；3—微处理机；4—阀杆；5—调节阀门。

图 8-43　无级式半主动悬架示意图

（图片来源：常明. 汽车底盘构造）

第九章　汽车转向系统

第一节　汽车转向系统概述

汽车行驶过程中，经常需要改变行驶方向，或保持稳定的直线行驶方向。轮式车辆改变行驶方向是驾驶员通过一套专设的机构使汽车转向桥上的车轮相对于汽车纵轴线偏转一定角度来实现的。在汽车直线行驶时，转向轮往往会受到路面侧向干扰力的作用而偏离直线行驶方向，此时驾驶员可操纵该套专设机构，使汽车恢复到正确的直线行驶方向。汽车上这套专设的机构称为汽车转向系统。

一、汽车转向系统的功用、分类和组成

（一）转向系统的功用

（1）使汽车在行驶中能按照驾驶员的操纵要求而适时地改变其行驶方向。

（2）在车轮受到路面传来的偶然冲击，意外地偏离行驶方向时，能与行驶系统配合共同保持汽车稳定的直线行驶。

汽车转向操纵性能并不完全取决于转向系统，还与行驶系统有关。汽车直线行驶时，转向轮会受到路面传来的偶然冲击，意外地偏离行驶方向。为使汽车能保持稳定的直线行驶，转向轮应能立即恢复到直线行驶的中间位置上来，除了驾驶员操纵转向盘修正方向外，在汽车行驶系统中转向轮定位也应能产生回正力矩，自动恢复和稳定汽车的直线行驶。此外，悬架导向机构的结构和布置及轮胎的径向和侧向刚度都对汽车的转向操纵性能有很大的影响。

（二）转向系统的分类和组成

汽车转向系统按转向能源的不同，可分为机械转向系统和动力转向系统两大类。汽车转向系统一般都由转向操纵机构、转向器和转向传动机构三大部分组成。

1. 机械转向系统

机械转向系统是以驾驶员的体力作为转向能源的转向系统，其中所有传力件都由机械元件组成。图 9-1 所示为机械转向系统的组成和布置示意图。当汽车转向时，驾

驶员对转向盘施加一个转向力矩，该力矩通过转向轴、转向万向传动装置输入转向器。转向器相当于一个减速器，经转向器放大后的力矩和减速后的运动传到转向摇臂，再经过转向直拉杆传给固定于左转向节上的转向节臂，使左转向节和装在它上面的左转向轮偏转。为使右转向节及支承在其上面的右转向轮随之偏转相应角度，转向系统还设置了转向梯形机构，它由固定在左、右转向节上的梯形臂和两端与梯形臂作球铰链连接的转向横拉杆及前轴组成。

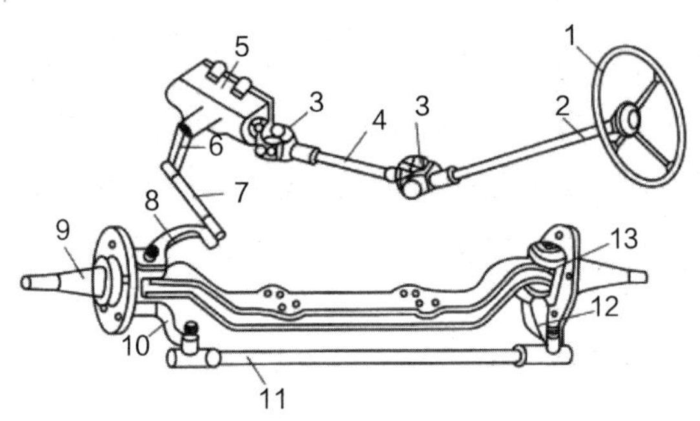

1—转向盘；2—转向轴；3—转向万向节；4—转向传动轴；5—转向器；6—转向摇臂；7—转向直拉杆；8—转向节臂；9—左转向节；10、12—梯形臂；11—转向横拉杆；13—右转向节。

图 9-1　机械转向系统的组成和布置示意图

（图片来源：常明．汽车底盘构造）

从转向盘到与转向器输入轴连接的传动轴构成了转向操纵机构。从转向摇臂到右转向节梯形臂（除左右两转向节外）构成了转向传动机构。

转向盘在驾驶室的安置位置与各国交通法规通行规定有关。大多数国家规定车辆靠右侧通行，相应的，应将转向盘安置在驾驶室左侧，以扩大驾驶员左侧视野，有利于行车安全。而在英国、日本等地规定车辆靠左侧通行，转向盘则应安置在驾驶室右侧。

2．动力转向系统

动力转向系统是机械转向系统和动力转向加力装置共同作用的转向系统。它是一种伺服转向系统，在正常使用情况下，汽车转向所需能源的一小部分由驾驶员体力提供，而大部分由发动机通过动力转向加力装置提供。汽车转向控制量仍由驾驶员通过机械转向系统提供。

图 9-2 所示为液力动力转向系统的组成和液力动力转向加力装置的布置示意图。

转向油泵由发动机驱动以产生高压油。以汽车右转向为例，当驾驶员顺时针转动转向盘时，转向摇臂带动转向直拉杆后移，直拉杆向后的推力作用于转向节臂，使左转向节顺时针转动，并通过转向梯形机构使右转向节顺时针转动。与此同时，转向直拉杆还带动转向控制阀中的阀门动作，使转向动力缸的右腔与转向油泵的出油口连通（高压油），左腔与转向储油罐的回油口连通（低压油），于是转向动力缸活塞上受到向左的液压作用力便经推杆施加在转向横拉杆上，这样，驾驶员施加于转向盘上很小的转向力矩，便可克服地面作用于转向轮上的转向阻力矩，使转向轮右转向。汽车左转向时的工作原理与上述情况一样，只是方向相反。

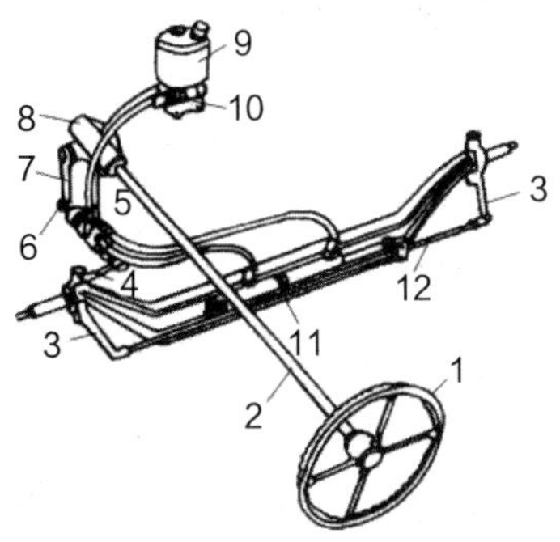

1—转向盘; 2—转向轴; 3—梯形臂; 4—转向节臂; 5—转向控制阀; 6—转向直拉杆; 7—转向摇臂; 8—机械转向器; 9—转向储油罐；10—转向油泵；11—转向动力缸；12—转向横拉杆。

图 9-2 动力转向系统

（图片来源：常明. 汽车底盘构造）

二、对汽车转向系统的要求

（一）工作可靠

汽车转向系统直接关系到汽车行驶的安全性，特别是对于高速行驶的汽车和行驶条件比较复杂的越野汽车尤为重要，因此汽车转向系统应十分可靠。重型汽车都采用动力转向系统，一旦动力转向装置失效，驾驶员的体力远不足以通过机械转向系统使转向轮偏转而实现转向，因此动力转向系统中的动力转向装置应当特别可靠。

（二）操纵轻便、灵活

在汽车行驶过程中，驾驶员总是在不停地操纵转向盘，为减轻驾驶员的劳动强度，在转向时施加于转向盘上所需的力要小，即要求转向轻便；为保证汽车行驶安全，驾驶员转动转向盘时，转向轮应立即获得相应的偏转角，且转向盘转动的总圈数不能太多，即要求转向灵活。对机械转向系统而言，操纵轻便和灵活是相互矛盾的。为满足上述两方面的要求，转向系统应有合适的角传动比。转向系统角传动比 i（转向盘转角增量与同侧转向节相应转角增量之比）越大，则为克服地面转向阻力矩所需的驾驶员作用在转向盘上的力越小（转向盘直径一定时）。但它过大将导致转向系统操纵不够灵活，即为了得到一定的转向轮偏转角所需的转向盘转角过大，故选取转向系统角传动比时应适当兼顾转向轻便和灵活的要求。

（三）汽车转向时，各车轮应做纯滚动

为避免地面附加阻力和轮胎的磨损，在汽车转向时转向系统应保证所有车轮均做纯滚动。纯滚动的条件是在转向每一瞬时，汽车所有车轮的轴线都相交于某一点。

对于只用前驱动桥转向的三轴汽车，由于中驱动桥和后驱动桥总是平行的，所以不存在理想的转向中心，即中驱动桥和后驱动桥的车轮在转向时不可能做纯滚动，车轮会与地面产生较大的摩擦。对于用第一、第三两驱动桥转向的三轴汽车和用第一、第二两驱动桥转向的四轴汽车，都可以得到理想的和近似理想的关系式。

（四）尽量减少由转向轮传递至转向盘上的冲击力

汽车行驶过程中，特别是越野汽车，因地面不平引起的对转向轮的冲击会通过转向系统传至转向盘，使操纵困难，引起驾驶员的疲劳，并易出现转向盘“打手”现象。

由转向轮传递至转向盘的冲击，主要取决于转向器的传动可逆程度及整个转向系统的缓冲性能。转向器的输出功率与输入功率之比称为转向器传动效率，功率由转向轴输入、由转向摇臂输出的传动效率称为转向器正效率，功率由转向摇臂输入、由转向轴输出的传动效率称为转向器逆效率。正效率越大越好，可减轻驾驶员的劳动强度。逆效率不能过大也不能过小，过大会将复杂路面对车轮的冲击力传到转向盘，发生转向盘“打手”情况；过小会使转向轮的自动回正难以实现，并使驾驶员难以得到路面反馈信息，即“路感”，难以据此调节转向力矩。

（五）当汽车处于直线行驶位置时，转向盘的自由行程（游隙）应当最小

汽车开始转向时，转向盘往往先空转一个角度后，转向轮才开始偏转，这一空转角度称为转向盘自由行程。为了使转向操纵灵敏，避免转向轮的摆振，转向盘的自由

行程应等于零。但实际上不可能做到这一点，这是由于转向器及转向传动各传力机件之间存在着传动间隙，并且随着机件的磨损，该间隙逐渐增大。适当的转向盘自由行程对于缓和地面对转向系统的冲击、使操纵柔和、避免驾驶员过度紧张是有利的，但不宜过大。在大多数汽车上转向盘自由行程的改变是通过调整转向器传动副啮合间隙来达到的。

第二节　机械转向系统

一、机械转向器

机械转向器的种类很多，根据转向器的可逆程度可分为可逆式转向器、极限可逆式转向器和不可逆式转向器三种。作用力矩只能由转向盘传到转向垂臂而不能由转向垂臂传到转向盘的转向器称为不可逆式转向器；能反向传递的称为可逆式转向器；能反向传递一小部分的称为极限可逆式转向器。不可逆式转向器承受冲击载荷过大，机件易损坏，驾驶员也无“路感”，因此现在很少采用。极限可逆式转向器既不会造成转向器机件突然过载，又可以给驾驶员“路感”，因而得到了广泛采用。可逆式转向器不但有极限可逆式转向器的特点，而且由于反向传动能力强，转向盘的自动回正作用好，既可以减轻驾驶员的劳动强度，又可以提高汽车行驶的安全性。但当汽车在坏路面上行驶时，转向轮所受到的地面冲击大部分会传到转向盘上，易引起驾驶员疲劳，甚至会发生转向盘“打手”现象。现在，由于汽车广泛采用弹性较大的低压轮胎，道路条件有很大改善，而中、重型越野汽车虽行驶条件恶劣，但多数装有可以缓和地面冲击的动力转向系统，因此，可逆式转向器亦得到了广泛应用。

机械转向器按结构形式划分种类很多，目前常见的转向器形式有循环球式转向器、蜗杆曲柄指销式转向器和齿轮齿条式转向器等。

（一）循环球式转向器

循环球式转向器是目前国内外汽车上较为流行的一种结构形式。该转向器是在螺杆螺母传动副的基础上发展而来的，即在螺杆螺母传动副中加入了第三元件——钢球，从而用滚动摩擦代替了滑动摩擦，使其传动效率提高，可逆程度增大。

循环球式转向器由两组传动副组成：第一组传动副为螺杆—钢球—螺母；第二组

为齿条齿扇或曲柄球销。根据第二组传动副的不同，循环球式转向器可分为两种：循环球 - 齿条齿扇式和循环球 - 曲柄球销式。根据转向器是否采用助力装置，又可分为两种形式：机械式和助力式。采用机械式循环球 - 齿条齿扇式转向器的车型有北京 BJ2020S、东风 EQ2100、解放 CA1091 等；采用助力式循环球 - 齿条齿扇式转向器的车型有北京 BJ2020VJ、北京 BJ2021（切诺基）、北京 BJ2022（勇士）、东风 EQ2050（猛士）、东风 EQ1108G、东风 EQ1141、东风 EQ2081、东风 EQ2102、陕汽 SX2190 系列、三菱系列（猎豹、帕杰罗）、奔驰 Benz2026A 等；采用助力式循环球 - 曲柄球销式转向器的车型为陕汽 SX2150 系列。

图 9-3 所示为解放 CA1091 汽车循环球 - 齿条齿扇式机械转向器，转向器壳体通过螺栓固定于支架的左纵梁上。该转向器主要由转向螺杆、转向螺母、循环钢球、齿条（转向螺母上）、齿扇轴（摇臂轴上）和转向器壳体等组成。转向螺杆的轴颈支承在两个推力球轴承上，轴承紧度可用调整垫片调整。转向螺母的下平面上加工成齿条，与齿扇轴（又称垂臂轴）内端的齿扇部分啮合。转向螺母既是第一级传动副的从动件，也是第二级传动副的主动件。转向螺杆和螺母上都加工出螺旋槽，其间装满传力钢球。为了使转向螺母相对螺杆轴向定位，螺旋槽的断面轮廓为两段或三段不同心圆弧。另外，钢球与滚道之间的间隙还可以储存磨屑等杂物，以减少工作面的磨损。螺母侧面有两对通孔，可将钢球从此孔装入螺旋形通道内。转向螺母外有两根钢球导管，每根导管的两端分别插入螺母侧面的一对通孔中。导管内也装满了钢球，这样，两根导管和螺母内的螺旋状通道组合成两条各自独立的封闭钢球“流道”。驾驶员通过转向盘转动转向螺杆时，由于转向螺母不能相对转向器壳体转动，便在螺杆上轴向移动，在螺杆、螺母与钢球间的摩擦力作用下，所有钢球便在螺旋状通道内滚动，形成“球流”。钢球在管状通道内绕行两周后，流出螺母进入导管的一端，再由导管另一端流回通道，形成封闭的内循环。轴向移动的转向螺母通过与之制成一体的齿条带动齿扇和齿扇轴转动，于是便带动与齿扇轴相连接的转向垂臂摆动，动力由此输出。

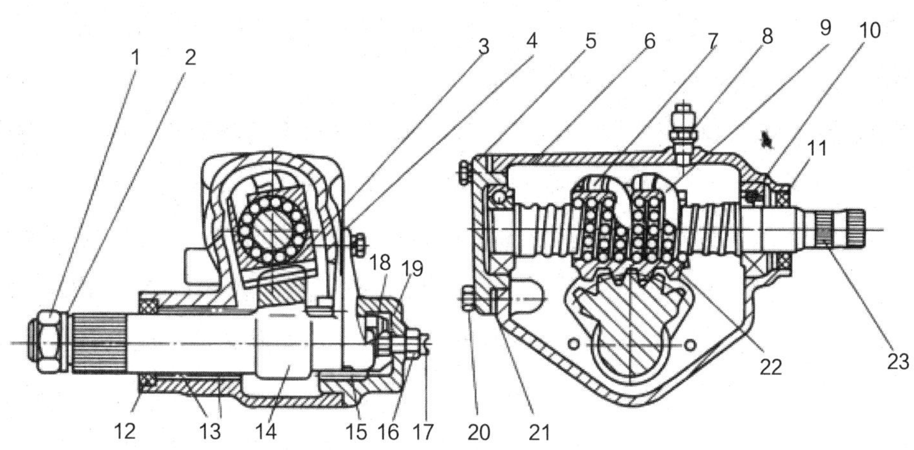

1—螺母；2—弹簧垫圈；3—转向螺母（齿条）；4—转向器壳体垫片；5—转向器壳体底盖；6—转向器壳体；7—导管卡子；8—加油螺塞；9—钢球导管；10—球轴承；11、12—油封；13、15—滚针轴承；14—齿扇轴（垂臂轴）；16—锁紧螺母；17、21—调整螺钉；18—调整垫片；19—侧盖；20—螺钉；22—钢球；23—转向螺杆。

图 9-3　解放 CA1091 汽车循环球 - 齿条齿扇式机械转向器

（图片来源：常明．汽车底盘构造）

转向螺母上的齿条是倾斜的，因此与之啮合的齿扇应当是分度圆上的齿厚沿齿扇轴线按线性关系变化的变厚齿扇。只要使齿扇轴相对于齿条做轴向移动，即能调整二者的啮合间隙。齿条 - 齿扇传动时，在中间位置为无隙啮合，而两侧的啮合间隙将逐渐增大。调整螺钉旋装在侧盖上。齿扇轴内侧（图中右侧）端部有切槽，调整螺钉的圆柱形端头即嵌入此切槽中。将螺钉旋入，则啮合间隙减小，反之则增大。

循环球式转向器具有一定的逆效率，为极限可逆式转向器，而且正效率很高，最高可达 90% ～ 95%，故操纵轻便，寿命长。因此，循环球式转向器广泛应用于各类各级汽车上。

（二）蜗杆曲柄指销式转向器

蜗杆曲柄指销式转向器结构比较简单，它是用装在转向垂臂轴曲柄上的指销与蜗杆螺旋槽相啮合进行工作的。这种结构的转向器用于东风 EQ1090E、东风 EQ2081 等汽车上。

图 9-4 所示为东风 EQ1090E 汽车蜗杆曲柄双指销式转向器。转向器以其壳体通过螺栓固定于专用支架上，该支架连接在车架的左纵梁上，其传动副以转向蜗杆为主动件，以装在摇臂轴曲柄端部的指销为从动件。驾驶员通过转向盘使转向蜗杆转动时，

与之啮合的指销即绕摇臂轴轴线沿圆弧运动，并使摇臂轴转动。转向蜗杆支承于转向器壳体两端向推力球轴承上，转向器盖上装有调整螺塞，用以调整两轴承紧度，调整后用螺母锁紧。转向蜗杆螺纹为梯形截面。

转向蜗杆与两个锥形指销相啮合。为减小摩擦和提高传动效率，两个指销均用双列圆锥滚子轴承支承于摇臂轴内端的曲柄上，其中靠指销头部的一列无内座圈，滚子直接与指销轴颈接触，以保证指销有足够的强度。螺母用以调整轴承的紧度。摇臂轴用粉末冶金衬套支承在壳体中。指销同蜗杆的啮合间隙用侧盖上的调整螺钉调整，然后用螺母锁紧。双指销式转向器在中间及其附近位置时，其两指销均与蜗杆啮合，故单个指销所受载荷较单指销式转向器的指销载荷要小，因而其工作寿命较长。当摇臂轴转角较大时，一个指销与蜗杆脱离啮合，另一指销仍保持啮合，因此双指销式的摇臂轴转角范围较单指销式要大。但双指销式结构较复杂，对蜗杆加工精度的要求也较高。

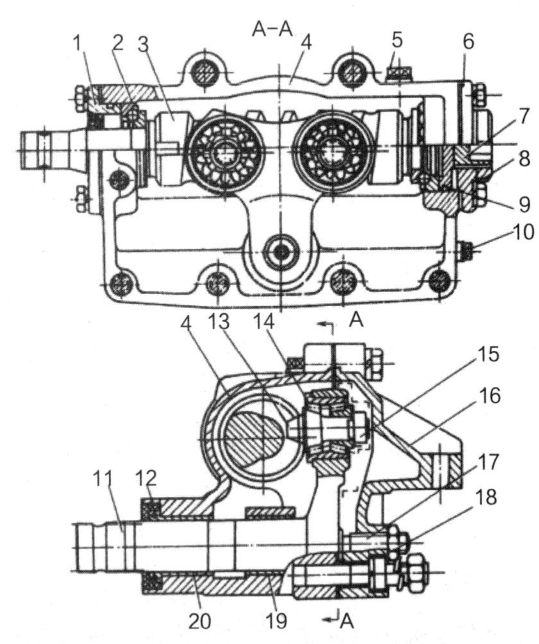

1—上盖；2、9—推力球轴承；3—转向蜗杆；4—转向器壳体；5、10—加油螺塞；6—下盖；7—调整螺塞；8、15、18—螺母；11—摇臂轴；12—油封；13—指销；14—双列圆锥滚子轴承；16—侧盖；17—调整螺钉；19、20—衬套。

图 9-4 东风 EQ1090E 汽车蜗杆曲柄双指销式转向器

（图片来源：常明．汽车底盘构造）

（三）齿轮齿条式转向器

齿轮齿条式转向器由于具有结构简单、紧凑、质量轻、刚性大、转向灵敏、制造容易、成本低、正逆效率都高、便于布置，以及特别适宜与烛式和麦弗逊式悬架配用等特点，目前在经常行驶在良好公路上的轿车和微型、轻型货车上得到了广泛应用，例如，红旗 CA7220、奥迪 100、桑塔纳系列、夏利系列等轿车及依维柯轻型货车都采用了齿轮齿条式机械转向器。如今的轿车广泛采用动力转向，单纯的机械转向器已很少采用。即使这样，动力转向系统中的转向器与机械转向器也是极其相似的。

图 9-5 所示为奥迪 100（红旗 CA7220）轿车的齿轮齿条式机械转向器结构及布置图。在转向齿条的中部用螺栓与转向拉杆的托架连接，转向左、右横拉杆的外端与转向节臂相连。当转动转向盘时，转向齿轮转动，使与之啮合的齿条沿轴向移动，从而通过托架使左右横拉杆带动左右转向节转动，使转向轮偏转，以实现汽车的转向。该转向器只有一级传动副，作为传动副主动件的转向齿轮安装在壳体中，与水平布置的转向齿条相啮合。弹簧通过压块将齿条压靠在转向齿轮上，保证无间隙啮合。弹簧的预紧力可用调整螺栓调整。为了减轻转向轮的摆振和地面不平引起的振动过度传到转向盘，在该结构中装有转向减振器。

采用齿轮齿条式转向器不需要转向摇臂和转向直拉杆等，可以简化转向传动机构，这也是其目前在轿车和微、轻型载货汽车上应用日趋广泛的原因之一。

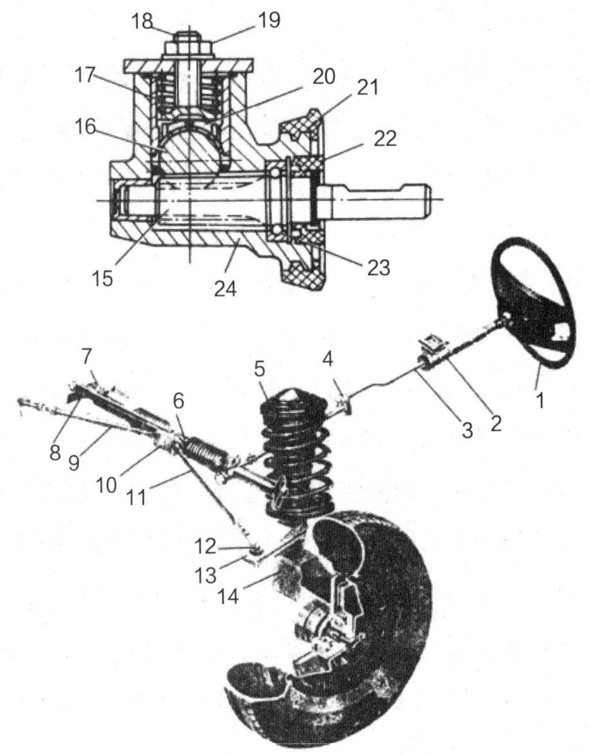

1—转向盘；2—转向柱管；3—转向轴；4—柔性联轴节；5—悬架总成；6—转向器；7—支架；8—转向减振器；9—右横拉杆；10—托架；11—左横拉杆；12—球铰链；13—转向节臂；14—转向节；15—转向齿轮；16—转向齿条；17—弹簧；18—调整螺塞；19—螺母；20—压块；21—防尘罩；22—油封；23—轴承；24—壳体。

图 9-5 奥迪 100（红旗 CA7220）轿车齿轮齿条式机械转向器结构及布置图

（图片来源：常明. 汽车底盘构造）

二、转向操作系统

（一）转向操纵机构的组成和布置

转向操纵机构一般由转向盘、转向管柱、万向节及转向轴等组成，作用是操纵转向器和转向传动机构，使转向轮偏转。

转向盘轮辐一般为三根辐条或四根辐条，也有用两根辐条的，其上部留出较大空间以便驾驶员观察仪表盘。转向盘上都装有喇叭按钮，有些轿车的转向盘上还装有各种控制开关和撞车时保护驾驶员的气囊装置。转向管柱中部用橡胶垫和半圆形支架固定在驾驶室前围板上，下端插入铸铁支座的孔中，支座固定在转向操纵机构支架上。转向轴的上端通过轴承支承于转向管柱内，并用螺母与转向盘相连，下端通过万向传动装置与转向器相连。下万向节与转向传动轴用滑动花键相连接。

转向操纵机构中设置万向传动装置有助于转向盘和转向器等部件和组件的通用化和系列化，便于车辆总体结构的合理布置，能够补偿部件的安装误差和安装基体（驾驶室、车架）变形所造成的不利影响，车辆发生剧烈碰撞时，可使转向盘向上倾斜，避免转向盘直接挤压驾驶员，以提高安全性，并且便于拆装维修。

（二）转向操纵机构安全装置

汽车发生严重正面撞车时，车架（车身）的变形会使转向操纵机构（转向盘）后移，而驾驶员在巨大惯性力作用下前冲，两相作用会使驾驶员受到严重伤害。为了保证驾驶员的安全，如今的汽车（特别是轿车）通常在转向操纵机构上增设了相应的被动安全装置（撞车后尽量降低损失的安全装置。对应的主动安全装置即尽量避免发生撞车、翻车等安全事故的安全装置，如防抱死制动系统、车身电子稳定系统、汽车牵引力控制系统、主动式转向系统、轮胎压力监测系统、雷达或机器视觉偏航报警等）。这些被动安全装置主要有安全气囊、缓冲吸能式转向操纵机构和可分离式安全转向操纵机构。可分离式转向操纵机构自身没有吸能装置，防止驾驶员受伤害的效果不理想，而且一旦上下转向轴分离，将无法再操纵汽车转向，因此已趋于淘汰。目前采用最多的是缓冲吸能式转向操纵机构，包括波纹管变形吸能式、钢球滚压变形吸能式和网状管柱变形吸能式等。下面一一对它们进行介绍。

1. 波纹管变形吸能式转向操纵机构

波纹管变形吸能式转向操纵机构的转向轴和转向管柱都分成两段，上转向轴和下转向轴之间通过细花键接合并传递转向力矩，同时它们二者之间可以做轴向伸缩滑动。下转向管柱的上端套在上转向管柱中，但二者不直接连接，而是通过管柱压圈对它们进行定位。

当发生撞车时，压圈首先被剪断并消耗部分能量。与此同时，转向管柱和转向轴都做轴向收缩，使上转向轴下端的波纹管产生收缩变形，从而进一步消耗冲击能量。

2. 钢球滚压变形吸能式转向操纵机构

钢球滚压吸能式转向操纵结构的转向管柱分为上、下两段，上转向管柱套在下转向管柱的内孔中，二者之间压入带有塑料隔套的钢球。隔套起钢球保持架的作用，钢球与上、下转向管柱压紧并使之接合在一起。这种转向操纵机构的转向轴也分为两段，上转向轴和下转向轴通过安全销相连。

当汽车撞车时，加在转向管柱上的轴向压力使安全销剪断，上、下管柱便可轴向移动收缩，这时钢球边滚动边在上、下转向管柱的壁上挤压出沟槽，使之变形并消耗冲击能量。

3. 网状管柱变形吸能式转向操纵机构

网状管柱变形吸能式转向操纵机构的转向轴也分为上、下两段。下转向轴套装在上转向轴的内孔中，二者通过塑料销连接在一起（也有采用细花键连接的），并传递转向力矩。塑料销的传力能力受到严格限制，它既能可靠地传递转向力矩，又能在受到冲击时被剪断，起到安全销的作用。

这种转向操纵机构的转向管柱的部分管壁制成网格状。网格状管柱在受到压缩时很容易产生轴向变形，并消耗一定的变形能量。另外，固定管柱的托架也是通过两个塑料制的安全销与车身连接的，当这两个安全销被剪断后，整个管柱就能前后自由移动。

三、转向传动机构

转向传动机构的作用是将转向器与各转向轮连接起来，并将转向器输出的力和运动传给转向桥两侧的转向节，使两侧的转向轮偏转，保证汽车正常转向。转向传动机构由若干杆件组成，一般包括转向垂臂（或称转向摇臂）、转向纵拉杆（或称转向直拉杆）、转向节臂、左梯形臂、右梯形臂和转向横拉杆等。转向传动机构稳定与否对转向系统能否可靠、正常工作有较大的影响。若各杆件之间的任何一连接环节不可靠，轻则影响汽车转向操纵等使用性能，重则产生严重行车事故。

转向传动机构各杆件相互连接组成一个空间杆系，各杆件连接点的运动轨迹都不在同一平面内，如转向纵拉杆及横拉杆两端的连接点。为此，空间杆系中某些杆件的连接点必须采用球铰链，以防杆系运动干涉。

为保证连接可靠，减小转向盘自由行程，以免转向轮摆振，各球铰链应为无隙配合，且在球铰链产生磨损、出现间隙的情况下，应能自动消除间隙，并有限位保险装置，以防连接球销脱落。

为减小自转向轮传至转向器的冲击，在转向传动机构中应设置缓冲元件，一般都在转向纵拉杆两端接头设有缓冲弹簧。有些中、高级轿车在转向横拉杆上设有转向减振器。

根据汽车转向桥所采用的悬架不同，转向传动机构可分为两类：与非独立悬架配用的转向传动机构和与独立悬架配用的转向传动机构。当转向桥采用独立悬架时，每

个转向轮都能相对于车架做独立运动，因此，汽车转向传动机构中应采用断开式横拉杆。

（一）转向垂臂（转向摇臂）

在大多数结构中，转向垂臂的大端用内锥面的三角形细齿花键与转向垂臂轴外端连接，并用螺母紧固。转向垂臂小端则用球头销与转向纵拉杆以铰链连接。

安装时，转向垂臂与其轴的相对角位置要正确，以保证转向垂臂自中间位置向两边的摆角范围大致相等。为此，转向垂臂及轴上应刻有安装记号，如解放 CA1091、陕汽 SX2150，也有的将二者的花键部分都少铣一个或几个齿。

（二）转向直拉杆（转向纵拉杆）

转向直拉杆用来连接转向垂臂与转向节臂。直拉杆体是一段两端扩大的钢管，其前端装有球头销。球头销的尾端用螺母固定在转向节臂上。两个球头座在压缩弹簧的作用下将球头销的球头夹持住。为保证球头与座的润滑，可从滑脂嘴注入润滑脂。装配时，供球头出入的孔口用耐油的橡胶防尘垫封盖。压缩弹簧能自动消除因球头及球头座磨损而产生的间隙，并可缓和经车轮和转向节传来的路面冲击。弹簧预紧力可用螺塞调节，调好后用开口销固定。当球头销作用在内球头座上的冲击力超过压缩弹簧预紧力时，弹簧便进一步变形而吸收冲击能量。弹簧变形增量受到弹簧座自由端的限制，这样可以防止弹簧超载，并保证在弹簧折断的情况下球头销不致从管腔中脱出。直拉杆体后端嵌装转向摇臂的球头销。这一端的压缩弹簧也装在球头座后方。这样，两个压缩弹簧可分别在沿直拉杆轴线的两个方向上起缓冲作用。自球头销传来的向后的冲击力由前压缩弹簧承受，当球头销受到向前的冲击力时，冲击力即依次经前球头座、前端部螺塞、直拉杆体和后端部螺塞传给后压缩弹簧。

（三）转向梯形机构

由左、右梯形臂、转向横拉杆及前轴所构成的四连杆机构称为转向梯形机构。

目前常用的转向梯形机构还不能绝对保证内外侧转向轮在任何偏转角时都满足转向梯形理论特性关系式，但一般还是比较接近的。在最常用的情况下（直线行驶位置附近，转向轮偏转角不大时）其偏差很小，有利于减少汽车高速行驶时轮胎的磨损。至于在转向轮大偏转角时，因车速较低，即使其偏差稍大，影响也不大。

横拉杆用来连接左、右二梯形臂（或转向节臂），由横拉杆体和用螺纹旋装在横拉杆体两端的接头及其上的球头销等组成。两端的接头结构相同，但其连接螺纹一个左旋，另一个右旋，其中球头销的尾部与梯形臂（或转向节臂）相连。上、下球头座用聚甲醛制成，有很好的耐磨性。装配时，两球头座的凹凸部互相嵌合。弹簧使两球头座与球头相互压紧，在球头或球头座磨损时能自动消除间隙，以防球头脱出，同时还起缓冲作用。弹簧预紧力由螺塞调整。两接头螺纹部分开有轴向切口，借螺纹与横拉杆体连接，然后用夹紧螺栓夹紧。横拉杆体两端的螺纹一为右旋，二为左旋。调整前轮前束时，旋松夹紧螺栓，转动横拉杆体，改变转向横拉杆总成的长度即可。调整好后再将夹紧螺栓旋紧。

（四）与独立悬架配用的转向传动机构

当转向桥采用独立悬架时，每个转向轮都需要相对于车架（或车身）做独立运动，因而转向桥必须是断开式的。与此相应，转向传动机构中的转向梯形机构也必须是断开式的。

图 9-6 所示为红旗 CA7560 型轿车转向传动机构。摇杆前端固定于车架横梁中部，后端借球头销与转向直拉杆和左、右横拉杆连接。转向直拉杆外端与转向摇臂球头销相连。左、右横拉杆外端也用球头销分别与左、右梯形臂铰接。转向直拉杆仅在外端有球头座，故有必要在两球头座背面各设一个压缩弹簧，分别吸收由左、右横拉杆传来的两个方向上的路面冲击，并自动消除球头与座之间的间隙。

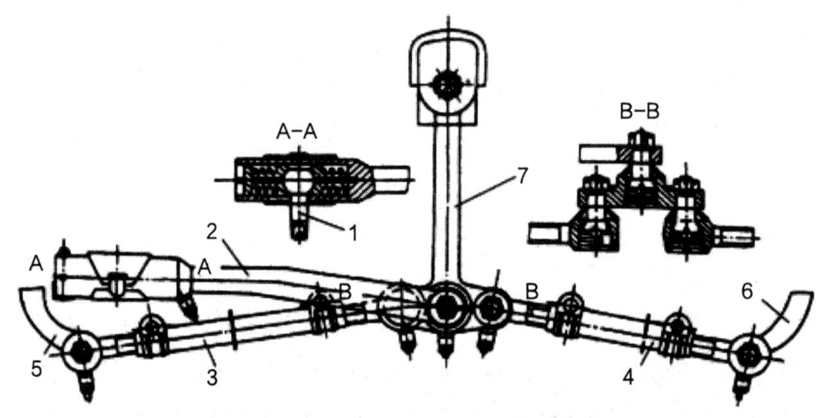

1—转向摇臂球头销；2—转向直拉杆；3—左转向横拉杆；4—右转向横拉杆；5—左梯形臂；6—右梯形臂；7—摇杆。

图 9-6　红旗 CA7560 型轿车转向传动机构

（图片来源：常明．汽车底盘构造）

齿轮齿条式转向系统的转向器为两端输出式，转向器齿条本身就是转向传动机构的一部分。横拉杆总成的内端通过内、外托架和螺栓与转向器齿条的一端相连，外端通过球头销总成与转向节铰接。由于横拉杆体不能绕自身轴线转动，为调整前束，在横拉杆体与球头销总成之间装有双头螺栓，螺栓两端的螺纹旋向相反，并各旋装一个锁紧螺母。当需要调前束时，先拧松两端的锁紧螺母，然后转动调节螺栓，达到合理的前束值时，再将锁紧螺母锁紧。

第三节　动力转向系统

一、动力转向系统概述

汽车转向轮的转向阻力矩与转向桥的负荷、轮胎尺寸及气压、转向轮定位角等因素有关，而其中的决定因素是转向桥的负荷。转向阻力矩是随转向桥负荷的增大而增大的。机械转向系统为兼顾转向操作的轻便和灵活，可通过选用高效率的转向器及选择合适的转向系统角传动比等措施予以解决，但这只在转向桥的一定负荷范围内可行。当转向桥的负荷超过一定数值后，机械转向系统将无法满足转向操作既轻便又灵活的要求，而必须采用转向助力装置，借助于汽车发动机的动力，驱动油泵或空气压缩机，以液力或气力增大驾驶员操纵转向轮转向的力量。通常，把采用转向助力装置的转向系统叫做动力转向系统。

一般来说，转向桥的负荷超过 4 t 时，一定要采用动力转向系统。中、高级小客车为了提高行驶的安全性及驾驶的舒适性，也应采用动力转向系统。

（一）动力转向的功用

（1）减轻驾驶员的劳动强度，解决转向操作轻便和灵活的矛盾；

（2）提高汽车高速行驶时的安全性（如发生转向轮爆胎）。

（二）动力转向系统的组成

汽车动力转向系统一般由机械转向系统加装转向助力装置后组成。

转向助力装置由动力源、操纵装置、动力缸及其他辅助装置等组成。由于液力式转向助力装置较气压式转向助力装置具有许多显著的优点，故被广泛采用。

（三）动力转向系统的类型

根据传力工作介质不同，转向助力装置可以分为液压式、气压式或电动式。液压式工作压力远高于气压式，其结构紧凑，重量轻。由于液体的不可压缩性，液压式动力转向系统的灵敏度高，且无须润滑。另外，液体的阻尼作用还可缓和因地面不平而经转向轮传至转向器的冲击，并衰减由此引起的振动，因此，液压式动力转向系统得到了广泛的应用。气压式的特点与上述相反。另外，气压式动力轻向系统在低温时易产生结冰现象。当汽车下坡并转向时，由于制动系统的工作，将影响转向助力的效果，甚至会引起事故，因此气压式动力转向系统应用得极少。电动式动力转向系统则是一种直接依靠电动机提供辅助扭矩的助力转向系统。

根据液流形式，液压式动力转向系统可分为常流式和常压式两种。所谓常流式，就是当汽车不转向时，来自转向油泵的油液通过转向控制阀直接流回转向储油罐，动力缸两腔室皆与回油管路相通。因转向控制阀的节流阻力很小，故油泵输出压力也很低，油泵实际上处于空转状态。当驾驶员转动转向盘，通过机械转向器使转向控制阀处于与某一转向方向相应的工作位置时，转向动力缸的相应工作腔就与回油管路隔绝，进而与油泵输出管路相通，而动力缸的另一腔则仍然通回油管路。地面转向阻力经转向传动机构传到转向动力缸的推杆和活塞上，形成比转向控制阀节流阻力高得多的油泵输出管路阻力，于是转向油泵输出压力急剧升高，直到足以推动转向动力缸活塞为止。转向盘停止转动后，转向控制阀随即恢复到中立位置，使动力缸停止工作。常流式动力转向系统结构简单，油泵负荷较小、消耗功率小，应用最为广泛。所谓常压式，就是当汽车不转向时，助力转向系统仍为高压，转向控制阀关闭，油泵排出的高压油液储存于蓄能器，达到一定压力后，油泵自动卸载而空转。与常流式相比，常压式工作较灵敏，发动机熄火后仍可继续工作一段时间，但其元件多，结构复杂，密封要求高，目前只在一些超重型车辆上采用。

根据动力缸、转向控制阀与转向器的相互位置，液压式动力转向系统可分为整体式、半整体式和转向加力器式（亦称分置式）三种。若动力缸、转向控制阀和转向器结合为一体，则称为整体式动力转向系统（动力转向器），如北京 BJ2020VJ、北京 BJ2021（切诺基）、北京 BJ2022（勇士）、东风 EQ1108G、东风 EQ1141、东风 EQ2082、东风 EQ2102、东风 EQ2050（猛士）、三菱系列（猎豹、帕杰罗）、陕汽 SX2190 系列、奔驰 Benz2026A 及采用动力转向的轿车上广泛采用这种动力转向器；若动力缸与转向器和转向控制阀分开安装（转向器和转向控制阀为一体），则称为半整体式动力转向系统，如陕汽 SX2150 系列等汽车采用了此种动力转向系统；若转向控制阀装在动力缸上，则称为转向加力器式动力转向系统。整体式动力转向系统结构紧凑，管路短而少，性能较好，但转向器本身负荷较大，一般多用于轿车或转向桥的负荷在 15 t 以下的重型汽车上。半整体式和转向加力器式动力转向系统结构简单，布置较灵活，可采用现有的机械转向器，但管路布置复杂，零件的数量较多。

根据转向控制阀的形式，液压式动力转向系统又可分为滑阀式和转阀式两种。转向控制阀起作用时，阀做轴向移动，称为滑阀式；而阀做旋转运动，则称为转阀式。滑阀式结构简单，性能较好，目前在重型载重汽车上应用得较多。转阀式与滑阀式相比，有密封件少、灵敏度高、结构较先进等优点，但其对材料与工艺的要求较高，目前多用于轿车或转向桥负荷不大的重型汽车。

（四）对动力转向系统的要求

1. 工作可靠

动力转向系统应保证车辆在各种恶劣的工况（如在越野行驶的情况）下可靠地转向行驶。这就要求液压助力装置中应有流量与工作压力足够的转向油泵和直径合适的动力缸，并设置有效的安全保护装置，使液压系统免于过载。当液压助力装置失效的情况下，应保证机械转向系统仍能可靠工作。

2. 操纵轻便、灵活

对于装有动力转向系统的重型汽车在正常行驶（保持发动机转速在 1000 r/min 以上）时，转向盘转动速度应能达到 60 r/min，而当作用在转向盘上的切向力为 25 ～ 100 N 时（因汽车形式不同而异），动力转向助力装置就应开始工作。为达到上述要求，一般通过采用高效率的转向器（如循环球式转向器）、高灵敏度的转向控制阀和与动力缸相适应的转向油泵（合适的工作压力与流量）来实现。

3. 维持直线行驶，并保证转向轮自动回正

动力转向系统中的液压助力装置不应妨碍转向轮定位的功能，应使转向轮仍具有自动回正作用，且在直线行驶时，不应自行加力转向（偏驶）。这通常由转向控制阀结构予以保证。实际上，由于重型汽车动力转向系统内有较大的液压阻力和转向轮的转向阻力，转向轮一般不能完全自动回正到直线行驶位置，还需借助于驾驶员的手力。

4. 有道路感觉（路感）

为保证行驶安全，驾驶员应对地面阻力变化情况做到胸中有数，即所谓“路感”。

装有转向助力装置的转向系统应与机械转向系统一样能及时把路面阻力情况成正比地反映到转向盘上，尤其对于那些车速高、行驶条件多变的汽车更为重要。

5. 随动作用

所谓随动作用就是指动力转向系统应随着驾驶员的操作，按需要的方向和路面阻力的大小起相应的转向助力作用。具体地说，当驾驶员把着转向盘不动时，系统不起助力作用，当驾驶员转动转向盘时（向系统输入一定信号，如转向盘的转角、转动方向、转速高低等），系统应按输入的信号与道路阻力大小情况，自动给予合适的助力作用，使转向轮以相应的偏转速度和方向偏转。当转向盘转到某一角度后停止，助力作用亦应立即停止。

上述“路感”与随动作用皆通过转向控制阀来保证。

6. 可实现强制转向

所谓强制转向是指当转向助力装置失效时，驾驶员仍能通过机械转向系统实现转向，转向助力装置不应产生过大的转向阻力。这对轿车是有效的，但对于重型汽车，由于其转向桥轴荷较大，机械转向系统不足以克服转向阻力而实现转向。此时，机械转向系统只能作为一种应急措施。

二、动力转向器的结构与工作原理

（一）转阀式动力转向器

北京吉普（BJ2020V、BJ2021、BJ2022）、三菱系列（猎豹、帕杰罗）、东风系列（EQ2050、EQ1108G，EQ1141、EQ2082、EQ2102）及绝大多数采用动力转向的轿车都采用转阀式动力转向器。转阀式动力转向器一般为液压整体式。因采用的机械转向器不同，主要有两种结构类型：齿轮 - 齿条转阀式动力转向器和循环球 - 齿条齿扇转阀式动力转向器。绝大多数采用动力转向的轿车都采用齿轮 - 齿条转阀式动力转向器；行驶条件较复杂的越野车和轴荷较大的货车则采用循环球 - 齿条齿扇转阀式动力转向器。转阀式动力转向器由三部分组成，即机械转向器、转阀式转向控制阀和转向动力缸，此三部分设计成一个整体。

1. 循环球 – 齿条齿扇转阀式动力转向器

图 9-7 所示为北京 BJ2022（勇士）动力转向器，图中的左部为机械式循环球 - 齿条齿扇转阀转向器及转向动力缸，右部为转向控制阀。该动力转向器中的转向螺母兼有启动力缸活塞的作用，同时机械转向器壳体内部加工成动力缸的缸壁，使其兼有启

动力缸的作用。转向螺母的左圆柱表面上制有一环形槽，在槽上装有聚四氟乙烯活塞环和 O 形密封圈。O 形密封圈将机械转向器内部分成密封的两个腔室，即转向动力缸的右腔和左腔。两密封腔又分别通过设在机械转向器壳体上的油道与位于转向器右部的转向控制阀（图中解剖部分）相通。

转向控制阀主要由壳体、转阀阀体、转阀阀芯、转向器输入轴及扭杆组件等组成。转阀阀体为圆柱桶形结构，其外圆柱表面上制有三道宽而深的油环槽和三道窄而浅的密封环槽。油环槽的底部开有与内壁相通的油孔，中间油环槽的四个油孔直径较大，是进油通道，与转向油泵相通。两侧油环槽各有四个直径较小的油孔，分别与动力缸的左、右腔相通。密封环槽用于安装密封圈组件。阀体的内表面制有八条不贯通的纵槽，形成八道槽肩。在阀体左部内表面固定有定位销，此定位销的外端埋在外圆表面以下，内端伸出少许，与扭杆组件左端轴盖外圆上的缺口相配合，使二者不能相对转动。转向螺杆右端法兰部分的外圆滑配在阀体的左端止口中，阀体的左边缘开有矩形缺口，此缺口与转向螺杆用锁销相配合，形成阀体和转向螺杆的传力连接。

转阀阀芯也制成圆柱桶形，其外圆表面与阀体滑动配合，二者为精密配合件，不可单独更换。阀芯外表面上也制有八条不贯通的纵槽，形成八道槽肩，分别与阀体的槽肩和纵槽配合形成液体流动间隙。八道槽肩上等间隔开有四个径向通孔。阀芯的右端外表面安装有 O 形密封圈。阀芯左端的内圆柱面开有一个缺口，输入轴左端安装的锁销即插入此缺口中，使输入轴和阀芯成为一体，同步转动。阀芯和输入轴间留有较大的径向间隙，经小孔形成回流油液通道。

输入轴、扭杆、左端轴盖、锁销组成扭杆组件。输入轴为空心管，其右端外表面制有三角形花键，与转向轴的万向节相连。输入轴左端有带两个对称缺口的扇形凸缘。扭杆右端通过锁销与输入轴固定在一起，左端通过三角形花键与左端轴盖固定。左端轴盖为圆盘形，装入阀体左端，并用定位销定位，其圆盘辐板上有两个对称的圆弧形槽孔，转向螺杆右端的叉形凸块插入此圆弧形槽孔，并与输入轴扇形凸缘的缺口配合。转向螺杆的叉形凸块与输入轴扇形凸缘之间有一定的周向间隙，允许扇形凸缘相对叉形凸块有 7° 的角位移，以保证扭杆在 7° 范围内的扭转变形。

为了对转向控制阀进行轴向定位，并使之具有一定的预紧度，转向器壳体设有调整螺塞。螺塞内部装有滚针轴承支承着输入轴，下端装有滚针轴承使阀体可旋转，并且使阀体定位销和阀体锁销与左端轴盖和转向螺杆法兰盘轴向靠紧。在转向螺杆法兰盘下面还装有止推滚针轴承，以保证螺杆和转阀组件转动灵活和轴向定位。

在动力转向器上部设有进油口和出油口，通过油管分别与转向油泵和转向储油罐相连接。在进油口处设有进油阀座和止回阀，进油口与阀体的中间油环槽相通。出油口和输入轴与阀芯形成的回油腔相通。在转向器壳体上开有两条贯通的油道，一条与阀体的左油环槽（动力缸左腔）相通，另一条与阀体的右油环槽（动力缸的右腔）相通。

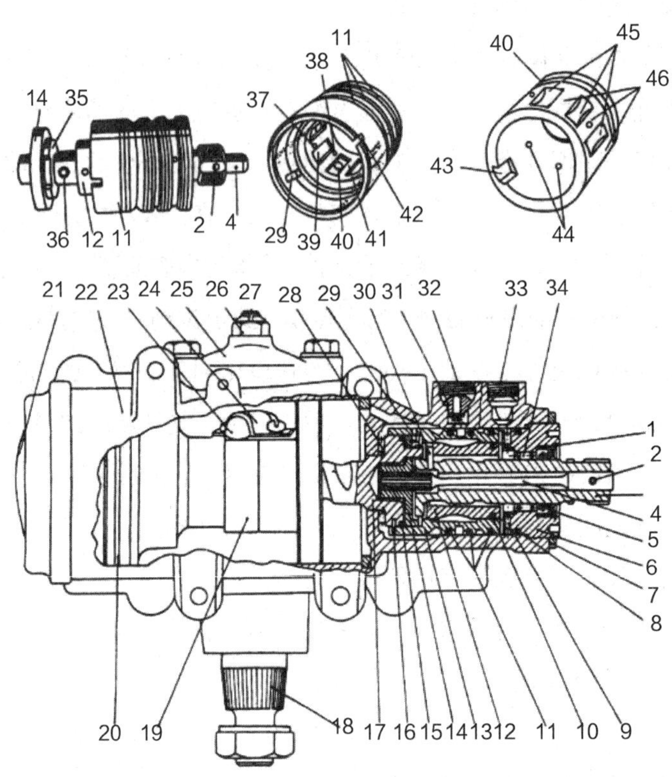

1—卡环；2—输入轴与扭杆锁销；3—输入轴；4—扭杆；5—骨架油封；6—调整螺塞；7—螺母；8、10、15—O形密封圈；9、28—止推滚针轴承；11、20—聚四氟乙烯活塞环和O形密封圈；12—阀芯；13—阀体；14—左端轴盖；16—转向螺杆与阀体锁销；17—转向螺杆；18—转向摇臂轴；19—转向螺母；21—转向器端盖；22—壳体；23—循环球导管；24—导管压紧板；25—侧盖；26—锁紧螺母；27—调整螺钉；29—左端轴盖与阀体定位销；30—阀芯与输入轴锁销；31—止回阀；32—进油口；33—出油口；34—滚针轴承；35—输入轴扇形凸缘；36—扇形凸缘与输入轴固定锁销；37—通动力缸左腔小孔；38—通动力缸右腔小孔；39—阀体内纵槽；40—通进油口大孔；41—阀体内槽肩；42—阀体上缺口；43—阀芯上缺口；44—通回油口小孔；45—阀芯上纵槽；46—阀芯上槽肩。

图 9-7 北京 BJ2022（勇士）汽车转阀式动力转向器

（图片来源：常明．汽车底盘构造）

当汽车直线行驶时，转阀处于中间位置，来自转向油泵的油液从动力转向器壳体的进油口流到阀体的中间油环槽中，经过其槽底的通孔进入阀体和阀芯之间。此时，因阀芯处于中间位置，所以进入的油液通过阀体纵槽和阀芯槽肩形成的两边相等的间隙和阀体油道分别流向动力缸的左腔和右腔。与此同时，流入的油液还经阀芯槽肩上的径向油孔进入阀芯内腔的回油道中，并经转向器壳体回油口流回转向储油罐，形成了低压油液循环。此时，动力缸左右两腔油压相等且很小，转向螺母处于中间平衡位置，不起转向及转向助力作用。

如图 9-7 所示，当汽车需要左转弯时，转动转向盘使输入轴逆时针转动，并通过输入轴左端锁销带动阀芯同步转动。同时，作用在转向盘上的扭矩通过锁销传至弹性扭杆，并经扭杆左端的三角形花键传给左端轴盖，左端轴盖又通过其圆盘外缘上的缺口和定位销带动阀体转动，最后经固定在阀体上的锁销把转向力矩传给转向螺杆。由于受到转向摇臂轴传来的路面阻力，转向螺母暂时不能轴向移动，故转向螺杆暂时不能转动。因转向螺杆与阀体通过锁销连为一体，故阀体暂时也不能转动。此时，扭杆的右端随输入轴转动（通过锁销）而左端暂时不能转动（通过左端轴盖、阀体和转向螺杆），因此，转向力矩促使扭杆发生扭转变形，同时，阀芯相对于阀体转过一定的角度（7° 以内），二者纵槽槽肩两边的间隙不再相等，通油道的一边减小，直至封闭，另一边增大。来自转向油泵的油液从油道进入阀体与阀芯之间，流向间隙较大的一边，经油道流进动力缸的右腔。由于流经油道流进动力缸右腔的油道是封闭的（此时经向油道方向的回油道减小，直至封闭），此时转向油泵开始向该油道输出高压油，而与油道相通的动力缸左腔油液则从油道、阀芯的径向油孔、回油道流回转向储油罐。动力缸左右两腔的油压差作用在转向螺母上，使其开始左移，驱动转向摇臂轴逆时针转动，转向横拉杆左移，转向轮开始左转，转向助力起作用，同时转向螺杆也开始与输入轴同向转动。只要转向盘继续转动，扭杆的弹性变形便一直保持不变，阀体与阀芯之间的相对角位置也不变，转向助力作用就一直存在，转向轮就一直左转。

当转向盘停在某一位置不再继续转动时，输入轴及阀芯便不再转动，但转向螺母在油压差的作用下仍继续左移，导致转向螺杆沿原转动方向继续转动，使扭杆的扭转变形量减小，阀体与阀芯的相对角位移量减小，动力缸左右两腔油压差减小。减小了的油压差仍作用在转向螺母上，以克服转向轮的回正力矩，使转向轮的偏转角维持不动。在转向过程中，转向盘转得愈快，扭杆的扭转速度就愈快，阀芯相对于阀体产生角位移的速度也愈快，从而使动力缸左右两腔产生压力差的速度加快，转向轮的偏转速度也相应加快。相反，转向盘转动速度慢，转向轮的偏转速度也慢。若转向盘转到某一位置上不动，对应着车轮也转到某一相应的位置上不动。这就是转向控制阀的随动作用。

转向后需回正时，若驾驶员放松转向盘，阀芯在扭杆扭力的作用下回到中间位置，失去助力作用，此时车轮在回正力矩的作用下自动回位；若驾驶员同时回转转向盘，动力转向装置帮助车轮回正。

汽车右转向时转阀的工作原理与左转向时完全相同，只是方向相反，在此不再赘述。

一旦液压助力装置失效（如转向油泵失效），该动力转向器即变成普通的机械转向器。输入轴随转向盘转过一定角度（7°）后，其左端凸缘上的弧形缺口便靠住转向螺杆右端的叉形凸块，由输入轴直接带动转向螺杆转动，保证汽车转向。不过这时转向盘的自由行程加大，转向沉重。

当汽车直线行驶偶遇外界阻力使车轮发生偏转时（极限情况为一侧转向轮发生爆胎事故），地面阻力矩通过转向传动机构、转向摇臂、转向摇臂轴、转向齿轮、转向螺母和转向螺杆反作用在阀体上（此时驾驶员握住转向盘不动，阀芯即不动），使阀体相对阀芯产生相对角位移，转阀阀门开启，产生与车轮转向相反的助力作用。在此助力的作用下，车轮迅速回正，最大限度地减少汽车跑偏，保证了汽车直线行驶的稳定性。

2. 齿轮－齿条转阀式动力转向器

图 9-8 所示为捷达轿车上采用的动力转向器的液压动力转向系统，图中将转向控制阀单独画出。齿轮 - 齿条式机械转向器、转向动力缸和转阀式转向控制阀设计成一体，组成整体式齿条 - 齿扇转阀动力转向器，这种形式的动力转向系统广泛应用于中级以下轿车和轻型货车上。转向动力缸活塞与齿条制成一体。活塞将动力缸分成左右两腔。转阀的构造如图 9-9 所示，扭杆的前端（图中右端）用销与转向齿轮连接，后端用销与阀芯连接，而阀芯又与转向轴的末端固定在一起，因而转向轴可通过扭杆带动转向齿轮转动。

如图 9-8 所示，转向控制阀处于中立位置时，由转向储油罐、转向油泵（叶片泵）、流量控制阀（带安全阀）组成的供能装置输出的油液流入转阀进油口后进入阀腔。由于转阀处于中立位置，它使动力缸的两腔相通，则油液经回油管路流回转向储油罐，因此转向动力缸完全不起作用，故该动力转向装置为常流式转阀式整体式动力转向器。

如图 9-9 所示，当汽车右转向时，刚一开始转动转向盘，转向轴连同阀芯被顺时针转动，因为受到转向节臂传来的路面转向阻力，动力缸活塞和转向齿条暂时都不能运动，所以转向齿轮暂时也不能随转向轴转动。这样，由转向轴传到转向齿轮的扭矩只能使扭杆产生少许扭转变形，使转向轴连同阀芯得以相对阀套（转向齿轮）转过不大的角度，转阀开启，使动力缸左腔成为高压的进油腔，右腔则成为低压的回油腔。作用在动力缸活塞上的向右的液压作用力迫使转向齿条开始右移，转向轮开始向右偏转，同时转向齿轮也开始与转向轴同向转动。

只要转向盘继续转动，扭杆的扭转变形便一直保持不变，转向控制阀所处的右转向位置也不变。一旦转向盘停止转动，动力缸暂时还继续工作，导致转向齿轮继续转动，使扭杆的扭转变形减小，阀体与阀芯的相对角位移量减小，动力缸左右两腔油压差减小。减小了的油压差仍作用在动力缸活塞上，以克服转向轮的回正力矩，使转向轮的偏转角维持不动。若转向盘继续转动时，则动力缸又继续工作，这就是随动作用。

当汽车直线行驶偶遇外界阻力使车轮发生偏转时（极限情况为一侧转向轮发生爆胎事故），地面阻力矩通过转向传动机构、转向齿条和转向齿轮反作用在阀体上（此时驾驶员握住转向盘不动，阀芯即不动），使阀体相对阀芯产生相对角位移，转阀阀门开启，产生与车轮转向相反的助力作用。在此助力的作用下，车轮迅速回正，最大限度地减少汽车跑偏，保证了汽车直线行驶的稳定性。

当汽车左转向时，转向盘逆时针转动，则扭杆、转阀阀芯的转动方向及动力缸活塞移动的方向均与前述相反，转向轮向左偏转。

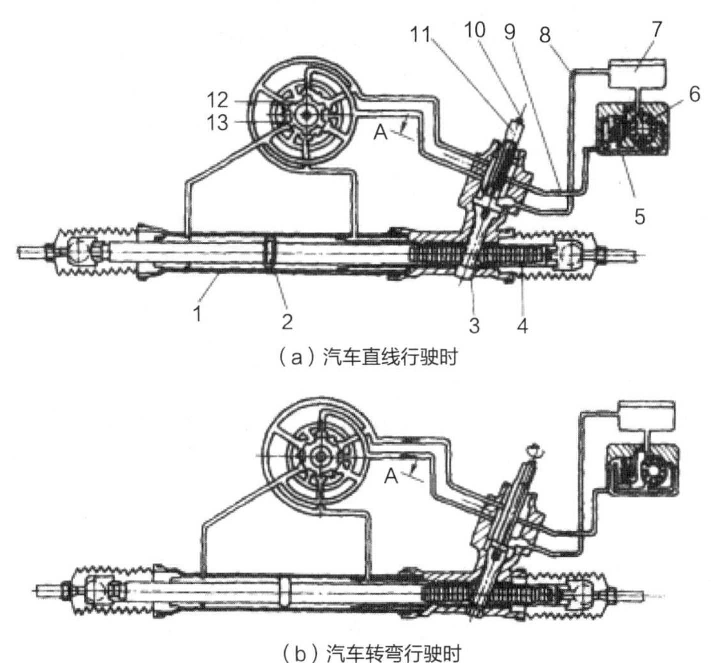

（a）汽车直线行驶时

（b）汽车转弯行驶时

1—转向动力缸；2—动力缸活塞；3—转向齿轮；4—转向齿条；5—流量控制阀（带安全阀）；6—转向油泵（叶片泵）；7—转向储油罐；8—回油管路；9—进油管路；10—扭杆；11—转向轴；12—阀芯；13—阀套。

图 9-8　捷达轿车上采用的动力转向器的液压动力转向系统示意图

（图片来源：常明. 汽车底盘构造）

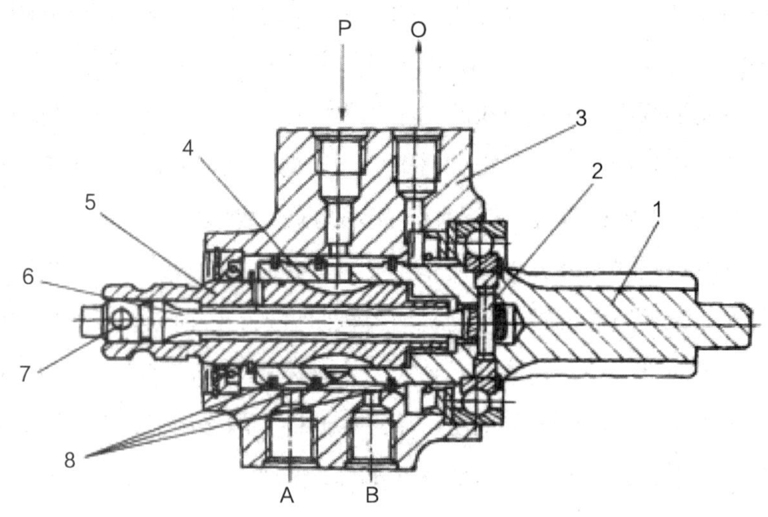

1—转向齿轮；2、7—销；3—阀体；4—阀套；5—阀芯；6—扭杆；8—密封圈；
P—转阀进油口；O—转阀出油口；A—通动力缸左腔出油口；B—通动力缸右腔出油口。

图 9-9 捷达轿车转阀结构

（图片来源：常明．汽车底盘构造）

南京 NJ2046 汽车转向器也是采用齿轮 - 齿条转阀式动力转向系统，其结构与捷达轿车转向系统相似。

（二）滑阀式动力转向器

滑阀式动力转向器多用于重型或超重型汽车的转向系统上。根据机械转向器、转向控制阀和动力缸的布置不同，滑阀式动力转向器分为三种类型：整体式（陕汽 SX2190 系列、奔驰 Benz2026A、济南 JN1181C13 等）、半整体式（陕汽 SX2150 系列、红岩 CQ261 等）和转向加力器式（东方红 665、上海 SH3540 等）。

1. 整体式滑阀式动力转向器

陕汽 SX2190 汽车消化吸收了斯太尔 91 系列车型，其转向系统采用世界著名厂家 —— 德国 ZF 公司生产的新一代整体式滑阀式动力转向器。图 9-10 所示为 SX2190 汽车转向系统结构布置示意图，它由机械转向系统和转向助力装置两大部分组成。机械转向部分包括转向盘、转向器、转向垂臂、转向直拉杆、转向横拉杆及转向节等；转向助力装置包括动力源（转向油泵、安全阀、流量控制阀等）、操纵装置（转向控制阀、定心装置等，装在转向器内）、执行机构（转向油缸等，与转向器制成一体）和辅助装置（储油罐总成、油管路等）。

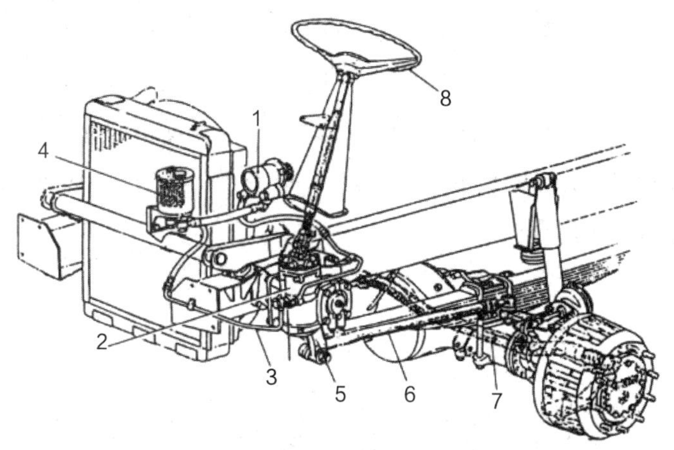

1—转向油泵；2—整体式动力转向器；3—油管路；4—储油罐总成；
5—转向垂臂；6—转向直拉杆；7—转向横拉杆；8—转向盘。

图 9-10　SX2190 型汽车转向系统布置示意图

（图片来源：常明．汽车底盘构造）

图 9-11、图 9-12 所示为陕汽 SX2190 汽车整体式滑阀式动力转向器总成结构及工作原理示意图，其转向器采用 ZF8046 型切向单滑阀式整体动力转向器。

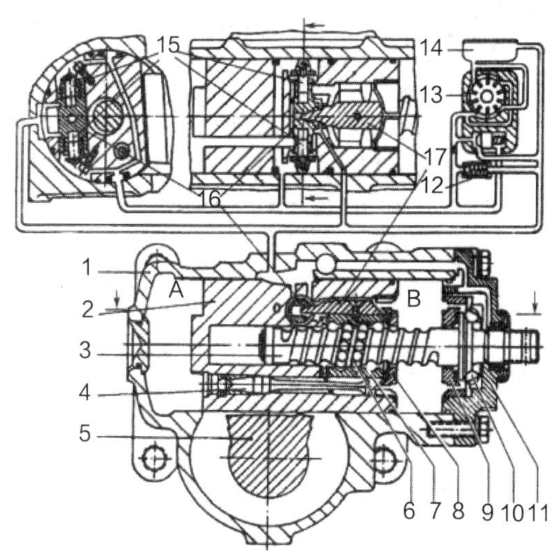

1—转向器壳体；2—齿条活塞；3—转向螺杆；4—偏摆杆；5—齿扇摇臂轴；6—钢球；
7—转向螺母；8—转向螺母固定盘；9—转向螺杆固定盘；10—径向止推滚珠轴承；11—端盖；
12—定压阀；13—转向油泵；14—转向油罐；15—反作用柱塞；16—转向控制阀；17—拨销。

图 9-11　ZF8046 转向器工作原理示意图

（图片来源：常明．汽车底盘构造）

如图 9-11 所示，转向器机械部分是最常见的循环球 - 齿条齿扇式机械转向器。转向盘带动转向螺杆转动，导致转向螺母沿轴向移动，因为转向螺母和齿条活塞装成一个整体，所以转向螺母的轴向移动也就是齿条活塞在转向器壳体内的轴向移动，齿条活塞的轴向移动带动扇齿摇臂轴转动，再带动装在扇齿摇臂轴上的转向摇臂的摆动，从而完成机械转向器的作用。

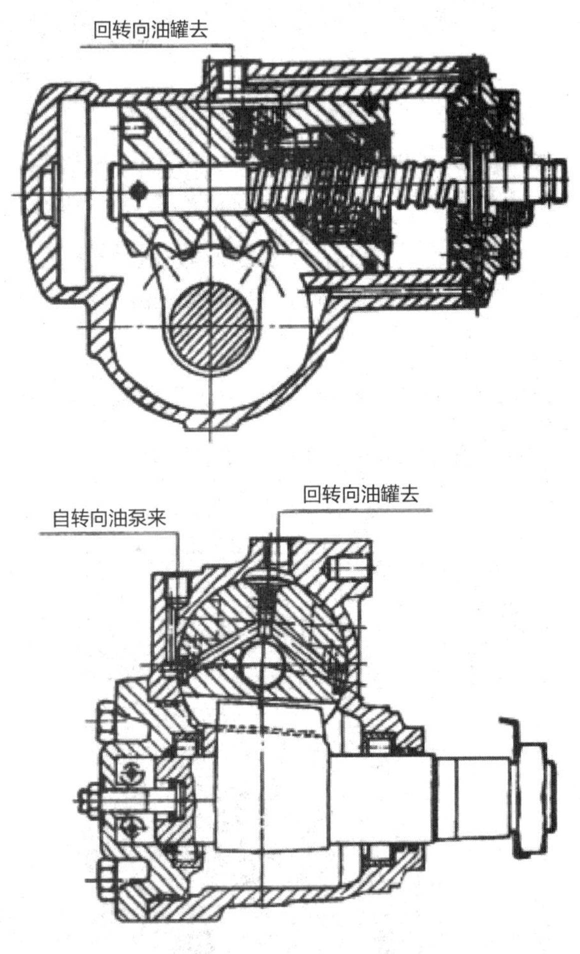

图 9-12　ZF8046 转向器总成图

（图片来源：常明．汽车底盘构造）

转向器液压助力部分包括齿条活塞和滑阀式转向控制阀控制部分。齿条活塞和转向器壳体之间形成液压助力工作腔室 A 和 B。滑阀式转向控制阀控制部分由转向螺母、偏摆杆、拨销、滑阀式转向控制阀和反作用柱塞等组成。在活塞内安装有一个转向螺母和转向螺杆，它们通过循环钢球形成螺纹传动。偏摆杆由一根杆状的高强度弹簧钢

精制而成，它像个悬臂梁，一端固定在活塞内，另一端插入转向螺母外圆柱面上的一个缺口内。转向螺母可相对活塞转动一定角度，使偏摆杆产生弯曲。转向螺母在活塞内的中间位置是由偏摆杆来保证的。在转向螺母的外圆柱面上还有一个缺门，上面用螺钉紧固一个拨销，拨销的指端部分插入转向控制阀中的长圆孔内。ZF8046 型转向器内的转向控制阀系常见的三位四通式轴向滑阀。转向控制阀安装在活塞上，转向控制阀的轴线和活塞的轴线相互垂直。转向控制阀的两端各有一个反作用柱塞，各自形成了一个反作用腔，该腔通过滑阀上的阻尼孔分别和 A、B 腔相通。转向控制阀的反作用柱塞用螺母固定在阀座上，而阀座用螺钉紧紧地固定在活塞上。当转动转向螺杆时，转向螺杆通过钢球产生一个驱使转向螺母转动的力，这个力使偏摆杆产生轻微的弯曲后，促使转向螺母在活塞内转动，通过拨销驱使转向控制阀产生轴向移动。转向控制阀的轴向移动导致液压油路液流方向的变化，使活塞一侧和转向油泵接通，而另一侧和转向液压油罐接通，从而实现液压助力转向的作用。当转向螺杆不动时，转向螺杆驱动转向螺母转动的力也没有了，由于偏摆杆的弹力作用，转向螺母又通过拨销带动转向控制阀回到中间位置，中止液压助力的作用。

当汽车直线行驶时，转向螺杆保持静止，转向螺母被起定心作用的偏摆杆定位在中立位置，和转向螺母固定为一体的拨销也定位在中立位置，同时转向控制阀也在中立位置。滑阀是一个三位四通阀，当它在中立位置时，由转向助力油泵来的压力油和 A、B 两腔及低压回油腔均相通，活塞两侧油压相等，这时转向机构没有转向动作，助力系统也没有助力作用。

汽车左转弯时，驾驶员操作转向盘连动转向螺杆左旋，通过循环钢球带动转向螺母向右移动。在活塞和转向螺母轴向间隙消除以后，转向螺母又带动活塞向右移动。在这个工作过程中，由于螺纹斜面的作用，转向螺杆通过钢球不仅给螺母一个向右的推力，还给螺母一个左旋的圆周力，迫使转向螺母克服偏摆杆的弹力，沿圆周方向左旋偏转一个角度，这样，固定在转向螺母上的拨销使转向控制阀在滑阀套中偏移一段距离，从而打开高压油和 A 腔及低压回油和 B 腔的通道。此时，活塞不仅在转向螺母的作用下，还在 A 腔高压油作用下向右移动，产生转向助力作用。

当停止转向操作时，转向螺杆停止左旋，螺杆作用在螺母上的轴向力和圆周力都将消失，活塞仍将在 A 腔高压油作用下右移，在转向螺母左侧和活塞轴向间隙消除后，在活塞的推动和定心偏摆杆的弹力作用下，螺母立即恢复中立的位置，滑阀也恢复中立位置，重新打开高压油、低压回油和 A、B 腔的通道，转向助力消失，车辆保持停止转向操作时的行驶状态不变，即转向轮偏转角保持不变。

转向助力仅在转向实施的过程中起作用，一旦停止转向盘的转向操作，助力作用自行消失。这种转多少就助力多少的特性，就是转向助力的随动性。

汽车在转向结束后，由于车辆的前轮定位作用，放松转向盘车轮会自动回正，并能保持直线行驶。由于液压油的阻尼作用，转向助力的转向机自动回正的作用稍差。

ZF8046 转向器的偏摆杆有两个作用：①在车辆保持直线行驶时，偏摆杆起定心的作用，使螺母及滑阀保持中立的位置；②在转向结束后，偏摆杆的弹力使螺母及滑阀回到中立位置。偏摆杆的一端制成偏心的结构，另一端通过螺纹和锁帽固定在活塞上，它可以调整螺母的中立初始位置。如果车辆在运行中严重跑偏，除去外界原因，大部分是偏摆杆的故障导致的。

汽车右转弯时工作过程和左转弯时相同，只是右转时，将打开高压油的 B 腔，使低压回油和 A 腔相通，从而产生向右转向的助力作用。

由于转向助力的使用，转向系统路感效果减弱。为了克服路感效果减弱，滑阀内装了两个反作用柱塞。反作用柱塞和滑阀之间形成的腔室通过小孔和相应 A 和 B 腔相通，转向阻力越大，该腔室油压越大，移动滑阀的力也越大，转向盘上的操纵力也越大，从而使驾驶员能感觉到路面阻力的变化。

为了避免转向轮转到极限位置时，助力长时间保持高压而产生机件的损坏，在转向器侧盖上安装有两个可以调节的限位阀。左转限位阀和 A 腔相通，右转限位阀和 B 腔相通，实质上这是两只卸荷阀。转向器内转向轴端加工有一个凸轮，当转至左极限位置时，凸轮将左转向限位阀顶起，使高压 A 腔的高压油将右限位阀顶起，从而使高压 A 腔和低压腔连通，高压腔卸荷，确保转向系统不在高压下长期运行。右极限位置工作原理和上述相同。

2. 半整体式滑阀式动力转向器

陕汽 SX2150 汽车采用半整体式滑阀式动力转向器，其中循环球 - 曲柄球销式机械转向器与滑阀式转向控制阀连为一体，而动力缸则单独布置，其布置和结构如图 9-13 所示。

如图 9-14 所示，陕汽 SX2150 汽车机械转向器采用循环球 - 曲柄球销式机械转向器。第一级传动副为螺杆螺母循环球，第二级为曲柄球销，其中球销插入螺母上相应孔中，可随螺母轴向移动。为防止运动干涉，螺母可随球销的弧线运动做一定量的径向转动。

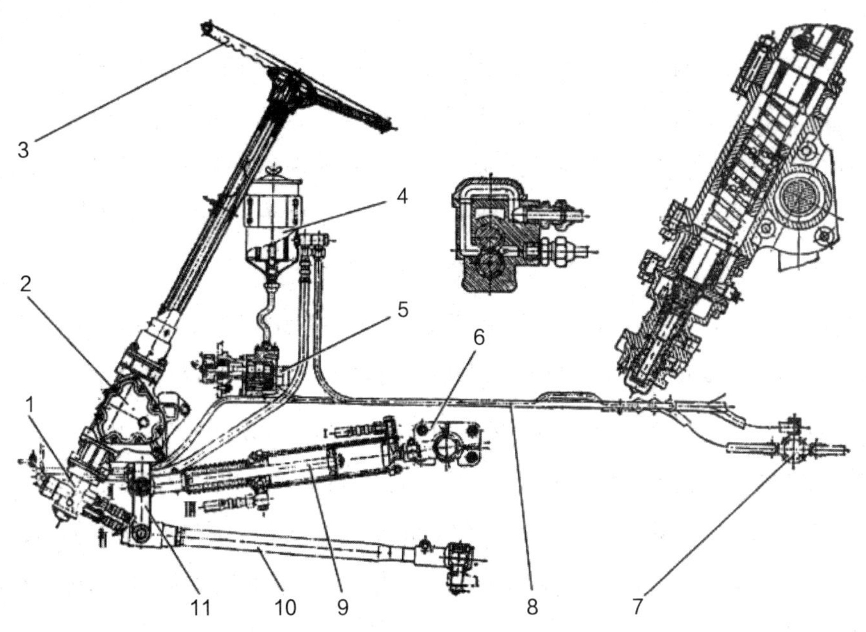

1—转向控制阀；2—机械转向器；3—转向盘；4—储油罐；5—转向油泵；6—动力缸支架；7—三通阀；8—油管；9—动力缸；10—转向纵拉杆；11—转向垂臂。

图 9-13　陕汽 SX2150 汽车动力转向系统

（图片来源：常明. 汽车底盘构造）

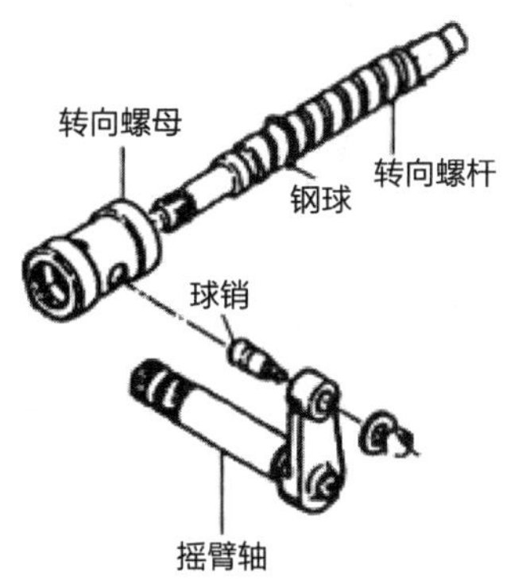

图 9-14　陕汽 SX2150 汽车机械转向器示意图

（图片来源：常明. 汽车底盘构造）

陕汽 SX2150 越野汽车滑阀式转向控制阀为可调试式，即在使用过程中发现左、右转向力量不等或出现自动跑偏时，可调整滑阀与阀体的相对位置，予以校正。

该转向控制阀位于机械转向器下端，由阀体、滑阀、滑阀拉杆和回位弹簧组等机件组成。

如图 9-15 所示，转向控制阀上盖通过双头螺栓与机械转向器壳体连接，两者之间夹有挡圈。转向螺杆下端经固定螺母外圆柱面与上盖的导向孔滑动配合。固定螺母由锁紧螺母及止退垫圈等机件锁止，该固定螺母与转向螺杆及上盖之间均有密封圈密封。转向螺杆以其轴肩及固定螺母的端面通过上、下推力球轴承轴向支承在八个定位弹簧上，而定位弹簧分别处于浮动挡圈的八个轴向通孔内。

在中间位置时，上、下推力球轴承还应同时与上盖的下底面及挡圈的端面接触，并由浮动挡圈的结构尺寸保证，使上、下两推力球轴承之间可相对移动 1.0 mm 的距离。

阀体通过螺栓分别与上盖、下盖连接。下盖的底部小孔使阀体下端内腔与大气连通。阀体的内圆柱面开有五道环槽，形成四道环肩。中间环槽的油道经油管、三通阀（见图 9-13）等与油泵出油口相通。与中间环槽相邻的左、右两环槽在阀体内部相通，再用油管与转向储油罐相通；中间两环肩上的油道分别用油管与动力缸前、后两腔室相通。四根油管的相互位置如图 9-13 所示。

滑阀为空心圆柱体，用内螺纹与滑阀拉杆连接，二者的相对位置由开口销锁止（滑阀下端开有六条均布的径向切槽，滑阀拉杆下端钻有两个相互垂直的通孔）。滑阀拉杆上端以 T 形槽与转向螺杆下端连接。防转销固定在阀体上，用以限制滑阀 - 拉杆组件的转动。

在中间位置时，滑阀中段的两环槽与阀体内中间两环肩的两侧均保持 0.2 mm 的环形通道。若两侧环形通道不对称（不是因加工误差形成的），则可通过拧动滑阀改变滑阀相对于阀体的轴向位置来予以调整。

滑阀下端套有滑阀套，它们之间有密封圈密封，由弹性挡圈限位。带滑阀套的滑阀组件的两端部分与阀体上、下两环槽（图示为左、右两端的环槽）滑动配合，两者之间有两道密封圈密封，形成两环形空间，即反应腔 A_1、A_2，其通过斜油道分别与通动力缸两腔室的油道相通。

陕汽 SX2150 汽车转向控制阀上装有单向阀。在阀体上钻有一 T 字形连通油道，使进油道与通储油罐的回油道沟通。一般情况下，该油道由单向阀予以封闭。单向阀由钢球、弹簧和螺塞等组成。

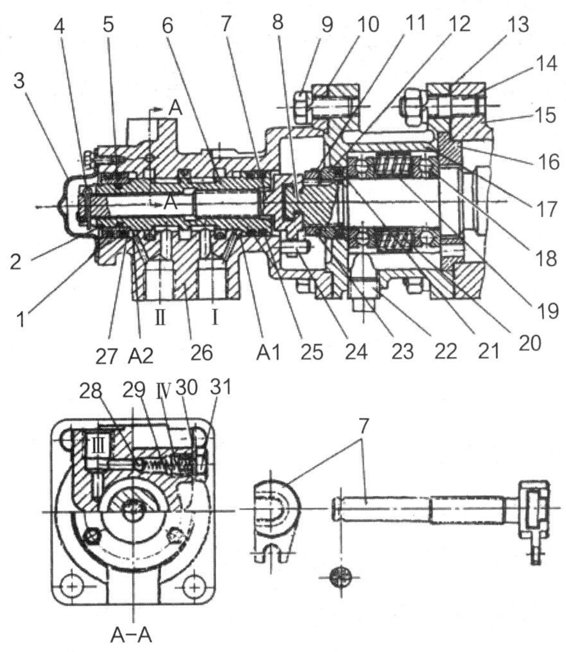

1、5、21、25—密封圈；2—弹性挡圈；3—下盖；4—开口销；6—滑阀；7—滑阀拉杆；8—转向螺杆；9—螺栓；10、13—衬垫；11—止推垫圈；12—固定螺母；14—双头螺栓；15—转向器壳体；16、19—挡圈；17—上盖；18—推力球轴承；20—定位弹簧；22—螺塞；23—销紧螺母；24—防转销；26—阀体；27—滑阀套；28—钢球；29—弹簧；30—密封垫圈；31—螺塞；A_1、A_2—反应腔；Ⅰ—通动力缸后腔；Ⅱ—通动力缸前腔；Ⅲ—通储油罐；Ⅳ—通进油口。

图 9-15　陕汽 SX2150 汽车动力转向控制阀

（图片来源：常明．汽车底盘构造）

当转动转向盘使汽车左转向时，转向螺杆逆时针转动，传力钢球使转向螺母向上移动。移动的转向螺母带动插入其中的球销移动，球销使转向摇臂轴顺时针摆动，经转向垂臂、转向纵拉杆等传动机构使转向轮向左偏转，实现左转向。另一方面，转向螺杆逆时针转动时，来自地面的转向阻力通过转向螺母向转向螺杆作用一个向下的轴向力。该轴向力使转向螺杆向下移动一个很小的距离。由于转向螺杆的下端是与滑阀的阀芯相连接的，此时，滑阀阀芯向下偏移一个距离，从而将滑阀打开。来自油泵的油液经打开的滑阀与转向助力缸的右腔相通，同时打开的滑阀使转向助力缸的左腔与低压回油管路相通。此时，转向助力缸在右腔高压油的作用下推动转向垂臂顺时针摆动，实现助力转向。当停止转动转向盘时，转向螺杆停止左旋，转向螺母也停止向上移动。转向助力缸在右腔高压油的作用下继续推动转向垂臂顺时针摆动，从而带动转向螺母及转向螺杆向上移动。向上移动的转向螺杆使滑阀恢复中立位置，重新使转向助力缸的左右两腔室均与低压回油管路相通，转向助力消失，车辆维持原方向行驶。转向助力仅在转向实施的过程中起作用，一旦停止转向盘的转向操作，助力作用自行消失。

汽车右转弯时工作过程和左转弯时相同，只是右转时，滑阀向上偏移，将油泵的出油口与转向助力缸的左腔相通，将转向助力缸的右腔与低压回油管路相通，从而产生向右转向的助力作用。

陕汽 SX2150 汽车的动力缸单独布置，位于汽车左纵梁前端外侧，其前、后端分别与转向垂臂和动力缸支架（汽车纵梁）连接。动力缸由缸筒、后盖、前盖、活塞、活塞杆和前后接头等机件组成。

3. 转向加力器式滑阀式动力转向系统

由机械转向器和转向加力器组成的动力转向系统的结构布置方案如图 9-16 所示。转向加力器由转向控制阀和转向动力缸组成。转向控制阀体前后两端分别用螺钉与带球铰链的接头及转向动力缸体连接。转向动力缸的活塞杆后端用球铰链与车架相连。动力缸工作时，其缸体将相对于活塞杆做轴向运动，并且同活塞杆一起绕固定球铰链摆动。

转动转向盘时，转向摇臂一方面通过球铰链带动转向直拉杆，另一方面带动转向控制阀中的滑阀，使转向动力缸在液压作用下与转向摇臂共同对转向直拉杆施力。

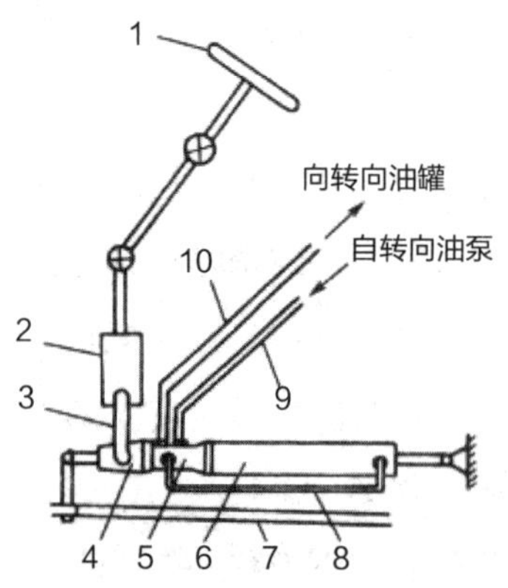

1—转向盘；2—机械转向器；3—转向摇臂；4—接头；5—转向控制阀；6—转向动力缸；7—转向直拉杆；8—连通油管；9—进油管；10—回油管。

图 9-16　转向加力器式滑阀式动力转向系统示意图

（图片来源：常明. 汽车底盘构造）

三、转向油泵及转向储油罐

（一）转向油泵

转向油泵是动力转向系统的动力源。转向油泵经转向控制阀向转向动力缸提供一定压力和流量的工作油液。转向油泵除作为动力转向系统的动力源外，一般还包括有流量与压力控制装置，它用来提供具有一定压力和流量的油液。

某些重型汽车和高级小客车，为了提高动力转向系统的工作可靠性，在转向油泵的驱动装置中采用自由轮机构，使转向油泵在正常情况下受发动机驱动，而在发动机转速过低，甚至熄火时，则脱离发动机而受以较高速度滑行的汽车驱动。另外一些汽车，为了同样目的，加装了一个应急转向油泵，与主转向油泵并联。应急转向油泵可以借蓄电池通过直流电动机驱动，也可以由汽车传动系统驱动，在后一种情况下，当转向主油泵工作正常时，应急转向油泵输出油液经应急阀及回油管直接流回转向储油罐，应急转向油泵卸荷空转。主转向油泵一旦停止运转，应急油泵即可在应急阀的控制下代替主转向油泵向动力转向液压系统供油，确保动力转向系统仍能正常工作。

目前，液压式动力转向系统所采用的油泵大致有齿轮式、叶片式、转子式和柱塞式四种，后两种形式油泵在如今的汽车上已很少采用。齿轮式转向油泵一般属于中压油泵，具有结构简单紧凑、工作可靠、制造容易、泵自吸性能较好、使用寿命长等优点，但齿轮式油泵流量脉动大，噪声大。陕汽 SX2150 汽车就采用这种类型的油泵。而叶片式转向油泵具有结构紧凑、输油压力脉动小、输油量均匀、运转平稳、性能稳定等优点，其主要缺点是自吸性能差，要想实现可靠吸油，则需要对转速和油液黏度都有一定要求，对油液的污染比较敏感。随着工艺水平和制造水平的不断提高，叶片式转向油泵在中高级轿车、中小型越野汽车和一些重型越野汽车（陕汽 SX2190、奔驰 Benz2026A 等）上得到了广泛应用。

1. 齿轮式转向油泵

图 9-17 所示为陕汽 SX2150 汽车齿轮式转向油泵的结构示意图。该转向油泵用螺栓固定在发动机右前端板上，由发动机凸轮轴齿轮驱动。

转向油泵通过主动齿轮带动从动齿轮旋转，将转向油液从进油口 A 吸入，从出油口 C 压出，二齿轮两端均支承于各自的浮动轴套上。专用小孔使浮动轴套背面与油泵压油腔相通。浮动轴套借助其背面油腔油压及其两端 O 形密封圈的弹性压紧，并密封齿轮端面，其压紧力的大小主要取决于油泵压油腔油压。油泵负荷越大，油压越高，浮动轴套就压得越紧，齿轮端面处的间隙亦越小，以减少齿轮油液的泄漏量，提高油泵容积效率。

油压降低，压紧力减小，以减少磨损量，提高油泵使用寿命。另外，浮动轴套结构还能够自动补偿齿轮及轴套端面处的磨损，使油泵在整个使用期限内容积效率基本保持不变。

齿轮式转向油泵在一对轮齿即将脱开啮合前，下一对轮齿就要进入啮合。这时，留在轮齿之间的油液就被困在两对轮齿所形成的一个封闭的空间内，即困油现象，这会使油泵在工作时产生噪声，并影响油泵工作的平稳性和使用寿命。为了消除困油现象，转向油泵在轴套上铣有两个卸荷槽。卸荷槽尺寸应保证困油空间在达到最小以前和压油腔相通，过了最小空间后和吸油腔相通。

油泵的流量与其转速成正比，转速越高，流量越大。发动机怠速运转时，要求油泵有足够的流量，因而当发动机高速运转时，转向油泵流量将过大。过量油液将使油温升高，消耗功率增大，转向过于灵敏，故在油泵上设有溢流阀。如图 9-17 所示，溢流阀柱塞下端为油泵压油腔，而侧端通过径向溢流孔 D 与溢流口 B 相通。当油泵转速较低时，压油腔自量孔输出的油液流量较小，量孔对油液的节流作用较弱，其前后油压差也比较小，尚不足以克服溢流阀弹簧的张力，溢流阀柱塞被压紧于座孔底部，溢流阀关闭，压油腔油液即经量孔、油泵出油口全部输往动力转向系统，以保证有足够的流量。随着油泵转速的提高，压油腔经量孔输出的油液流量增大，量孔前后油压差相应增大，若此压差对柱塞的作用力超过其弹簧的预紧张力时，柱塞相应上移。当柱塞上移至其下端将阀套径向溢流孔 D 露出时，压油腔压出的油液的一部分即经溢流口 B 流回转向储油罐。油泵转速越高，压油腔流量越大，溢流孔 D 开度也越大，故油泵自出油口 C 的实际输出流量增加并不多。可见，由溢流阀及量孔的共同作用，即可在发动机（转向油泵）的整个工作转速范围内，使自转向油泵出油口的实际输出流量的变化限制在了一定的范围之内，以保证动力转向系统的正常工作。

为防止油压过高，使系统因过载而损坏，转向油泵设有安全阀。在正常情况下，钢球被压紧于阀座上，油泵出油口 C、阀体小孔 E、经该阀至溢流口 B 的通道被封闭。当油泵出油口油液压力足以克服安全阀弹簧的预紧张力时，弹簧被压缩，钢球离开阀座，高压油液即从阀体小孔 E、开启的安全阀流入溢流口 B，油压随之下降，安全阀重新关闭。安全阀关闭后，油压将再次上升，安全阀即重复前述交替进行的“开启—关闭”过程。在此脉冲溢流过程中，即可限制动力转向系统的最高工作压力。该最高工作压力由安全阀弹簧预紧张力所确定。

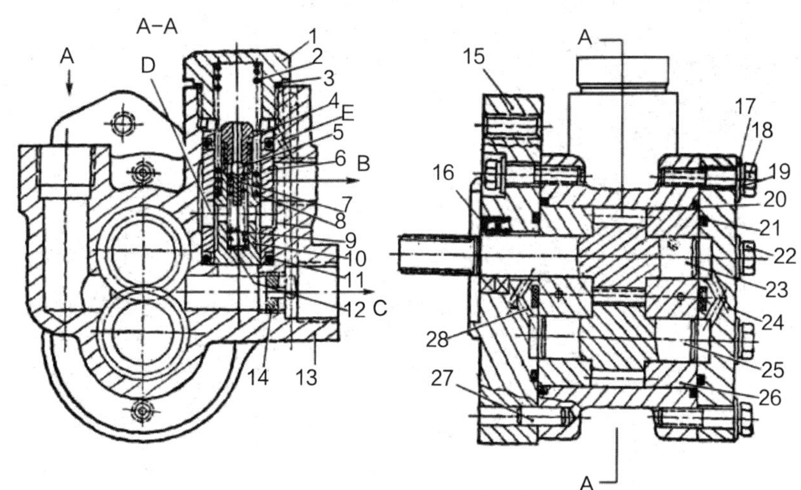

1—溢流阀盖；2—溢流阀弹簧；3—垫圈；4—安全阀座；5—钢球；6—溢流阀套；7—弹簧座；8—调整垫片；9—弹簧；10—溢流阀柱塞；11、20、21—密封圈；12—调整垫片；13—壳体；14—节流量孔；15—前盖；16—油封；17—垫圈；18—螺栓；19—弹簧垫圈；22—螺栓；23—主动齿轮；24—后盖；25—从动齿轮；26—轴套；27—定位销；28—专用小孔；A—进油口；B—溢流口；C—出油口；D—阀套径向溢流孔；E—阀体小孔。

图 9-17　陕汽 SX2150 型汽车齿轮式转向油泵结构示意图
（图片来源：常明. 汽车底盘构造）

2. 叶片式转向油泵

北京 BJ2021、猎豹、陕汽 SX2190、奔驰 Benz2026A 和绝大多数装用动力转向装置的中高级轿车采用的叶片式转向油泵都是双作用卸荷式叶片泵，其工作原理和结构基本相同，下面仅对陕汽 SX2190 汽车叶片式转向油泵加以介绍。

陕汽 SX2190 汽车叶片式转向油泵由一个内腔为双圆弧曲线的泵体、带槽的转子及叶片等机件组成，它安装在发动机正时齿轮室上，由凸轮轴正时齿轮驱动。如图 9-18 所示，右配油盘以其中间凸肩圆柱面与壳体的轴孔相配合来定中，而该盘的外圆柱面与壳体内孔滑配合。在上述两配合面之间分别装有密封圈，使该配油盘右侧（压油腔）与壳体的吸油腔隔开。在左右配油盘上开有两个轴向贯通的压油窗孔 h 和两个吸油凹槽 l，实现双边配油，有利于提高油泵转速和增大流量。为了减少输出压力油的脉动，以及减小冲击和噪声，在封油区进入压油区的压油窗孔一边开有三角槽，其作用在于使封油区内的油液与压油区之间逐渐接通，使封油区内为吸油腔油压的油液，其压力逐渐提高到压油区的输出压力。

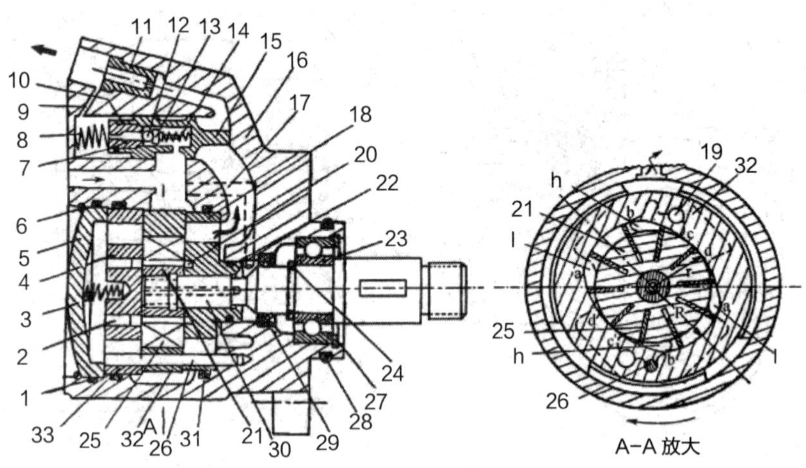

1、22、28、31、33—密封圈；2—轴向通孔；3、8、14—弹簧；4、18—配油盘；5—端盖；6、24、27—弹性挡圈；7—安全阀阀座；9、17—油道；10—调整垫片；11—节流量孔；12—钢球；13—弹簧座；15—溢流阀柱塞；16—壳体；19—油孔；20—环槽；21—转子；23—轴承；24—弹性挡圈；25—叶片；26—定位销；29—油封；30—驱动轴；32—定子；h—压油窗口；l—吸油窗口。

图 9-18 陕汽 SX2190 型汽车双作用叶片式转向油泵

（图片来源：常明. 汽车底盘构造）

定子位于左、右两配油盘之间的壳体吸油腔内，并以其外圆柱面与壳体内孔壁上的三个凸起相配合来定中。上述三机件之间的接合端面靠弹簧的张力和液压力（工作后）互相压紧，以固定在壳体上的定位销同定子及两配油盘上的相应孔、槽配合，来保证定子与两配油盘各配油窗孔之间有正确的相对位置。为使左、右配油盘两侧壳体内的压油腔互相沟通，在定子体内开有两个沟通左、右配油盘压油窗孔的轴向油孔。

转子位于定子内孔，并以其花键孔与驱动轴的花键轴段相配合。转子沿圆周均匀地开有十条径向切槽，在每一切槽内装有一可相对滑动的叶片，该叶片带圆角的一端朝向定子内表面。在转子的叶片槽内侧根部留有一小油腔，在左、右配油盘的中间与转子叶片槽底部相应的位置上，分别开有两条腰形的轴向通孔或一环形槽，从而使左压油腔内的高压油经上述孔、槽始终充满叶片槽的底部。叶片则在油压差和离心力的共同作用下压紧于定子内表面，使叶片外端与定子内表面能可靠地接触。

为了减少转子和配油盘轴向间隙间的泄漏油量，提高容积效率，采用了浮动式配油盘以补偿轴向间隙，其与齿轮式转向油泵的浮动轴套的作用相类同。同齿轮式转向油泵一样，叶片式转向油泵也属于容积式油泵，为了限制动力转向系统内的最高油压及发动机转速升高时油泵的输出油量，在该油泵内也装有溢流阀和安全阀，其工作原理与陕汽 SX2150 汽车转向油泵内所装的溢流阀、安全阀相同。

（二）转向储油罐

转向储油罐的作用是储存、滤清并冷却液压转向加力装置的工作油液（一般是锭子油或透平油）。转向储油罐一般是单独安装，但也有直接装在转向油泵上的。

图 9-19 所示为一种重型汽车转向储油罐的构造。中心油管接头座专门用以连接转向控制阀的回油管路，另外两个油管接头座则分别连接转向油泵的进油管和半整体动力转向器的泄漏回油管路。中心油管接头座下部有滤芯密封圈，上部旋装着中心螺栓。滤芯套装在中心螺栓上，而且由锁销限位的弹簧压住。罐盖靠翼形螺母压紧。

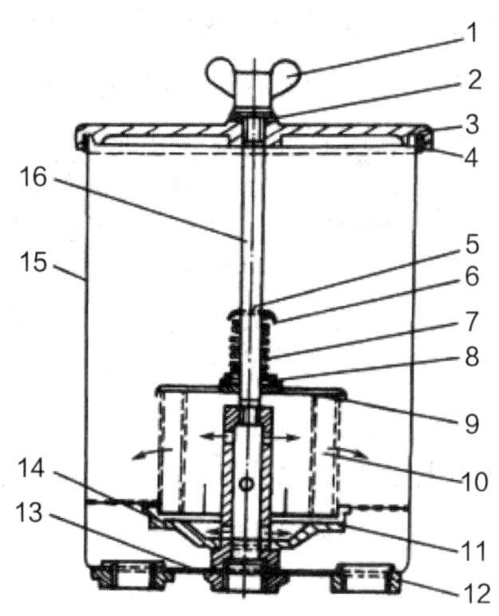

1—翼形螺母；2—垫圈；3—罐盖；4—罐盖密封环；5—锁销；6—弹簧座；7—弹簧；8—弹簧座；9—橡胶密封垫圈；10—滤芯；11—滤芯密封圈；12—油管接头座；13—中心油管接头座；14—滤网片；15—罐体；16—中心螺栓。

图 9-19　转向储油罐

（图片来源：常明．汽车底盘构造）

由转向控制阀和转向动力缸流回来的油液通过中心油管接头座的径向油孔流入滤芯内部空腔，经滤清后进入储液腔，准备供应转向油泵的油液所需。滤芯弹簧的预紧力不大，故当滤芯堵塞而回油压力略有增高时，滤芯便在液压作用下升起，让油液不经过滤清便进入储液腔，以免油泵进油不足。滤网片用以防止油液乳化。

第四节　汽车转向系统新技术

一、电动助力转向系统

（一）电动助力转向系统概述

电动助力转向系统（electric power steering, EPS）是指利用电动机提供转向动力辅助驾驶员进行转向操作的转向系统。根据助力机构的不同，EPS 可分为电动液压式和电动机直接助力式两种，前者其实是对液压式动力转向系统的改进，它将原来由发动机驱动的液压泵改为由电动机驱动，应用较少，目前正在迅速发展并已开始应用的是后者。根据电动机布置位置不同，电动机直接助力式转向系统可分为转向轴助力式（column-EPS，C-EPS，多应用于微型汽车）、齿轮助力式（pinion-EPS，P-EPS，多用于小型汽车）和齿条助力式（rack-EPS，R-EPS，多应用在中型车辆及高档轿车）三种形式。

EPS 与传统液压助力转向系统相比具有以下优点。

1. 降低燃油消耗

机械系统直接与电动机连接，效率可达 90%（液压系统效率一般在 60% ～ 70%），而且只在转向时才工作，效率高，能量消耗少。

2. 提供“按需供能”

EPS 助力作用的大小由 ECU 根据车辆行驶状态等信息决定，低速时转向助力力矩大，高速时小，车速越高，助力越小，直至没有助力。在泊车时，驾驶员的转向操纵力显著降低，转向舒适性提高，而在高速时，操纵稳定性好。

3. 增强转向跟随性

在 EPS 中，电动机与助力机构刚性连接，反应灵敏，滞后小，增强了车轮对转向盘的跟随性能，驾驶员的路感好。

4. 改善转向回正特性

通过灵活的软件编程，得到电动机在不同车速及不同车况下的扭矩特性，这种扭矩的特性使 EPS 能显著地提高转向能力，提供与车辆动态性能相匹配的转向回正特性。

5. 采用绿色能源，适应现代汽车的要求

EPS 应用电力作为能源，完全取缔了液压装置，不存在油液泄漏和液压软管回收等环境污染问题，而且特别适用于环保型纯电动汽车。

6. 系统结构简单，占用空间小，布置方便

EPS 没有液压系统所需要的油泵、油管、流量控制阀、储油罐等部件，零件数目大大减少，而且布置方便灵活。

EPS 也存在以下的缺点。

（1）车用电源的电压较低（一般为 12 V 或 24 V），这使 EPS 提供的辅助动力较小，用于大型车辆比较困难。

（2）减速机构、电动机等部件产生的摩擦力和惯性力会影响转向特性（如产生过多转向等），或者改变转向盘的自动回正作用及它的阻尼特性，因此正确匹配整车性能至关重要。

由此可见，EPS 尤其适用于对空间、重量要求更高的微型汽车。在未来的发展中，一方面要提高控制性能并改善转向路感，以适应中、高级轿车的需求，另一方面要降低成本，提高可靠性和耐久性，使它适用于更广泛的车型。

（二）EPS 的组成和工作原理

EPS 的结构主要由机械式转向器、转向传感器（包括扭矩和转角信号）、车速与发动机转速传感器、ECU、电动机、减速机构、离合器，以及系统相应控制软件等组成。

EPS 是一种助力转向系统，基础仍然是机械转向系统，目前采用最多的是齿轮齿条式机械转向系统。在机械转向系统中加装转向传感器和助力电动机组件，就构成了 EPS。图 9-20 所示是一种齿轮助力式 EPS（P-EPS），转向轴一端连接转向盘，另一端同扭杆相连，扭杆的另一端连接到齿轮轴。转向盘转动时，转向轴同时转动，带动扭杆转动并产生扭转变形，测量转向轴转过角度及扭杆变形量完成转向信号采集过程。电动机根据 ECU 发出的控制信号带蜗杆转动，经蜗轮蜗杆减速增扭后，由蜗轮将电动机的扭矩传到转向齿轮轴上。齿轮的转动引起齿条的横向移动，齿条两端是连接车轮的横拉杆，完成从电动机输出扭矩到车轮摆动的过程，助力机构使旋转力矩转化为使齿条做高频率往复运动的横向力，也就达到了电动机助力的目的。

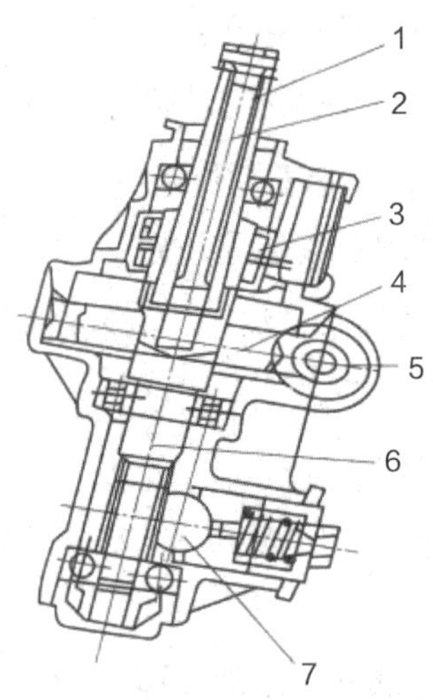

1—转向轴；2—扭杆；3—转向传感器；4—蜗轮；5—蜗杆；6—齿轮轴；7—齿条。

图 9-20 齿轮助力式 EPS
（图片来源：常明. 汽车底盘构造）

当 EPS 助力部分失效时，应能使系统立即进入手动转向操作，避免机械转向系统通过减速机构反向拖动电动机而产生很大的阻力，使转向系统不能正常工作而造成事故。为此，应在电动机与减速机构之间安装电磁离合器，要求在系统故障时能瞬间断开电动机与减速机构的连接。

系统工作时，转向传感器把转向盘的输入信号（转向力矩和旋转角度）送入 ECU，同时 ECU 采集汽车的车速信号及发动机转速信号。ECU 根据这些信号值判断助力时机，依据助力特性计算出所需的助力力矩，按照一定的控制策略控制助力电动机输出扭矩完成转向助力。

转向系统是对汽车行驶安全性要求最高的车内系统之一，因此 EPS 应具有故障显示报警功能，使驾驶员能够第一时间了解所出现的故障并及时排除。EPS 还应具有系统失效保护功能，以便在系统突然出现故障时迅速转为机械转向，避免出现严重的事故。

近年来，基于提高汽车安全性、舒适性、方便性等性能的汽车电子控制系统的开发与研制越来越普及，如防抱死制动系统（ABS）、自动巡航系统（CCS）、车身电子稳定系统（ESP）、EPS 等都已经投入实际的应用中。由于汽车越来越广泛地采用电子装置，汽车的电子化程度也被看做是一个国家汽车工业发展水平的标志，而对这些控制系统实施有效、有序、集中的控制成为将电子技术应用于汽车中所需解决的最大问题。对此，首先要做的就是对众多电子信号进行采集、传输与共享。将控制器局域网（controller area network, CAN）作为各个功能控制系统交换信号的通道应用于汽车中，能够很好地解决这个问题。在 EPS 中，汽车速度信号、发动机转速信号、电源的电压信号由传感器检测到后送到 CAN 总线上，通过总线送到 EPS 的 ECU 进行处理。同时，EPS 将采集到的转向盘扭矩和转角信号发送到 CAN 总线上，实现与其他车内电子系统的信息共享。

二、汽车多轮转向系统

（一）汽车四轮转向系统

汽车四轮转向系统（fourwheel steering, 4WS）是指汽车在转向时，四个车轮（或全轮）都可以相对车身主动偏转，起到转向作用，以改善汽车的转向机动性能。

按照后轮转向机构的控制和驱动方式不同，4WS 可分为机械式、液压式、电控机械式、电控液压式和电控电动式等几种类型。目前使用最广泛的 4WS 为电控液压式，主要用于前轮采用液压式动力转向系统的汽车中。这种 4WS 的工作压力大，工作平稳可靠，但系统存在结构复杂、布置不方便、对密封性要求高、消耗发动机功率较多、转向滞后较大等缺点，不能满足如今汽车转向灵敏、准确的要求。随着 EPS 的出现，电动 4WS 系统应运而生。

典型的电动 4WS 系统主要由前轮转向机构、传感器、ECU、电动机、减速机构和后轮转向机构等组成。它的前轮采用的是传统转向系统，后轮采用电动机直接助力式电动转向系统。

转向时，传感器将前轮转角、车速和横摆角速度等信号送入 ECU 进行分析计算，ECU 确定后轮转角（目标转角）并向步进电动机输出驱动信号，电动机通过后轮转向机构驱动后车轮偏转以配合前轮转向，实现汽车的四轮转向。同时，ECU 计算后轮目标转角与实际转角之间的差值并进行调整，从而实现汽车行驶状况的实时监控。

电动 4WS 系统后轮转向装置属于车速感应型，其工作特点是后轮偏转角的大小和方向主要受车速高低的控制。在低速行驶或者转向盘转角较大时，前、后轮实现逆向偏转，后轮偏转角度随前轮偏转角的增大而在一定范围内增大。这种转向方式可改善汽车低速时的操纵轻便性，减小汽车的转弯半径，提高汽车的机动灵活性。在中、高速行驶时，前、后轮同向偏转，适当增加汽车的不足转向特性，使车身横摆角速度减小，提高汽车高速行驶的操纵稳定性。

该系统设有两种转向模式，可以在 4WS 模式和传统的 2WS 模式之间进行选择。

当4WS汽车在行驶过程中电子控制系统出现故障时，后轮自动回到中间位置，进入前轮转向状态，保证汽车可以像普通前轮转向汽车一样安全行驶，同时仪表板上的“4WS”指示灯亮起，警告驾驶员。该系统的前、后轮转向系统之间没有任何机械或液压的连接装置，结构上相互独立。这种系统结构简单，布置容易，控制方便，将是4WS汽车的发展趋势。

（二）汽车多轴转向系统

汽车多轴转向系统是指可使多轴汽车（四轴以上）中的某几根轴或所有轴上的车轮同时转向的转向系统。三轴以上汽车如果只有前轴是转向轴而其他轴固定不转向，则汽车转向时就不能满足各车轮均做纯滚动的要求，而且汽车的转弯半径会很大，转向会困难。为解决这些问题，四轴及四轴以上汽车一般采用多轴转向系统（三轴汽车一般仍为单前轴转向），其第一、第二轴为转向轴。某些四轴以上特种车辆的最后一个轴亦为转向轴，只是车轮的转动方向与前轮相反。图9-21所示是四轴汽车的两根前轴同时转向的情况。显然，每一根前桥的内外轮转角理论上都要满足转向梯形理论特性关系式的要求。由于两后桥不转向，因此应以两后桥轴线的平行线为基线，分别求出第一、第二转向桥两侧车轮偏转角的近似理想关系。

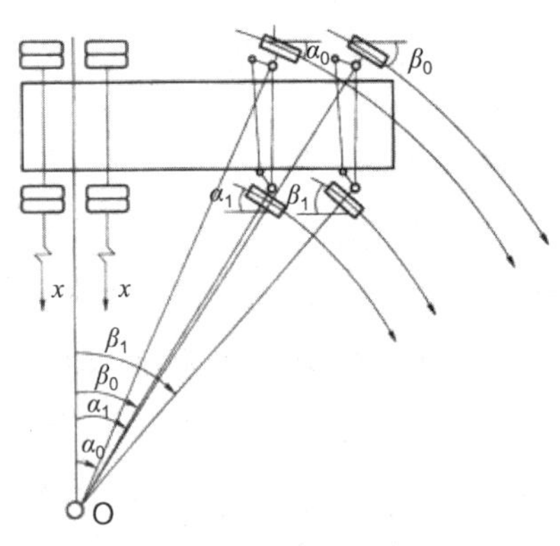

图9-21 多轴汽车转向示意图

（图片来源：常明. 汽车底盘构造）

从图中可以看到，第一桥的车轮转角 β 要大于第二桥相应车轮的转角 α，而且两者之间应有一定的比例关系。解决的办法是使第二连杆与第一、第二摇杆铰接点的位置不同，如图9-22所示。转向摇臂通过第一连杆与第一摇杆相连，而第一摇杆又通过第二连杆与第二摇杆相连，第一、二摇杆分别通过转向直拉杆与两前桥转向梯形相连。两根摇杆长度相等，但第一摇杆与第二连杆的铰接位置较高，第二摇杆与第二连杆的铰接位置较低，这样在汽车进行转向操作时，第一摇杆的转动的角度将大于第二摇杆转动的角度，正好满足 β 大于 α 的要求。

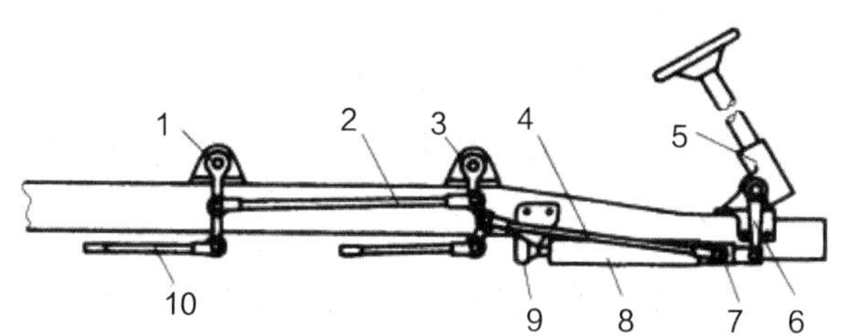

1—第二摇杆；2—第二连杆；3—第一摇杆；4—第一连杆；5—转向器；6—转向摇臂；7—转向控制阀；8—转向助力缸；9—支座；10—转向直拉杆。

图 9-22 多轴转向传动机构示意图
（图片来源：常明．汽车底盘构造）

三、主动式转向系统

宝马在其 5 系旗舰车型 530i 上装配了一件利器，名为主动式转向系统，尤其是中、低速时这种主动式转向系统的动态转向特性将为驾驶员带来更多的驾驶乐趣。

（一）主动式转向系统概述

主动式转向系统并不是指需要汽车转向时它会自动转向，它只是对驾驶员的转向动作起一种辅助性作用，以便驾驶员更安全、更准确、更轻松地按自己的意图实现转向。它根据车速变化而不断改变转向系统中主动齿轮与被动齿条的传动比，在低速时转向盘能够以较小转角实现较大的转向，而在高速时则相反，让驾驶员在低速转向时感觉轻松，而在高速转向时感觉更加安全。因此，主动式转向系统既可称为舒适性装置，也可称为安全性装置。

主动式转向系统与非主动式转向系统的最大区别是在转向柱下端多出一个比拳头大的电动机包，包括一个驱动电动机和一个行星齿轮机构，结构上类似于电动助力转向系统，只是工作原理略有不同。

（二）主动式转向系统的作用

如今，公路上的急弯随处可见，盘山公路更是蜿蜒崎岖，而高速公路上也不乏弯路。在这些驾驶员每天都会遇到的情形下，汽车的一项品质——正确的转向响应至关重要。

在传统的转向系统中，由于转向系统角传动比是固定的，驾驶员的转向指令总是以相同的方式传递。如果角传动比设计得较大，那么在低速大转弯时转向会较笨拙，驾驶员需多回转转向盘才能转过相应的弯道，即转向不够灵敏。如果角传动比设计得较小，在低速大转弯时，由于转向阻力较大，转向会变得很费力，驾驶员要花更大的力气转动转向盘，即转向不够轻便。另外，汽车高速行驶时，汽车的方向灵敏度会随着车速的增加而增加，这时需要转向系统的操纵反应随着车速增加变得更为迟钝，即转向系统角传动比应较大。传统的转向系统难以同时满足上述各种情况，通常是对上述极端情况进行妥协。

现在，主动式转向系统的引入，较好地解决了高、低速时不同的转向传动比要求（转向轻便与转向灵活的矛盾由助力转向系统另行解决），这是全球范围内动态操控领域的革新。主动式转向系统解决了传统转向技术无法避免的根本矛盾，提供了灵活性、稳定性和舒适性的完美结合。由于能不断调校转向传动比，主动式转向系统提高了转向的舒适性。未配备此设备的车辆，需要转动转向盘三圈才能把车轮从一个锁死位置打到另一端，而主动式转向系统通过在中、低速下减小转向系统角传动比，可以把这个操作过程减少到两圈，因此，在市区驾驶会感到转向操纵较为灵敏和轻便（轻便主要是靠独立的转向助力装置）。有了主动式转向系统后，在崎岖的山路上行驶时，就不用再交叉双臂转动转向盘了。它能够保证驾驶员不受限制、顺利和轻易地操作转向盘上的多功能按钮，这自然提高了行驶安全性。

（三）主动式转向系统的工作原理

主动式转向系统可以根据车速变化而不断改变转向系统中主动齿轮与被动齿条的传动比。通常，一般轿车的转向传动比是 16∶1 和 18∶1 之间的某一固定值，而主动转向系统的传动比可以在 10∶1 至 20∶1 不断变化。在低速时，如车速为 50 km/h 时，转动转向盘 10°，前轮即可转动 1°，而普通轿车需要转动 16°～18° 才能让前轮转动 1°。反之，在高速时，如车速达到 200 km/h 时，转动转向盘 20° 才能让前轮转动 1°，以增强其稳定性。

主动式转向系统是基于叠加转向角度的原理：在转向盘和转向传动之间装有一个电子控制的机械调控器，根据不同的需求为驾驶员发出的转向角叠加一个转向角度。

这种叠加效果来自一个双排行星齿轮机构，这个齿轮机构包括两个输入轴和一个作为输出轴的下太阳轮（固定在转向齿轮上），其中一个输入轴通过上太阳轮连接到转向盘，另一个输入轴为可锁止的双排行星齿轮机构中的共用行星架，行星架通过蜗轮连接电动机，最终从输出轴传出的转向角度由驾驶员输入的转向盘角度和电动机附加的角度叠加而成，从而达到改变转向系统传动比的目的。

转动车轮所用的力量并不是由电动机提供，而是由独立的转向助力系统与传统的转向装置共同提供。在宝马著名的电子伺服助力转向系统的作用下，转向操作保持轻松省力。主动式转向系统的其他组成部件还包括判定当前驾驶条件和驾驶员指令的独立控制单元和多个传感器。

在正常情况下，依据驾驶条件，主动式转向系统会增加或减小前轮的转向角度。在低速至中速状态之前，电动机的运转方向与驾驶员转动转向盘的方向一致，可以叠加减少转向系统角传动比，使转向更加灵活。在高速时，电动机的运转方向与驾驶员转动转向盘方向相反，这样增加了转向系统角传动比，从而减小了前轮的转向角度，使转向操作变得较为迟钝，满足了在高速公路上的高标准转向性能要求。

在危急情况下，主动式转向系统会修正由驾驶员操控的车轮位置，从而使车辆能比由驾驶员自行操作更快速、更高效地稳定行驶，比如，在公路上高速行驶时突然变线以躲避障碍物时，车辆易出现过度转向的情况，从而引起偏航，甚至侧滑等危险，车辆极易失去控制。在这种情况下，主动式转向系统从一开始就会进行干预，修正驾驶员的转向操作（增加或减小转向轮的偏转角），降低偏航等情况的发生，平顺、有效地稳定车辆，驾驶员和乘客几乎感觉不到该系统的存在。宝马轿车上还装配有ESP，它只在主动式转向系统无法控制车辆时才开始进行干预，是对主动式转向系统的补充。

第十章　汽车制动系统

第一节　汽车制动系统概述

当汽车行驶在宽阔平坦、车流和人流又较少的路况下时，可以通过高速行驶来提高运输生产效率。但汽车在行驶过程中也会遇到复杂多变的路面状况，如进入弯道、遇到不平的道路、两车交会、突遇障碍物等，为了保证行驶安全，汽车应能够在尽可能短的距离内将车速降低，甚至停车。为了提高汽车安全行驶的性能，汽车设置了制动系统。

一、制动系统功用

汽车制动系统的功用是根据需要使汽车减速或在最短的距离内停车，以保证行车的安全。

二、制动系统分类

汽车制动系统的分类方式有以下两种。

（一）按功能不同分类

（1）驻车制动装置。驻车制动装置主要用于停车后防止车辆滑溜。

（2）行车制动装置。行车制动装置使行驶中的汽车按照驾驶员的要求进行适时减速、停车。

（3）应急制动装置。应急制动装置主要用独立的管路控制车轮制动器作为备用系统。

（二）按制动力源分类

1. 人力式制动传动机构

人力式制动传动机构是单靠驾驶员施加于制动踏板或手柄上的力作为制动力源的传动机构，其中又分为液压式和机械式两种，机械式仅用于驻车制动。

2. 伺服制动传动机构

伺服制动传动机构是利用发动机的动力作为制动力源，并由驾驶员通过踏板或手柄加以控制的传动机构，其中又分为气压式、真空液压式、空气液压式。

三、制动系统组成

任何汽车制动系统都具有以下四个基本组成部分。

（一）供能装置

供能装置包括供给、调节制动所需能量及改善传能介质状态的各种部件。

（二）控制装置

控制装置包括产生制动动作和控制制动效能的各种部件，如制动踏板。

（三）传动装置

传动装置包括将制动能量传输到制动器的各个部件，如制动主缸和制动轮缸。

（四）制动器

制动器是产生阻碍车辆的运动或运动趋势的力（制动力）的部件，其中也包括辅助制动系统中的缓速装置。

较为完善的制动系统还有制动力调节装置，如用来调节前后车轮制动力的分配元件、防抱死制动系统（ABS）、电子制动力分配（EBD）系统、车身电子稳定系统（ESP）和驱动防滑系统（ASR）[或称牵引力控制系统（TRC）]。

此外，许多汽车还装有第二制动装置，其作用是一旦行车制动装置失效，保证汽车仍能实现减速或停车。经常在山区行驶的汽车，若单靠行车制动装置来限制下长坡的汽车车速，则可能导致制动器过热而降低制动效能，甚至完全失效，故还应增装辅助制动装置。另外，较完善的制动系统还具有报警装置、压力保护装置等附加装置。

四、制动系统的工作原理

制动系统的工作原理是利用与车身或车架相连的非旋转元件和与车轮或传动轴相连的旋转元件之间的相互摩擦，来阻止车轮的转动或转动的趋势，并将运动中的汽车的动能转化为摩擦副的热能散发到大气中。

以内圆面为工作表面的金属制动鼓固定在车轮轮毂上，随车轮一同旋转。在固定不动的制动底板上，有两个支承销，支承着两个弧形制动蹄的下端，制动蹄的外圆面上装有摩擦片。制动底板上还装有液压制动轮缸，用油管与装在车架上的液压制动主缸相连通。驾驶员踩踏制动踏板，经过推杆来操纵主缸活塞。

制动系统不工作时，制动鼓的内圆面与制动蹄摩擦片的外圆面之间保持一定的间隙，简称制动间隙，它使车轮和制动鼓可以自由旋转。若要使行驶中的汽车减速或停车，驾驶员应踏下制动踏板，通过推杆推动主缸活塞，使主缸内的油液在一定压力下流入轮缸，并通过两个轮缸活塞推动两制动蹄绕支承销旋转，上端向两边分开而以其摩擦片压紧在制动鼓的内端面上。这样，不旋转的制动蹄就对旋转着的制动鼓作用一个摩擦力矩，其方向与车轮旋转方向相反。制动鼓将该力矩传到车轮后，由于车轮与路面间有附着作用，车轮对路面还作用一个向前的周缘力，同时路面也对车轮作用着一个向后的反作用力，即制动力。制动力由车轮经车桥和悬架传给车架及车身，迫使整个汽车产生一定的减速度。制动力越大，则汽车减速度越大。当放开制动踏板时，制动蹄复位弹簧即将制动蹄拉回原位，摩擦力矩和制动力消失，制动作用即终止。

当然，阻碍汽车运动的制动力不仅取决于摩擦力矩，还取决于轮胎与路面间的附着条件。在讨论制动系统的结构问题时，一般假定路面都具备良好的附着条件。

五、对制动系统的要求

为了保证汽车能在安全条件下发挥出高速行驶的能力，制动系统必须满足下列要求：

（1）具有良好的制动性能，其评价指标有：制动距离、制动减速度、制动力和制动时间。

（2）操纵轻便，即操纵制动系统所需的力不应过大。

（3）制动稳定性好，即制动时，前后车轮制动力分配合理。

（4）制动平顺性好，即制动力矩能迅速而平稳地增加，亦能迅速而彻底地解除。

（5）散热性好，即摩擦片的散热能力要高，水湿后恢复能力快。

（6）对于挂车的制动系统，还应要求挂车的制动作用略早于主车，且挂车自行脱挂时能自动进行应急制动。

第二节　制动器的结构与原理

凡利用固定元件与旋转元件的工作表面摩擦而产生制动作用的制动器称为摩擦制动器。摩擦制动器按照制动力矩产生的位置不同分为车轮制动器和中央制动器。车轮制动器的旋转元件固装在车轮或半轴上，制动力矩作用于两侧车轮；中央制动器的旋转元件固装在传动轴上，制动力矩需经驱动桥再作用于两侧车轮。按照摩擦工作表面的不同分为鼓式制动器和盘式制动器。鼓式制动器的旋转元件为制动鼓，其工作表面为圆柱面；盘式制动器的旋转元件为圆盘状的制动盘，其工作表面为端面。

一、鼓式制动器

鼓式制动器多为内张双蹄式，根据制动过程两制动蹄产生制动力矩的不同，可分为领从蹄式制动器、双领蹄式制动器、双从蹄式制动器、自增力式制动器。

（一）领从蹄式制动器

1. 增势和减势作用

领从蹄式制动器示意图如图 10-1 所示。图中箭头所示为汽车前进时制动鼓的旋转方向，即制动鼓的正向旋转方向。制动轮缸所施加给领蹄的促动力 F_s 使该制动蹄绕支承点张开时的旋转方向与制动鼓的旋转方向相同，具有这种属性的制动蹄称为领蹄。与此相反，制动轮缸所施加给从蹄的促动力 F_s 使该制动蹄绕支承点张开时的旋转方向与制动鼓的旋转方向相反，具有这种属性的制动蹄称为从蹄。当汽车倒驶，即制动鼓反向旋转时，领蹄变成从蹄，而从蹄则变成领蹄。这种在制动鼓正向旋转和反向旋转时都有一个领蹄和一个从蹄的制动器称为领从蹄式制动器。

在图 10-1 所示领从蹄式制动器的结构中，轮缸中的两活塞直径相同，且都可在轮缸的轴向上移动，因此，制动时两活塞对两个制动蹄所施加的促动力永远是相等的。凡两蹄所受促动力相等的领从蹄式制动器均称为等促动力制动器。制动时，在相等的促动力 F_s 的作用下，领蹄和从蹄分别绕各自的支承点旋转到紧压在制动鼓上。旋转着的制动鼓即对两制动蹄分别作用着法向反力 N_1 和 N_2，以及相应的切向反力 T_1 和 T_2，这里法向反力 N 和切向反力 T 均为分布力的合力。两蹄受到的这些力分别被各自支承点的支承反力 S_1 和 S_2 所平衡。由图可见，领蹄上的切向反力 T_1 所造成的绕支承

点的力矩与促动力 F 所造成的绕同一支点的力矩是同向的，所以 T_1 的作用结果是使领蹄在制动鼓上压得更紧，即 N_1 变得更大，从而 T_1 也更大，这表明领蹄具有增势作用。与此相反，切向反力 T_2 则使从蹄有放松制动鼓的趋势，即有使 N_2 和 T_2 本身减小的趋势，故从蹄具有减势作用。

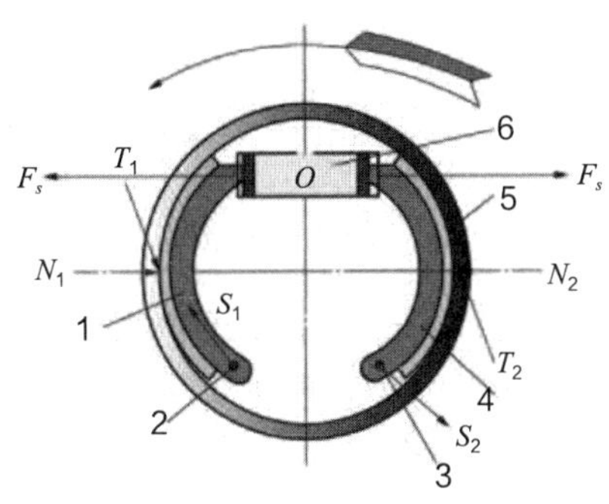

1—领蹄；2、3—支承点；4—从蹄；5—制动鼓；6—制动轮缸。

图 10-1　领从蹄式制动器示意图
（图片来源：李敏. 汽车底盘构造与维修）

由上述可见，虽然领蹄和从蹄所受促动力相等，但所受制动鼓法向反力 N_1 和 N_2 却不相等，且 $N_1 > N_2$，相应的，$T_1 > T_2$，故两制动鼓所施加的制动力矩不相等。一般来说，领蹄产生的制动力矩为从蹄制动力矩的 2.0 ~ 2.5 倍。倒车制动时，虽然从蹄变成领蹄，领蹄变成从蹄，但整个制动器的制动效能还是同前进制动时一样。显然，由于领蹄与从蹄所受法向反力不等，在两蹄摩擦片工作面积相等的情况下，领蹄摩擦片上的单位压力较大，因而磨损较严重。为了使领蹄和从蹄的摩擦片寿命相近，有些领从蹄式制动器的领蹄摩擦片的周向尺寸设计得较大，但这样将使两蹄的摩擦片不能互换，从而增加了零件品种数和制造成本。

此外，领从蹄式制动器的制动鼓所受到的来自两蹄的法向反力 N_1 和 N_2 不相平衡，则两蹄法向力之和只能由车轮轮毂轴承的反力来平衡，这就对轮毂轴承造成了附加径向载荷，使其寿命缩短。凡制动鼓所受来自两蹄的法向反力不能互相平衡的制动器称为非平衡式制动器。

2. 制动蹄的支承方式

制动蹄的支承方式可分为固定式和浮动式两种。固定式支承如图 10-2（a）所示。浮动式支承蹄的支承端呈弧形，支靠在制动底板上的支承块上，需用两个回位弹簧来拉紧定位。它可使整个制动蹄向鼓的方向张开，又可沿支承块的支承平面 [图 10-2（b）中垂直方向] 移动。

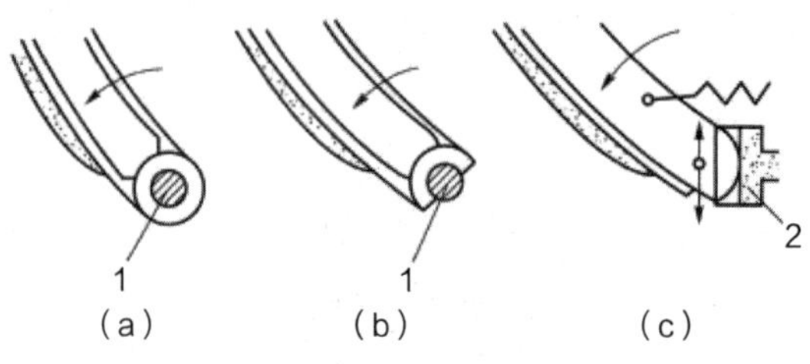

1—支承销；2—支承块。

图 10-2　制动蹄的支承方式

（图片来源：李敏. 汽车底盘构造与维修）

3. 领从蹄式制动器的结构及工作原理

领从蹄式制动器的结构如图 10-3 所示。作为旋转元件的制动鼓固定在车轮轮毂上，作为固定零件装配基体的制动底板用螺栓与后轮轴上的凸缘相连接。

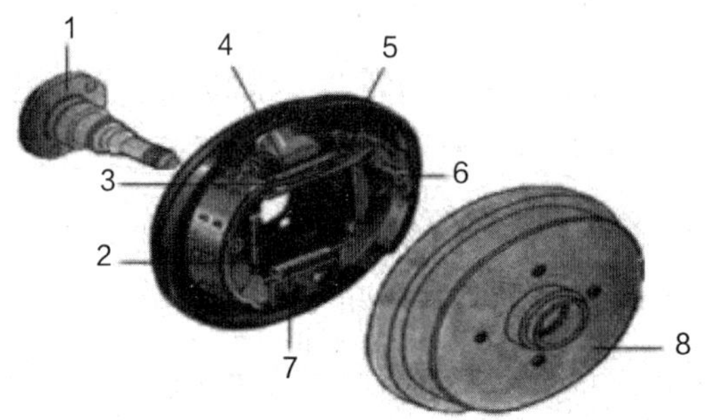

1—后轮轴；2—制动间隙调节弹簧；3—驻车制动推杆弹簧；4—上回位弹簧；5—制动底板；6—限位杆；7—下回位弹簧；8—制动鼓。

图 10-3　领从蹄式制动器示意图

（图片来源：李敏. 汽车底盘构造与维修）

图 10-4 所示为桑塔纳轿车后轮制动器结构图，制动蹄采用了浮式支承，制动蹄的上、下支承面均加工成弧面，下端支靠在固定于制动底板上的支承板上。轮缸活塞通过两端支承块对制动蹄的上端施促动力。此种支承结构可使整个制动蹄沿支承平面有一定的浮动量，其优点是制动蹄可以自动定心，保证有可能与制动鼓全面接触。

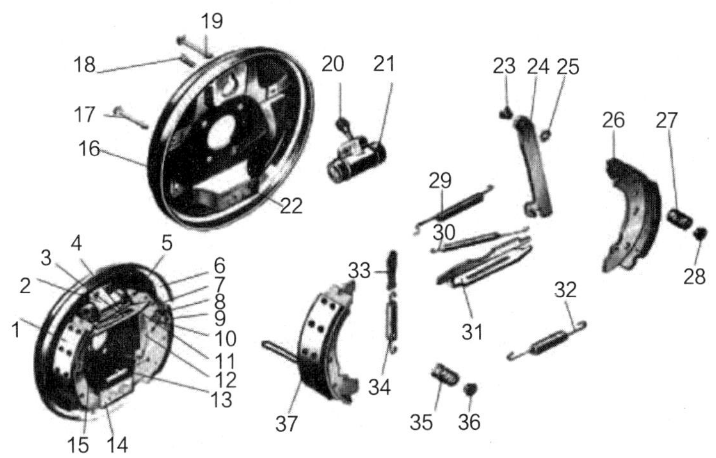

1、37—前制动蹄；2、21—制动轮缸；3—外弹簧；4—内弹簧；5、23—平头销；6、16—制动底板；7—密封堵塞；8—铆钉；9—制动蹄腹板；10—调节齿板；11、31—驻车制动推杆；12、24—驻车制动杠杆；13、32—回位弹簧；14、22—支承板；15—拉力弹簧；17、19—稳定销；18—内六角螺钉；20—排气螺钉及防尘帽；25—弹性垫片；26—后制动蹄；27、35—稳定弹簧；28、36—稳定弹簧座；29—内弹簧；30—外弹簧；33—楔形调节块；34—楔形调节块拉力弹簧。

图 10-4　领从蹄式制动器结构图

（图片来源：李敏．汽车底盘构造与维修）

该行车制动器可兼充驻车制动器，因此在制动器中还装设了驻车制动机械促动装置。驻车制动杠杆上端用平头销与后制动蹄连接，其上部卡入驻车制动推杆右端的切槽中，作为中间支点，下端与拉绳连接。前、后制动蹄的腹板卡在驻车制动推杆两端的切槽中。推杆外弹簧左端钩在驻车制动推杆的左弯舌上，而右端钩在后制动蹄的腹板上。推杆内弹簧的左端钩在前制动蹄的腹板上，而右端则钩在驻车制动推杆的右弯舌上。

进行驻车制动时，需将驾驶室中的手动驻车制动操纵杆拉到制动位置，经一系列杠杆和拉绳传动，将驻车制动杠杆的下端向前拉，使之绕上端支点（平头销）转动。驻车制动杠杆在转动过程中，其中间支点推动驻车制动推杆左移，将前制动蹄推向制动鼓，直到前制动蹄压靠到制动鼓上之后，驻车制动推杆停止运动，则驻车制动杠杆的中间支点成为其继续转动的新支点，于是驻车制动杠杆的上端右移，使后制动蹄压靠到制动鼓上，施以驻车制动。

解除制动时，应将驻车制动操纵杆推回到不制动位置，驻车制动杠杆在复位弹簧作用下复位，同时制动蹄回位弹簧将两蹄拉拢。推杆内、外弹簧除可将两蹄拉回到原始位置之外，还用以防止制动推杆在不工作时窜动，碰撞制动蹄而发出噪声。同时，这种以车轮制动器为驻车制动的系统也可用于应急制动。领从蹄式制动器发展较早，其效能及效能稳定性均居于中游，且有结构简单等优点，故目前仍广泛应用于各种汽车。

（二）双领蹄式制动器

1. 单向双领蹄式制动器

在制动鼓正向旋转时，两蹄均为领蹄的制动器称为单向双领蹄式制动器。单向双领蹄式制动器与领从蹄式制动器在结构上主要有两点不相同：一是单向双领蹄式制动器的两制动蹄各有一个单活塞轮缸，而领从蹄式制动器的两蹄共用一个活塞式轮缸；二是单向双领蹄式制动器的两套制动蹄、制动轮缸、支承销在制动底板上的布置是中心对称的，而领从蹄式制动器中的制动蹄、制动轮缸、支承销在制动底板上是轴对称布置的。

单向双领蹄式制动器的两个轮缸可借助连接油管连通，使其中油压相等，这样，在前进制动时，两蹄都是领蹄，制动效能得到提高。但在倒车制动时，两蹄将都变成从蹄。

2. 双向双领蹄式制动器

无论是前进制动还是倒车制动，两制动蹄都是领蹄的制动器称为双向双领蹄式制动器。与领从蹄式制动器相比，双向双领蹄式制动器在结构上有三个特点：一是采用两个双活塞式制动轮缸；二是两制动蹄的两端采用浮式支承，且支点的质向位置也是浮动的；三是制动底板上的所有固定元件，如制动蹄、制动轮缸、回位弹簧等都是成对的，而且既按轴对称又按中心对称布置。

制动器工作时，摩擦所产生的热绝大部分传给了制动鼓，使其温度升高。制动鼓升温后将膨胀而使制动器间隙增大。为了减少升温，应当使制动鼓有较大的热容量，因此制动鼓都应具有足够大的质量。

（三）双从蹄式制动器

前进制动时两制动蹄均为从蹄的制动器称为双从蹄制动器。这种制动器与双领蹄式制动器结构很相似，二者的差异只在于固定元件与旋转元件的相对运动方向不同。虽然双从蹄式制动器前进制动效能低于双领蹄式制动器和领从蹄式制动器，但其效能对摩擦系数变化的敏感程度较小，即具有良好的制动效能稳定性。双从蹄式制动器的制动效能虽然最低，但具有良好的稳定性，因而还是有少数豪华轿车为保证制动可靠性而采用。

双领蹄式制动器、双从蹄式制动器的固定元件布置都是中心对称的。如果间隙调整正确，则其制动鼓所受两蹄施加的两个法向合力能互相平衡，不会对轮毂轴承造成附加径向载荷。因此，这两种制动器都属于平衡式制动器。

（四）自增力式制动器

就制动效能而言，在基本结构参数和轮缸工作压力相同的条件下，自增力式制动器由于对摩擦助势作用利用得最为充分而居首位。但蹄鼓之间的摩擦系数很不稳定，根据摩擦片的材料、温度和表面状况（如是否沾水、沾油及是否有烧结现象等）的不同可在很大范围内变化。自增力式制动器的效能对摩擦系数的依赖性最大，因而其效能的热稳定性最差。此外，在制动过程中，自增力式制动器制动力矩的增长在某些情况下显得过于急速。双向自增力式制动器多用于轿车后轮，原因之一是便于兼作驻车制动器。单向自增力式制动器只用于中轻型汽车的前轮，因倒车制动时对前轮制动器效能的要求不高。

二、盘式制动器

现代汽车上使用的盘式制动器有两种：一种是固定钳盘式制动器，另一种是浮动钳盘式制动器。

（一）固定钳盘式制动器

固定钳盘式制动器的基本结构如图 10-5 所示。旋转元件是固定在车轮上以端面为工作面、用合金铸铁制成的制动盘，固定的摩擦元件是面积不大的制动块总成，制动钳的针形支架通过螺栓与转向节（前桥）或桥壳（后桥）固装，并用调整垫片控制制动钳与制动盘之间的相对位置。另外还有防尘护罩等。

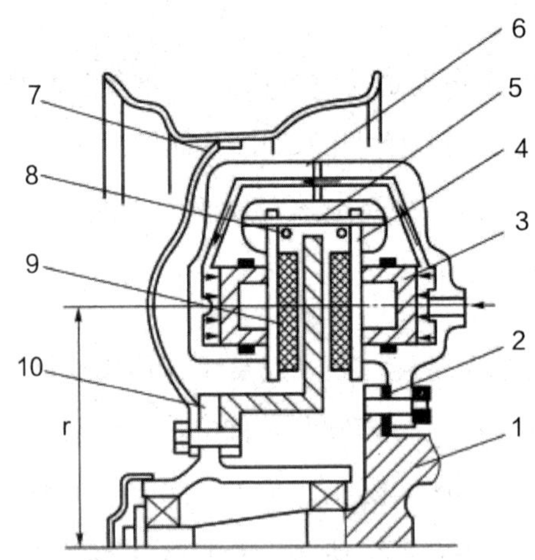

1—转向节或桥壳；2—调整垫片；3—活塞；4—制动块总成；5—导向支承销；6—钳形支架；7—轮盘；8—消音回位弹签；9—制动盘；10—轮毂；r—制动盘摩擦半径。

图 10-5　固定钳盘式制动器的基本结构

（图片来源：李敏．汽车底盘构造与维修）

制动时，制动油液被压入内、外两油缸中，在液压作用下两活塞带动两侧制动块总成做相向移动，压紧制动盘，产生摩擦力矩。在活塞移动过程中，矩形橡胶密封圈的刃边在活塞摩擦力的作用下随活塞移动而产生微量的弹性变形。如图 10-6（a）所示，相当于极限摩擦力的密封圈极限变形量 Δ 应等于制动器间隙为设定值时的完全制动所需活塞行程。解除制动时，活塞和制动块依靠密封圈的弹力和消音回位弹簧的弹力回位，如图 10-6（b）所示。由于矩形密封圈的刃边变形量很小，在不制动时，制动块摩擦片与制动盘之间的间隙每边都只有 0.1 mm 左右，以保证解除制动。制动盘受热膨胀时，厚度方面只有微小的变化，故不会发生拖滞现象。但盘式制动器不能使用受热易膨胀的醇类制动油液，应使用特制的合成型制动液。

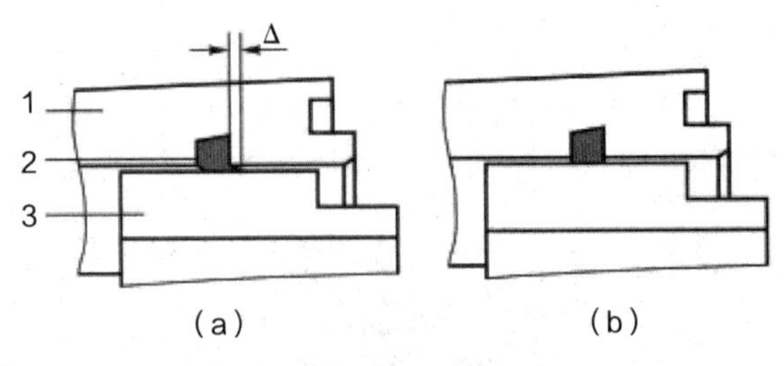

1—活塞；2—矩形密封橡胶圈；3—油缸。

图 10-6　矩形密封圈工作情况

（图片来源：李敏．汽车底盘构造与维修）

若制动块摩擦片与制动盘的间隙因磨损加大，制动时活塞密封圈变形达到极限值 Δ 以后，活塞仍可在液压作用下克服密封圈的摩擦力，继续移动，直到摩擦片压紧制动盘为止。但解除制动时，矩形密封圈能将活塞推回的距离与摩擦片磨损之前是相同的，即摩擦片与制动盘间隙仍等于 Δ。由此可知，矩形密封圈能兼起活塞回位弹簧和自动调整制动器间隙的作用。

（二）浮动钳盘式制动器

浮动钳盘式制动器结构简单紧凑，且便于安装，因此被广泛应用在轿车和轻型汽车上。图 10-7 所示为桑塔纳轿车的前轮浮动钳盘式制动器零件分解图。旋转元件是制动盘，它和车轮轮毂装在一起，并和车轮一起转动。制动盘两个制动表面之间沿径向铸有 36 条筋，形成 36 条通风道，以便散热。固定元件是制动钳体，装在制动钳支架上，制动钳支架固定在前桥转向节上。内部单装一个活塞的制动钳，可以通过固定在制动钳壳体上并插入制动钳支架孔中的导向销做轴向移动。制动钳上制动块所用的摩擦片与背板采用黏接法相连，工艺性好，并能提高摩擦片的使用寿命。

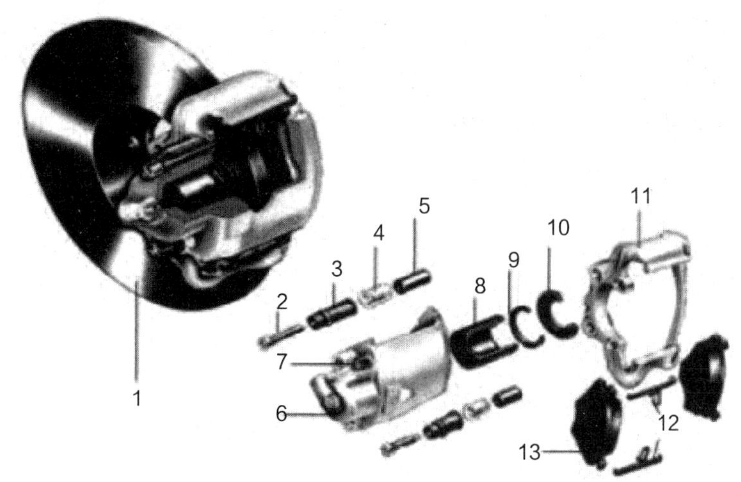

1—制动盘；2—螺栓；3—橡胶衬套；4—导向钢管；5—塑料套；6—制动钳壳体；7—放气塞；8—活塞；9—油封；10—活塞防尘罩；11—制动钳支架；12—保持弹簧；13—制动块。

图 10-7　前轮浮动钳盘式制动器零件分解图

（图片来源：李敏．汽车底盘构造与维修）

与固定钳盘式制动器相比较，浮动钳盘式制动器的单侧轮缸结构不需要设置跨越制动盘的油道，故不仅轴向和径向尺寸较小，有可能布置得更接近车轮轮毂，而且制动液受热汽化的机会较少，因此浮动钳盘式制动器现已基本取代了固定钳盘式制动器。

（三）盘式制动器的特点

1. 盘式制动器的优点

（1）制动盘暴露在空气中，散热能力强，特别是采用通风式制动盘，空气可以流经内部，加强散热。

（2）浸水后制动效能降低较少，而且只需经一两次制动即可恢复正常。

（3）制动时的平顺性好。由于无摩擦助势作用，产生的制动力矩仅与油缸液压成正比，制动过程中制动力矩增长比鼓式缓和。同时，制动器效能受摩擦系数的影响较小，即效能较稳定。

（4）制动盘沿厚度方向的膨胀量极小，不会像制动鼓的热膨胀那样使制动器间隙明显增加而导致制动踏板行程过大。此外，也便于装设间隙自调装置。

（5）结构简单，摩擦片拆装更换容易，因而维修方便。

2. 盘式制动器的缺点

（1）因制动时无助势作用，故要求管路液压比鼓式制动器高，一般需在液压传动装置中加装制动加力装置和采用较大缸径的油缸。

（2）由于盘式制动器活塞的回位能力差，且轮缸活塞的断面积大，制动器间隙较小，故在液压系统中不能留有残余压力。

（3）防污性能差，制动块摩擦面积小，磨损较快。

三、驻车制动器

（一）功用

停驶后防止溜滑；坡道起步；行车制动失效后临时使用或配合行车制动器进行紧急制动。

（二）类型

按在汽车上安装位置的不同，驻车制动装置分中央驻车制动装置和车轮驻车制动装置两类。前者的制动器安装在传动轴上，称为中央制动器；后者和行车制动装置共用一套制动器，结构简单紧凑，已在轿车上得到普遍应用。

当车辆后轮采用鼓式制动器时，驻车制动系统采用机械式。施行驻车制动时，驾驶员将驻车制动操纵杆向上扳起，通过调整拉杆、平衡杠杆将驻车制动操纵拉绳拉紧，

从而促使两后轮制动器实行驻车制动。此时，由于棘爪的单向作用，操纵杆不能反转，故整个驻车机械制动杆系统能可靠地被锁定在制动位置上。欲解除制动，需先将操纵杆扳起少许，再压下操纵杆端头的压杆按钮，通过棘爪杆使棘爪离开棘爪齿板，然后将操纵杆向下推到解除制动位置。此刻拉绳放松，驻车制动解除，随后应立即放松操纵杆端按钮，使棘爪得以将整个驻车机械制动杆系统锁止在解除制动位置上。

当车辆后轮采用盘式制动时，驻车制动系统往往采用盘鼓一体式和电动机械式。奥迪驻车制动系统采用电动机械式。当驾驶员按下驻车制动开关时，控制单元给直流电动机通电，电动机转动的圈数可以控制活塞的移动行程。电动机通过齿形皮带和减速器齿轮驱动螺杆，螺杆转动时带动螺杆上的压紧螺母向前移动。移动的螺母带动活塞将摩擦片压到制动盘上，产生驻车制动效果。当驾驶员松开驻车制动开关时，制动活塞因密封环恢复原状而移回。

第三节　人力制动系统

人力制动系统中的制动力仅由驾驶员体力供给，无须另外设置供能装置。它的优点是结构简单、可靠性强、成本低。按其传动装置的结构形式，人力制动系统可分为机械式和液压式两种。在汽车发展的早期，行车制动系统和驻车制动系统都是机械式的。20 世纪初，行车制动系统开始采用液压传动装置，但多数还仅用于前轮制动。在 20 世纪 30 年代末，美国汽车的行车制动系统已全部改成液压式，但就世界范围而言，直到 20 世纪 50 年代初，机械式行车制动系统才全被淘汰。应当指出，在此以前，汽车的液压式制动系统已并非全属人力制动系统，而是早已有一部分属于伺服制动系统了。然而机械制动装置仍保留至今，主要用于驻车制动。

一、机械式制动系统

机械式制动系统主要由制动器及操纵杆系组成。由于其机械效率低，润滑点多，且难以保证前、后轮制动力的正确比例和左、右轮制动力的均衡，在车轮跳动时还容易发生自行制动，机械式制动系统在汽车的行车制动系统中已被淘汰。但因其结构简单，工作可靠，机械式制动系统仍广泛地应用于汽车的驻车制动系统中。

机械式驻车制动系统的控制和传动装置主要由杠杆、拉杆、轴、摇臂等机械零件组成，其制动器可以是与行车制动系统共用的车轮制动器［如猎豹、北京 BJ2021、北京 BJ2022（勇士）、南京 NJ2046 等］，也可以是专设的中央制动器［如东风 EQ2050（猛士）、北京 BJ2020N、解放 CA1091、东风 EQ1090E 等］。

图 10-8 所示为北京 BJ2022（勇士）汽车后行车驻车组合制动器，采用行车驻车组合式制动器，其制动盘为实心盘。驻车联动机构连接到后制动器上，驻车制动拉线用手操纵杆操纵。

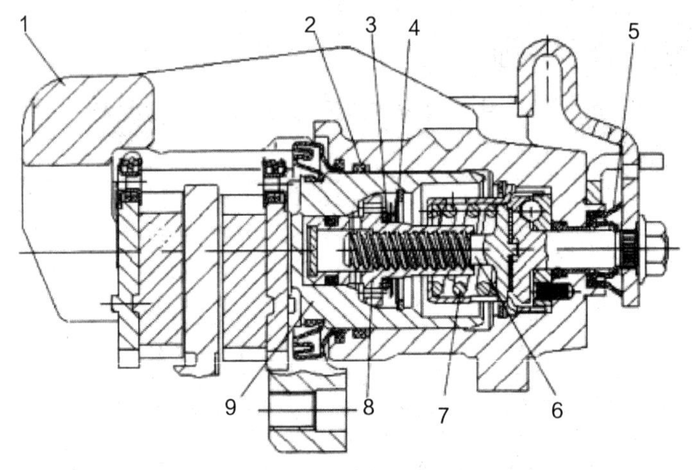

1—制动钳体；2—活塞密封圈；3—推力球轴承；4—挡片；5—膜片弹簧；6—自调螺杆；7—扭簧；8—自调螺母；9—活塞。

图 10-8　北京 BJ2022 汽车后行车驻车组合制动器

（图片来源：李敏．汽车底盘构造与维修）

自调螺杆穿过制动钳体的孔，膜片弹簧使螺杆右端斜面与驻车制动杠杆的凸轮斜面始终贴合。螺杆左端切有粗牙螺纹的部分旋装着自调螺母。螺母的凸缘右边部分被扭簧紧箍着。扭簧的一端固定在自调螺杆上，另一端自由地抵靠在制动钳体上。推力球轴承固定在螺母凸缘的右侧，并被固定在活塞上的挡片封闭。轴承与挡片之间的装配间隙即等于制动器间隙为设定值时完全制动所需的活塞行程。

在制动器间隙大于设定值的情况下施行行车制动时，活塞在液压作用下左移。挡片与轴承间的间隙消失后，活塞所受液压推力便通过推力轴承作用在自调螺母凸缘上。因为自调螺杆受驻车制动杠杆的凸轮和膜片弹簧的限制，不能转动，也不能轴向移动，所以这一轴向推力便迫使自调螺母转动，并且随活塞相对于螺杆左移到制动器过量间隙消失为止。此时，扭簧发生扭转变形。撤除液压后，活塞密封圈使活塞退回到制动器间隙等于设定值的位置，而扭簧的自由端则由于所受摩擦力矩的消失而转回原位。这样，自调螺母保持在制动时达到的轴向位置不动，从而保证了挡片与推力轴承之间的间隙为原值。

施行驻车制动时，在驻车制动杠杆的凸轮推动下，自调螺杆连同自调螺母一直左移到螺母接触活塞底部。此时，由于扭簧的阻碍，自调螺母不可能倒转着相对于螺杆向右移动，于是，轴向推力通过活塞传到制动块上而实现制动。解除驻车制动时，自调螺杆在膜片弹簧的作用下，随着驻车制动杠杆复位。

二、液压式制动系统

（一）液压式制动系统的组成和工作原理

液压式制动系统在过去很长的一段时期里曾广泛应用于中级以下的轿车和最大总质量不超过 5 t 的越野车、货车上。由于其操纵较沉重，目前仅用于部分轻型、微型汽车上，我军装备的汽车中采用这种制动传动装置的有北京 BJ2020N 等。

作为制动力源的驾驶员所施加的操纵力，通过作为控制装置的制动踏板传到容积式液压传动装置的主要部件 —— 制动主缸。制动主缸属于单向作用活塞式油泵，其作用是将自踏板输入的机械能转换成液压能，液压能通过制动管输入前、后制动器中的轮缸。制动轮缸属于单向作用活塞式油缸，其作用是将输入的液压能再转换成机械能，促使制动器进入工作状态。

制动踏板和制动主缸都装在车身上。因车轮是通过弹性悬架与车架联系的，而且有的还是转向轮，轮缸相对于主缸位置经常变化，故主缸与轮缸间的连接油管除金属管（铜管）外，还有特制的橡胶制动软管。制动前，整个液压系统中充满制动液。

踩下制动踏板时，制动主缸将制动液经油管压入前、后制动轮缸，将制动蹄推向制动鼓。在制动器间隙消失之前，管路中的液压不可能很高，仅足以平衡制动蹄回位弹簧的张力及油液在管路中的流动阻力。在制动器间隙消失并开始产生制动力矩时，液压与踏板力方能继续增长，直到完全制动。放开制动踏板后，制动蹄和轮缸活塞在回位弹簧作用下回位，将制动液压回主缸。

显然，管路液压和制动器产生的制动力矩是与踏板力呈线性关系的。若轮胎与路面间的附着力足够，则汽车所受到的制动力也与踏板力呈线性关系。制动系统的这项性能称为制动踏板感（或称路感），驾驶员可因此而直接感觉到汽车制动强度，以便及时加以必要的控制和调节。

从制动踏板到轮缸活塞的制动系统传动比等于踏板机构杠杆比乘以轮缸直径同主缸直径之比。传动比愈大，则获得同样大的制动力所需的踏板力愈小，但踏板行程却愈大，使制动操作不便，故应要求液压式制动系统传动比合适，保证制动踏板力较小，同时踏板行程又不要太大。对于液压式制动系统，考虑到制动器允许磨损量的踏板全行程不应超过 150 mm（轿车）/180 mm（货车），制动器间隙调整正常时，踩下踏板到完全制动的踏板工作行程不应超过全行程的 60%。最大踏板力一般不应超过 350 N（轿车）/550 N（货车）。

这种传能方式与气压传能方式相比有如下优点。

（1）液体的传输压力和速度高于气体，所以传能装置尺寸小，容易布置，同时滞后时间短（一般仅为气压传能装置的 1/2 左右）；

（2）具有较高的传动比和传动效率；

（3）结构简单，不需要润滑和对介质进行处理；

（4）不消耗发动机动力。

其缺点是制动液受热易汽化、空气易侵入，均可能引起制动效能减弱。液压系统中若有空气侵入，将影响制动时液压的升高，甚至会使液压系统完全失效。因此，在结构上必须采取措施以防止空气侵入，并便于将已侵入的空气排出。使用中要经常检查、补充制动液，放出渗入的空气，注意防止发生气阻。

上面为便于叙述，以单回路制动系统为例说明液压式制动系统的工作原理，实际上这种制动系统已不用于汽车上。为了保证安全，要求汽车必须采用双回路或多回路行车制动系统。《商用车辆和挂车制动系统技术要求及试验方法》GB 12676-2014 中规定，在行车制动系统某一回路传能装置部分失效的情况下，应仍能使足够数量的车轮制动。

（二）制动主缸

目前，双回路液压式制动系统中，制动主缸一般为串列双腔式制动主缸。主缸相当于两个单腔制动主缸串联在一起而构成。储液罐中的油液经每一腔的空心螺栓（其内腔形成储液室）和各自的旁通孔、补偿孔流入主缸左、右腔。在主缸左、右工作腔内产生的液压分别经各自的出油阀和各自的管路传到前、后轮制动器的轮缸。主缸不工作时，左、右两工作腔内的活塞头部与皮碗正好位于左、右腔内各自的旁通孔和补偿孔之间。

当踩下制动踏板时，踏板传动机构通过推杆推动右缸（第一）活塞左移，到皮碗掩盖住旁通孔后，此腔液压升高。在右腔液压和右缸弹簧力的作用下，左缸活塞被推动向左移动，左腔压力也随之升高。当继续踩下制动踏板时，左、右腔的液压继续升高，使前、后轮制动器制动。

放松制动踏板后，制动踏板机构、主缸左右腔活塞和轮缸活塞在各自的回位弹簧作用下回位，管路中的制动液借其压力差推开回油阀门流回主缸，于是解除制动。

当迅速放开制动踏板时，由于油液的黏性和管路阻力的影响，油液不能及时流回主缸填充因活塞右移而让出的空间，因而在旁通孔开启之前，压油腔中产生一定的真空度。此时，进油腔液压高于压油腔，因而进油腔的油液便从左、右缸活塞的纵向孔及密封皮碗的边缘与缸壁间的间隙流入各自的压油腔以填补真空。与此同时，储液室中的油液经补偿孔流入各自的进油腔。活塞完全复位后，旁通孔已开放，油液由制动管路继续流回主缸，而多余的油液经左、右缸的旁通孔流回储液室。液压系统中因密封不良而产生的制动液漏泄或因温度变化而引起的制动液膨胀或收缩，都可以通过补偿孔和旁通孔得到补偿，从而保持油压的平衡。

若与左腔连接的制动管路损坏漏油时，则在踩下制动踏板时只有右腔中能建立液压，左腔中无压力。此时，在液压差作用下，左缸活塞迅速前移到左缸活塞前端顶到主缸缸体上。此后，右缸工作腔中液压方能升高到制动所需的值。

若与右腔连接的制动管路损坏漏油时，则在踩下制动踏板时，起先只是右缸（第一）活塞前移，而不能推动左缸（第二）活塞，因右缸工作腔中不能建立液压。但在右缸活塞直接顶触左缸活塞时，左缸活塞左移，使左缸工作腔建立必要的液压而制动。

由上述可见，双回路液压式制动系统中任意一回路失效时，主缸仍能工作，只是所需踏板行程加大，将导致汽车的制动距离增长，制动效能降低。

（三）制动轮缸

制动轮缸是将制动主缸产生的液压能转换成推动制动蹄的机械能的部件。制动轮缸分为单向轮缸和双向轮缸两种。前者为单活塞轮缸，主要用于单向双领蹄式制动器；后者通常是双活塞轮缸，一般用于领从蹄式、双向双领蹄式和双向伺服式制动器。在有些领从蹄式制动器中采用缸体浮动的单活塞轮缸，由活塞和缸体分别推动两蹄。

图 10-9 所示为北京 BJ2020N 汽车双活塞式制动轮缸，缸体用螺栓固定在制动底板上，缸内有两个活塞，二者之间的间隙形成轮缸内腔，每个活塞上装有一个皮圈，以使内腔密封。制动时，制动液自油管接头和进油孔进入内腔，活塞在液压作用下外

移，通过顶块和支承盖推动制动蹄，使车轮制动。防护罩除防尘外，还可防止水分进入，以免活塞和轮缸生锈而卡住。

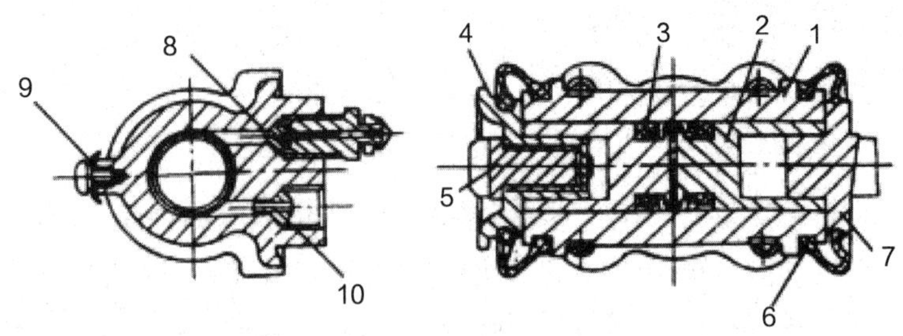

1—缸体；2—活塞；3—皮圈；4—调整轮；5—调整螺钉（顶块）；6—防护罩；7—支承盖；8—放气螺钉；9—调整轮锁片；10—进油孔。

图 10-9　北京 BJ2020N 汽车双活塞式制动轮缸

（图片来源：李敏．汽车底盘构造与维修）

（四）制动液

制动液是液压式制动系统中的传能介质。随着汽车向高性能化发展，对制动液质量的要求愈来愈高，各种低档制动液已逐渐被中高档制动液所取代。对制动液的主要要求如下。

（1）高温抗气阻性好。为此，制动液的平衡回流沸点要高，且吸水性小，吸水后沸点不易下降；

（2）高、低温下均有适当的黏度，保证必要的润滑性和流动性；

（3）与橡胶的配伍性好，对橡胶件不产生过大的溶胀；

（4）对金属的腐蚀性小；

（5）热稳定性和化学稳定性好。

国内过去普遍使用的制动液是植物制动液，用 50% 左右的蓖麻油和 50% 左右的溶剂（丁醇、酒精或甘油等）配成。用酒精做溶剂的制动液黏度小，汽化温度只有 70 ℃左右，用丁醇做溶剂时汽化温度可达 100 ℃。但植物制动液的汽化温度都不高，且低温流动性差，蓖麻油又是贵重的化工原料，因此，近年来国内外研制的合成制动液和矿物制动液取代了植物制动液。我国生产的合成制动液的汽化温度已超过 190 ℃，在 -35 ℃的低温下流动性仍良好，适用于高速汽车制动器，特别是盘式制动器。此外，合成制动液对金属件（铝件除外）和橡胶件都无害，溶水性也很好，但目前成本还较高。矿物制动液在高温和低温下性能都很好，对金属也无腐蚀作用，但溶水性较差，且易使普通橡胶膨胀，故用矿物制动液时，活塞皮碗及制动软管等都必须用耐油橡胶制成。

第四节　伺服制动器

液压式制动系统的主要优点之一是传动效率高，但制动力与管路中制动液的液压成比例，为了达到有效的制动力，此液压可高达 1.0 MPa ～ 1.2 MPa。这样大的压力，如果单靠驾驶员的踏板力，不是踏板行程过大，就是实现不了，尤其是像北京 BJ2021、北京 BJ2022、猎豹和南京 NJ2046 等汽车都采用钳盘式制动器时，由于钳盘制动器无助势作用，如果制动液压力不够，制动效果将很差，因此，在液压式制动系统中就必须设有助力装置，即伺服制动装置。

伺服制动系统是在液压式制动系统的基础上，增设一套动力供能装置和伺服系统而形成的，即兼用人体和发动机作为制动能源的制动系统。在正常情况下，制动能量大部分由动力伺服系统供给，以减轻驾驶员的操纵力，在动力伺服系统失效时，则全靠驾驶员供给（由伺服制动转变成人力制动）。

按伺服制动系统的输出力作用部位和对其控制装置的操纵方式不同，伺服制动系统可分为助力式（直接操纵式）和增压式（间接操纵式）两类。前者中的伺服系统控制装置用制动踏板机构直接操纵，其输出力也作用于液压主缸，以助踏板力之不足；后者中的伺服系统控制装置用制动踏板机构通过主缸输出的液压来操纵，且伺服系统的输出力与主缸液压共同作用于一个中间传动液压缸（辅助缸），使该液压缸输出到轮缸的液压远高于主缸液压。

伺服制动系统又可按伺服能量的形式分为真空助力伺服、气压助力伺服和液压助力伺服三种。目前采用得比较多的是真空助力伺服。

一、真空助力伺服制动系统

北京 BJ2022（勇士）、猎豹和南京 NJ2046 等汽车都采用了真空助力伺服制动系统。

图 10-10 所示为北京 BJ2022（勇士）汽车真空助力伺服（直接操纵真空伺服）制动系统示意图，它采用前盘式和后鼓式制动器，属于前后分立双回路制动系统。制动

主缸直接装在真空助力器的气室右端。真空伺服气室工作时产生的推力，也同踏板力一样直接作用在制动主缸的活塞推杆上。

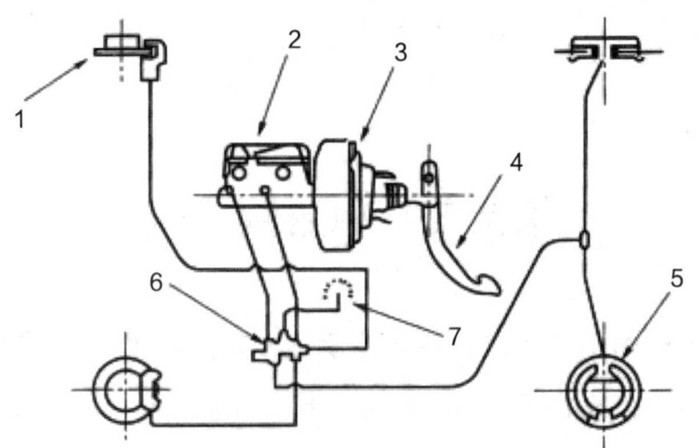

1—前轮盘式制动器；2—制动主缸；3—真空助力器；4—制动踏板；
5—后轮鼓式制动器；6—制动组合阀；7—制动警告灯。

图 10-10　北京 BJ2022（勇士）汽车真空助力伺服制动示意图
（图片来源：李敏．汽车底盘构造与维修）

真空助力器的基本构造和工作原理如图 10-11 所示。

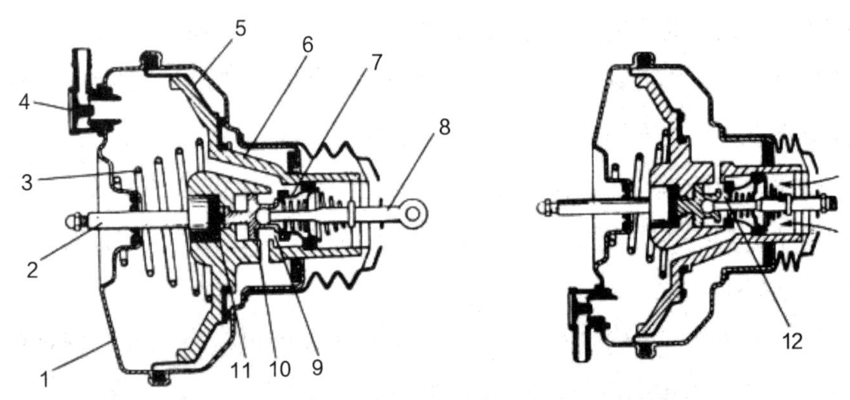

（a）未踩制动踏板时　　（b）踩下制动踏板后

1—助力器壳；2—总泵推杆；3—回位弹簧；4—真空单向阀；5—膜片；6—膜片座，7—橡胶阀门；
8—控制阀推杆；9—真空通道；10—控制阀柱塞；11—反作用垫；12—大气通道。

图 10-11　真空助力器的基本构造和工作原理
（图片来源：李敏．汽车底盘构造与维修）

助力器壳由螺栓固定在车身前围板上，通过控制阀推杆与制动踏板相连接，助力器壳左端由螺栓固定着串联式制动主缸，主缸的右活塞由助力器推杆驱动。助力器左腔通过真空单向阀与发动机进气管相通；膜片总成由膜片、膜片座、回位弹簧、浮动式橡胶阀门、控制阀柱塞、反作用垫及弹簧等零件组成，膜片座后端内孔中填充有泡沫塑料滤芯，用以滤清进入助力器的空气。

在未踩下制动踏板时，如图 10-10（a）所示，发动机进气管内的真空度通过单向阀作用到膜片左腔，又通过开启的橡胶阀门、真空通道作用到膜片总成的右腔，则膜片总成在回位弹簧的作用下处于最右（后）侧的位置；踩下制动踏板的初期，控制阀推杆推动控制阀柱塞左行，橡胶阀门在其右部弹簧的作用下随控制阀柱塞左行，直到其将真空通道关闭；继续踩下制动踏板后，如图 10-10（b）所示，控制阀柱塞继续左行，离开橡胶阀门，则外部的空气就通过滤芯从膜片座右部进入，通过控制阀柱塞和橡胶阀门间的大气通道进入膜片总成右腔，从而形成左右腔的压力差，使膜片总成协助控制阀柱塞并通过反作用垫推动主缸推杆，完成制动助力作用。

二、真空增压伺服制动系统

图 10-12 为南京 NJ1061A 汽车的真空增压伺服（间接操纵真空伺服）双回路制动系统示意图。由图可见，这种伺服制动系统比液压式制动系统多一套真空伺服系统，其中包括由发动机进气管（真空源）、真空单向阀、真空罐组成的供能装置，作为控制装置的控制阀，作为传动装置的伺服气室，与液压式制动系统共用的中间传动液缸 —— 辅助缸，等等。辅助缸、真空伺服气室和控制阀通常组合装配成一个部件，称之为真空增压器。

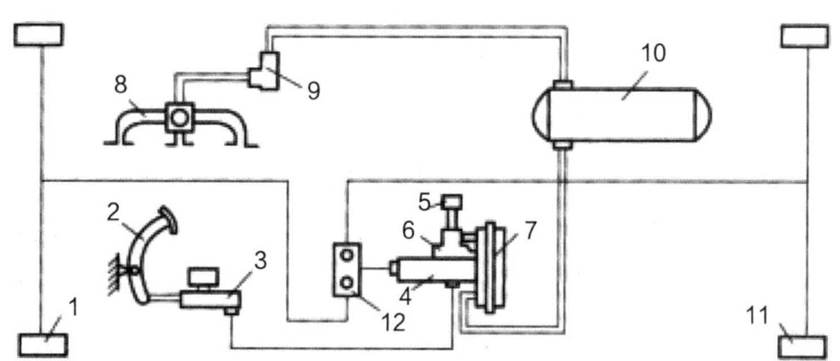

1—前制动轮缸；2—制动踏板机构；3—制动主缸；4—辅助缸；5—进气滤清器；6—控制阀；7—真空伺服气室；8—发动机进气管；9—真空单向阀；10—真空罐；11—后制动轮缸；12—安全缸。

图 10-12　南京 NJ1061A 汽车的真空增压伺服双回路制动系统示意图

发动机工作时，在进气管中的真空度作用下，真空罐中的空气经真空单向阀被吸入发动机，因而罐中也产生并积累一定真空度，作为制动伺服的能源。伺服系统中工作真空度最高可达 0.07 MPa。

踩下制动踏板时，制动主缸的输出液压首先输入辅助缸，一方面作为制动促动压力传入前、后制动轮缸，另一方面又作为控制压力输入控制阀。控制阀在主缸液压控制下，使真空伺服气室的工作腔通真空罐或通大气，并保证伺服气室输出力与主缸液压，从而与制动踏板力和踏板行程成递增函数关系。真空伺服气室输出力与自主缸传来的液压作用力一同作用于辅助缸活塞，因而辅助缸输送至轮缸的压力高于主缸压力。

柴油发动机进气管中一般无节气门，管中真空度不高，因而柴油车要采用真空伺服制动时，必须装设由发动机驱动的真空泵，或在进气管中加装引射器，作为真空能源。

该制动系统中，虽然液压式制动系统和真空伺服系统都是单管路的，但是由于在真空增压器之后装设了一个双腔安全缸，当在安全缸以后的前后轮制动促动管路之一损坏漏油时，该管路上的安全缸可以立即自动将该管路封堵，保证另一促动管路仍能保持其中压力，故可认为该制动系统是一种局部双回路制动系统。

三、液压助力伺服制动系统

图 10-13 所示为东风 EQ2050(猛士)汽车制动主缸。图 10-14 所示为东风 EQ2050(猛士) 汽车制动助力器。

如图 10-13 所示，制动主缸前部的两个工作腔分别与左、右前轮的制动轮缸相通。如图 10-14 所示，制动助力器后部的助力腔与后轮制动轮缸相通，助力腔与储液罐、助力腔与蓄压器之间的两个通道由滑阀控制，滑阀的工作由输入推杆控制。踩下制动踏板时，输入推杆带动滑阀关闭助力腔与储液罐之间的通道，从而打开助力腔与蓄压器之间的通道，蓄压器内的高压制动液使两个后轮制动，同时，进入助力腔的高压制动液经过助力活塞和输出推杆作用于制动主缸第一活塞的后部，对制动主缸的两个工作腔起到助力作用。放松制动踏板时，输入推杆在回位弹簧的作用下回位并带动滑阀关闭助力腔与蓄压器之间的通道，从而打开助力腔与储液罐之间的通道，两后轮制动轮缸内的制动液经助力腔流回储液罐。

在储液罐与各制动轮缸的连接管路中各串联一个出液阀，出液阀为常闭阀，当 ABS 起作用需“减压”时，ABS 电脑给出液阀线圈通电，使出液阀打开，制动轮缸内的制动液经出液阀流回储液器，以减少制动压力。在制动主缸、助力腔与各制动轮缸的连接管

路中各串联一个进液阀，进液阀为常开阀，在防抱死制动模式下，需减小或保持轮缸制动压力时，ABS 电脑给进液阀线圈通电，进液阀关闭，使来自制动主缸或助力腔的高压制动液不能进入各制动轮缸。

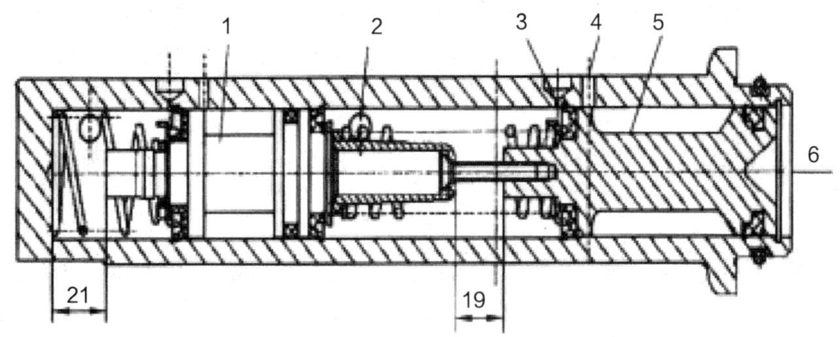

1—第二活塞；2—出油口；3—补液口；4—供液口；5—第一活塞；6—推杆

图 10-13　东风 EQ2050（猛士）汽车制动主缸

（图片来源：李敏. 汽车底盘构造与维修）

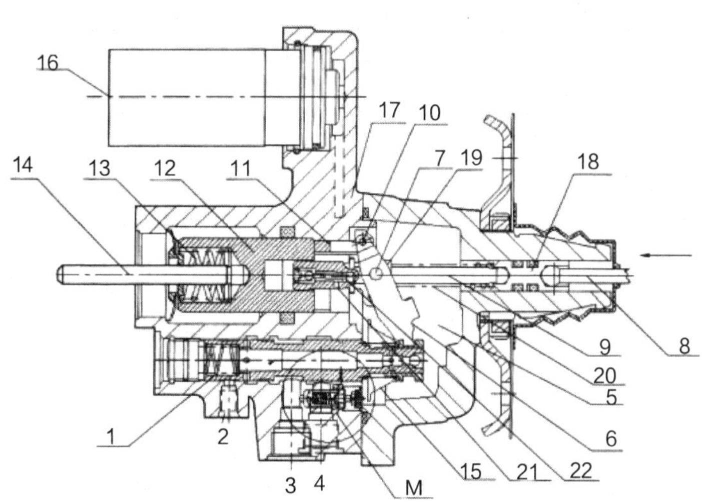

1—滑阀；2—储液罐口；3—泵口；4—转向器口；5—助力腔；6—杠杆；7—连接销；8—踏板杆；9—输入推杆；10—销轴；11—单向阀；12—助力活塞；13—回位弹簧；14—输出推杆；15—压盖；16—蓄压器；17—泵体；18—锁环；19—杠杆支座；20—回位弹簧；21—径向进油小孔；22—单向阀

图 10-14　东风 EQ2050（猛士）汽车制动助力器

（图片来源：李敏. 汽车底盘构造与维修）

第五节　动力制动器

动力制动系统中，用以进行制动的动能是由空气压缩机产生的气压能，或是由油泵产生的液压能，而空气压缩机或油泵则由汽车发动机驱动。所以，动力制动系统是以汽车发动机为唯一的制动初始能源的。但就制动系统范围而言，可以认为制动能源是空气压缩机或油泵。在动力制动系统中，驾驶员的机体仅作为控制能源，而不是制动能源。

动力制动系统有气压制动系统、气顶液制动系统和全液压动力制动系统三种。

气压制动系统是发展最早的一种动力制动系统，其供能装置和传动装置全部是气压式的。其控制装置大多数是由制动踏板机构和制动阀等气压控制元件组成，也有的在踏板机构和制动阀之间还串联有液压式操纵传动装置。气顶液制动系统的供能装置、控制装置与气压制动系统的相同，但其传动装置则包括气压和液压两部分。全液压动力制动系统中除制动踏板机构以外，其供能、控制和传动装置全是液压式。

一、气压制动系统

（一）气压制动回路

我国的中型以上货车或客车一般都采用气压制动系统，其回路和液压式制动系统一样采用双回路或多回路制动系统。

图 10-15 所示为解放 CA1122J 汽车气压制动回路示意图。空气压缩机产生的压缩空气经卸荷阀进入湿储气筒，经湿储气筒冷却并进行油水分离后的清洁压缩空气进入四回路保护阀，四回路保护阀两路分别进入储气筒的前腔和后腔。储气筒前腔与制动阀下腔相连，以供前轮制动用气，储气筒后腔与制动阀上腔相连，以供后轮制动用气。由四回路保护阀接出另外两管路：一管路向电磁阀和排气制动阀供气以供辅助制动装置用气；另一管路供手动阀用气。以上管路中常存有压缩空气，最高气压为 0.833 MPa，最低气压为 0.637 MPa。

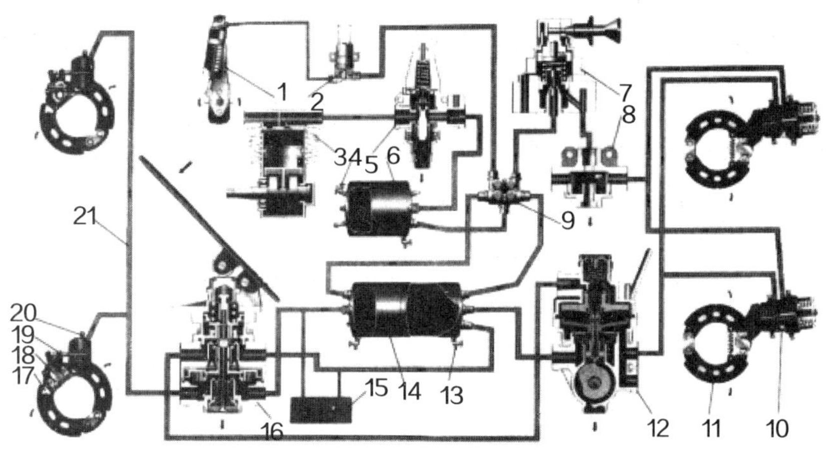

1—排气制动阀；2—电磁阀；3—空气压缩机；4—放气阀；5—卸荷阀；6—湿储气筒；7—手动阀；8—快放阀；9—四回路保护阀；10—弹簧制动缸；11—后轮制动器；12—感载阀；13—放水阀；14—储气筒；15—气压表；16—制动阀；17—前轮制动器；18—制动凸轮；19—调整臂；20—制动气室；21—制动输气管。

图 10-15　解放 CA1122J 汽车气压制动回路示意图

（图片来源：李敏．汽车底盘构造与维修）

（二）供能装置

气压制动系统的供能装置包括：①产生气压能的空压机和积储压缩气体的储气筒；②将气压限制在安全范围内的调压阀及安全阀；③改善传能介质（空气）状态的进气滤清器、排气滤清器、管道滤清器、油水分离器、空气干燥器、防冻器等；④在一个回路失效时用以保护其余回路、使其中气压能不受损失的多回路压力保护阀等部件。

1. 空压机及调压阀

汽车用双缸风冷式空压机的构造见图 10-16，它固定在发动机气缸盖的一侧，由发动机通过风扇皮带轮和三角皮带驱动。

空压机具有与发动机类似的曲柄连杆机构。气缸体是铸铁的，带有散热肋片。每个气缸都有由弹簧压闭的进气阀门和排气阀门。进气室经进气管接头借钢质气管通向进气滤清器，出气室经气管通向湿储气筒。

发动机运转时，空压机即随之运转。当活塞下行时，外界空气经空气滤清器自进气管接头和进气阀门被吸入气缸。活塞上行时，缸内空气即被压缩，压力升高，克服排气阀门弹簧的预紧力而使排气阀门开启，压缩空气便经出气室、气管充入湿储气筒。

当储气筒中的气压升高到 0.78 MPa 时，来自储气筒的压缩空气便能经调压阀进入空压机的卸荷装置的卸荷气室中，使卸荷膜片与卸荷杆下移而顶开进气阀门，使两气缸均与大气相通。此时，空压机的活塞虽然还在上下运动，但不产生压缩空气，只是通过进气阀门将空气吸入而后又排出，故空压机停止向储气筒供气。当储气筒内气压下降到 0.67 MPa 时，调压阀便使卸荷气室通大气，卸荷膜片和卸荷杆在弹簧力作用下升起，进气门复位，空压机继续产生压缩空气。

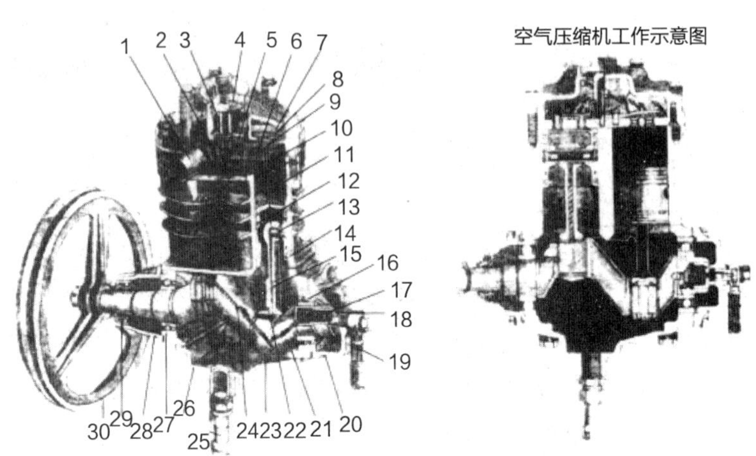

1—进气管接头；2—气缸体；3—卸荷杆；4—卸荷膜片；5—复位弹簧；6—卸荷压板；7—排气阀门导向座；8—排气阀门；9—气缸垫板；10—进气阀门；11—活塞；12—活塞环；13—活塞销；14—油环；15—活塞销润滑油道；16—曲轴后轴承；17—油堵弹簧；18—油堵；19—进油管；20—曲轴箱后盖；21—曲轴；22—连杆；23—连杆衬套；24—曲轴油道；25—回油管；26—底盖；27—曲轴前轴承；28—曲轴箱前盖；29—油封；30—皮带轮。

图 10-16　双缸风冷式空压机

（图片来源：李敏．汽车底盘构造与维修）

2. 滤气调压阀

图 10-17 所示为陕汽 SX2150 汽车滤气调压阀结构图。壳体的两侧均开有进气口 A 和出气口 B，可根据管路布置需要选用其中一对，多余的一对可用螺塞封堵。阀的主视图右下部为滤气部分，左上部为调压部分，左下部为卸荷排放部分，此外还附有轮胎充气用的放气阀。

来自空压机的压缩空气从进气口 A 沿滤芯组件周围的气腔 D 的切线方向流入，形成涡流，向下流到滤芯组件底部后再折向上方通过滤芯。在这段过程中，空气中所含水分及油分基本上被甩滤并凝聚在下盖内。清除油水后的空气继续上流，推开单向阀（使单向阀开启所需的压力不大于 0.05 MPa），经出气口 B 流向储气筒。

当储气筒压力达到 0.8 MPa 时，通过气道 F 流到橡胶调压膜片（相当于阀门）下方的压缩空气对膜片的作用力足以克服调压弹簧的预紧力，推使膜片向上拱曲离开阀座，而使空气得以流入气腔 E。此时卸荷活塞在气压作用下向下移动，将排放阀门推离阀座。于是自空压机充入气腔 D 的空气便通过排放阀和排放口 C 排入大气，空压机卸荷空转，中止对储气筒充气。此时单向阀在储气筒和出气口反压力作用下紧闭，防止筒内压缩空气逸出。在空压机空转过程中，一直有少量压缩空气直接从开有节流孔的通气螺塞逸出。当储气筒压力降低到 0.685 MPa 时，调压膜片即行落座。这时 E 腔不再充气，而且腔内已有的压缩空气经通气螺塞排出。于是在弹簧作用下，卸荷活塞回升，排放阀门关闭，D 腔压力随即重新升高，空压机继续向储气筒充气。通气螺塞上的节流孔务必不得堵塞，否则卸荷活塞将不能回升。孔口 G 在汽车上不用，可以堵塞。

每次开启排放阀时，凝聚在下盖中的油和水都被压缩空气冲出，不需要人工排放。

需要对轮胎充气时，可将翼形螺母旋下，通过轮胎充气管端口将放气阀门推到左极限位置，使进气口 A 与出气口 B 隔绝。来自空压机的压缩空气全部通过放气阀门杆内的孔道充入轮胎。

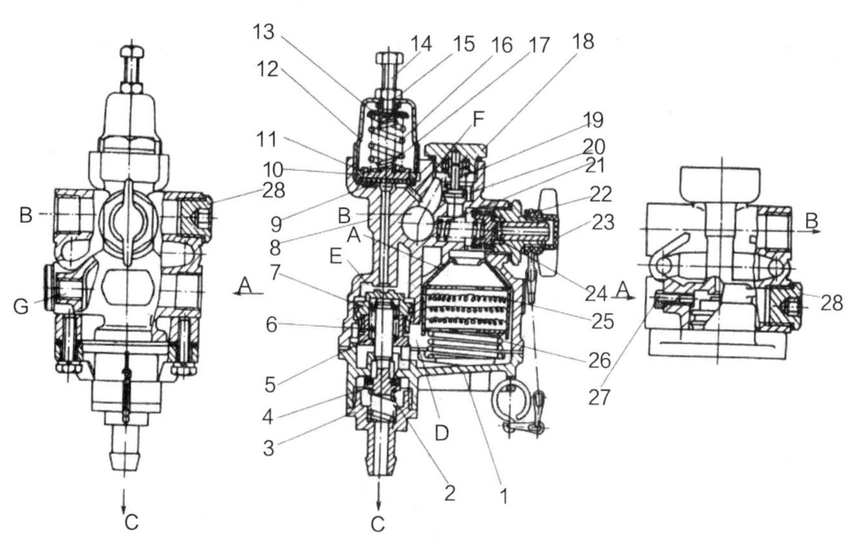

图 10-17 陕汽 SX2150 汽车滤气调压阀

（图片来源：李敏．汽车底盘构造与维修）

3. 防冻器

油水分离器或滤气调压阀输出的压缩空气仍可能含有少量残留水分。为了防止在寒冷季节中积聚在管路和其他气压元件内的残留水分冻结，最好装设防冻器，以便在必要时向气路中加入防冻剂，以降低水的冰点。

汽车防冻器见图 10-18。液杯内盛有乙醇溶液，液面高度可用固定在加液螺塞（虚线所示）下部的液面检查尺检查。盖内垂直安装着连通管，自进气口 A 到出气口 B 的水平气道与液杯内腔经常借连通管上端的节流孔相通。控制杆的上段与盖上部的中央孔和座圈内孔做动配合。控制杆的下段伸入乙醇溶液内，外套弹簧周围包有吸液绳。吸液绳上下两端分别被弹簧压在控制杆凸肩和弹簧座上。控制杆中部凸缘盘的外缘有对称布置的两个径向定位销。盖中圆筒形气腔的下部切有环形槽 C，而在内圆面上则切有两条轴向槽。

当防冻器处于图示的暖季工作位置时，两定位销插于环槽 C 内。这样，控制杆便被固定在下极限位置，而将盖中的水平气道与液杯内腔基本隔绝。只有极少量乙醇蒸气经连通管的节流孔被吸出，随压缩空气流入回路。

当环境温度低（5 ℃以下）时，应使防冻器转入寒季工作位置，即用手柄将控制杆转过 90°，定位销转到环形槽与轴向槽相通处。此时弹簧即将控制杆推到上极限位置，使盖中水平气道与液杯内腔连通，而且吸液绳上部也露出在气道中。因控制杆下段部分退出液杯而在杯内造成的真空度，由自连通管渗入的空气补偿。这时，大量从液面及吸液绳表面蒸发出来的乙醇蒸气随压缩空气流进入回路。回路内的冷凝水溶入乙醇后，其冰点即降低。

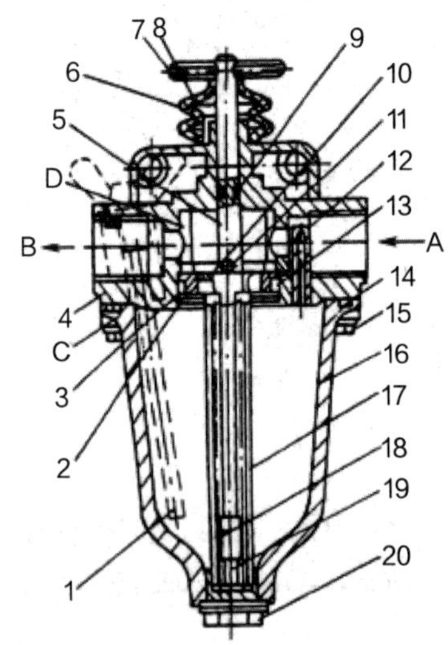

1—液面检查尺；2—座圈；3—弹性挡圈；4—盖；5—控制杆；6—防护罩；7—手柄；8—卡箍；9、10—滑动密封圈；11—定位销；12—连通管；13、14—固定密封圈；15—螺栓；16—液杯；17—吸液绳；18—弹簧；19—弹簧座；20—螺塞。

图 10-18　汽车防冻器

（图片来源：李敏. 汽车底盘构造与维修）

4. 多回路压力保护阀

在动力制动系统中，按国家标准的要求必须安装多回路压力保护阀。来自空压机的压缩空气可经多回路压力保护阀分别向各回路的储气筒充气。当有一回路损坏漏气时，压力保护阀能保证其余完好回路继续充气。

（三）控制装置

1. 制动阀

制动阀的作用是控制制动气室及挂车制动阀的进排气时刻和压缩空气量，从而控制制动气室中的工作气压，并有渐进变化的随动作用，即保证制动气室的气压与踏板行程有一定的比例关系。

（1）双腔串联活塞式制动阀：图 10-19 所示为解放 CA1122J 汽车双腔串联活塞式制动阀。它由上盖、上壳体、中壳体、下壳体、上活塞及平衡弹簧、下腔小活塞、下腔大活塞、上阀门及回位弹簧、下阀门及回位弹簧等组成。上盖、上壳体、中壳体、下壳体用螺钉连接在一起，并在上、中、下壳体之间装有密封垫。中壳体上的通气口 D 和 A 分别接后桥制动储气筒和后轮制动气室。下壳体上的通气口 E 和 B 分别接前桥制动储气筒和前轮制动气室。上盖上滑动地装有挺杆，其上端面与滚轮压靠在一起，外套有橡胶防尘罩。上活塞、下活塞上装有密封圈。下活塞由大、小两个活塞套装在一起，小活塞对大活塞能进行单向分离。上阀门滑动地套装在芯管上，其外圆有密封圈。下阀门滑动地套在有密封圈的下壳体中心孔中，中空的芯管和小活塞制成一体。

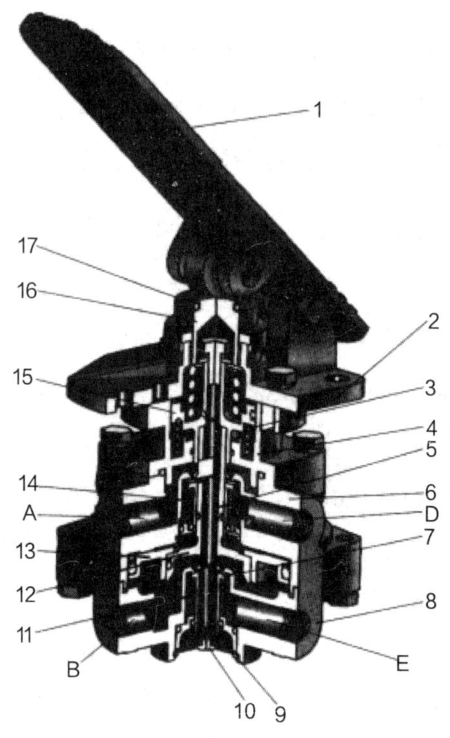

1—踏板；2—上盖；3—回位弹簧；4—上壳体；5—上阀门及回位弹簧；6—中壳体；7—下阀门及回位弹簧；8—下壳体；9—挡圈；10—排气阀；11—回位弹簧；12—下腔小活塞；13—下腔大活塞；14—回位弹簧；15—上活塞及平衡弹簧；16—挺杆；17—防尘罩；D、E—进气口；A、B—出气口。

图 10-19　解放 CA1122J 汽车双腔串联活塞式制动阀

（图片来源：李敏．汽车底盘构造与维修）

（2）双腔并联膜片式制动阀：它是由彼此独立的前轮制动阀和后轮制动阀及两阀共用的平衡臂组、平衡弹簧组、拉臂及上体等部分组成。后轮制动阀与后轮制动储气筒和后轮制动控制回路连接；前轮制动阀与前轮制动储气筒和前轮制动控制回路连接。膜片组件的驱动形式是通过叉形拉臂推压平衡弹簧、推杆、平衡臂，同步控制两腔的芯管（膜片）。平衡弹簧无预紧力，膜片制成挠曲型。

前轮制动阀中有滞后机构，两阀制动时，有时间和气压差，且能调整其大小，使前后轮制动能协调一致。滞后机构总成包括推杆、密封柱塞、可调的滞后弹簧、调整螺帽等机件，其壳体用螺纹装于阀体下端的螺纹孔内，并用密封圈密封。其上端作为两用阀门导向座及阀门弹簧支座，其中心孔与密封柱塞滑动配合，并用密封圈密封，下端螺纹孔装有调整螺帽，并用螺母锁紧。转动调整螺帽，即可调整滞后弹簧的预紧

力。在滞后弹簧的张力作用下，经密封柱塞使位于芯管中心孔的推杆上端支承着芯管，芯管下端面与进气阀上端面保持一定的排气间隙。后轮制动阀的下部也装有和前制动阀相同的机件和相同的排气间隙，只是少了推杆使其滞后机构不起作用。这种对称布置有利于配件的生产和更换。

2. 快放阀与继动阀（加速阀）

储气筒和制动气室二者一般是通过制动阀（含手控制动阀，下同）用管路连接的。这样，储气筒向制动气室充气及制动气室内压缩空气排入大气，都必须迂回流经制动阀。在储气筒、制动气室都与制动阀相距较远的情况下，这种迂回充气和排气将导致制动和解除制动的滞后时间过长，不利于汽车的及时制动和及时解除制动。

在制动阀到制动气室的管路上靠近制动气室处，可以保证解除制动时制动气室迅速排气。快放阀的进口通制动阀，两出气口可分别通向左右两侧制动气室。制动时，由制动阀输送过来的压缩空气自进气口流入，将阀门推离进气阀座，进而使之压靠阀盖内端的排气阀座，然后自出气口流向制动气室。此时，快放阀的作用犹如一个三通管接头。解除制动时，进气口经制动阀通大气，阀门在弹簧作用下回位（关闭进气阀），制动气室内的压缩空气即就近经孔口排入大气，而无须回流经制动阀排出。

二、全液压动力制动系统

制动性能是车辆的重要性能之一，良好的制动性能是车辆安全行驶的重要保障。目前，国内车辆制动系统多采用气压、气顶液的结构形式。近年来，车辆也趋于采用全液压动力制动系统，其主要优点是系统的制动压力高，产生的制动力矩大，制动灵敏，且便于实现电子控制。

（一）系统组成及工作原理

全液压动力制动系统一般是由供能装置、传动装置、控制装置和制动执行元件四部分组成。供能装置通过液压泵、充液阀向蓄能器供油，积蓄能量；传动装置将制动踏板控制的动力源传递给制动执行元件；控制装置将驾驶员踩踏板的控制信号传到控制阀上；制动执行元件是装在车轮上的制动器，它将传动装置传来的动力变成摩擦力矩。制动时，驾驶员踩下制动踏板，制动油液在蓄能器压力的作用下进入制动缸，产生制动效果。液压式制动系统大多采用钳盘式或全盘式制动器。充液阀可以使蓄能器的内压保持在最低限度。当蓄能器的内压低于最低限度时，充液阀就会使液压泵向蓄能器充油，直至达到预置的压力上限。

（二）系统工作过程

根据全液压式制动系统工作过程，可以将其分为两个阶段：活塞运动阶段和制动油压建立阶段。

活塞运动阶段：踩下踏板阀，接通油路，蓄能器中的油液进入制动液压缸，推动活塞移动，迅速消除制动器的制动间隙。整个活塞运动阶段由踩下制动踏板开始，到制动衬块接触制动盘为止。

制动油压建立阶段：制动衬块碰到制动盘瞬间，会导致制动缸中油液冲击，并引起瞬间的压力升高。制动缸中油压在瞬间的压力波动之后，会迅速而平稳地增加，直至油压逐渐稳定。

三、气顶液动力制动系统

气压制动系统作为一种动力制动系统，比液压式制动系统更容易满足在踏板力不够大而踏板行程又不够长的条件下产生较大制动力的要求。但气压系统的工作压力比液压系统的低得多，因而其部件的尺寸和质量都比液压系统的相应部件大得多。例如，液压轮缸可以装在制动器内直接作为制动蹄促动装置，而尺寸较大的制动气室则只能装在制动器外，必须通过制动臂和制动凸轮轴等一系列零件来促动制动蹄，况且这些零件及其支承座都较笨重，而且属于非簧载质量，有损于汽车行驶平顺性。其他气压部件如空压机和储气筒等也都比相应的油泵和储能器等液压部件更大、更重，因此，气压制动系统只宜用于中型以上汽车。此外，在踩下和放开制动踏板时，气压系统中工作压力的建立和撤除都比液压系统缓慢得多，一般来说，气压制动系统的工作滞后时间约是液压式制动系统的 3 倍。

为了兼取气压系统和液压系统二者之长，有些重型汽车采用了气顶液动力制动系统。在双回路制动系统中，供能装置和控制装置都是气压式的。传动装置则是气压 - 液压组合式的。气压能通过互相串联的制动气室和液压主缸转换为液压能。这样，气压系统可以布置得尽量紧凑些，以缩短管路长度和滞后时间。用液压轮缸作为制动器促动装置大大减少了非簧载质量并便于在制动器内布置。

使用气顶液制动系统的汽车用来牵引挂车时，挂车可用气压制动，也可用液压制动。此外，这种气压和液压系统兼备汽车的各个车桥制动器有可能分别采用液压促动和气压促动。

第六节　制动力调节装置

一、采用制动力调节装置的原因

汽车在制动过程中，前后轮的垂直载荷是变化的，为满足前后轮同时抱死滑移（前后轮同步滑移），应要求制动器制动力（促动管路压力）也要随载荷而变化，这种变化关系做出的曲线称为理想的前后轮制动力分配特性曲线。当汽车载荷变化时，曲线位置也会发生相应的变化。从汽车制动理论可知，汽车制动时通常有如下情况：前后轮同时抱死滑移（理想工况）、前轮先于后轮抱死滑移（较好工况）、后轮先于前轮抱死滑移（较为危险工况）。

大多数汽车前后促动管路的压力是相等的，因而其前后轮制动力之比为定值，这种设计显然不能满足理想的制动要求。从提高汽车制动时的安全性考虑，应尽量避免制动时后轮先抱死滑移，并尽可能充分地利用附着条件，产生尽可能大的制动力。这就促使汽车越来越多地采用各种制动力调节装置，使前后促动管路压力的实际分配特性曲线在不同程度上接近相应的理想分配特性曲线，并位于理想分配特性曲线的下方（前轮先于后轮抱死滑移）。

二、制动力调节装置的分类

制动力调节装置的类型很多，有限压阀、比例阀、感载阀和惯性阀等，它们一般都串联在后轮促动管路中，但也有的串联在前轮促动管路中。制动力最佳的调节装置是防抱死制动装置，它可以使实际的前后促动管路压力分配特性曲线更接近理想分配特性曲线。

（一）感载比例阀

随着汽车装载质量不同，其理想促动管路压力分配特性曲线是不同的，为使汽车在各种装载质量下前、后轮的附着力能被充分利用，许多汽车上安装了随汽车装载质量改变调节气压或液压的感载比例阀。

1. 液压式感载比例阀

液压式感载比例阀是将阀体安装在车架纵梁上，其感载控制机构包括扭杆和调节杆。感载控制机构一端与感载比例阀连接，另一端固定在后桥上，当汽车后部载荷发生变化时，扭杆的扭转角度也随之变化并输入感载比例阀。

2. 气压式感载比例阀

在部队装备的一些重型汽车上，如陕汽 SX2190、东风 EQ1108C6D、东风 EQ1141G2 汽车，普遍装用了一种气压式感载比例阀，结构与液压式感载比例阀基本相同。

3. 组合阀

近年来，一些装有前盘后鼓式制动系统汽车上装用了组合阀，使改善制动性能的结构步入一元化的轨道。

（1）比例阀（P 阀）：比例阀的作用是当前、后制动管路液压增长到一定值后，就自动对后制动管路的液压增量加以限制。

（2）差动阀（D 阀）：差动阀实际上是一个制动报警开关。当汽车双回路制动系统中任一个回路有泄漏时，该阀可接通制动报警电路，向驾驶员报警。

（3）旁通阀（B 阀）：旁通阀的作用是当前制动管路泄漏时，打开后制动器旁通管路，使压力油不经调节直接进入后轮制动器，以提高制动效率。

当前制动管路泄漏时，棱形滑阀向右移动，当其上最左端的密封圈退到旁通孔右侧后，制动油液经旁通孔直接进入比例阀阀门右侧，而后进入后制动管路。因为此时汽车的制动力全部取决于后轮的制动力，如果再对后轮制动压力进行降低调节，将使汽车不能充分利用地面附着力，使整车制动性能进一步恶化。

第七节　辅助制动系统

汽车下长坡行驶时，为使汽车速度稳定在某个安全值内，要进行长时间频繁的制动，这会使制动器温度大大增高，制动效能衰退，严重时甚至完全丧失制动效能。因此，在这种行驶条件下运行的汽车，有必要增设辅助制动系统。

辅助制动系统的作用即在不使用或少使用行车制动系统的条件下，使车辆速度降低或保持稳定，但不能将车辆紧急制停，这种作用称为缓速作用。辅助制动系统中用以产生制动力矩对车辆起缓速作用的部件称为缓速器。缓速器也属于制动器范畴。

一、产生缓速作用的方法

（一）发动机缓速

对行驶中的汽车发动机停止供给燃料，并将变速器挂入某一前进挡，使汽车通过驱动轮和传动系统带动发动机旋转，利用发动机的进气、压缩、排气过程，以及对水泵、油泵、空压机、发电机等附件的驱动过程耗损汽车的动能，发动机及上述各附件的阻力矩通过传动系统放大后传给驱动轮。

有的汽车还采取阻塞进气或排气通道，或改变进、排气门启闭时刻等措施，来强化发动机的缓速作用。其中应用最广的是在发动机排气管中设置排气节流阀，这种发动机缓速方法称为排气缓速。

（二）电动机缓速

对于采用电传动系统的汽车，可以对电动驱动轮中的牵引电动机停止供电，使之受驱动轮驱动而成为发电机，将汽车的动能转变成电能，再通过电阻转变为热能而耗散。

（三）液力缓速

液力缓速是利用专设的液力缓速器来产生缓速作用。液力缓速器中有固定叶轮和旋转叶轮，旋转叶轮一般由变速器驱动。固定叶轮通过流动的液体加于旋转叶轮的阻力矩通过变速器和驱动桥放大后传到驱动轮，使汽车的动能通过液力缓速器内的液力阻尼作用转变成热能。

（四）电磁缓速

电磁缓速是利用专设的电磁缓速器来产生缓速作用。电磁缓速器包括由驱动轮通过传动系统带动的盘状金属转子和由若干个固定不动的电磁铁组成的定子。当电流通过定子的励磁线圈时便产生磁场，对在磁场中旋转的转子造成阻力矩。在磁场作用下，在转子中产生的电涡流将汽车的动能转换成热能。

（五）空气动力缓速

空气动力缓速是采用使车身的某些活动表面板件伸展，以加大汽车空气阻力的办法来产生缓速作用。这种方法目前只用于竞赛汽车。

二、发动机排气辅助制动系统

在汽车下长坡时，自身重力在下坡方向的分力使汽车自动加速，这种加速作用随坡度的加大和距离的增长而增强。为保证行车安全，通常采用发动机排气辅助制动系统来降低汽车下坡速度。发动机排气辅助制动系统是在发动机的排气管内装一个蝶形阀门或类似机构，制动时将该阀门关闭，以加大发动机的排气阻力，使本来是汽车动力源的发动机变成消耗汽车动能而起缓速作用的“空气压缩机”。发动机排气辅助制动系统作为车辆辅助制动系统的必要补充，可以防止因减速过快而造成的车辆侧滑的事故。发动机排气辅助制动系统具有结构简单、操纵方便、安全可靠、与油门联动操纵节油效果显著等优点，同时可以提高主制动系统的使用寿命。

发动机排气辅助制动系统主要用于柴油车，原因是柴油机压缩比较汽油机压缩比大，作为“空气压缩机”其制动效能优于汽油机，并且容易做到在实施排气制动时先切断燃油供给，而对于汽油机则需要通过较复杂的装置方能做到这一点。虽然排气制动可以达到使车辆减速的目的，但不能将车辆紧急制停。另外，由于发动机排气辅助制动系统的制动效能随汽车发动机转速降低而降低，所以其只能用作辅助制动装置。

三、液力缓速器式、电磁缓速器式辅助制动系统

（一）液力缓速器式辅助制动系统

液力缓速器，也称液力减速器，它依靠工作轮内液流的作用将车辆的动能转化为液体的热能，再通过冷却器散热的方式实现车辆制动。

与其他几种辅助制动方式相比，液力缓速器有以下优点。

1. 适用于高速、大功率车辆

由于液力缓速器的制动力矩与车辆传动轴转速的平方或缓速器工作腔有效直径的5次方成正比，因而在车辆高速行驶且制动器直径较大时，液力缓速器能比其他减速制动方式提供更大的制动力矩，并且制动器本身的尺寸较小，安装时更加灵活方便。

2. 适用于长时间的连续制动

液力缓速器采用液力制动方式，元件无机械磨损，且有循环冷却装置可以将油液产生的热量带走，因此能长时间为车辆提供制动力，尤其是当车辆在长坡道下行时，是其他制动方式（如机械摩擦制动）难以做到的。车辆由坡顶下行至坡底需低速行驶，因此制动时间越长，刹车片积聚的能量越多，摩擦因数降低和衬面磨损加剧，制动能

力下降，以摩擦制动的刹车极难控制。因此，汽车运行过程中需以水管连续向制动鼓淋水降温，否则会因制动鼓过热而丧失制动能力，造成重大灾难事故，而使用液力缓速器的车辆能很好地克服上述缺点，确保行车安全。

3. 提高下坡行驶速度

由于液力缓速器能提供长时间的恒定制动力矩，因此使用液力缓速器能使车辆以匀速下坡行驶，而匀速下行的速度大小可由其充液量多少来控制。相关资料表明，使用液力缓速器的车辆能比在相同情况下使用其他制动器的车辆提高约 20% 的下坡速度。

4. 减少机械制动器磨损

液力缓速器在工作时机械磨损小，其寿命之长远非液压制动器和摩擦制动器等可比，它提供车辆高速行驶时的全部制动力及 80% 以上的制动力矩，从而辅助机械摩擦制动，使摩擦制动只在车辆低速行驶阶段起制动作用，减少机械制动器的磨损，提高其使用寿命。据统计计算，使用液力缓速器作辅助制动装置的车辆制动器的使用寿命比只使用机械摩擦制动装置的车辆制动器的使用寿命高 35 倍，从而大大节约了车辆的维修费用。

（二）电磁缓速器式辅助制动系统

电磁缓速器是在 19 世纪发现的电磁理论的基础上发展起来的。现在，电磁缓速器在发达国家已成为中、重型汽车的重要装备，随着世界各国制定的汽车安全法规日趋严格，该产品在世界各地的应用越来越广。

1. 电磁缓速器的结构原理

（1）转子：转子由转子轴和两个带散热叶片的转盘组成，它们装在传动轴的中间，两端通过万向节与传动轴连接，构成了传动轴的一个组成部分。也有一端直接安装到变速器后面或差速器上、另一端与传动轴相连的结构。

（2）定子：定子由固定支架和多组线圈和铁芯组成，由固定支架固定到车架上，线圈在周向均匀分布，各组线圈通电后所构成的磁场方向相同。

2. 电磁缓速器的工作原理

转子固定在传动轴中间，与汽车的驱动系统一起转动，当转子转动时，转盘切割由定子中的线圈通电所产生的磁场，在转盘中产生电涡流，形成转动阻力矩，该阻力矩通过与转子相连的传动轴等转动部件传递给车轮形成阻力，使汽车获得减速度。驾驶员可根据汽车的运行情况和路面状况来控制投入的线圈组数以获得不同的制动力矩。

3. 电磁缓速器的结构形式

（1）轴用型：该型电磁缓速器安装在前后两根传动轴之间。该型电磁缓速器是发展最早、使用范围最广的一种形式。

（2）直装型：该型电磁缓速器直接安装到变速器的后面或驱动桥的差速器壳体上，具有结构紧凑和对整车的结构影响小的特点。它主要用于后置发动机客车和短轴牵引车。

（3）强制冷却型：该型电磁缓速器也是直接安装到变速器后面，但是其冷却方式是利用发动机的冷却液进行冷却，在进行连续强力制动时，其制动能力更强，可靠性更高，因此它特别适用于重型汽车。

第十一章　制动系统的维护与检修

第一节　制动系统的拆装与检测

一、制动系统的拆装

（一）汽车车轮制动器的拆装

1. 汽车钳盘式制动器的分解

（1）取下车轮装饰罩，拧松轮胎螺栓。

（2）将汽车支起。

（3）拆下轮胎螺母，取下车轮。

（4）用专用工具拆下制动油管，并将制动液放入容器中。

（5）用内六角扳手拆下两个制动钳壳体的固定螺栓，卸下制动钳壳体总成。

（6）从制动钳壳体上拆下保持弹簧和摩擦块等。

（7）取下活塞防尘罩。

（8）用压缩空气对进油口吹气，取出活塞及密封圈。

（9）拆下制动钳支架固定螺栓，取下制动钳支架。

（10）拆下制动盘固定螺钉，取下制动盘。

（11）拆下防溅盘。

2. 钳盘式制动器的装复

（1）装上防溅盘。

（2）装上制动盘，拧紧制动盘固定螺钉。

（3）装上制动钳支架，拧紧支架固定螺栓。

（4）分别在活塞、密封圈及活塞承孔中涂以制动液，并用专用工具将活塞装入制动钳壳体的承孔中。

（5）装上活塞防尘罩。

（6）装复制动油管。

（7）装上摩擦块及保持弹簧。

（8）装上制动钳壳体（应注意活塞要压到底），并拧紧两个紧固螺栓。

（9）排出制动管路中的空气。

（10）装上车轮，以 110 N · m 的力矩拧紧轮胎螺栓。

（11）降下举升器，使车轮落地。

（12）装上车轮装饰罩。

（二）汽车后轮制动器的拆装

1. 后轮制动器的分解

（1）用千斤顶支起后轮，松开车轮螺母，拆下车轮（也可与轮毂一起拆下）。

（2）用专用工具撬下轮毂盖，取下开口销和开槽垫圈，旋下调整螺母，取出止推垫圈。

（3）通过车轮螺栓孔向上拨动楔形调整块，使制动蹄摩擦片与制动鼓的间隙增大。

（4）拉出制动毂，用尖嘴钳拆下制动蹄保持弹簧、弹簧座圈和定位销。

（5）用旋具、撬棒或用手从下部的支架上提起制动蹄，取出下回位弹簧。

（6）用钳子拆下制动杆上的驻车制动拉索。

（7）用钳子取下楔形调整块弹簧和上回位弹簧。

（8）拆下制动蹄。

（9）将带推杆的制动蹄夹紧在台钳上，拆下定位弹簧，取下制动蹄。

（10）从制动底板上拆下制动分泵。

（11）制动分泵的分解步骤如下：①拆下泵体两端活塞防尘罩；②从泵体两端取出活塞和密封圈；③从泵体内取出弹簧；④取下放气螺栓防尘罩，拆下放气螺栓；⑤将制动蹄装上制动底板，靠住制动分泵；⑥装入下回位弹簧，提起制动蹄，将制动蹄装到下面的支架中；⑦装上楔形调整块的回位弹簧、制动蹄保持弹簧和弹簧座；⑧使制动蹄回位；⑨装上制动鼓及后轮轴承和螺母，然后调整好后轮轴承预紧度；⑩用力踩制动踏板一次，使制动蹄能正确就位，以自动调整制动蹄与制动毂的间隙，制动间隙为 0.2 ～ 0.3 mm。

2. 驻车制动器自由行程的调整

（1）松开驻车制动器。

（2）用力踩制动踏板一次。

（3）将驻车制动器手柄拉紧 2 齿。

（4）调整拉杆上的调整螺母，直到用手不能转动两个被制动的后轮为止。

（5）松开驻车制动拉杆，两个后轮应能转动自如。

（三）真空助力器与制动总泵的拆装

1. 真空助力器与制动总泵的拆卸

（1）拆下制动踏板与真空助力器推杆连接叉的锁片和销。

（2）拆下制动总泵上的四根油管。

（3）拧松真空管的卡箍，取下真空管。

（4）拆下真空助力器安装支架的固定螺栓。

（5）将真空助力器和制动总泵一起从车上卸下。

（6）拆下制动总泵与真空助力器的两只紧固螺母，使总泵与真空助力器分离。

2. 真空助力器的分解

（1）把助力器夹在专用工具中，并在前、后壳体上做上定位记号，将前后体相对转动。

（2）旋转专用工具上面的左右螺母，并把两根木条插在前体边缘和上压板之后均匀地向下旋紧 4 个助力器安装螺母，将前后体分开，然后取出膜片弹簧和推杆。

（3）从后体上拆下防尘罩。

（4）从后体上拆下膜片总成。

（5）从后体上拆下密封圈。

（6）将专用工具夹在台虎钳上，把膜片放在专用工具上进行旋转，使阀体与活塞分开。从助力器活塞上拆下膜片。

（7）把操作杆推入阀体，拆下定位键，拔出操作杆。

（8）从阀体上拆下橡胶块。

3. 制动助力器的装复

（1）把操作杆插入阀体，装上定位键。

（2）把橡胶块装入阀体。

（3）把膜片装入助力器活塞，再把阀体插入助力器活塞中。

（4）把泵体密封圈装入泵体，再把膜片装入泵体。

（5）把毛毡空气滤芯、海绵状滤芯、防尘罩依次装入泵体。

（6）把弹簧和推杆放入前壳体，用专用工具把弹簧压入前、后壳体之间，然后将前、后体旋转，直至前、后体的装配标记对准。

（7）装上真空管和空气管。

4. 总成装复

（1）合上总泵与真空助力器，以 20 N·m 的力矩拧紧制动总泵与真空助力器的 2 只紧固螺母。

（2）将真空助力器和制动总泵一起装在车上。以 20 N·m 的力矩拧紧真空助力器与安装支架的连接螺栓。

（3）装上真空管，拧紧真空管的卡箍。

（4）装上制动踏板与真空助力器推杆连接叉的锁片和销。

（5）装上储液罐，加制动液至最高（MAX）与最低（MIN）之间。

5. 制动踏板自由行程的调整

（1）关闭发动机，踩下制动踏板若干次，使制动助力器中没有空气。

（2）松开制动总泵助力器推杆上的调整螺母，转动 U 形叉改变推杆长度，调短推杆，则踏板自由行程增大，调长推杆，则踏板自由行程减小。调好后应拧紧锁紧螺母。

（3）先测量出制动踏板的自由高度，然后压下踏板至感到稍有阻力，再次测量出踏板高度，两高度之差即踏板自由行程。

6. 制动系统空气的排出

（1）将一根软管一端插到放空气螺钉上，另一端插入一容器中。

（2）一人用力快速踩下放松制动踏板数次后，踩下制动踏板不动。

（3）另一人拧松放空气螺钉，管路中的空气随制动液一起从软管中流出，排出空气后将放空气螺钉拧紧。

（4）重复上述步骤多次，直至流到容器中的制动液无气泡。

（5）取下软管，拧紧放空气螺钉，装上防尘罩。

（6）观察储液灌制动液液面高度，看是否需要添加制动液。

二、气压制动系统的拆装

（一）汽车车轮制动器的拆装

1. 汽车车轮制动器的分解

（1）拆下半轴，用专用套筒拆下轮毂轴承锁紧螺母，依次取出锁紧垫圈、外油封及油封外壳。

（2）拆下轮毂调整螺母，取下轴承，卸下轮毂总成。

（3）用专用弹簧拉钩拆下回位弹簧。

（4）从蹄片轴上拆下两个开口销，取下垫板和两个制动蹄片总成。

（5）拆下蹄片轴固定螺母，取下弹簧垫圈、蹄片轴。

（6）拆下制动气室推杆与调整臂之间的开口销，取下连接销。

（7）拆下制动气管与制动气室。

（8）从凸轮轴上拆下调整臂开口销及垫圈，取下调整臂总成。

（9）抽出制动凸轮及制动凸轮支承垫圈。

（10）拆下制动气室凸轮支架或凸轮支撑座和凸轮支架（后轮制动器）。

（11）拆下制动底板紧固螺栓，卸下制动底板（后轮制动器是铆钉连接，如无松动不需分解）。

（12）从轮毂上拆下制动鼓。

2. 汽车车轮制动器的装复

（1）装上制动底板，交叉拧紧底板固定螺栓。

（2）装上蹄片轴，使蹄片轴偏心朝向另一蹄片轴，套上弹簧垫圈，拧紧蹄片轴紧固螺母。

（3）装上制动凸轮支承座及螺栓、弹簧垫圈和螺母，穿上钢丝锁线，再将螺母拧紧。

（4）分别在支承座和支架的承孔中压入衬套。

（5）在后桥壳上装上制动凸轮支架。

（6）将支承垫圈套在制动凸轮上，并把制动凸轮花键端穿过制动底板支承座及支架，再装上调整垫片、调整臂总成和垫圈，锁好开口销。应注意制动凸轮左右不能装反。

（7）将制动气室总成装在支架上，再把制动气室推杆与调整臂用连接销连接，然后锁好开口销。

（8）按原标记装上制动蹄片，用弹簧拉钩将回位弹簧装上。

（9）装上蹄片轴垫板，并装好开口销。

（10）将制动鼓与轮毂装复。

（11）装上轮毂内油封和内轴承。

（12）抬上轮毂总成，再装上轮毂外轴承和调整螺母，调整轴承预紧度。

（13）依次装上油封外壳、外油封、锁紧垫圈和锁紧螺母。应注意油封外壳及锁紧垫圈上的孔必须对准调整螺母的定位销，再按规定力矩拧紧锁紧螺母。

3. 汽车车轮制动器的调整

（1）轮毂轴承的预紧度：顺时针转动调整螺母，拧紧后退出 1/6 ～ 1/4 圈，轴向拉动轮毂无松动感觉，轮毂能灵活转动为宜。

（2）制动鼓与制动蹄片的间隙：①顺时针转动制动器调整臂蜗杆，前车轮制动器的蹄毂间隙变小；逆时针转动制动器调整臂蜗杆，则前轮制动器蹄毂间隙变大。应注意后车轮制动器调整臂蜗杆与前车轮制动器调整臂蜗杆的调整转动方向相反。

②将蹄片轴偏心的一侧向外转动，蹄片轴端间隙变小，凸轮轴端间隙变大；反之，蹄片轴端间隙变大，凸轮轴端间隙变小。调好后，将蹄片轴螺母拧紧，再用塞尺从制动鼓监视孔检测间隙。

（二）气阀式空气压缩机的拆装

1. 气阀式空气压缩机的分解

（1）缸体与缸盖，步骤如下：①拆下缸盖螺栓，将缸盖卸下；②用专用工具拆卸进气阀导向座和排气阀座，取出气阀弹簧、阀片、进气阀座、气阀导向座及密封垫等；③拆卸松压阀盖、卡簧和松压阀体，取出松压阀杆；④拆下曲轴箱底盖，把要拆的活塞曲柄连杆轴颈转至下部。

（2）曲柄连杆机构，步骤如下：①从底部拆下开口销，拧下螺母，取下螺栓、连杆盖及垫片，应注意连杆盖记号，以便与连杆装配；②用木棒将连杆及活塞从缸体中顶出；③拆下活塞环，用同样方法拆下另一缸活塞连杆组；④拆下带轮；⑤拆下曲轴箱上前后盖和前后球轴承，取出曲轴。

2. 气阀式空气压缩机的装复

（1）曲轴，步骤如下：①将曲轴装入曲轴箱，然后在曲轴两端装上轴承，并卡上卡簧，应注意曲轴安装方向；②将后盖油堵及弹簧装入曲轴后端，装上后盖及密封垫，拧紧后盖固定螺栓；③装上前盖及密封垫，拧紧固定螺栓；④装上带轮，拧紧带轮紧固螺母，装上开口销。

（2）活塞连杆，步骤如下：①将活塞环装在活塞上，活塞环内切口朝上，活塞环端口互成 90°；②转动曲轴，使曲轴轴颈处于下止点位置；③将活塞连杆总成从气缸上部装入，再装上垫片及连杆盖，并以 14.7 ～ 16.6 N · m 的力矩拧紧连杆螺栓，最后装上开口销。

（3）缸盖，步骤如下：①按拆卸的相反次序安装进、排气阀等零件，将弹簧与阀片装入进、排气阀导向座并正确定位后，分别拧紧进气阀导向座和排气阀导向座；②缸盖 6 个螺栓按规定次序分 2 次拧紧，最后的拧紧力矩为 11.76 ～ 16.66 N · m。

第二节　制动系统维护

一、气压制动控制机构的检查与调整

（一）检查

1. 压气机皮带松紧度的检查

汽车每行驶 3000 km 后，应检查压气机的皮带松紧度，以 30 ～ 50 N 的力按下皮带中间，检查其挠度。EQ1092 型汽车为 15 ～ 20 mm，CA1092 型汽车为 10 ～ 15 mm。

2. 压气机充气性能的检查

发动机在中等转速下，4 min 内气压表的指示气压从 0 MPa 升至 0.4 MPa，6 min 内从 0 MPa 升至 0.8 MPa；停止压气机运转 3 min，其气压表的下降应不超过 0.01 MPa 为正常。

3. 压气机缸盖的检查

汽车每行驶 48 000 km 后，应拆下压气机缸盖进行检查。

（1）压气机缸盖上的进、排气阀座不应有松动现象。

（2）进、排气阀座上的弹簧不应折断、失效，阀片不应有严重的磨损或烧蚀。

4. 压气机空气滤清器滤芯的清洗与更换

汽车每行驶 12 000 km 后，应清洗滤芯。汽车每行驶 36 000 km 后，应更换滤芯。

（二）调整

1. 压气机皮带松紧度的调整

（1）松开压气机底座支架上的固定螺栓；

（2）将调整螺栓顺时针拧动，则皮带张紧，反之则松弛；

（3）调整合适后，将固定螺栓拧紧。

2. 气压调节阀的调整

（1）松开锁紧螺母；

（2）拧动调整螺钉，拧进则最高气压升高，拧出则最高气压降低；

（3）调整合适后，拧紧锁紧螺母。

二、储气筒单向阀及管路的检查

（一）储气筒单向阀的检查

汽车每行驶 48 000 km 后，应拆下单向阀进行清洗和检查。若发现阀门有阻滞、破损或密封不严等现象，即应修理或更换。

（二）管路的外部检查

（1）气制动管路不能有凹瘪及破损。

（2）各接头连接牢固、可靠。

（3）整车管路密封性的检查：在气压为 0.8 MPa 的情况下，将制动踏板踩到底，待气压稳定后，观察 3 min，气压降低值应不超过 0.02 MPa。检查漏气位置时，可用察听法，也可以在各接头处涂上肥皂水检查。

（三）制动阀的检查与调整

1. 制动阀的检查

汽车每行驶 80 000 km 后，应对制动阀进行解体检查。

（1）检查平衡弹簧的弹力是否减弱。

（2）检查两腔的膜片有无老化、破损。

（3）检查阀门的导向表面是否生锈、发卡阻滞，以及工作面有无磨损，若有则应更换。阀门的小孔必须畅通，不得堵塞。

2. 制动阀的调整

（1）排气间隙的调整（同自由行程调整中的部分）。

（2）最大制动输出气压的调整，步骤如下：①将制动踏板踩到底；转动调整螺钉，这时调整螺钉与拉臂的限位块接触；②重新将制动踏板踩到底，在制动气压仍为 550 kPa ～ 580 kPa 后，拧紧锁紧螺母。

3. 两腔气压差的调整

在制动阀后腔有一推杆，用它来调整两腔的气压差。

（1）拆下后腔塑料罩，松开锁紧螺母。

（2）踩下制动踏板到任一位置。

（3）转动调整螺母（拧进则后腔输出气压降低，拧出则增高），使后腔的输出气压较前腔低 9.8 kPa ～ 39.2 kPa。

（4）松开制动踏板，再踩下任一位置，两腔气压差仍为 9.8 kPa ～ 39.2 kPa 后，拧紧锁紧螺母，装好防尘罩。

三、液压式制动系统的维护

（一）液压制动控制机构的检查与调整

1. 制动液液面的检查和添加

制动液储液室位于制动主缸的上方，在其上面有制动液面最高（MAX）和最低（MIN）标记，正常情况下，制动液面处于“MAX”与“MIN”之间。

（1）制动液的液面高度可以反映制动蹄摩擦片的磨损程度，当汽车行驶一段时间后，制动液面会有较小的下降。

（2）若制动液液面已降到“MIN”刻度，且制动蹄摩擦片已到磨损极限，暂不必加油。

（3）若制动液降到刻度“MIN”以下，应添加制动液。但在加入之前，先要检查制动系统有无异常。

2. 制动液的更换与排气

（1）制动液的更换：制动液一般具有腐蚀性，所以在更换时切不可与油漆相接触。而且它还具有较强的吸湿性，能吸收周围空气中的水分，时间久了会使制动液的效能降低，因此，应每两年更换一次制动液。在更换制动液时，将软管一头接在打开的放气螺塞上，另一头插到一个容器中（容器中有部分制动液），然后用力踩制动踏板，从各制动轮缸中放出全部制动液，再按规定在制动液储液室中充加新的制动液。

（2）制动系统的排气，步骤如下：①启动发动机，使其处于怠速运转；②将软管一头接在放气螺塞上，另一头插在一个盛有部分制动液的容器中；③用力踩下制动踏板，并保持住压力，然后拧松放气螺塞，如此重复，直到制动液中无空气为止。排气顺序为右后轮—左后轮—右前轮—左前轮。

应注意在装有制动压力调节阀的汽车上，放气过程中应不断地按动汽车后部；要时刻观察制动液储液室内的制动液液面，随时添加制动液直至制动系统中的空气放净为止。

3. 制动踏板自由行程的检查与调整

（1）制动踏板自由行程的检查，步骤如下：①对于装有真空助力器的车辆，应先将发动机熄火，踩制动踏板数次，直到助力器中不存在真空为止；②踩制动踏板，直到感觉到稍有阻力时为止，测量其自由行程。

（2）制动踏板自由行程的调整，步骤如下：①拆下制动踏板与制动主缸推杆的连接销；②松开锁紧螺母；③转动 U 形夹，使调整孔中心至底板面的距离为 230.0 ± 0.5 mm，旋出 U 形夹，制动踏板自由行程减小，反之则增大；④拧紧锁紧螺母，装上连接销。

4. 制动主缸及制动管路的检查

（1）检查制动主缸是否有渗漏或损坏，若有则更换新件。

（2）检查轴动软管是否磨损、有孔或老化，若有应立即更换。

（3）制动管路不能扭曲、凹瘪，否则应进行校直或更换。

5. 真空助力器的检查

（1）将发动机熄火，然后用力踩制动踏板数次，以消除真空助力器内的真空。

（2）用中等压力踩下制动踏板，并保持在一定的位置，然后启动发动机。

（3）若感觉制动踏板的位置有所下降，则真空助力器功能正常，否则应检查真空管路。若真空助力器损坏，应整体予以更换。

6. 制动报警灯及制动灯开关的检查与调整

（1）制动报警灯的检查：制动报警灯安装在隔板上，当驻车制动器拉杆上一个槽时，报警灯应发亮，而当拉杆回位后灯则应熄灭（在点火开关接通时）。检查报警灯电路，释放驻车制动器，应注意使灯熄灭。打开一轮缸放气螺塞，踩下制动踏板时灯应发亮。

（2）制动灯开关的调整：松开锁紧螺母，转动制动灯开关，直至柱塞端部与开关座相距 2.2 ～ 2.5 mm 为止，拧紧锁紧螺母，检查开关工作情况。

7. 制动压力调节器的检查与调整

（1）制动压力调节器的检查：检查时，用力踩下制动踏板，并迅速地松开，调节杠杆应该移动，否则需要进行调整。

（2）制动压力调节器的调整，步骤如下：①将汽车前轮吊起，让负载完全牵引后桥；②用制动压力调节器上的杠杆压住靠着汽车背面的挡块；③拧松弹簧一端的螺母，固定弹簧并使之不留下任何间隙；④用 25 N · m 的力矩拧紧螺母。如果制动压力调节器有渗漏，必须更换。

（二）液压制动器的检查与调整

1. 盘式车轮制动器的检查与调整

（1）检查步骤如下：①支起车轮，拆下制动钳，取下制动衬块；②检查制动盘的工作表面，应无明显沟槽，否则需进行光磨；③检查制动盘的厚度，若超出极限应更换制动盘；④用百分表检查制动盘的端面跳动，其值不应大于 0.06 mm，否则应换；⑤测量制动衬块的厚度，若超出极限应更换制动衬块。

（2）调整：由于盘式制动器的制动轮缸中装有弹性密封圈用以自调间隙，所以在装配过程结束后，用力将制动踏板踩几次，使制动蹄在它的正常位置，制动器间隙自动调整。

2. 鼓式车轮制动器的检查与调整

（1）检查步骤如下：①检查制动鼓是否有裂纹、破损，若有应更换；②用游标卡尺测量制动鼓内径尺寸，若超出极限应更换制动鼓；③检查制动蹄摩擦片，应无破损；测量其厚度，若超出极限应更换制动蹄总成；④检查制动轮缸是否泄漏，防尘罩是否完好；⑤检查制动蹄回位弹簧有无折断和弹力减弱，若有应更换。

（2）调整：由于鼓式制动器中装有楔形调节块用以自调制动器间隙，因此在使用过程中或装配工作结束后，无需对制动器间隙进行调整。

3. 驻车制动器的检查与调整

（1）检查同前述驻车制动器的检查。

（2）调整步骤如下：①松开驻车制动器；尽量拧松调整螺母；②用力踩下制动踏板一次；将驻车制动器操纵杆拉过三个棘齿（三响）；③拧紧调整螺母，直到两只后轮刚好用手转动为止；④松开驻车制动器，两只后轮应能自由转动。

第三节　制动系统故障诊断与检测

一、液压式制动系统故障分析

（一）制动失效的诊断与排除

1. 故障现象

汽车行驶中，迅速将制动踏板踩到底时，无制动作用。

2. 主要故障原因

（1）制动液不足或没有制动液。

（2）制动主缸或轮缸密封圈磨损严重或破损。

（3）制动管路破裂或接头松脱、系统中有空气。

3. 故障诊断

（1）检查储液罐是否缺少制动液，并及时进行添加补充。

（2）检查有无漏油现象、各油管是否松动等。

（3）踩动制动踏板，检查放气螺钉的出油情况。出油时有气泡，应进行放气；出油无力或不出油，表明主缸工作不良；出油急促有力，表明故障在制动轮缸。

（二）制动不良的诊断与排除

1. 故障现象

踩下制动踏板时，不能产生足够的制动力，致使车辆制动距离过长。

2. 主要故障原因

（1）制动踏板自由行程过大，系统堵塞、漏油或有空气。

（2）制动蹄与制动鼓或制动盘贴合不良，制动间隙过大。

（3）摩擦片沾有油污、磨损严重、铆钉外露等。

（4）制动液变质、真空助力器工作不良或失效。

3. 故障诊断

（1）检查储液罐中制动液数量和质量，检查调整踏板自由行程。

（2）踩下踏板时有弹性感，说明制动系统中混有空气，应进行放气。

（3）踩下制动踏板时，感觉较硬，制动仍然无力，可检查放气螺钉出油情况。出油无力，表明制动管路有堵塞现象或主缸活塞有卡滞现象；出油急促有力，表明轮缸活塞卡滞、制动蹄与制动鼓或制动盘贴合不良或其表面沾有油污、磨损严重等。

（4）连续踩动几次制动踏板，使踏板高度升高后，用力将其踩住。制动踏板若有缓慢或迅速下降现象，说明制动管路有渗漏部位或轮缸密封圈损坏。

（5）连续踩动几次制动踏板，若仍感觉踏板低而软，应检查主缸进油孔及储液罐空气孔有无堵塞。

（6）踩动制动踏板时出现金属撞击声，则为主缸密封圈损坏或主缸活塞回位弹簧过软及折断等，应更换制动主缸。

（7）制动踏板沉重时，表明真空助力器失效，应对助力器总成及真空管路进行检修。

（三）制动拖滞的诊断与排除

1. 故障现象

制动后抬起制动踏板时，车辆行驶无力，起步困难，制动鼓或制动钳发热。

2. 主要故障原因

（1）制动踏板自由行程、制动间隙、主缸活塞与推杆间隙过小，以及踏板回位不良等。

（2）制动主缸或轮缸活塞卡滞、主缸补偿孔或管路堵塞、活塞回位弹簧弹力减弱。

（3）制动蹄回位弹簧弹力减弱、制动钳支架或制动底板松动、制动盘翘曲变形。

（4）真空助力器内部卡滞。

（5）驻车制动装置调整不当或拉索卡滞。

3. 故障诊断与排除

（1）检查、调整制动踏板自由行程。

（2）停车后检查各车轮制动鼓（制动钳）是否过热，或将车辆支起后检查各车轮转动情况。若各车轮均过热或转动不灵活，故障一般在制动主缸之前，应检查制动主缸及真空助力器。

（3）个别车轮存在转动不灵活及过热现象，故障一般在该轮制动器及制动轮缸，应检查车轮制动器及其制动轮缸的工作性能。

（四）制动跑偏的诊断与排除

1. 故障现象

制动时，左、右轮制动效能不同，致使车辆向一侧偏斜。

2. 主要故障原因

制动跑偏是由两侧车轮受力不等或制动生效时间不一致所致。

（1）两侧轮胎气压不同、磨损程度不一致。

（2）一侧制动轮缸工作不良、一侧管路漏油或存在空气。

（3）一侧制动蹄或制动钳摩擦片沾有油污、制动鼓或制动盘变形、制动底板或制动钳松动。

（4）两侧车轮制动器制动间隙、摩擦片磨损程度不一致。

（5）压力调节器调整不当或制动压力分配阀失效。

（6）两侧轮毂轴承预紧度调整不一致。

（7）前轮定位失准，两侧主销内倾、主销后倾、车轮外倾角不一致，前束不正确，悬架固定件松动等。

3. 故障诊断与排除

（1）制动时车辆向一侧偏斜，说明另一侧车轮制动迟缓或制动力不足，应检查该侧制动管路有无凹瘪及漏油现象。

（2）若上述情况良好，可对该轮轮缸进行排气，并检查轮胎气压及其磨损程度。

（3）检查制动底板或制动钳支架是否松动，并检查、调整轮毂轴承预紧度。

（4）拆检制动器，检查摩擦片是否有油污，同时应检查制动蹄、制动鼓或制动钳、制动盘是否变形严重，以及制动轮缸是否工作不良等。

（5）检查压力调节器或制动压力分配阀。

（6）检查、调整前轮定位参数。

（五）制动器异响的诊断与排除

1. 故障现象

车辆行驶或制动时，制动器发出不正常的响声。

2. 主要故障原因

（1）摩擦片磨损严重、硬化或破裂、铆钉外露。

（2）制动鼓或制动盘变形或磨损起槽。

（3）制动底板或制动钳支架松动，造成制动鼓与制动底板或制动钳与制动盘相碰擦。

3. 故障诊断

（1）车辆未制动时，制动器即发出不正常的响声，应检查制动底板或制动钳支架是否松动、制动底板是否明显翘曲变形、制动蹄定位弹簧是否损坏等。

（2）车辆制动时制动器发响，应检查制动蹄片的损伤程度，以及制动鼓、制动蹄及制动盘有无明显变形、制动器各运动副润滑是否良好等。

第十二章　车轮防抱死制动系统与驱动防滑系统

第一节　防抱死制动系统的组成及工作原理

一、防抱死制动系统的组成

如图 12-1 所示，防抱死制动系统（ABS）一般由车轮速度传感器、液压调节系统和 ECU 三大部分组成。

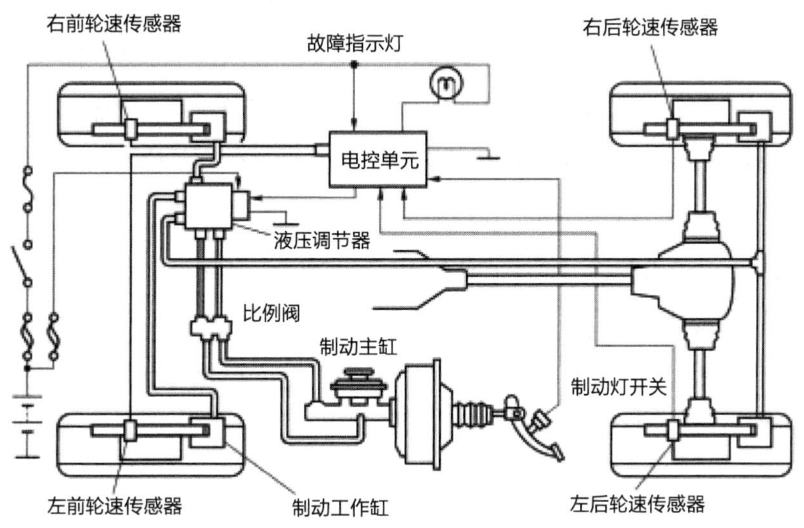

图 12-1　防抱死制动系统的基本组成

（图片来源：尹学飞，朱北平，王冬冬. 汽车实训指导）

二、防抱死制动系统的基本工作原理

（一）防抱死制动系统的结构

四个轮速传感器检测车轮速度的变化信号，并将车轮速度信号输送到 ECU。ECU 对轮速传感器输送来的车轮速度信号进行处理，并根据处理结果适时地向液压调节系统发出控制指令。液压调节系统是防抱死制动系统的执行机构，它根据 ECU 发出的指令控制车轮制动器工作缸中的制动液压力，使其迅速变大或变小，防止车轮抱死。

（二）防抱死制动系统的工作原理

按照汽车制动理论，制动时若车轮抱死，车轮滑移率为 100%，汽车侧向制动力大幅度降低，会造成汽车侧滑和转向失控。而当滑移率为 10% ～ 20% 时，可以最大限度利用纵向制动力和侧向制动力，使汽车在制动时获得最理想的制动性能和转向操纵性能。

汽车行驶时，车轮上的轮速传感器将车轮速度信号以电压的方式传输到 ECU。制动时，驾驶员施加足够大的制动踏板力，ECU 计算、分析和判断滑移率和制动减速度。当感知车轮临界抱死状态时，ECU 即向液压控制单元（hydraulic control unit, HCU）发出制动调节指令，对车轮的制动压力进行降压调节，使车轮转动加快，以防止车轮抱死。ECU 能指挥 HCU 反复制约车轮减速而又达到防止车轮抱死的目的。

在车轮制动过程中，一个 ABS 制动压力调节过程分为三个阶段，即制动车轮分泵油压增压—恒压—卸压—再增压的循环过程。每个循环仅 0.10 ～ 0.25 s，电磁阀每次调节作用时间仅 0.002 s，切换动作极其迅速，使汽车转动的车轮刹住—释放—刹住—释放，直至汽车车速与轮速同时达到零为止。

增压过程：通过控制各自回路管压的 HCU 进油阀，在制动时建立制动压力（HCU 进油阀在无压时常开）。

恒压过程：液压电控单元（hydraulic electronic control unit, HECU）一旦识别到车轮趋于抱死时，进油阀立即关闭，此时，即使驾驶员进一步增加制动踏板力，制动压力也不会上升。

卸压过程：如果在恒压过程中，车轮抱死的危险性继续存在，HCU 出油阀（无压时常闭）立即打开以释放压力，制动压力减弱，车轮转速又上升（不抱死）。

如果车轮滑移率变得太小，即制动太弱，则 HECU 又会通过进油阀增压，直到将车轮滑移率控制在 15% ～ 30% 内。ABS 制动压力调节过程如此反复循环，每秒约 7 次。制动压力调节过程在各个制动回路同时进行，但又彼此独立。

如果制动过程中车轮没有抱死的迹象，防抱死制动系统不参与工作，此时制动主缸中的制动液直接通过液压调节系统进入各工作缸产生制动力。

如果车轮将要抱死，ECU 就会从车轮速度信号的变化中判断出来，并向液压调节系统发出控制指令，液压调节系统使工作缸中的制动液压力降低，防止车轮抱死。由于制动液压力降低，制动力下降，车轮转速必然上升，滑移率下降，当滑移率降低到

一定程度时，液压调节系统又使工作缸中的制动液压力升高，增大制动力，等车轮再要抱死时再进行降压。液压调节系统以每秒十几次的频率重复上述动作，从而自动地调节各制动工作缸中的制动液压力，使车轮的滑移率保持在 15% ～ 20%，以保证汽车制动的稳定性和获得最佳制动效果。

如果防抱死制动系统在使用中出现故障，防抱死制动警告灯会点亮发出警告。此时电控单元会自动停止防抱死制动系统的工作，并让普通制动系统继续工作，以保证汽车的安全性。

第二节　ABS 的控制

一、汽车防抱死控制的基本理论

汽车制动过程是由汽车制动力矩与地面附着力构成的动力学系统来描述的，而地面附着力是由轮胎与地面相互作用而产生的，汽车在制动过程中，车轮将产生滑移。

当滑移率为零时，车轮处于自由滚动状态，这时没有制动力作用。在制动力作用下，滑移率达到 100%，会使车轮抱死，而对大多数情况而言，车轮滑移率在某个特定值下有最大的附着力系数。制动的目的之一是为了达到最短的制动距离，若车轮滑移率维持在峰值附着力系数处就可以得到最大的地面附着力，即最短的制动距离。同时，在峰值附着力系数处的侧向力也较大，对维持汽车的制动稳定性十分有利。而防抱死系统具有峰值附着力系数的最佳滑移点。

在制动过程中，实际轮胎经常会受到侧向力而发生侧偏移和侧滑移现象，如制动时避免障碍物、转弯制动、在分离附着力系数路面上（一边车轮在高附着力系数，另一边车轮在低附着力系数路面上制动）等。从制动稳定性的角度来说，在转弯制动的情况下，前轮首先抱死时，则汽车的侧向力减小，车轮失去转向能力，汽车将沿轨迹的切向方向抛出，使汽车失控。当后轮抱死时，汽车将产生较大的侧摆力矩，导致汽车失稳。因此，在制动状态下要想同时得到最短制动距离和制动稳定性，应使汽车滑移率保持在峰值附着力系数附近。但在实际制动过程中汽车驾驶员很难做到这一点的，而且在紧急制动情况下汽车驾驶员更难顾及这种最佳操作，而 ABS 恰恰可以实现这一目的。

目前，大多数 ABS 的控制采用逻辑门限值的方法，其基本原理是将汽车车轮的减速度（或角减速度）和加速度（或角加速度）作为主要控制门限，将汽车车轮的滑移率作为辅助控制门限。因为若仅采用其中任何一种门限作为防抱死制动控制，都存在着较大的局限性。例如，若仅将车轮的加、减速度作为控制门限，当汽车在湿滑路面高速行驶过程中进行紧急制动时，车轮的滑移率离进入不稳定区域较远，车轮的加速度就可能达到控制门限，而这时由于滑移率很小，防抱死控制逻辑在以后的控制中就可能失效。而对于驱动车轮，如果制动时没有分离离合器，车轮系统存在着很大的转动惯量，会造成车轮滑移率已进入不稳定区域，而车轮的减速度却未达到控制门限，导致过早抱死，严重影响控制效果。因此，仅以固定的滑移率门限作为防抱死控制门限，很难保证在各种路面情况下都能获得最佳的控制效果。如果将车轮的加、减速度控制门限和滑移率控制门限值结合起来，就有助于对路面情况的识别，提高系统的自适应控制能力。防抱死逻辑使滑移率在车轮峰值附着力系数附近波动，从而获得较大的车轮纵向和侧向力，使汽车同时具有较短的制动距离和制动稳定性。

在制动的初始阶段，随着汽车驾驶员踏下制动踏板，制动压力上升，车轮产生制动减速度。当车轮达到某一减速度值时，说明车轮有抱死倾向，车轮状态已处于不稳定的区域。此时，电子控制单元命令制动力矩减小，即进行压力释放，这时车轮由于惯性力及机械系统滞后仍有一段制动减速度下降，随后制动减速度开始上升，最终产生车轮角加速度，这表明车轮已恢复到稳定的车轮特性区域内，如果继续进行制动压力释放就会导致车轮附着力系数减小，并最终使制动力丧失。而当车轮达到稳定区域时，应尽可能多地停留在这一区域内，这样制动力和侧向力都较大。当车轮运动状态达到一定加速度门限后，制动压力进行保持，车轮由于惯性的原因加速度会继续上升一段时间，然后呈下降的趋势，这时如果不改变制动压力状态，维持保压，车轮减速度比较小，达不到峰值附着力系数，则制动距离长。因此，当加速度下降到某一门限时，制动压力要重新开始增加，以使制动状态能长时间地停留在稳定区域内。为此采用交替式的增压保压，获得不同的压力增加速率，得到最优的制动效果。

二、控制方法

ABS 的控制效果主要取决于系统所采用的控制方法和控制通道。

在 ABS 的最初发展阶段，博世公司进行了比较多的开发研究工作，目前许多实用的 ABS 大多数就是根据该公司研制的 ABS 发展起来的。下面以博世公司研制的

ABS 为例，来说明采用逻辑门限值控制方法进行防抱死制动的控制过程。

（一）在高附着力系数路面上的防抱死控制过程

在制动初期，如果测得汽车车轮的角速度低于角减速度控制门限值时，则取此刻的车轮速度作为汽车的初始参考车速，然后汽车参考车速可依据汽车各个车轮的减速度，并可由此计算出车轮在任一时刻的参考滑移率。

在制动初始阶段，随着制动压力的增大，车轮的角减速度也在增大，直至车轮的角减速度达到设定的角减速度控制门限，控制过程进入第一阶段。为了避免车轮在处于稳定区域的滑移率范围内时进入防抱死制动压力减小阶段，此时还需对车轮的参考滑移率与设定的滑移率控制下门限值进行比较。如果车轮的参考滑移率小于控制下门限值，说明车轮的滑移率偏小，控制过程进入第二阶段（制动压力保持阶段）。为了使车轮充分地进行制动，车轮的参考滑移率大于滑移率控制下门限值时，说明车轮已进入不稳定区域，控制过程进入第三阶段（制动压力减小阶段）。由于车轮的制动压力减小，车轮在整个汽车的惯性作用下开始加速，当车轮的角减速度小于设定的角减速度控制门限值时，就进入第四阶段（制动压力保持阶段）。但由于整个汽车的惯性作用，车轮仍继续加速，角减速度由负值增加到正值，直到超过设定的角加速度控制门限值。为了适应可能出现的高附着力系数突然增加的情况，可以设定第二角加速度控制门限值。在给定的压力保持时间内，如果车轮的角加速度不能超过第一次设定的控制门限值，则判定路面情况为低附着力系数路面，以后的控制过程将按在低附着力系数路面上的控制过程进行。如果车轮的角加速度超过了第一控制门限值，则继续进行保压，此时可能会出现两种情况：一是车轮的角加速度再次低于控制门限值，说明车轮已恢复到稳定区域；二是附着力系数突然增大而使车轮的角加速度超过设定的第二角加速度控制门限值，为适应附着力系数的增大，使制动压力再次增大，进入第五阶段，直到车轮的角加速度低于控制门限值，然后进入第六阶段（制动压力保持阶段），使汽车车轮又恢复到稳定区域。当车轮恢复到稳定区域后，为了使车轮在更长的时间内处于稳定区域，控制过程进入第七阶段，即对制动压力进行增大和保持的快速转换阶段，使制动轮缸的制动压力以较低的速率增加，这时电磁阀以增压—保压的方式不断进行切换，直到车轮的角减速度再次低于控制门限值后，开始进入第八阶段，即制动压力减小阶段。此时不再考虑参考滑移率是否超过控制门限值，从而进入下一循环的防抱死制动控制，完成了一个防抱死控制循环过程。

（二）在低附着力系数路面上的防抱死控制过程

低附着力系数路面上的防抱死控制过程的第一、第二阶段与在高附着力系数路面上的控制过程相同。在进入第三阶段后，在给定的保压时间内，由于路面的附着力系数比较低，车轮加速会很慢，车轮的速度恢复得比较慢，无法达到加速度控制门限值，电子控制单元由此判定汽车处于低附着力系数路面，为了使系统稳定，电子控制单元将控制制动压力调节单元以较低的减压梯度进行减压，直到车轮的角加速度超过设定的控制门限值，此后就进入第四阶段，进行制动压力保持，这时同在高附着力系数路面上的情况一样。保压阶段一直持续到车轮的角加速度再次低于角加速度控制门限值以后，就进入第五段，以比较低的压力升高率使制动压力增大，直到车轮的角减速度低于角减速度控制门限值后，就开始进入下一循环的防抱死制动控制。高、低附着力系数路面的识别，关键在于判断在保压阶段所给的时间段内车轮角加速度是否能达到控制门限值，电子控制单元根据识别得出的路面状况，施加不同的防抱死控制逻辑。

（三）由高附着力系数路面突然变到低附着力系数路面的防抱死控制过程

在防抱死制动控制过程中，有时会出现车轮由高附着力系数路面突然进入低附着力系数路面的情况，例如，汽车由干燥的柏油路面或水泥路面驶入结冰路面时就属于这种情况。在这种情况下的防抱死控制过程主要是考虑制动控制的可靠性。假设在上一个防抱死制动控制循环的最后阶段结束而下一个制动控制循环开始时，车轮突然由高附着力系数路面进入低附着力系数路面，此时制动压力仍然保持在与高附着力系数路面相适应的较高压力，由于在本循环中路面的附着力系数比较小，在制动压力减小阶段（第二阶段），车轮的参考滑移率不仅会超过控制下门限值，还会超过控制上门限值，因此，在此阶段当车轮的角减速度从低于控制门限值变化到高于控制门限值时，要判定车轮的参考滑移率是否超过控制上门限值。如果车轮的参考滑移率大于控制上门限值，说明车轮已处于不稳定区域，此时电子控制单元将发出指令，不进入制动保压阶段，而是继续减小制动压力，直到车轮的角加速度高于控制门限值（第三阶段），此后再进入制动压力保持阶段，直到车轮的角加速度又低于控制门限值（第四阶段）。然后再以较低的压力升高率使制动压力增大，直到车轮的角减速度再次低于控制门限值（第五阶段），至此这一控制循环结束，随后便进入下一个防抱死制动控制循环。从这一循环可以看出，在高附着力系数路面上，保持了较高的制动压力，通过此循环，就能变成在低附着力系数路面上需要的较低的制动压力，使防抱死控制系统具有较强

的自适应能力。

三、控制通道

ABS 中能够独立进行制动压力调节的制动管路称为控制通道，ABS 按控制通道数可分为单通道系统、双通道系统、三通道系统和四通道系统。

如果车轮的制动压力可以进行单独的调节，与其他车轮的控制无关，则称该车轮为独立控制。独立控制方式能使每一个车轮都根据各自的防抱死控制算法达到最大的附着力系数利用率，得到最佳的制动效果。但在综合四个车轮的控制时，在很多情况下不能得到最佳的制动效果，这主要是由于在分离附着力系数路面上行驶时，左右车轮上产生的制动力不同，将导致附加的侧摆力矩，使汽车失去操纵稳定性。独立控制方式主要用于汽车的主要承载轴或驱动轴，对轿车而言主要应用于前轴，对中、重型汽车而言主要应用于后轴。

第三节　驱动防滑系统

一、驱动防滑系统的理论基础及特点

汽车驱动防滑系统（acceleration slip regulation, ASR）也是一种主动安全装置，可根据车辆的行驶行为使车辆驱动轮在恶劣路面或复杂路面条件下得到最佳纵向驱动力，能够在驱动过程中，特别在起步、加速、转弯等过程中防止驱动车轮发生过分滑转，使汽车在驱动过程中保持方向稳定性和转向操纵能力及提高加速性能等。故又称为牵引力控制系统（traction control system），即 TCS。

（一）ASR 的理论基础

如果车辆在摩擦系数很小的路面上启动或迅速加速，驱动轮就会高速空转，这不但会导致力矩损失，还可能使车辆打滑。发动机能传送至车轮的最大力矩是由路面与轮胎表面之间的摩擦系数决定的。如试图将超过这个最大值的力矩传送至车轮，就很容易使车轮空转。大多数情况下，当试图使车辆迅速起步时，驾驶员会猛踩下加速踏板，车轮空转，导致牵引力和扭矩损失。

ASR 就是利用控制器控制车轮与路面的滑转率，防止汽车在加速过程中打滑，特

别是防止汽车在非对称路面或转弯时驱动轮的空转，以保持汽车行驶方向的稳定性、操纵性和维持汽车的最佳驱动力及提高汽车的平顺性。

（二）ASR 与 ABS 的比较

ASR 和 ABS 是控制车轮和路面的滑转率和滑移率，以使车轮与地面的附着力不下降，因此两系统采用的是相同的技术，它们密切相关，常结合在一起使用，共享许多电子组件和共同的系统部件来控制车轮的运动，构成行驶安全系统。

ASR 系统与 ABS 系统的不同主要如下。

（1）ABS 是防止制动时车轮抱死滑移，提高制动效果，确保制动安全；ASR 则是防止驱动车轮原地不动而不停滑转，提高汽车起步、加速及滑溜路面行驶时的牵引力，确保行驶稳定性。

（2）ABS 对所有车轮（制动）起作用，控制其滑移率，而 ASR 只对驱动车轮起制动控制作用。

（3）ABS 是在制动时车轮出现抱死情况下起控制作用，在车速很低（小于 8 km/h）时不起作用；ASR 是在整个行驶过程中都工作，在车轮出现滑转时起作用，当车速很高（80 ～ 120 km/h）时不起作用。

二、ASR 常用控制方式

（一）发动机输出功率控制

在汽车起步、加速时，ASR 控制器输出控制信号，控制发动机输出功率，以抑制驱动轮滑转。常用方法有辅助节气门控制、燃油喷射量控制和延迟点火控制。

（二）驱动轮制动控制

直接对发生空转的驱动轮加以制动，反应时间最短。普遍采用 ASR 与 ABS 组合的液压控制系统，在 ABS 中增加电磁阀和调节器，从而增加了驱动控制功能。

（三）同时控制发动机输出功率和驱动轮制动力

控制信号同时启动 ASR 制动压力调节器和辅助节气门调节器，在对驱动车轮施加制动力的同时减小发动机的输出功率，以达到理想的控制效果。

（四）防滑差速器（limitedslip differential, LSD）控制

防滑差速器（LSD）能对差速器锁止装置进行控制，使锁止范围从 0 ～ 100%。

当驱动轮单边滑转时，控制器输出控制信号，使差速锁止和制动压力调节器动作，控制车轮的滑移率，这时非滑转车轮还有正常的驱动力，从而提高汽车在滑溜路面的起步、加速能力及行驶方向的稳定性。

在差速器向驱动轮输出驱动力的输出端，设置一个离合器，通过调节作用在离合器片上的液压，便可调节差速器的锁止程度。

（五）差速锁止与发动机输出功率综合控制

差速锁止控制与发动机输出功率综合控制相结合的控制系统，可根据发动机的状况和车轮滑转的实际情况采取相应的控制，以达到最理想的控制效果。

第十三章　汽车底盘的维护与保养

第一节　汽车维护制度

汽车维护是为维持汽车技术状况或工作能力而进行的一系列工作。汽车行驶一定里程后，要按要求对汽车的各总成及附属设备进行清洁、检查、调整、润滑等作业，以消除各种隐患，保持和恢复汽车良好的技术性能。

随着汽车技术和质量水平的提高，汽车维护的重要性越发突出。有效的维护可以使汽车修理工作量逐渐减少。如今，维护的工作总量已大于修理量，汽车维修的重点已转移到维护保养工作上，维护已重于修理。

一、实行汽车维护的重要性

汽车作为机械产品，随着运行里程的增加，其技术指标会不断变差，只有通过维护，车辆的技术性能、安全性能、经济性能才能处于一个较好的状态。在二级维护制度中，汽车维护的指导原则是“预防为主、定期检测、强制维护”，即二级维护前通过检测，准确地判定故障部位，进行技术评定，有针对性地进行总成修理。它是状态检测下的维修制度。

二级维护制度的理论基础是零件的磨损规律加上可靠性工程和数理统计理论。也就是说，二级维护制度不仅考虑了磨损零件的情况，而且考虑到一些老化、变质、变形、蚀损等问题，即全面考虑了汽车在使用过程中的变化情况。这样，实施汽车二级维护制度对延长汽车的使用寿命、保证汽车安全性、降低排放污染、提高经济效益具有巨大作用。因此，我国政府针对运输企业的运营车辆实行强制性的二级维护制度，由交通运管部门负责监督执行。实行“预防为主、定期检测、强制维护”的重要性主要体现在以下方面。

（一）汽车构成比例变化和汽车技术发展的要求

当今世界，汽车技术日新月异，新结构层出不穷，特别是电子技术等在汽车上的广泛采用，使汽车维修行业面临着不断变化和发展的新形势。我国在用汽车已普遍采用电控燃油喷射系统、防抱死制动系统、自动变速系统、电控悬挂装置等先进技术和设备。为适应这些车辆维修的需要，迫切要求与车辆维修相适应的检测设备和技术，也迫切需要与车辆维修相适应的汽车维护、检测、诊断技术规范。

（二）保护大气环境的要求

我国汽车排放控制的核心是在用汽车的排放控制。新汽车在转化为在用汽车之前，可以通过严格的法律法规和具体的行政手段，使其排放指标得到有效的控制。随着车况变化，汽车的排放污染将逐渐加剧。因此，对汽车排放污染的控制主要是控制在用汽车的排放。通过对在用汽车进行检查，确定其技术状况，特别是确定排放污染严重的原因后，有的放矢地采取维护措施，最大限度地降低排放污染物。我国《汽车维护、检测、诊断技术规范》GB/T 18344-2016 通过不解体检测诊断，确定附加作业项目，进行强制维护，保证车辆技术状况，对治理汽车排放污染有一定成效。

（三）与国际接轨的要求

我国已加入世界贸易组织（WTO），进口汽车大量涌入，汽车维修市场更加开放。必须加快技术法规建设的步伐，这是培养和发展统一、开放、可控、自主、有序的汽车维修市场的根本保障。我国汽车维修行业投身国际汽车维修市场中去，是世界经济一体化和贸易全球化的必然趋势，因此，我国的汽车维护和修理必须与国际接轨，汽车维修标准也必须与国际接轨。

二、汽车维护的原则

汽车维护应贯彻“预防为主、定期检测、强制维护”的原则，即汽车维护必须遵照交通运输管理部门规定的行驶间隔里程或间隔时间，按期强制执行，不得拖延，并在维护作业中遵循汽车维护分级和作业范围的有关规定，保证维护质量。

汽车维护是预防性的。保持车容整洁，及时消除发现的故障和隐患，防止汽车早期损坏是汽车维护的基本要求。汽车维护的各项作业是有计划的、定期执行的，其内容是依照汽车技术状况变化规律来安排的，并做在汽车技术状况变坏之前。

定期检测是指汽车在进行二级维护前必须用检验、测试仪器或设备对汽车的主要使用性能和技术状况进行检测诊断，以了解和掌握汽车的技术状况和磨损程度，并做出技术评定，根据结果确定该车的附加作业或小修项目，结合二级维护一并进行。

强制维护是在计划预防维护的基础上进行状态检测的维护制度。汽车的维护工作必须遵照交通运输管理部门或汽车使用说明书规定的行驶间隔里程或间隔时间，按期执行，不得任意拖延。坚持“预防为主、定期检测、强制维护”的原则，做好汽车维

护工作并按照 GB/T 18344-2016 的要求定期进行，是有效保持汽车良好技术性能的唯一途径。

三、汽车维护的分级

在汽车的使用过程中，由于汽车的新旧程度、使用地区条件的不同，在各个时期对汽车维护作业项目也不同。根据 GB/T 18344-2016 的有关规定，汽车维护分为日常维护、一级维护、二级维护三种级别。维护作业以清洁、检查、补给、润滑、紧固和调整为主，维护范围随着行驶里程的增加逐步扩大，内容逐步加深。

（一）日常维护

日常维护是驾驶员为保持汽车正常工作状况的经常性工作，其作业的中心内容是清洁、补给和安全检视。日常维护通常是在每日出车前、行车中和收车后进行的车辆维护作业。

（二）一级维护

一级维护是由维修人员对经过较长里程运行后的汽车的安全部件进行的检视维护作业。其作业中心内容除日常维护作业外，以清洁、润滑、紧固为主，并检查有关制动、操纵、灯光、信号等安全部件。

（三）二级维护

二级维护由取得资质并由当地运管机构授权的维修企业负责执行，汽车维护作业的中心内容除一级维护作业外，以检查、调整、润滑为主，并拆检轮胎，进行轮胎换位。汽车经过更长里程运行后，必须对车况进行较全面的检查、调整，以维持其良好的技术状况和使用性能，确保汽车的安全性、动力性和经济性等达到使用要求。

根据汽车有关强制维护管理方面的规定，在汽车维护作业中，除主要总成发生故障必须解体外，不得对其他总成进行解体。为减少重复作业，季节性维护和维护间隔较长的项目（超出一、二级维护项目以外的维护内容）可结合一、二级维护同时进行。在汽车二级维护前应进行检测诊断和技术评定，根据结果确定附加作业或小修项目，结合二级维护一并执行。

四、各级维护周期

汽车日常维护通常是在每日出车前、行车中和收车后进行。汽车一级和二级维护周期的确定，一般根据车辆使用说明书的有关规定，或是依据汽车使用条件的不同，由省级交通行政主管部门规定汽车的行驶里程。对于不便用行驶里程统计、考核的汽车，可用行驶间隔时间确定汽车一、二级维护周期。其间隔时间（天）应依据本地区汽车使用强度和条件的不同，参照汽车一、二级维护里程周期，由各地自行规定。例如，广西壮族自治区规定的二级维护间隔为 9 座以下运营客车每 3 个月进行一次；中型以上运营客车每 6 个月进行一次；运营货车每 6 个月进行一次。由于进口车型或合资生产汽车的维护规定与我国汽车强制维护规定的内容有所不同，为保证汽车的合理使用，在汽车实际维护工作中应以厂家规定内容为主，并结合我国各级维护规范进行。虽然各车型产品对汽车强制维护周期的长短要求不一，但从作业的深度来看，基本上都大同小异。

五、汽车维护的主要内容

汽车维护的主要工作内容有清洁、检查、补给、润滑、紧固和调整等。

（一）清洁工作

清洁工作是提高汽车维护质量、防止机件腐蚀、减轻零部件磨损和降低燃油消耗的基础，并为检查、补给、润滑、紧固和调整工作做好准备。工作内容主要包括对空气滤清器滤芯的清洁，对汽车外表和内饰的清洁、养护，以及对有关总成件外部的清洁作业。

（二）检查工作

检查工作是汽车维护的重要工作之一，通过对汽车的检查，能确定零部件是否变形、磨损和损坏，工作内容主要是检查汽车各总成和机件是否齐全，连接是否紧固，是否有漏水、漏油、漏电和漏气等现象。利用汽车上的指示仪表、警报装置等随车诊断装置，检查各总成的技术状况，对影响汽车安全行驶的转向、制动、灯光等工作情况应加强检查。

（三）补给工作

补给工作是指在汽车维护中对汽车的润滑油、冷却液、制动液、冷媒等进行加注补充，对蓄电池进行补充充电，对轮胎进行换位、补气，等等。

（四）润滑工作

润滑工作是为了减少有关摩擦副的摩擦力，以减轻机件磨损的维护作业。工作内容包括按照汽车的润滑图表规定的部位和周期，用规定牌号的润滑油和润滑脂对发动

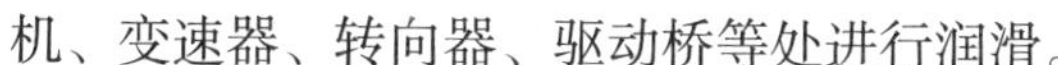

机、变速器、转向器、驱动桥等处进行润滑。

（五）紧固工作

紧固工作是为了使各部机件连接可靠、防止机件松动的维护作业。汽车在运行中由于振动、颠簸、热胀冷缩等原因，会改变零部件的紧固程度，以致零部件失去连接的可靠性。紧固工作的重点应放在负荷重且经常变化的各部机件的连接部位上，并对各连接螺栓进行紧固和配换。

（六）调整工作

调整工作是保证各总成和机件长期正常工作的重要一环。完善的调整工作对减少机件磨损、保持汽车使用的经济性和可靠性有直接的关系。工作内容主要是按技术要求恢复总成、机件的正常配合间隙及工作性能等作业。

第二节　汽车定期保养制度

一、定期保养的适用范围

中华人民共和国交通运输部颁布的《机动车维修管理规定》中明确规定从事营运的汽车必须强制执行二级维护制度，这是保障运输秩序安全、有序进行的强有力措施，运输业户必须遵照执行，否则将会受到经济处罚，并吊销运营资格。非运营车辆中绝大部分是乘用车、私家车，通常车辆运行条件（包括路况、载重、运行时间）较好，使用强度不是很大，一旦出现技术故障，造成的影响也不大（相对而言）。对这部分车辆，政府不做强制要求。因此，这类车辆只要遵照生产厂家规定的时间进行保养就可以了。

二、定期保养的总体原则

汽车保养的主要工作内容有清洁、检查、补给、润滑、紧固和调整等，与汽车维护的主要内容基本相同。

三、定期保养周期和作业范围

各汽车品牌规定的保养周期有所不同，通常分 7500 km、15 000 km、30 000 km、

50 000 km 等。保养作业项目也有所不同，如图 13-1 所示为上海大众帕萨特系列轿车保养周期及作业项目。其他车辆保养周期、作业范围遵照使用说明书执行。

<table>
<tr><th colspan="5">保养里程</th><th>保养内容</th></tr>
<tr><td rowspan="37">每
60 000 km
保养</td><td rowspan="34">每
30 000 km
保养</td><td rowspan="28">每
15 000 km
常规保养</td><td rowspan="28">15 000 km
常规保养</td><td rowspan="22">首次
7500 km
常规保养</td><td>1. 车身内外照明电器，用电设备检查功能：组合仪表指示灯，驻车灯，近光灯，远光灯，前雾灯，后雾灯，转向灯，警示灯，制动灯，倒车灯，车牌灯，阅读灯，化妆镜灯，时钟，手套箱照明灯，行李箱照明灯，点烟器，喇叭，电动摇窗机，电动外后视镜，暖风空调系统</td></tr>
<tr><td>2. 安全气囊：目测外表是否受损，并检查安全带功能</td></tr>
<tr><td>3. 多功能转向盘（如安装）：检查各按键的功能</td></tr>
<tr><td>4. 自诊断：用专用诊断设备 VAG 1551 读取各系统故障存储器内的故障信息</td></tr>
<tr><td>5. 雨刮器 / 清洗装置：加注清洗液，检查功能，必要时调整喷嘴</td></tr>
<tr><td>6. 前风窗玻璃落水槽排水孔：清洁</td></tr>
<tr><td>7.（发动机舱）目测各零件是否有损坏或泄漏</td></tr>
<tr><td>8. 空气滤清器：清洁罩壳和滤芯</td></tr>
<tr><td>9. 蓄电池：检查蓄电池状况，正负极连接是否牢固，观察电眼</td></tr>
<tr><td>10. 冷却系统：检查系统是否泄漏，必要时补充冷却液，标准值：−25℃，寒冷地区 −35℃</td></tr>
<tr><td>11. 助力转向系统：检查是否泄漏，检查转向液液面，必要时加注</td></tr>
<tr><td>12. 制动系统：检查制动液管路是否泄漏，检查制动液液面，必要时补充</td></tr>
<tr><td>13. 手制动器：检查，必要时调整</td></tr>
<tr><td>14. 民动机机油及机油滤清器：更换洗（不经常使用的车辆建议每 6 个月更换）</td></tr>
<tr><td>15. 转向横拉杆：检查间隙，连接是否牢固</td></tr>
<tr><td>16. 车身底部：检查燃油管，制动液管及底部保护层是否损坏，排气管是否泄漏，固定是否牢靠</td></tr>
<tr><td>17. 底盘螺绘：按规定扭矩检查并紧固</td></tr>
<tr><td>18. 车轮固定螺栓：按规定扭矩检查并紧固</td></tr>
<tr><td>19. 前大灯；检查灯光，必要时调整</td></tr>
<tr><td>20. 轮胎 / 轮毂（包括备胎）：检查轮胎磨损情况，必要时进行轮胎换位，同时校正轮胎气压</td></tr>
<tr><td>21. 试车；性能检查</td></tr>
<tr><td>22. 保养周期显示器（如已安装）：复位至零位</td></tr>
<tr><td rowspan="6"></td><td>23. 车门限位器，固定销，门锁，发动机盖 / 行李箱盖铰链和锁扣；检查功能并润滑</td></tr>
<tr><td>24. 活动天窗：检查功能，清洁导轨，涂敷专用油脂</td></tr>
<tr><td>25. 灰尘及花粉过滤器：更换滤芯</td></tr>
<tr><td>26. 散热电子风扇线束连接插座：检查</td></tr>
<tr><td>27. 变速箱 / 传动轴护套：目测有无渗漏或损坏</td></tr>
<tr><td>28. 制动盘及制动摩擦片：检查厚度及磨损情况（必要时更换）</td></tr>
<tr><td colspan="3" rowspan="6"></td><td>29. 发动机燃烧室和进气道：用内窥镜 VAG1764B 检查积炭情况（必要时请使用上海大众认可的汽油清净剂）</td></tr>
<tr><td>30. 火花塞：更换</td></tr>
<tr><td>31. 空气滤清器：清洁罩壳，更换滤芯（每 24 个月或每 30 000 km，先到为准）</td></tr>
<tr><td>32. 楔型皮带；检查，必要时更换；每 120 000 km 更换</td></tr>
<tr><td>33. 凸轮轴齿形皮带：检查，首次检查 60 000 km，必要时更换；每 120 000 km 更换</td></tr>
<tr><td>34. 尾气排放：检测</td></tr>
<tr><td colspan="4" rowspan="3"></td><td>35. 手动变速箱：检查变速箱齿轮油液位（必要时补充或更换）</td></tr>
<tr><td>36. 自动变速箱：检查变速箱 ATF 油液位（必要时补充或更换）</td></tr>
<tr><td>37. 燃油滤清器：更换</td></tr>
<tr><td colspan="5">特殊项目</td><td>制动液：更换　　每 24 个月或每 50 000 km　　先到为准</td></tr>
</table>

检修工签字（日期）：------　　　　检验员签字（日期）：------

图 13-1　上海大众帕萨特系列轿车保养周期及作业项目

（图片来源：蒋运劲，唐作厚．汽车底盘构造与维修）

第三节　汽车维护生产工艺

前面已经提到汽车的维护主要包括日常维护、一级维护、二级维护，以下将一级、二级维护技术规范进行简要介绍。

一、汽车一级维护技术规范

（一）内容与要求

汽车一级维护是二级维护的基础，由专业维修人员负责执行。汽车一级维护作业的中心内容除日常维护作业外，以清洁、润滑、紧固为主，并检查有关制动、操纵等安全部件。

（二）工艺流程

一级维护作业的工艺流程如图 13-2 所示。

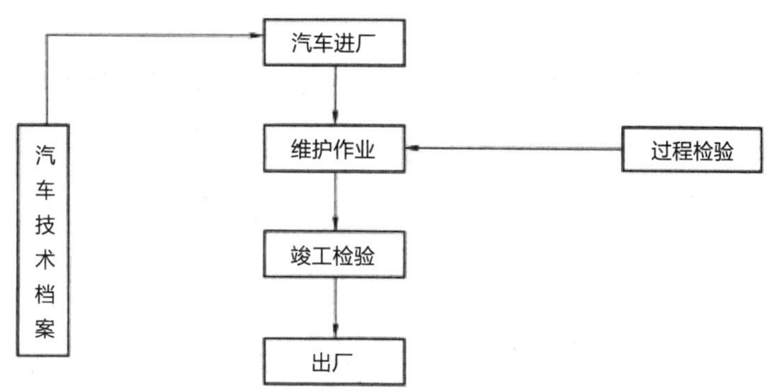

图 13-2　一级维护作业的工艺流程
（图片来源：蒋运劲，唐作厚. 汽车底盘构造与维修）

二、汽车二级维护技术范围

（一）内容与要求

汽车二级维护是新的汽车维护制度中规定的最高级别维护，其目的是维持汽车各总成、机构零件的良好工作性能，及时消除故障和隐患，保证汽车动力性、经济性、排放净化性、操纵性及安全性等各项综合性能指标满足要求，确保汽车在二级维护间隔期间能正常运行。

按照技术与经济相结合的原则，汽车维护实行状态检测后的二级维护制度，即二级维护前应进行检测诊断和技术评定，根据结果确定附加作业或小修项目，结合二级维护一并进行，以消除故障和隐患，保持汽车的完好技术状态，确保真正达到汽车维护应有的目的。为此，汽车二级维护的工艺过程较一级维护的工艺过程增加了维护前检测诊断和技术评定、确定附加作业项目等内容。

（二）工艺流程

二级维护作业工艺过程具体阐述如下。

（1）汽车二级维护时首先要进行检测。汽车进厂后，根据汽车技术档案的记录资料（包括汽车运行记录、维修记录、检测记录、总成修理记录等）和驾驶员反映的汽车使用技术状况确定所需检测项目。依据检测结果及汽车实际技术状况进行故障诊断，从而确定附加作业项目。

（2）附加作业项目确定后与基本作业项目一并进行二级维护作业。

（3）二级维护过程中要进行过程检验，过程检验项目的技术要求应满足有关的技术标准或规范。

（4）二级维护作业完成后，应进行竣工检验，竣工检测合格的汽车，由维修企业填写“汽车维护竣工出厂合格证”后方可出厂。

第四节　质量保证期

一、新车质量保证期

根据《中华人民共和国产品质量法》的规定，新车在一定时间、一定里程范围内实行质量保证制度。例如，上海大众帕萨特系列质保期为 2 年或 60 000 km。在这段时期内，若因质量问题造成车辆不能正常使用，用户可以得到免费维修，前提是在质保期内用户车辆必须要到厂家指定的维修点进行定期保养，否则将被视为自动放弃索赔资格。各品牌汽车质保期有所不同，用户在选择自行保养或其他维修点时要将这一因素考虑在内，以免造成不应有的损失。

二、汽车维护质量保证期

根据中华人民共和国《机动车维修管理规定》规定，汽车各级维护保养竣工出厂质量保证期不得低于以下要求。

（1）一级维护质量保证期：2000 km 或 10 天。

（2）二级维护质量保证期：5000 km 或 30 天。

（3）总成维修质量保证期：20 000 km 或 100 天。

（4）定期保养竣工出厂质量保证期不得低于 5000 km 或 30 天。

三、质量投诉处理程序

（1）在质量保证期内出现质量问题，承修方应免费给予返修。

（2）质保期内出现的故障可分为维修质量故障和使用不当造成的故障。如托修或承修双方就质保期内故障原因存在分歧，可申请县级以上运管部门进行仲裁。

（3）双方如对运管部门仲裁结果不服，可申请人民法院对事件进行判决。

参 考 文 献

[1] 常明. 汽车底盘构造 [M]. 北京：北京理工大学出版社，2012.

[2] 李敏. 汽车底盘构造与维修 [M]. 北京：北京理工大学出版社，2017.

[3] 何高山，曾范亮. 汽车底盘构造与维修 [M]. 武汉：华中科技大学出版社，2010.

[4] 张国富，赵鼎明. 汽车底盘构造与维修 [M]. 北京：北京理工大学出版社，2018.

[5] 许兆棠，刘永臣. 汽车构造 - 下册 [M]. 北京：国防工业出版社，2012.

[6] 张宝生，邵林波. 汽车底盘构造与维修 [M]. 北京：冶金工业出版社，2009.

[7] 卢剑伟. 汽车构造 - 下 [M]. 合肥：合肥工业大学出版社，2011.

[8] 孙永科，李子路. 汽车底盘构造与维修 [M]. 成都：西南交通大学出版社，2016.

[9] 叶芳，李仕生. 汽车底盘结构与维修 [M]. 重庆：重庆大学出版社，2013.

[10] 何君. 汽车底盘构造与维修 [M]. 北京：北京理工大学出版社，2020.

[11] 尚晓梅，张利雯. 汽车底盘机械系统检修 [M]. 北京：北京理工大学出版社，2018.

[12] 阿尔玛·希利尔. 汽车技术基础 [M]. 姚美红，申宇，于京诺，等译. 北京: 机械工业出版社，2020.

[13] 尹学飞，朱北平，王冬冬. 汽车实训指导 [M]. 北京：北京理工大学出版社，2017.

[14] 钱诚，刘言强. 汽车底盘构造与维修 [M]. 苏州：苏州大学出版社，2018.

[15] 吴学礼. 汽车底盘构造与维修 [M]. 成都：电子科技大学出版社，2019.

[16] 赵树国，成洪斌，郭新发. 汽车底盘构造与维修 [M]. 天津：天津科学技术出版社，2017.

[17] 陈茂阳，刘云志. 汽车底盘构造与维修 [M]. 成都：电子科技大学出版社，2014.

[18] 刘莉明. 汽车底盘构造与维修 [M]. 北京：机械工业出版社，2015.

[19] 刘桂光，车志. 汽车底盘构造与维修 [M]. 西安：西安交通大学出版社，2014.

[20] 邵林波，曾庆吉. 汽车底盘构造与维修 [M]. 南昌：江西高校出版社，2013.

[21] 王永浩，祝政杰，邹仁萍. 汽车底盘构造与维修 [M]. 北京：北京理工大学出版社，2013.

[22] 蒋运劲，唐作厚. 汽车底盘构造与维修 [M]. 北京：北京理工大学出版社，2010.

[23] 谭本忠. 汽车底盘构造与维修 [M]. 济南：山东科学技术出版社，2010.

[24] 卢嗣之. 汽车底盘构造与维修 [M]. 北京：北京理工大学出版社，2011.

[25] 谢永东. 汽车底盘构造与维修 [M]. 成都：电子科技大学出版社，2008.

[26] 河南省职业技术教育教学研究室. 汽车底盘构造与维修 [M]. 郑州：大象出版社，2008.

[27] 赵宇，刘凤珠. 汽车底盘构造与维修 [M]. 长春：东北师范大学出版社，2007.

[28] 王力夫，温福军. 汽车底盘构造与检修 [M]. 广州：华南理工大学出版社，2019.

[29] 童敏勇，孟杰. 汽车底盘构造 [M]. 北京：科学出版社，2009.

[30] 杜晓辉，赵玉田，白秀秀. 汽车底盘构造与检修 [M]. 北京：北京理工大学出版社，2017.

[31] 王盛良. 汽车底盘构造与检修技术 [M]. 3 版. 北京：机械工业出版社，2017.